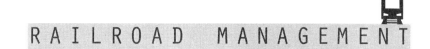

RAILROAD MANAGEMENT

철도
경영론

김칠환 저

도서
출판 범한

머리말

우리나라에서 국민의 교통수단과 국가의 산업발전에 견인차 역할을 담당하고 있는 철도는 도입 이후 현재에 이르기까지 엄청난 변화와 발전을 이룩하고 있다. 특히 고속열차의 운행은 새로운 속도 혁명을 일으키며 전국을 일일 생활권으로 만들어 정치, 경제, 사회, 문화 등 모든 부문에서 국민생활에 지대한 영향을 미치고 있다. 또한 전국의 대도시에서 운영되고 있는 도시철도는 대중교통수단으로서 시민들에게 삶의 한 부분이 되었다고 해도 과언이 아니며, 노선 개통에 따라 역세권이라는 이름으로 부동산 시장에도 큰 영향을 주고 있을 정도다. 아울러 철도 운영면에서 볼 때 그동안 '한국철도공사' 주도로 일반 간선철도 및 고속철도를 운영해왔으나, 고속철도 운영에 '(주)에스알'이 참여함으로써 두 회사의 경쟁체제로 운영되고 있다. 또한 철도 건설 및 운영부문에도 민간투자사업이 활발하게 이뤄지고 있다.

우리나라는 철도 도입 이후 철도청에서 계속 그 운영을 담당해 오면서 철도고등학교 또는 철도대학에서 철도종사원을 양성하여 왔다. 그러나 2005년 철도청에서 한국철도공사로 운영이 바뀌면서 위 학교 졸업생의 특별채용 방식이 없어지고, 일반인을 대상으로 한 공개채용으로 바뀌게 되자 전국의 많은 대학과 대학원에서 철도종사원을 양성할 목적으로 철도관련 학과를 개설하여 운영하고 있다. 그러나 철도와 관련된 수업 교재가 대부분 부족한 실정이고 특히 철도경영 관련 교재는 시중에 전혀 없는 점을 매우 아쉽게 생각하여 본 교재를 만들었다. 따라서 본 교재는 철도경영 관련 수업을 받는 학생들에게 철도의 각 부문을 전반적으로 이해하는데 도움이 되길 바라면서 집필하였지만, 내용면에서 볼 때는 철도경영론 교재로서 너무 미흡한 것도 사실이므로 앞으로 지속적인 보완이 필요하다고 본다.

이번 개정판에서 수록한 내용은 철도의 전반적인 사항들을 학생들이 부문별로 쉽게 이해할 수 있도록 했다. 특히 철도 관련 법규나 행정규칙 등 근거를 중점으로 표시하여 학생들이 스스로 자료를 찾는데 도움을 줄 수 있을 것이다. 또한 철도운영을 담당하는 조직은 대부분 공기업이므로 공기업에 대한 관련 법률 및 기획재정부의 관련 지침 등을 중점으로 설명했다. 특히 소개되는 사례는 주로 한국철도공사의 내용을 담았다. 그러므로 시대의 변화나 정부정책 등에 따른 한국철도공사의 고객헌장이나 미션 및 비전, 조직 등에 대하여 이전과 현재 상황을 비교해 볼 수 있도록 했다. 또한 고속철도에 대하여 새로 추가를 했다. 부대사업은 한국철도공사 외에 서울교통공사 사례를 추가했다. 아울러 '광역교통 2030'등 근래에 발표된 철도 관련 정부 정책을 포함시켰다.

그럼에도 불구하고 앞에서 언급한 것처럼 내용이나 구성면에서 철도경영 관련 교재로 내놓기에는 아직도 너무 부족한 점이 많다. 그러나 시중에 '철도경영론' 교재가 전무한 실정이므로 앞으로 다른 분들이 적극 나서서 제대로 된 철도경영론 교재를 완성하도록 하는데 초석이 되겠다는 마음이 앞섰기 때문에 부족함에도 불구하고 개정판을 발간한 것이다. 따라서 이번 개정판을 발간하면서도 간절한 바람은 철도경영을 수업하시는 분들께서 좀 더 체계적으로 또한 학문적으로 이 책을 보완해 주셨으면 하는 점이다.

끝으로 어려운 여건에서도 출판에 수고를 아끼지 않으신 도서출판 범한 이낙용 대표님과 직원 여러분께 진심으로 감사를 드린다.

2020년 2월
김칠환

목차

Part8 자산(사업) 관리

Part9 노사 관리

Part 1

한국 철도

철도의 역사

1. 철도의 발전

가. 철도의 시작

1899년 9월 18일, 대한제국 시절에 경인선 '노량진~제물포'간 증기기관차의 기적소리가 울리면서 우리나라 철도의 역사가 시작되었다. 당시는 대부분 걸어서 이동하던 때이고, 가장 빠른 교통수단이 말을 이용하던 시절이었으니 철도의 개통은 개화의 상징이요, 가히 교통의 혁명이라고 해도 과언이 아닐 것이다. 이후 1905년 경부선 서울~부산(초량)간 철도가 완성되었고 이어서 경의선 서울~신의주간 철도가 건설되었다. 당시 서구 열강이 식민지를 지배하면서 군사적 목적과 경제적 수탈을 위해 철도 건설에 우선순위를 두었던 것과 마찬가지로 일제 강점기에도 주로 대륙진출을 위한 군사적 목적과 경제적 수탈을 위해 철도를 확충해나갔다. 이후 철도는 한반도를 X축으로 연결하여 교통수송의 중심역할을 하였고, 대전 등 철도역이 신설된 곳은 새로운 도시 발전이 이루어지기 시작했다.

나. 철도의 근대화와 전기차의 도입

1945년 광복 후 일제에 의해 운영되던 모든 철도는 국유화되어 우리 손으로 직접 철도를 운영하게 되었다. 몇 년 후 발생한 6.25전쟁 중에도 철도는 전시물자 수송에 있어 당시 교통수단 중 가장 중요한 역할을 담당했으나, 많은 철도인이 순직했고 철도차량을 비롯한 각종 시설이 파괴되는 엄청난 손실을 입기도 했다. 한편 전쟁 중에 UN군이 처음으로 디젤전기기관차를 가져와 운용하기 시작했고, 종전을 맞으며 이중에 4량을 우리가 인수함으로써 당시 최첨단 디젤전기기관차 시대를 맞게 된다. 이후 1970년대 후반에 들어서는 우리나라에서 자체 기술로 기관차를 제작하기 시작했고, 이때까지 운용되던 증기기관차는 1968년에 본선 운행을 마지막으로 퇴역을 했다. 1972년 도입된 전기기관차는 환경친화적인 교통수단의 대표로 등장하며 산업선에서 석탄과 양회 수송의 주 수단으로 사용되어 우리나라 경제개발에 큰 역할을 하였다. 이어서 개통된 서울의 전철(지하철)은 현대 도시철도의 시작이 되었다[1].

다. 속도혁명의 고속열차 개통

1899년 철도 개통으로 한반도에 교통혁명이 시작되었다면, 2004년 개통된 고속열차는 우리나라 철도에 속도 혁명을 가져왔다고 볼 수 있다. 300km/h로 달리는 고속열차는 경부고속철도와 호남고속철도 일부구간 그리고 수도권고속철도가 개통되어 전국 주요 거점을 연결하며 교통수단의 견인차 역할로 국민 편익 향상에 기여를 하고 있다. 앞으로 일부 간선철도의 고속화가 추진되고 있으므로 고속열차의 이용은 더욱 확대될 것이다.

라. 도시철도의 확장 및 신교통시스템의 등장

1974년 서울에서 처음 개통된 도시철도(지하철)는 전국의 주요 도시로 확장되어 시민들의 발이 됨은 물론 인근의 부동산 시장에도 영향을 주는 등 교통외적으로도 많은 영향을 주고 있다. 도시철도는 서울은 물론 대도시권의 광역철도로 이어져 도시교통의 중심역할을 하고 있다. 2011년 개통된 부산~김해 경전철에 이어 의정부, 용인, 인천 2호선 등에서 경전철이 운행되고 있으며, 대구의 모노레일, 인천의 자기부상열차 등이 차례로 등장하였고, 대전에서는 트램 운영도 구체화되고 있다. 앞으로도 초고속 자기부상열차인 하이퍼 루프의 개발로 이어져 철도의 발전은 계속될 것이다.

---

1) 우리나라의 도시철도 시작은 1899년 5월 서울에서 개통되어 운용된 전차가 최초가 된다. 그러나 지하철 건설 등 현대적인 의미의 도시철도는 1974년 8월 개통된 서울지하철 1호선이라 할 수 있다.

2. 철도 여객 · 화물수송 추이[2]

가. 여객 · 화물 수송량 및 분담률

(단위 : 천명, 천톤,%)

구 분			2007	2010	2012	2014	2015	2016
여객	일반철도	수송량	989,294	1,060,926	1,236,184	1,269,606	1,269,417	1,289,075
		분담률	7.8	8.2	3.9	4.1	4.1	4.1
	도시철도	수송량	2,090,290	2,273,086	2,410,328	2,526,167	2,522,901	2,562,844
		분담률	16.6	17.7	8.2	8.3	8.1	8.1
화물	일반철도	수송량	44,531	39,217	40,309	37,379	37,094	32,555
		분담률	6.2	5.0	2.3	2.2	1.9	1.9

* 주 1) 운영기관별 집계에 따른 이중집계의 문제점 해소를 위해 '02년부터 집계방식 변경
  2) '11년부터 여객공로에 승용차 수송실적 포함, 화물공로에 비영업용 수송실적 포함
  3) 공로여객 : 버스(고속, 시내, 시외, 전세)와 택시의 합
  4) 공로화물 : 영업용 화물자동차에 의한 화물수송량
  5) 수송량 및 수송 분담률 통계는 연단위로 집계한 후 다다음연도(5월 이후)에 종합해서 발표

나. 주요 간선 운송실적

(단위 : 천명, 천톤, 천개)

구 분		2008	2010	2012	2014	2015	2016
여객 합계		3,079,584	3,201,665	3,477,379	3,805.451	3,904,529	3,851.919
KTX		38,016	41,349	52,362	56,917	59,891	64,617
일반철도	일반계	75,082	70,744	73,455	77.526	75,462	70,914
	새마을	10,814	10,925	9,380	9,862	10,040	9,781
	무궁화	57,383	58,565	63,333	66,958	64,919	60,643
	통근열차등	6,885	1,254	742	706	503	409
전 철		905,868	948,832	1,110,362	1,243,919	1,249,451	1,153,544
도시철도		2,141,872	2,273.087	2,410,931	2,526,167	2,522,901	2,562,844
화물합계		46,806	39,217	40,309	37,379	37,094	32,555

* 주 1) 전철 : 2011년까지는 코레일 광역전철만, 2012년부터 코레일 광역전철, ITX-청춘, 코레일공항철도, 신분당선 포함
  2) "통근열차 등"은 통근열차와 건설(군사)의 수송실적을 합산한 실적임.

2) 2018 국가교통 · SOC 주요통계, 국가교통부, 2019

제2절

오늘의 철도

1. 선로 및 영업연장 현황[3]

2018년 말 기준 총 철도거리는 101개 노선에 4,149.8km(고속선 657,4km, 기존선 3,492.4km)이며, 2,645.8km(63.8%)는 복선화되어 있고, 3,004.9km(72.4%)는 전철화 되어 있다.

(단위 : km)

구 분	총 철도거리	고 속 선 철도거리	복 선 철도거리	전 철 철도거리	여 객 영업키로	화물 영업키로
2008	3,381.2	240.4	1,432.6	1,843.4	3,240.2	3,049.3
2009	3,377.9	240.4	1,482.7	1,889.0	3,239.1	3,043.9
2010	3,557.3	368.5	1,763.0	2,147.0	3,376.6	3,091.9
2011	3,558.9	368.5	1,863.5	2,357.7	3,361.3	3,077.8
2012	3,571.8	368.5	1,982.4	2,445.3	3,378.5	3,054.0
2013	3,587.8	368.5	2,006.8	2,453.8	3,381.0	3,063.9
2014	3,590.0	368.5	2,009.0	2,456.0	3,383.2	3,063.9
2015	3,873.5	596.3	2,279.4	2,727.1	3,653.6	3,077.0
2016	3,917.8	657.4	2,413.8	2,812.1	3,797.9	3,064.3
2017	4,077,7	657.4	2,573.7	2,932.8	3,85738	3,064.3
2018	4,149.8	657.4	2,645.8	3,004.9	3,929.9	3,064.3

* 자료 : 한국철도공사, SR

---

3) 2019년 교통안전연차보고서, 국토교통부, 2019. 8

2. 철도 일반 현황

가. 철도 노선별 역 수[4)]

(2016. 12. 31. 기준)

선별	계	보통역	간이배치역	무간이배치역	조차장	신호장	신호소	철도키로	영업키로		비고
									여객키로	화물키로	
경부고속선	9	9	-	-	-	-	-	412.5	410.7	-	시흥, 대전북, 전남, 대구북연결선, 광명주박, 오송정비, 영등정비기지선, 대구남연결선, 부산연결선 포함
호남고속선	4	4	-	-	-	-	-	183.8	183.8	-	
경부선	112	70	-	35	1	4	2	567.2	533.8	518.0	용산삼각선, 구로삼각선, 구로기지, 남부화물기지, 수인선, 병점기지, 천안직결, 오송, 대전, 대구, 미전, 가야, 양산화물선, 부강화물선, 신등화물선, 평택선, 평택삼각선, 평택직결선 포함
경의선	34	13	-	21	-	-	-	105.0	97.0	87.8	효창선, 용산선, 교외선, 수색객차출발선, 고양기지선, 문산기선, 수색직결선 포함
호남선	40	20	-	18	-	1	1	274.9	259.3	274.9	강경선, 북송정삼각선, 대불선, 장성화물선 포함
경원선	38	20	-	18	-	-	-	94.4	94.4	94.4	
충북선	16	8	-	8	-	-	-	115.0	115.0	115.0	
경전선	59	24	2	28	-	4	1	396.1	325.6	394.4	진해선, 광양함선, 광주선, 신광양항선, 부산신항선, 덕산선, 전경삼각선, 신항남선 포함
장항선	32	17	-	15	-	-	-	179.1	154.4	179.1	장항화물선, 군산화물선, 옥구선 포함
전라선	32	15	1	16	-	-	-	193.7	180.4	193.7	북전주선, 여천선 포함
경춘선	19	7	-	12	-	-	-	83.2	80.7	80.7	평내기지선 포함
동해선	38	16	1	19	-	2	-	220.1	197.2	185.0	우암선, 부전선, 온산선, 장생포선, 울산향선, 괴등선, 동해북부선, 동해남부선 포함
중앙선	81	39	-	27	1	13	1	388.4	377.8	383.4	망우선, 제천조차장, 북영주삼각선, 영천삼각선, 금장삼각선, 용문기지선 포함
영동선	37	17	-	15	-	5	-	217.9	205.6	217.9	삼척선, 북평선, 묵호항선 포함
경북선	13	4	-	8	-	-	1	137.5	137.5	137.5	문경선 포함
태백선	24	11	-	9	-	4	-	160.9	160.9	160.9	함백선, 정선선, 태백삼각선 포함
경인선	20	14	-	6	-	-	-	27.0	27.0	28.3	
안산선	13	5	-	8	-	-	-	28.0	26.0	26.0	시흥기지선 포함
과천선	8	5	1	2	-	-	-	14.4	14.4	-	
분당선	34	16	1	17	-	-	-	55.2	52.9	-	분당 기지선 포함
일산선	10	5	-	5	-	-	-	19.2	19.2	-	
계	673	339	6	287	2	33	6	3,873.5	3,653.6	3,077	총 95개 노선

4) 2018 국가교통·SOC 주요통계, 국토교통부, 2018

나. 열차 운행 현황5)

2018년 말 기준 열차운행횟수는 월요일 3,529회, 화~목요일 3,547회, 금요일 3,584회, 토요일 3,444회, 일요일 3,355회 운행한다.

《1일 열차 운행횟수》

(단위 : 회/일)

구분	주중		주말		
	월	화~목	금	토	일
합계	3,529	3,547	3,584	3,444	3,355
KTX	241	239	262	264	262
SRT	120	120	120	120	120
준고속열차 (경강선)	36	36	48	52	52
일반열차	364	364	366	364	364
소계(여객)	761	759	796	800	798
화물열차	197 (컨테이너49, 일반148)	217 (컨테이너66, 일반151)	217 (컨테이너65, 일반152)	182 (컨테이너49, 일반138)	126 (컨테이너18, 일반108)
전동열차	2,535	2,535	2,535	2,402	2,377
ITX-청춘	36	36	36	60	54
소계(광역)	2,571	2,571	2,571	2,462	2,431

* 자료 : 한국철도공사, SR

- 고속철도차량 : 최고속도 300kim/h 이상, 준고속철도차량 : 최고속도 200km/h이상 300km미만, 일반철도차량 : 최고속도 200km/h 미만

다. 철도시설 현황(역사, 교량, 터널)

2018년 말 기준 철도시설(역사, 교량, 터널) 현황으로는 철도역사 700개 역, 교량 3,433개소, 터널 833개소이다. 철도역사는 고속철도 51개 역, 일반철도 649개 역이 있으며, 교량은 고속철도 224개소, 일반철도 3,209개소이며, 터널은 고속철도 127개소, 일반철도 706개로 구성되어 있다.

---

5) 2019 교통연차보고서, 2019. 8

《철도시설 현황》

(단위 : 개소)

구 분	계	역사	교량	터널
합 계	4,966	700	3,433	833
고 속	402	51	224	127
일 반	4,564	649	3,209	706

라. 철도차량 보유현황[6]

2018년 말 기준 철도차량은 총 22,698량이며, 종별로는 고속차량 1,630량, 동력차 9,531량 (동차 9,091량, 기관차 440량), 객차 909량, 발전차 113량, 화차 10,500량, 기중기 15량이다.

《철도차량 보유현황》

(2018. 12 기준, 단위 : 량)

구 분	고속차 (KTX)	간선형 전동차	동차		기관차		객차	발전차	화차	디젤 기중기	계
			전기	디젤	전기	디젤					
수 량	1,630	230	8,711	150	175	285	909	113	10,500	15	22,698

마. 철도신호 시설현황[7]

2018년 말 기준 철도신로제어시설은 열차자동제어장치(ATC)가 7개 노선 698.3km, 열차집 중제어장치(CTC)는 63개 노선 3,627.3km, 자동폐색장치(ABS)는 50개 노선 3,384.6km, 열 차자동정지장치(ATS)는 81개 노선 3,155.8km, 열차자동방호장치(ATP)는 27개 노선 1,404.2km, 연동장치는 592개 역 중 전자연동장치가 505개 역(85.3%), 전기연동장치가 38개 역(6.4%), 기기집중식이 48개 역(8.1%), 기계연동장치가 1개 역(0.8%)에 각각 설치되어 있다.

---

6) 한국철도공사 홈페이지
7) 2019 교통연차보고서, 2019. 8

《신호시설 현황》

(단위 : 개, km)

구 분	노선수	계(km)	고속(km)	일반(km)
열차자동제어장치(ATC)	7	698.3	607.7	90.6
열차집중제어장치(CTC)	63	3,627.3	644.6	2,982.7
자동폐색장치(ABS)	50	3,384.6	38.2	3,3346.4
열차자동정지장치(ATS)	81	3,155.8	38.2	3,117.6
열차자동방호장치(ATP)	27	1,404.2	38.2	1,366
전자연동장치		506	26	479
전기연동장치		38		38
기기집중식		48	27	21
기계연동장치		1		1

바. 전철설비 현황

고속화 및 친환경 교통체계에 적합한 전기철도는 1973년 6월 20일 중앙선 청량리~제천 간 155.2km가 개통된 이래 지속적인 전철화 사업으로 2018년 말 기준으로 고속전철 657.3km, 일반전철 2,337.km가 신설되었거나 기존 노선의 전철화가 이뤄졌다.

《전철설비 현황》

(단위 : 개, km)

선 별		구 간	전철 영업거리(km)	전차선로 가선연장(km)	변전설비 변전소	구분소 등
고속선	계(고속선)		655.6	1,705.78	13	58
	경부고속선	서울~부산	398/2	1,024.95	8	35
	호남고속선	오송~광주 송정	183.8	507.22	3	18
	수도권고속선	수서~평택	61.1	131.61	2	5
	고속연결선	시흥,대전, 대구,건천	12.5	23		
	기지선	광명,오송, 영동	0	19		
기존선			3,004.9	9,080.61	61	266
총 철도거리 : 4,149.9km		기존선 전철 영업거리: 3,004.9km			전철화율 : 72.4%	

3. 철도종사원 양성

가. 우리나라 철도종사원 양성[8]

우리나라에서 철도종사원 양성을 위한 학교(철도학교)의 기원은 대한제국 시대인 1905년 즉, 경부선 철도가 개통(서울~부산 초량)된 해부터 시작된다. 경부선 개통에 이어 다음 해에 경의선 서울~신의주 간이 개통되고 이후에도 계속 철도건설이 이어졌으므로 철도 전문 인력의 양성은 필수적이었을 것이다.

1905년 3월 10일 철도원 이원 양성소가 인천에서 최초로 개소하였다가 1907년 11월 용산으로 이전했다. 그리고 1910년 11월 철도종사원교습소로 개칭하였으며 이후 경성철도학교, 철도종사원 양성소, 중앙철도종사원 양성소, 중앙교통종사원양성소 등의 이름으로 이어져 왔다. 해방 이후 1945년 10월에 운수학교로 바뀌었고, 대한민국 정부 수립 후 운수학교는 1949년 7월 교통학교로 교명이 바뀌었다. 이는 미군정 기간에 있던 운수부가 1948년 정부 수립이후 교통부로 명칭이 바뀌면서 학교 이름도 바뀌게 된 것이다. 6.25전쟁이 발발하여 모든 학교는 휴교에 들어갔으나 교통학교는 피난지인 부산에서 피난을 온 교사와 학생들을 수소문하여 모은 뒤 1951년 3월 초량역에 가교사를 만들어 수업을 계속했다. 이후 1951년 9월 교통학교는 교통고등학교로 개칭되었다. 전쟁 중 피난지에서도 학교가 계속 유지될 수 있었던 것은 당시 교통수단 중에서 철도의 역할이 그만큼 컸기 때문일 것이다.

이후 국립 교통고등학교는 1964년 2월 폐교되기까지 해방 후 4,136명의 졸업생을 배출했다. 그러나 철도 노선의 확장에 따라 철도인력의 수급 필요성이 다시 제기되어 철도고등학교를 설립하기로 하고 우선 1년제 단기 교육과정인 전수부 과정을 통해 철도인력을 양성하다가 1967년 3월 30일 국립 철도고등학교가 개교되었다. 전수부는 1974년 4월 제8기 수료를 마지막으로 전체 수료생 2,676명을 배출했다. 1974년 4월 2년제 전문부가 개설되어 현직 철도직원들을 입교시켜 2기까지 194명을 배출했다. 한편 철도고등학교는 1987년 제17회를 마지막으로 6,295명의 졸업생을 배출하고 문을 닫게 된다. 그리고 철도전문대를 거쳐 철도대학이 철도종사원 양성을 맡게 되었으나, 철도대학은 2012년 충주대와 통합하여 국립 한국교통대학교로 변경되었다. 이와 같이 철도종사원 양성을 목적으로 한 교육기관은 계속 이어져 왔지만 2005년부터 철도청이 한국철도공사로 바뀜에 따라 졸업생들의 특별 채용이 없어지게 되었다.

---

8) 한국철도100년사(철도청), 2019 신한국철도사(국토교통부)

나. 철도 관련 학과 개설 대학

2005년도 철도청이 한국철도공사로 변경됨에 따라 철도대학 졸업생에 대한 한국철도공사 직원 특별채용 제도가 폐지되자 전국적으로 많은 대학에서 철도관련 학과를 개설하게 된다. 철도 관련학과 개설 대학은 '부록'에서 확인할 수 있다.

다. 철도 차량 운전면허 교육 기관 및 대학

1) 부산교통공사(BTC아카데미) : 전기동차 운전면허
2) 서울교통공사(인재개발원) : 전기동차 운전면허
3) 한국철도공사(인재개발원) : 고속철도차량·디젤차량·전기기관차·전기동차 운전면허[9]
4) 경일대학교(KIU철도아카데미) : 전기동차 운전면허
5) 동양대학교(철도사관학교) : 전기동차 운전면허
6) 서울과학기술대학교(철도아카데미) : 전기동차 운전면허
7) 송원대학교(송원철도아카데미) : 전기동차 운전면허
8) 우송대학교(디젤아카데미) : 전기동차 운전면허
9) 한국교통대학교(철도아카데미) : 전기동차 운전면허
※ 철도교통관제 면허 교육기관 : 한국철도공사 인재개발원

---

9) '전기기관차, 전기동차 운전면허'의 공식 명칭은 '제1종 전기차량운전면허'(전기기관차), 제2종전기차량운전면허(전기동차)이다.

도시철도 및 광역철도

1. 도시철도

도시철도는 "도시교통의 원활한 소통을 위하여 도시교통권역에서 건설·운영하는 철도·모노레일·노면전차(路面電車)·선형유도전동기(線形誘導電動機)·자기부상열차(磁氣浮上列車) 등 궤도(軌道)에 의한 교통시설 및 교통수단"을 말한다.(도시철도법 제2조)

가. 최초의 전차 개통

우리나라 전차(電車)는 경인선 철도가 개통되기 4개월 전인 1899년 5월 서대문~동대문 간약 8km 구간에서 운행을 시작한 것이 처음이다. 이는 근대적인 대중교통 수단이자 우리나라최초의 도시철도다. 당시 전차 노선은 한성전기회사를 운영하던 미국인 콜브란(H.Collbran)과 보스트위크(H.R.Bostwick)가 고종에게 건의하여 건설하였으나, 1909년 일본인 자본가에게 운영권이 넘어간다. 일제 강점기에 서울의 전차는 9개 노선에서 운행되어 당시 대중교통수단으로서 큰 역할을 하였다. 그러나 광복 이후 6.25전쟁을 겪으면서 많은 시설물이 파괴되었고 또한 자동차의 증가에 따라 자연스레 역할이 저조할 수밖에 없어 마침내 1968년 운행을종료하게 된다.

나. 근대적인 도시철도 개통

1974년 수도권 1호선 전철 개통(성북~인천·수원, 지하구간 : 지하 서울역~지하청량리역)으로 우리나라의 근대적인 도시철도 시대를 열었다. 이후 서울의 급속한 인구 증가와 교통난에 따라 1호선에서 9호선까지 지하철이 순차적으로 건설되어 서울메트로와 서울도시철도공사로 나뉘어 운영을 담당했으나, 2017년 두 기관이 서울교통공사로 통합되었다. 서울에 이어 부산, 대구, 인천, 광주, 대전 등 전국의 광역시에도 도시철도가 건설되어 운용되고 있다.

한편 도시철도 및 광역철도 운영은 그동안 해당 지자체와 한국철도공사에서 담당했었는데, 서울시 9호선, 신분당선, 공항철도 등에서 민간사업자가 운영을 맡고 있다.

다. 신교통시스템의 등장

지금까지 도시철도하면 모두 중전철 위주로 운행되었다면, 2011년 부산~김해 간 경전철이 운행을 시작하면서 이후 차례로 의정부와 용인에서도 경전철이 개통되었다. 또한 2015년 대구도시철도공사에서 모노레일을 도입하였고, 특히 2016년 초에는 세계에서 두 번째 도시형 자기부상열차가 인천국제공항과 용유역 간에 운행을 시작하였다. 또한 대전을 비롯하여 전국의 몇 개 도시에서 트램 도입도 추진하고 있어 앞으로 우리나라 도시철도는 더욱 발전하고 또한 다양한 형태의 시스템이 도입되어 운용될 것으로 보인다.

2. 도시철도 운영 현황 및 건설 현황

가. 도시철도 운영 현황[10]

도시철도는 1974년 8월 15일 서울시 지하 서울역 ~ 지하 청량리역 구간을 운행하는 서울도시철도 1호선이 개통된 이후 서울특별시를 비롯하여 부산 · 대구 · 인천 · 광주 · 대전광역시 등에 건설되어 2018년말 기준으로 24개 노선 총 701.7km의 도시철도망이 구축되어 전동열차가 운행되고 있다. 지역별로는 서울이 9개 노선 340.7km로 가장 많이 건설되어 있다.

---

10) 2019 교통안전연차보고서, 국토교통부, 2019. 8

구 분	노 선	연장(km)	역 수	구 간	최초 개통일
합 계	24	701.7	682	-	-
서울 (10)	1호선	7.8	10	서울~청량리	'74. 8.15
	2호선	60.2	50	성수~성수	'80.10.31
	3호선	38.2	34	지축~오금	'85. 7.12
	4호선	31.7	26	당고개~남태령	'85. 4.20
	5호선	52.3	51	방화~상일동, 마천	'95.11.15
	6호선	35.1	38	응암~봉화산	'00. 8. 7
	7호선	57.1	51	장암~부평구청	'96.10.11
	8호선	17.7	17	모란~암사	'96.11.23
	9호선(1단계)	27.0	25	개화~신논현	'09. 7.24
	9호선(2,3단계)	13.6	13	연주~중앙보훈병원	'15. 3.28
	소 계	349.7	315		
부산 (4)	1호선	39.9	40	노포동 ~ 다대포해수욕장	'85. 7.19
	2호선	45.2	43	장산~양산	'99. 6.30
	3호선	18.1	17	대저~수영	'05.11.28
	4호선	12.0	14	안평~미남	'11. 3.30
	소 계	115.2	114		
대구 (3)	1호선	28.1	32	대곡~설화명곡	'97.11.26
	2호선	31.4	29	문양~영남대	'05.10.18
	3호선	24.0	30	칠곡경대병원~용지	'15. 4.23
	소 계	82.9	91		
인 천 (2)	1호선	29.4	29	계양~국제업무지구	'99.10. 6
	2호선	29.1	27	검단오류~운연	'16. 7.30
	소 계	58.5	56		
광 주	1호선	20.5	20	녹동~평동	'04. 4.28
대 전	1호선	20.5	22	판암~반석	'06. 3.16
부산~김해	부산~김해 경전철	23.2	21	사상~가야대	'11. 9.17
의정부	의정부 경전철	11.1	15	발곡~탑석	'12. 7. 1
용 인	용인 경량전철	18.1	15	기흥~전대	'13. 4.26
우이신설	우이신설동경전철	11.0	13	북한산우이~신설동	'17. 9. 2
신분당선,주	신분당선	17.3	6	강남~정자	'1110,29
경기철도,주	신분당선	13.8	7	정자~광교	'16. 1.30
이레일,주	서해선	22.3	12	소사~원시	'18. 6.16
공항철도,주	공항철도선	63.8	14	서울역~인천공항2T	'07. 3.23

2018년 말 기준 도시철도 차량은 총 5,833량이고, 열차편성은 889개 편성이다.

도시철도 하루 수송인원은 2018년 말 기준으로 일평균 9,911천 명이며, 지역별로는 서울 7,753천 명, 부산 921천 명, 대구 446천 명, 인천 442천 명, 대전 109천 명, 광주 52천 명, 부산~김해 경전철 50천 명, 의정부 경전철 38천 명, 용인경전철 30천 명, 우이~신설 경전철 70천 명을 수송하고 있다.

또한 2018년 말 기준으로 연간 수송인원은 총 3,617백만 명이며, 지역별로는 서울이 2,830백만 명으로 가장 많이 수송하고 있다. 그리고 민자철도의 연간 수송인원은 204백만 명이며, 신분당선(강남~정자~판교) 약 110백만 명, 서해선 약 8백만 명, 공항철도 약 87백만 명을 수송하고 있다.

나. 도시철도 건설 현황[11]

구 분	노 선	연 장 (km)	구 간	총 사업비 (억 원)	사업 기간	추진 단계
합 계	10개 노선	111.8	-	77,189	-	-
서 울	9호선 3단계	9.1	잠실~둔촌동	13,095	'09~'15	공사
	신림선 경전철	7.8	여의도~서울대앞	8.318	'15~'20	설계
부 산	양산선	12.5	노포~복정	5,558	'11~'21	기본계획확정
	사상~하단	6.9	사상~하단	5,388	'10~'18	설계
광 주	2호선	41.9	시청~광주역~시청	19,053	'13~'24	설계
인 천	1호선 송도연장*	0.8 (7.3)	국제업무지구~송도 (동막~송도)	8,333	'01~'20	설계 ('09.6 일부개통)
	7호선 석남연장	4.2	부평구청~석남	3,827	'11~'18	공사
대 전	2호선	28.6	진잠~유성	13,617	'13~'22	기본계획 수립중

* 인천 1호선 송도연장은 전체 7.3km 중 동막~국제업무지구, 6개역 6.5km 기 개통 ('09. 6)

---

11) 국가교통 · SOC 주요통계, 국토교통부, 2016

3. 광역철도

가. 광역철도의 정의

'광역철도'는 '둘 이상의 시·도에 걸쳐 운행되는 도시철도 또는 철도로서 대통령령으로 정하는 요건에 해당하는 도시철도 또는 철도'를 말한다(대도시권 광역교통관리에 관한 특별법). 따라서 광역철도는 다음 각 호의 요건을 모두 갖추고 국토교통부장관이나 특별시장·광역시장·특별자치시장 또는 도지사가 「국가통합교통체계효율화법」에 따른 국가교통위원회의 심의를 거쳐 지정·고시한 도시철도 또는 철도를 말한다.

1) 특별시·광역시·특별자치시 또는 도(이하 "시·도"라 한다) 간의 일상적인 교통수요를 대량으로 신속하게 처리하기 위한 도시철도 또는 철도이거나 이를 연결하는 도시철도 또는 철도일 것

2) 전체 구간이 아래 대도시권의 범위에 해당하는 지역에 포함되고, 같은 표에 따른 권역별로 다음 각 목의 구분에 따른 지점을 중심으로 반지름 40킬로미터 이내일 것

   가) 수도권 : 서울특별시청 또는 강남역

   나) 부산·울산권 : 부산광역시청 또는 울산광역시청

   다) 대구권 : 대구광역시청

   라) 광주권 : 광주광역시청

   마) 대전권 : 대전광역시청

《대도시권 범위》

권역별	범위
수도권	서울특별시, 인천광역시 및 경기도
부산·울산권	부산광역시, 울산광역시, 경상북도 경주시 및 경상남도 양산시·김해시·창원시
대구권	대구광역시, 경상북도 구미시·경산시·영천시·군위군·청도군·고령군·성주군·칠곡군 및 경상남도 창녕군
광주권	광주광역시 및 전라남도 나주시·담양군·화순군·함평군·장성군
대전권	대전광역시, 세종특별자치시, 충청남도 공주시·논산시·계룡시·금산군 및 충청북도 청주시·보은군·옥천군

3) 표정속도(表定速度, 출발역에서 종착역까지의 거리를 중간역 정차 시간이 포함된 전소요시간으로 나눈 속도를 말한다)가 시속 50킬로미터(도시철도를 연장하는 광역철도의 경우에는 시속 40킬로미터) 이상일 것

4) 국토교통부장관은 광역철도로 지정·고시되었더라도 노선연장 등의 사유로 인하여 위각 호의 요건에 맞지 아니한다고 판단하는 경우에는 공청회를 열어 주민 및 관계 전문가의 의견을 듣고 위원회의 심의를 거쳐 광역철도의 지정을 폐지할 수 있다.

나. 광역철도 노선 현황

선 별	역수	구간	영업거리(km)	개통일
경부선	39	서울 ~ 천안	103.5	1974. 8.15.
장항선	6	천안 ~ 신창	19.4	2008.12.15.
경인선	20	구로 ~ 인천	27.0	1974. 8.15.
경원선	24	청량리 ~ 소요산	42.9	1974. 8.15.
중앙선	27	용산 ~ 지평	74.8	1978.12. 9.
안산선	13	금정 ~ 오이도	26.0	1988.10.25.
과천선	8	남태령 ~ 금정	14.4	1993. 1.15.
분당선	34	왕십리 ~ 수원	52.9	1994. 9. 1.
일산선	11	지축 ~ 대화	19.2	1996. 1.30.
경의선	24	문산 ~ 용산(서울)	53.3	2009. 7. 1.
경춘선	19	상봉 ~ 춘천	80.7	2010.12.21.
수인선	12	오이도 ~ 송도	19.9	2012. 6.30.
경강선	10	판교 ~ 여주	57.0	2016. 9.24.
동해선	14	부전 ~ 일광	28.0	2016.12.30.
14개 노선	261역	-	619.0 km	-

고속철도

1. 고속철도의 건설과 KTX열차 운행

'고속철도'에 대한 정의는 '철도의 건설 및 철도시설 유지관리에 관한 법률'에 다음과 같이 나와 있다. '고속철도란 열차가 주요 구간을 시속 200킬로미터 이상으로 주행하는 철도로서 국토교통부장관이 그 노선을 지정·고시하는 철도를 말한다.'

2004년 4월에 개통한 고속철도는 가히 교통혁명이라 불릴 정도로 철도뿐만 아니라 국내 교통체계에도 큰 변화를 가져 왔다. 경부고속철도는 우리나라 물류망의 기본 축인 경부고속도로의 용량 부족에 따른 수송력 해결방안으로 1970년대부터 거론되어 오다가 1981년 정부에서 제5차 경제사회발전 5개년계획에서 1986~1989년 사이에 서울~대전 간 160km구간에 고속전철을 건설하기로 계획을 반영한 것이 공식화된 것으로 처음이었다. 이후 서울~대전 간 고속철도 건설의 효율성이 없다는 의견이 제기되어 1983년 계획을 수정하여 서울~부산 간 고속철도 건설 타당성을 조사하고 그 결과에 따라 계획하기로 했다. 이와 같은 수차례의 수정을 거쳐 1989년 7월 정부에서 '고속전철 및 신국제공항건설추진위원회'를 설립하여 사업근거를 마련하고 본격적인 건설 준비와 작업을 시작하였다.[12]

1990년 6월에는 경부고속철도 전 노선이 결정되었고, 1992년 6월 천안아산역 예정지에서 기공식을 거행하였다. 그러나 바퀴식 차량과 자기부상열차에 대한 방식 결정, 열차 도입 국가 선정 문제, 문화재 훼손 논란, 잦은 설계 변경, 외환위기 등 여러 가지 많은 어려움이 있었다. 그럼에도 이를 극복하고 공사 예정 기간을 훨씬 넘겼지만 경부선 1단계 공사를 완료하였고,

---

12) 고속철도건설사. 한국철도시설공단, 2011.11

프랑스 테제베(TGV)차량을 도입하여 2004년 4월 1일 우리나라 철도에 역사적인 초고속열차 KTX(Korea Train Express) 운행이 시작되었다. 당시 호남선에도 KTX열차가 투입되어 대폭적인 운행시간이 단축됨에 따라 전국이 일일생활권에 들게 되었다. 그리고 2010년 11월 대구에서 경주, 울산, 부산을 잇는 2단계 경부고속선이 개통되었고, 동시에 우리나라에서 자체로 개발한 'KTX-산천'이 투입되어 운행을 시작했다.

호남선의 경우 경부선과 같이 KTX열차가 운행을 시작했지만, 열차는 서울에서 대전조차장역까지 경부고속철도 선로를 이용하고 이후는 서대전을 지나는 기존의 호남선을 따라 광주와 목포까지 운행하였다. 2015년 4월에는 오송에서 광주송정까지 호남선 1단계 고속철도 구간이 개통되었다. 이후 경부선 서울~금천구청 구간의 선로용량 부족 문제를 해소하고 수도권 동·남부권까지 고속철도 수혜지역을 확대하기 위한 사업으로 서울 강남구 수서동에서 평택까지 수도권고속철도가 2016년 12월 개통되었다. 수도권고속철도은 '㈜에스알'에서 운용을 담당하여 우리나라 간선철도 역사상 최초로 한국철도공사와 경쟁체제가 도입되었다.

현재 고속철도 건설이 진행 중인 곳은 호남선 2단계 사업인 광주송정과 목포 구간 (77.6km), 인천에서 경부고속선으로 연결하는 사업(수인선 어천~경부고속선 6.24km), 경부선 서정리에서 수도권고속선으로 연결하는 사업(경부선 서정리~수도권고속선 지제, 9.45km) 등이 있다.

한편 기존선의 고속화 사업으로 주요선로에 KTX열차의 운행이 가능해졌다. 2010년 경전선 삼랑진~마산 간 복선전철이 개통되면서 서울에서 대구까지 고속선로를 이용하고 밀양을 경유하여 마산까지 운행을 시작했다. 다음 해에는 전라선 전철화 사업이 완공되어 용산~여수 (여수엑스포역)간 고속열차가 직결운행이 가능해졌다. 또한 공항철도에도 KTX열차가 운행하여 평창 동계올림픽의 성공적인 개최를 뒷받침하였다. 현재는 광명역 도심터미널과 공항리무진 셔틀서비스로 대체하고 운행을 중지하고 있으나 국제대회 등 주요 행사시에 한하여 공항철도에 고속열차를 투입하고 있다. 2017년 12월 원주~강릉 간 120.7km의 경강선 복선전철이 최고속도 250km/h의 고속화전철로 개통되어 서울~강릉 간을 1시간 52분에 주파하여 앞에서 언급한 평창 동계올림픽 수송에 공헌을 하였다.

《우리나라 고속철도 현황》[13]

구 분	구 간 (연장km)	공사기간	최고 속도 (km/h)	최소곡선 반경(m), 최급구배 (%)	터널 단면 (㎡)	노반구성(km)		
						터널	교량	토공
경부 고속철도	서울~부산 (418.7)	'92~'04 /'16	300	7,000 15(35)‰	107.9	153.7 (36.3‰)	114.1 (26.9‰)	156.1 (36.8‰)
호남 고속철도	오송~광주 (182.3)	'06~'16	300	5,000 24‰	96.7	45.9 (24.9‰)	72.7 (39.4‰)	65.9 (35.7‰)
수도권 고속철도	수서~평택 (61.1)	'08~'16	300	1,200 25‰	89.5	56.8 (93.0‰)	- (‰)	4.3 (7.0‰)

2. 고속철도 수송현황 등[14]

가. 간선철도 운송실적

(단위 : 천 명)

종별	2009	2010	2011	2012	2013	2014	2015	2016
KTX	37,477	41,349	50,309	52,362	54,744	56,917	60,535	64,617
일반철도	70,256	70,744	71,460	73,455	77,290	77,526	75,462	70,914
합계	107,733	112,093	121,769	125,817	132,034	134,443	135,997	135,531

* 전철은 제외한 것임

나. 여객 운송 수입

(단위 : 억 원)

종별	2010	2011	2012	2013	2014	2015	2016	2017
KTX	1,387	13,853	15,056	16,054	16,723	19,627	20,570	18,107
일반 철도	4,773	4,797	5,005	5,052	5,172	5,151	4,855	4,730
전철	5,650	5,977	6,762	7,218	7,787	8,284	9,342	8,861
합계	21,810	24,627	26,823	28,324	29,682	32,702	34,767	31,698

---

13) 2019 국가교통 SOC주요통계, 국토교통부, 2018. 8
14) 위 주요통계

다. 세계 고속철도의 주요 차량현황

국가	차종	편성수	편성량	좌석수	열차길이(m)
한국	KTX	46	20	935	388
	KTX-산천	24	10	363	201
	KTX-호남	22	10	410	201
	SRT	10	10	410	201
	KTX-원강	15	10	410	201
프랑스	Eurostar	16	20	770	394
	TGV S	90	10	350	200
	TGV A	105	12	485	238
	TGV R	80	10	377	200
스페인	AVE 100	18	10	329	200
	AVE 103	26	8	403	200
독일	KE1	60	14	627	358
	KE2	44	8	368	205
	KE3	68	8	394	200
일본	Series100	66	16	1,321	402
	Series200	58	12	885	300
	Series300	64	16	1.323	402
	Series400	12	7	399	149
	Series500	9	16	1,324	404
	SeriesN700	118	16	1,324	405
	Series800	9	6	392	300
	SeriesE1	6	12	1,235	300
	SeriesE3	19	6	334	128
	SeriesE5	28	10	731	253
	SeriesE6	24	7	336	149
	SeriesE7	27	12	934	300

3. 고속철도 파급 효과

고속철도의 핵심은 무엇보다도 빠른 속도에 의한 열차 운행시간 단축에 있다. 경부선 서울~부산 간의 경우 기존의 새마을호 열차로 4시간 10분이 걸렸으나 고속열차로는 2시간 40분으로 단축되는 등 각 지역의 고속열차 운행으로 전국이 일일생활권이 되었다. 따라서 고속철도의 효과로 첫 번째 꼽을 수 있는 것은 통행시간의 절감이다. 이에 따라 서울에서 대구 및 광주를 오가던 국내선 항공이 대폭 축소되기도 했다. 또한 서울에서 천안, 오송, 대전까지 출퇴근하는 사람들도 많이 증가하고 있다. 두 번째로는 에너지 및 환경 비용의 절감이다. 철도는 에너지 효율 및 환경 측면에서 경쟁수단인 승용차, 버스 등에 비해 훨씬 우수하다. 오염물질 배출량은 도로에 비해 1/3 수준인 것으로 알려져 있다. 또한 고속철도의 에너지 효율은 항공기 대비 18배, 승용차 대비 10배, 버스 대비 3배 가량 높다. 따라서 고속열차 운행은 교통수단 간 분담률 변화로 석유 에너지 소비감소, CO_2 배출 저감 및 환경 오염물질 배출 감소 등의 경제적, 환경적 편익이 발생한다. 세 번째로는 지역경제 및 사회 문화적 측면에서 많은 영향을 주고 있다는 점이다. 지역 간 접근성의 향상으로 새로운 경제축의 형성과 도시 공간의 기능적 범위 확대로 이어져 지역경제 성장에 긍정적으로 작용한다. 이는 지역의 국제회의 개최 실적 증가, 지방 도시민들의 문화 관광 활동 활성화, 장거리 통근 및 통학 증가, 고속열차 정차역 중심으로 지가 상승, 정차지역 이미지 향상, 국토균형 발전 등에 기여를 하고 있다.[15]

한편 고속철도 개통에 따른 변화를 대변하는 7가지 혁명으로 비유한 한 경우도 있다[16]. 즉, 고속철도 개통을 교통혁명에 비유하여 다음과 같이 설명을 하고 있는 것이다. 1) 속도의 혁명 : 이동속도 140km/h → 350km/h 2) 시간의 혁명 : 이동시간 4시간 40분 → 2시간 30분 3) 인식의 혁명 : 심리적 시간 · 거리장벽 → 超경계 4) 공간의 혁명 : 지역단절과 분리 → 단일 도시권화 5) 통근의 혁명 : 출퇴근 거리 50km → 200km 6) 기술의 혁명 : 일반철도 → 첨단고성능철도 7) 지역발전 인프라의 혁명, 고속도로 → 고속철도

---

15) 2019 신한국철도사, 국토교통부, 2019. 9
16) 고속철도, 대한민국 미래를 만들다(고속철도 개통 10주년 세미나 자료), 이재훈, 2014. 3

제5절 철도 산업의 특성과 장·단점

1. 철도 산업의 특성

철도 산업은 일반 제품을 생산하는 산업과 달리 다음과 같은 특성이 있다.[17]

　　가. 철도수송 서비스는 구간별·노선별·시간대 등에 따라 운행비용이 다르기 때문에 개별 비용의 파악이 어렵다.

　　나. 철도 산업의 수송 서비스는 비용을 부담하는 이용자뿐만 아니라 비용을 부담하지도 않고 이용하지 않는 사람에게도 편익이나 피해를 주는 외부 경제효과를 가지고 있다.

　　다. 수송 서비스의 이용 가능성은 사람들의 일상생활에 큰 영향을 끼치고, 특히 수요에 관계없이 필수적으로 공급되어야 한다.

　　라. 철도는 시설 투자비용이 막대하고 공급 비용이 커서 '규모의 경제'가 존재한다. 따라서 자연히 독점성이 큰 산업인 관계로 대부분의 국가에서는 철도를 단일 주체에 의해 운영하고 있다. 따라서 철도 산업은 일반상품과 달리 공공성이 강조되어 정부가 직접 운영하거나 또는 민간이 운영한다 해도 엄격한 규제가 적용된다. 예전에 우리나라의 교통수단 중에서 독점적 지위를 차지하던 철도는 도로와 항공 등 다른 교통수단의 발달로 공공성과 독점력이 많이 약화되었다. 특히 정부의 철도 상하분리 방침에 따라 철도청이 2004년에 철도건설을 담당하는 한국철도시설공단과 철도운영을 담당하는 철도청으로 분리되었다가 2005년도에 철도청은 한국철도공사로 바뀌었다. 따라서 한국철도공사에서는 공공성과 수익성을 동시에 추구할 수밖에 없는 공기업으로 철도운영을 책임지고 있다.

---

17) 정현철, 한국철도의 운영개설, 성문사, 1997

2. 철도의 장점

철도의 장점 및 단점에 대하여는 여러 가지로 나타낼 수 있으나 다음과 같이 정리할 수 있겠다.[18]

가. 대량 수송성

전기 또는 경유를 이용하는 기관차를 통하여 열차에 많은 차량을 연결하여 일시에 대량으로 수송이 가능하다. 아울러 정해진 운전 시각에 맞춰 고속으로 열차 운행이 가능하므로 단시간 내에 여객이나 화물을 대량으로 수송할 수 있다.

나. 안전성

열차 운행은 각종 보안 설비를 통하여 이루어지므로 수송에 안전성을 확보할 수 있다. 즉 궤도를 이용한 신호설비 등 안전시스템은 여객과 화물을 수송하는 열차의 안전을 절대적으로 확보한다. 따라서 안전성은 교통수단 중에서 철도가 가장 앞서고 있다.

다. 주행 저항성

철(鐵)로 된 레일 위로 역시 철로 만들어진 차량(차륜)이 주행하기 때문에 주행저항이 대단히 적어 열차의 고속 주행이 가능하다.

라. 고속성

열차는 전용선로를 운행하므로 도로와 같은 교통정체 등이 없어 고속으로 운행이 가능하고, 특히 최신 IT 기술 등이 접목된 첨단 차량의 개발로 안전하고 빠른 열차 운행이 가능하다.

마. 안정성(신뢰성)

열차는 기상조건 등의 변화에 거의 영향을 받지 않으므로 계획된 수송을 안정적으로 할 수

---

18) 원제무 외, 알기쉬운 철도교통계획론, 한국학술정보(주), 2012. p.68

있는 신뢰성이 있다. 따라서 화물수송 등에 있어 업체에서는 계획된 물량을 안정적으로 수송할 수 있다.

바. 쾌적성

다른 교통수단에 비해 객차 내 좌석의 폭이 넓은 것을 포함하여 차량 내부 공간이 넓으며, 승차감이 좋다. 또한 차내 소음이 적고 창밖의 조망이 좋다.

사. 저렴성

철도는 대량 수송이 가능하고 운송 능력이 높으므로 저렴한 운임으로 운송서비스를 제공할 수 있다.

아. 장거리 운행성

철도는 안전한 차량 구조와 보안 시스템으로 중·장거리 운행에 갖춰야 할 제반 특성을 모두 갖춘 시스템이다. 따라서 지역 간 장거리 운행에 적합한 교통수단이다.

자. 에너지 효율성

철도는 승용차, 버스, 화물자동차 등 육상 교통수단에 비해 월등히 높은 에너지 효율성을 가지고 있다. 에너지 효율성 비교표는 아래와 같다.

구 분	수 단	단위수송량당 에너지 소모(Kcal/인·km, 톤·km)	철도 대비
여객	택시	532.1	5.6
	버스	209.3	2.2
	철도	94.4	1.0
화물	공로	1,554.1	14.2
	철도	109.4	1.0

* 자료 : '고유가대비 교통부문 영향분석 및 에너지 점검방안 연구' (한국교통연구원 2005)

차. 환경 친화성(저공해성)

철도 차량의 배기가스에 의한 대기 오염 발생은 아주 적다. 특히 전기를 이용한 차량의 경우 배기가스에 의한 오염이 거의 없는 편이다. 또한 철도 시스템의 첨단화로 소음 진동에 의한 영향이 비교적 적은 편이다.

카. 국토 이용의 효율성

복선 철도의 건설이 4차선 고속도로의 건설에 비해 토지 사용 면적이 적고 수송량은 훨씬 많은 편이다.

3. 철도의 단점

가. 소규모 여객이나 화물의 수송에 부적합하다.

나. 중·장거리보다 단거리 수송에 적합하지 않다.

다. 이용의 접근성 즉, 문전 수송(door to door)이 어렵다.

라. 승용차 등에 비해 열차 내의 프라이버시 확보가 곤란하다.

마. 화차 이용 시 상당 시일 전에 승인을 받아야 한다.

바. 화물 운송의 경우 고급 소량 물품의 다방면 분산 집배 수송에 적합지 못하다.

철도 종류별 및 재원 분담

1. 철도 유형별 개념 및 건설 주체 현황

유 형	개 념	건설 주체
	'철도'란 여객 또는 화물을 운송하는 데 필요한 철도시설과 철도차량 및 이와 관련된 운영과 지원체계가 유기적으로 구성된 운송체계를 말한다. (철도산업발전기본법 제3조 제1호, 철도의건설 및 철도시설유지관리에관한법률 제2조 제1호)	
고속철도	- 열차가 주요구간을 시속 200km이상으로 주행하는 철도로서 국토교통부장관이 그 노선을 지정·고시한 철도 (철도의건설 및 철도시설유지관리에관한법률 제2조 제2호)	- 국가, 지자체, 한국철도시설공단 - 민간투자사업시행자
일반철도	- 고속철도와 도시철도를 제외한 철도 (철도의건설 및 철도시설유지관리에관한법률제2조제4호, 교통시설특별회계법제2조제2호)	- 국가, 지자체, 한국철도시설공단 - 민간투자사업시행자
도시철도	- "도시철도"란 도시교통의 원활한 소통을 위하여 도시교통권역에서 건설·운영하는 철도·모노레일·노면전차·선형유도전동기·자기부상열차 등 궤도에 의한 교통시설 및 교통수단(도시철도법 제2조 제2호)	- 국가 - 도시철도사업의 면허를 받은 지자체, 특별법인, 지방공기업(도시철도공사, 기타 법인) - 국가·지자체로부터 건설·수탁을 받은 법인
전용철도	- 다른 사람의 수요에 따른 영업을 목적으로 하지 아니하고 자신의 수요에 따라 특수목적을 수행하기 위하여 설치 또는 운영하는 철도(철도사업법 제2조 제5호) - 전용철도를 경영하고자 하는 자는 국토교통부장관에게 등록(철도사업법 제34조)	- 민간
광역철도	- 2개 이상의 시·도에 걸쳐 운용되는 도시철도 또는 철도로 ○ 시·도간의 일상적인 교통수요를 처리하기 위한 도시철도 또는 철도와 이를 연결하는 도시철도 또는 철도로서 ○ 국토교통부장관 또는 시·도지사가 국가교통 위원회의 심의를 거쳐 고시한 구간의 도시철도 또는 철도(대도시권광역교통관리에관한특별법 제2조제2호나목 및 시행령 제4조, 철도의건설 및 철도시설유지관리에관한법률 제2조 제3호)	- 국가, 지자체 * 비용부담 : 국가70%, 지자체 30%, 단, 서울시는 구가 50%, 지자체 50% - 민간투자사업 시행자

2. km당 철도 건설비용[19]

(단위 : 억 원/km)

구 분	단 선		복 선		복 선 전 철		비 고
	일반부	도시부	일반부	복선부	일반부	도시부	
계	219.2	311.3	337.2	479.9	376.1	539.6	
- 용지부	23.3	53.2	35.0	81.7	35.0	81.7	
- 시설비	181.6	238.6	280.2	368.3	315.2	424.1	
· 노반	142.7	199.7	219.2	307.4	219.2	307.4	
· 궤도	13.0	13.0	25.9	25.9	25.9	25.9	
· 건물	7.8	7.8	11.7	11.7	23.3	23.3	복선전철변전소 반영
· 전력	5.2	5.2	7.8	7.8	7.8	11.7	
· 신호	6.5	6.5	9.1	9.1	9.1	11.7	지상신호방식
· 통신	6.5	6.5	6.5	6.5	10.4	20.8	
· 전차선	0.0	0.0	0.0	0.0	19.5	23.3	
-부대비	14.3	19.5	22.0	29.8	25.9	35.7	시설비의8.1%

* 자료 : 철도건설표준사업비(KCI, 2014), 2014는 기준 E/S(1.297 적용)

---

19) 국가교통·SOC 주요통계, 국토교통부, 2018

3. 철도 건설 종류별 재원 분담 현황

종 류 별	건설 주체	사업비 부담	근 거
고속철도	국가 (한국철도시설 공단 대행)	- 국가 45% (출연 35%, 융자 10%) - 공단 55%	철도의건설 및 철도시설유지 관리에관한법률 제20조 경부고속철도건설계획 (1993. 6. 14)
		- 국가 50% (2007년부터 적용) - 공단 50%	철도의건설 및 철도시설유지 관리에관한법률 제20조 경부고속철도 2단계 기본 계획변경(2006. 8.23)
		- 국가 50% - 공단 50%	철도의건설 및 철도시설유지 관리에관한법률 제20조 호남고속철도기본계획 (2006. 8.23)
		- 국가 40% - 공단 60%	철도의건설 및 철도시설유지 관리에관한법률 제20조 수도권고속철도기본계획 (2009.12.31)
일반철도	국가 (한국철도시설 공단 대행)	- 국가 100%	철도의건설 및 철도시설유지 관리에관한법률 제20조 사업시행자 부담
광역철도	국가 (한국철도시설 공단 대행)	- 국가 70% - 지자체 30% (서울시의 경우 국가50%, 지자체 50%)	대도시권광역교통관리에관 한 특별법 제10조 제2항 제 1호 및 동법시행령 제13조
민자철도	민간사업자	- 지원비율은 실시협약에서결 정(예, 인천국제공항 철도) - 국가 24.3% (융자비 + 건설보조금) - 민간 75.7% (인천국제공항철도)	사회간접자본시설에대한민간 투자법 제53조
도시철도	지자체	- 국가 60% - 지자체 40% (서울시의 경우 국가 40% 지자체 60%)	도시철도법 제22조 제1항 도시철도건설 및 지원에 관한 기준

장래의 철도 계획

1. 제3차 국가철도망 구축 계획

'제3차 국가철도망 구축계획(2016~2025)'[20]은 "국민행복과 지역 발전을 실현하는 철도"를 구축하겠다는 비전 아래, 6대 추진 방향을 제시하였다.

가. 제3차 국가철도망 구축 6대 추진 방향

1) 기존 철도망의 효율성 제고
2) 주요 거점 간 고속 이동 서비스 제공
3) 대도시권 교통난 해소
4) 안전하고 이용하기 편리한 여건 조성
5) 철도 물류 경쟁력 강화
6) 통일을 대비한 한반도 철도망 구축

나. 제3차 국가철도망 구체적 추진 사항

1) 기 추진 중인 고속철도 사업의 적기 완공, 일반철도 고속화를 통해 고속·준고속 철도 서비스를 전국으로 확대한다. 우선, 기존 고속철도에 대한 연장구간 건설과 수도권 고속철도 완공을 통해 전국 주요거점을 연결하는 고속철도망을 구축하고, 고속열차의 원활한 운행을 위한 병목구간 해소, 고속철도 서비스 지역 확대를 위한 연결선 사업이 추진된다. 또한, 철도서비스가 제공되지 않는 지역에 고속화철도(200km/h 이상)를 건설

---

20) 제3차 국가철도망구축계획, 국토교통부, 2016. 6.16

하고, 낙후된 기존 일반철도를 고속화(230km/h)하는 사업도 추진될 예정이다.

2) 광역 교통체계의 혁신을 위한 광역철도(급행노선 포함)를 구축하여 주요 도시에 광역 철도 서비스 제공을 확대한다. 수도권광역급행철도 건설을 통해 수도권 주요 거점 간 30분 통행을 실현하고, 이미 시행 중인 10개 수도권 광역철도 사업도 적기에 완공하며, 대량의 통행수요가 발생하는 수도권 대단위 택지개발지역에 광역철도망 공급과 충청권·대구권 등 지역 광역통행을 위한 철도망도 지속적으로 확대한다.

3) 비전철과 전철이 혼재되어 전철운행이 불가능한 주요 간선을 전철화 시키는 사업도 추진한다. 장항선·경전선·동해선·경북선 등 비전철 구간의 전철화를 추진하여 해당 노선의 열차속도 향상, 전철운행, 열차운영편성 증가 등이 가능한 환경을 조성함으로써 운영효율성이 확보된다.

4) 산업단지·물류거점을 연결하는 대량수송 철도물류 네트워크를 구축해 나간다. 국내 화물운송에 있어 친환경 운송수단인 철도의 역할 증대를 위해 핵심 물류거점인 항만, 산업단지, 내륙화물기지를 간선 철도망과 연결하는 인입철도 건설을 추진한다.

다. 제3차 국가철도망 계획 완료에 따른 기대효과

1) 철도관련 주요 지표 변화

가) 광역경제권 간 주요 거점의 철도망 연결

구분		2014	2026	증가
철도연장 (km)	합계	3,729.3	5,363.5	1,634.2
	고속철도	368.5	708.7	340.2
	일반철도	3,302.7	4,195.8	893.1
	광역철도	58.1	459.0	400.9
복선화율(%)		2,147(58.0)	3,813(71.0)	13.0
전철화율(%)		2,595(70.0)	4,421(82.0)	12.0

나) 이용 측면

"고속철도 서비스를 제공받는 비율이 절반 이상(46→60%)으로 확대"되고, "200km/h 이상의 고속화 철도까지 포함하면 전체 인구의 85%가 고속화된 철도의 수혜"를 받게 되어 "국민들의 교통복지 수준이 크게 향상" 될 것으로 보인다.

2) 철도운영 효율화

가) 고속·고속화철도 운행용량 확보로 수도권과 지역 간, 지역 주요거점 간의 원활한 교류 가능

나) 시설수준 상이구간 해소로 주요 간선의 전철 운행 가능

* 전철과 비전철이 혼재된 주요간선의 시설수준 일관성 확보로 전철운영 가능하며, 기존 전철구간 투자효과 현실화

3) 철도 경쟁력 확보

가) 지역 간 철도 고속통행 실현으로 철도 경쟁력 확보

* 경부, 호남 고속철도망이 완성되며, 주요지역간 일반철도 고속화 사업으로 도로 대비 속도 경쟁력 확보

나) 수도권 내 고속통행 실현으로 광역권 내 통행에 철도 경쟁력 확보

4) 고속 이동서비스 지역 확대

가) 고속철도, 고속화철도(준고속철도) 서비스가 전국으로 확대

나) 고속철도 서비스 인구비율 : 46% → 60%(정차지역 기준)

* 고속화철도 서비스 인구비율 : 5% → 25%(정차지역 기준)

5) 통일시대를 위한 철도망 구축

남북철도 단절구간 연결을 통한 남북철도망 연결 및 대륙철도 운행을 위한 기틀 마련

라. 경제적 파급 효과

총 36개 신규사업, 44조 6,313억 원 투자계획이며, 이에 따른 경제적 파급효과는 총 140조 2,127억 원으로 추산

구 분	생산유발효과(억 원)	임금유발효과(억 원)	고용유발효과(인)
금 액	1,220,628	181,499	1,082,017

마. 투자계획

1) 투자규모는 제3차 국가철도망 구축계획('16~'25) 기간 동안 철도망 확충에 총 70.4조 원이 소요될 전망이다.

2) 부문별 투자규모는 계획기간 동안 고속철도 7.8조원, 일반철도 38.4조원, 광역철도 24.2조원이 소요될 전망이다.

3) 재원조달은 국고 43.1조원, 지방비 3.0조원, 민자유치 19.8조원, 공단 채권 등 기타 4.5조원 등으로 소요재원을 마련한다.

- '15년까지 23.6조 원, '16~20년 22.0조 원, '21~'25년 21.1조 원

《철도 투자계획》

(단위 : 억 원)

구분	총 사업비	'15년 까지	'16 ~ '20	'21 ~ '25	계획기간 내	계획기간 후
국고	815,279	236,459	220,146	210,854	431,000	147,820
지방비	64,207	8,068	19,024	11,935	30,959	9,353
민자	266,632	19,407	73,831	123,933	197,764	49,461
공단채권, 광역교통개선 부담금 등	145,229	100,511	34,137	10,580	44,717	-
소계	1,291,347	364,445	347,138	357,302	704,440	206,633

* 국가재정운영계획, 단년도 편성 예산 등 재정여건에 따라 변동 가능

2. 대도시권 광역교통정책 '광역교통 2030' 계획

향후 대도시권 광역교통정책 방향을 담은 '광역교통 2030' 계획은 앞으로 10년 간 대도시권 광역교통의 정책방향과 광역교통의 미래모습을 제시한 기본구상으로 '광역거점 간 통행시간 30분대로 단축', '통행비용 최대 30% 절감', '환승시간 30% 감소'의 3대 목표를 제시하고 있다.[21]

---

21) '광역교통 2030', 국토교통부, 2019.10.31

가. 세계적 수준의 급행 광역교통망 구축

1) 주요 거점을 30분대에 연결하는 광역철도망을 구축

가) 수도권 주요거점을 광역급행철도로 빠르게 연결하여, 파리, 런던 등 세계적 도시 수준의 광역교통망 완성(주요 거점 30분대 연결)

① 수도권급행철도 A노선('23), 신안산선('24)은 계획대로 차질 없이 준공하고, 수도권급행철도 B·C노선은 조기 착공을 적극 추진하며, 이를 통해, 수도권 인구의 77%가 급행철도의 수혜지역에 해당하게 될 것으로 예상

② 추가적으로, 급행철도 수혜지역 확대를 위하여 서부권 등에 신규노선도 검토

③ 이와 함께, 4호선(과천선) 등 기존 광역철도 노선을 개량하여 급행운행을 실시하고, 인덕원~동탄 등 신설되는 노선도 급행으로 건설하여 급행 운행비율을 현재의 2배 이상(16% → 35%, '30)으로 확대

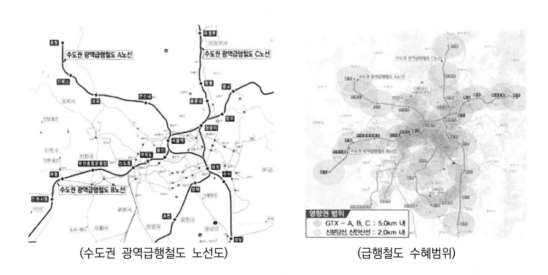

(수도권 광역급행철도 노선도)　　　　　　(급행철도 수혜범위)

나) 어디서나 접근 가능한 대도시권 철도 네트워크를 구축

① 유기적인 철도 네트워크 구축을 위하여 수인선('20, 동서축), 대곡~소사('21, 남북축) 등 동서·남북축을 보강하고, 사상~하단선('23, 부산·울산권), 광주 2호선('25, 광주권) 등 도시내 이동성 강화를 위한 도시철도를 지속적으로 확충

② 아울러 일광~태화강('21, 부산·울산권) 등 기존 철도노선을 활용한 광역철도 운행으로 수송능

력을 증대할 예정

③ 트램, 트램-트레인 등 신교통수단을 적극 도입

㉠ 성남 트램 등 GTX 거점역의 연계 교통수단 및 대전 2호선 트램, 위례 신도시 트램 등 지방 대도시와 신도시의 신규 대중교통수단으로 트램을 활용 계획

㉡ 또한, 도시 내부에서는 트램으로, 외곽지역 이동시에서는 일반철도로 빠르게 이동하여 접근성과 속도 경쟁력을 동시에 갖춘 '트램-트레인' 도입 검토

2) 네트워크 강화를 통한 도로의 간선기능 회복

나. '광역교통 2030' 모습

1) 대도시권 거점 간 이동시간 30분대로 단축

〈 현 재 〉 　　　　　　　　　　　〈 2030 〉

고양(일산) → 서울역 : 85분　　　　고양(일산) → 서울역 : 30분

인천(송도) → 여의도 : 79분　　　　인천(송도) → 여의도 : 38분

남 양 주 → 서울역 : 72분　　　　　남 양 주 → 서울역 : 36분

화성(동탄) → 강남역 : 70분　　　　화성(동탄) → 강남역 : 35분

2) 대중교통 수송분담률 증대 및 교통비 30% 절감

3) 환승시간 30% 이상 단축 및 혼잡도 개선

다. 권역별 광역 교통 구상22)

1) 수도권의 동북권

사업명	사업구간	연장 (km)	추진현황	향후계획(안)	비고
GTX-B	마석~송도	80.1	'19.8 예타통과	'22 착공	구리·남양주축 보완
GTX-C	덕정~수원	74.2	기본계획 수립 중	'21 착공	의정부축 보완
진접선 (4호선 연장)	당고개~진접	14.9	공사 중	'21 준공	구리·남양주축 보완
별내선 (8호선 연장)	암사~별내	12.9	공사 중	'23 준공	구리·남양주축 보완
별내선 연장	별내~진접	3.2	왕숙지구 광역교통개선대책 수립 용역 중 (광역교통개선 분담금 등 활용)	예타 등을 거쳐 조치	왕숙 광역교통개선대책
7호선 연장	도봉산~옥정	15.3	설계 중	'19.下 착공	의정부축 보완
	옥정~포천	19.3	사업계획 적정성 검토 중	'19.下기본계획 수립 착수	의정부축 보완
구리선 (6호선 연장)	신내역~구리역	4	예타 중	예타 결과에 따라 조치	구리·남양주축 보완

2) 수도권의 동남권

사업명	사업구간	연장 (km)	추진현황	향후계획(안)	비고
GTX-A	운정~동탄	83.1	공사 중	'23 준공	성남축 보완
하남선 (5호선 연장)	상일동~창우동	7.7	공사 중	'20 준공	하남축 보완
인덕원~동탄	인덕원~동탄	37.1	설계 중	'21 착공	성남축, 과천/안양축 보완
위례~신사선	위례중앙~신사	14.7	민자사업 제3자 공고 중	'22 착공	위례 광역교통개선대책
신분당선 연장	광교~호매실	11.1	예타 중	예타 결과에 따라 조치	광교·호매실 광역교통개선대책
위례~과천선	복정~경마공원	15.2	사전타당성 조사 용역 중	예타 등을 거쳐 조치	하남축과 과천/안양축 연결

22) 권역별 사업은 제4차 광역교통시행계획 등 관련 계획 수립과정에서 세부검토할 예정이며, 최종적인 사업시행 여부는 예타 등 절차를 거쳐 확정하게 된다. 본 '광역교통 2030'을 수립한 '대도시권광역교통위원회'는 급행전철망 구축, 광역버스 확대 등 광역교통 개선을 위해 2019년 3월 설립되었다.

3호선 연장*	오금~덕풍	10	교산지구 광역교통개선대책 수립 용역 중 (광역교통개선 분담금으로 추진)		교산 광역교통개선대책
9호선 연장	강일~미사	1.4	서울시 도시철도 망구축계획(안)에 선행구간(고덕~강 일) 반영 검토 중	예타 등을 거쳐 조치	하남축 보완
신분당선 용산~강남	신사~강남 (1단계)	2.5	공사 중	'22 준공	성남축 보완
동탄 도시철도 (트램)	반월~동탄2	32.3	사전타당성 조사 용역 중	용역 결과에 따라 예 타 등을 거쳐 조치	동탄 광역교통개선 대책
성남 도시철도 (트램)	판교~정자역/ 운중동	13.7	예타 중	예타 결과에 따라 조 치	성남축 보완

3) 수도권의 서남권

사업명	사업구간	연장 (km)	추진현황	향후계획(안)	비고
GTX-B	마석~송도	80.1	'19.8 예타통과	'22 착공	인천/부천축 보완
GTX-C	덕정~수원	74.2	기본계획 수립 중	'21 착공	과천/안양축 보완
신안산선	안산·시흥~ 여의도	44.6	'19.9 착공	'24 준공	광명축 보완
월곶~판교선	월곶~판교	34.1	설계 중	'21 착공	광명축과 성남축,과 천/안양축 연결
수인선	수원~한대앞	19.9	공사 중	'20 준공	과천/안양축 보완
원종~홍대선	원종~홍대입구	16.3	사전타당성 조사 용역 중	예타 등을 거쳐 조치	인천/부천축 보완
인천 2호선 연장	인천대공원역~ 신안산선	미정	사전타당성 조사 용역 중	예타 등을 거쳐 조치	광명축 보완
인천 1호선 송 도 연장	동막역~송도랜 드마크시티역	7.4	공사 중	'20 준공	인천/부천축 보완
7호선 연장	부평구청역~ 석남동	4.2	공사 중	'20 준공	인천/부천축 보완
	석남동~ 청라국제역	10.7	설계 중	'21 착공	인천/부천축 보완
제2경인선	인천 청학~광명	18.5	예타 중	예타 결과에 따라 조치	광명축 보완
경부선 급행화	시설개량	-	공사 중 (금천구청역,군포 역)	'19.下 준공	과천/안양축 보완
과천선 급행화	시설개량	-	예타 중	예타 결과에 따라 조치	과천/안양축 보완

4) 수도권의 서북권

사업명	사업구간	연장 (km)	추진현황	향후계획(안)	비고
GTX-A	운정~동탄	83.1	공사 중	'23 준공	고양/파주축 보완
인천 1호선 검단 연장	계양역~검단신도시	6.9	설계 중	'20 착공	인천검단 광역교통개선대책
인천 2호선연장	독정역~불로지구	4.45	예타 중	예타 결과에 따라 조치	김포축 보완
	불로지구~일산역~탄현	15	사전타당성 조사 용역 중	예타 등을 거쳐 조치	김포축과 고양/파주축 연결
김포한강선	방화~양곡	24.2	사전타당성 조사 용역 중	예타 등을 거쳐 조치	김포축 보완
일산선 연장	대화~운정	7.6	사업재기획 용역 추진 중	예타 등을 거쳐 조치	고양/파주축 보완
고양선*	새절역~고양시청	14.5	창릉지구 광역교통개선대책 수립 용역 중(광역교통개선 분담금으로 추진)		창릉 광역교통개선대책
신분당선 서북부 연장	삼송~용산	18.5	예타 중	예타 결과에 따라 조치	고양/파주축 보완
대곡~소사선	대곡역~소사역 일산 연장 운행	18.4	공사 중	'21 준공	김포축과 고양/파주축 연결

5) 부산 · 울산권

사업명	사업구간	연장 (km)	추진현황	향후계획(안)	비고
사상~하단선	사상역~하단역	6.9	공사 중	'23 준공	내부 교통망 보완
양산도시철도	부산 노포동~양산 북정동	11.4	공사 중	'24 준공	양산축 보완
부산~울산 복선전철	일광역~태화강역	37.2	공사 중	'21 준공	울산축 보완
부전~마산 복선전철	부전역~진례역	32.7	공사 중	'20 준공	김해축 보완
용호선(트램)	경성대~이기대삼거리 (실증노선)	1.9	기본계획 수립 중	'22 준공	내부 교통망 보완
하단~녹산선	부산 하단~녹산	14.4	예타 중	예타 결과에 따라 조치	내부 교통망 보완

6) 대구권

사업명	사업구간	연장 (km)	추진현황	향후계획(안)	비고
대구권 광역철도	구미~경산	61.8	공사 중	'23 준공	경산축 등 보완
대구 1호선 하양연장	안심역~하양역	8.9	공사 중	'23 준공	영천축 보완
도시철도 엑스코선	수성구민운동장역~ 이시아폴리스	12.4	예타 중	예타 결과에 따라 조치	내부 교통망 보완
대구 3호선 신서 혁신도시 연장	용지역~신서혁신도시	13	사업 재기획 용역 중	예타 등을 거쳐 조치	혁신도시 접근성 강화

7) 대전 · 광주권

사업명	사업구간	연장 (km)	추진현황	향후계획(안)	비고
충청권 광역철도 신설	1단계 계룡~신탄진	35.4	설계 중	'23 준공	계룡·세종축 보완
	2단계 신탄진~조치원	22.5	용역 중	예타 등을 거쳐 조치	
대전2호선 신설(트램)	정부대전청사~ 서대전~대전청사	36.6	'19.1 타재면제, 사업 계획 적정성 검토 완료	'25 준공	대전 순환망 보완
광주 2호선 신설	시청~광주역~시청	41.8	공사 중(1단계)	'25 준공	순환망 보완

Part 2

주요 법령

철도관련 주요 법령

1. 철도관련 법령

법률명	시행령(대통령령)	시행규칙(국토교통부령)
○ 철도산업발전기본법 ('03. 7.29)	○ 철도산업발전기본법시행령 ('03.11. 4)	○ 철도산업발전기본법시행규칙 ('03.11.24)
	○ 철도시설관리권 등록령 ('03.12.24)	○ 철도시설관리권등록령 시행규칙 ('03.12.29)
○ 철도의건설 및 철도시설유지관리에관한법률 ('04.12.31)	○ 철도의건설 및 철도시설유지관리에관한법률 시행령 ('05. 6.30)	○ 철도의건설 및 철도시설유지관리에관한법률 시행규칙('05. 7. 1)
		○ 철도건설규칙('05. 7. 6)
○ 철도사업법 ('04.12.31)	○ 철도사업법시행령 ('05. 6.30)	○ 철도사업법시행규칙('05. 7. 1)
○ 철도안전법 ('04.10.22)	○ 철도안전법시행령 ('05. 6.30)	○ 철도안전법시행규칙('05.7.13)
		○ 철도차량운전규칙 ('05. 7. 6)
○ 건널목개량촉진법 ('73. 2. 5)	○ 건널목개량촉진법시행령	○ 건널목입체교차와비용부담에 관한규칙 ('74. 6.10)
○ 도시철도법 ('90.12.31)	○ 도시철도법시행령 ('91. 7.25)	○ 도시철도법시행규칙('07.11. 2)
		○ 도시철도건설규칙('94. 5. 9)
		○ 도시철도운전규칙('95. 7.27)
		○ 도시철도채권매입사무취급규칙 ('80. 4.18)
○ 항공·철도사고조사에관한법률('05.11. 8)	○ 항공·철도사고조사에관한법률시행령('06. 6.15)	○ 항공·철도사고조사에관한 법률 시행 규칙 ('05.11. 8)
○ 한국철도시설공단법 ('03. 7.29)	○ 한국철도시설공단법시행령 ('03.12.30)	
○ 한국철도공사법 ('03.12.31)	○ 한국철도공사법시행령('04.11. 3)	

○ 대도시권교통관리에 관한 특별법 ('97. 4.10)	○ 대도시권교통관리에관한 특별법시행령 ('98. 1.17)	
○ 철도물류산업의 육성 및 지원에 관한 법률 ('16. 3.22)	○ 철도물류산업의 육성 및 지원에 관한 법률 시행령 ('16. 9.22)	○ 철도물류산업의 육성 및 지원에 관한 법률 시행규칙 ('16. 9.23)
○ 물류정책기본법 ('91.12.14)	○ 물류정책기본법 시행령 (''92. 6.11)	○ 물류정책기본법 시행규칙 ('92. 7.11)
○ 지속가능교통물류발전법 ('09. 6. 9)	○ 지속가능물류발전법 시행령 ('10. 1.18)	지속가능물류발전법 시행규칙 ('10. 1.21)
○ 역세권의 개발 및 이용에 관한 법률 ('10. 4.15)	○ 역세권의 개발 및 이용에 관한 법률 시행령	○ 역세권의 개발 및 이용에 관한 법률 시행규칙철도의견
○ 산업안전보건법 ('81.12.31)	○ 산업안전보건법 시행령 ('80. 8. 9)	○ 산업안전보건법 시행규칙('82.12.29) ○ 산업안전보건기준에 관한 규칙 (' 90. 7. 23)

2. 철도관련 행정규칙(훈령, 예규, 고시)

제 목	근 거	제정일
○ 도시철도의 건설과 지원에 관한 기준	○ 철도시설과-1615	○ 1997.12.27
○ 선로시설 기술기준(노반, 건축, 시스템편)	○ 국토교통부 고시 제2013-839호	○ 2004. 3.19
○ 철도차량 기술기준	○ 국토교통부 고시 제2014-820호	○ 2004.12.19
○ 국유철도운전세부지침	○ 철도안전과-848호	○ 2004.12.30
○ 전용선운전취급세부지침	○ 철도안전과-848호	○ 2004.12.30
○ 선로정비지침	○ 국토교통부 고시 제2014-132호	○ 2004.12.30
○ 철도차량 정밀진단 시행지침	○ 건설교통부고시 제2005-443호	○ 2005.12.22
○ 철도차량안전기준에 관한 지침	○ 국설교통부 고시 제2005-438호	○ 2005.12.22
○ 철도사고등의 보고에 관한 지침	○ 건설교통부고시 제2006-3호	○ 2006. 1. 5
○ 철도종사자 등에 관한 교육훈련시행지침	○ 국토교통부고시 제2006-51호	○ 2006. 2.22
○ 철도안전전문기관 지정지침	○ 건설교통부 고시 제2006-52호	○ 2006. 2.28

○ 철도차량 운전면허시험 시행지침	○ 건설교통부 고시 제2006-113호	○ 2006. 4.11
○ 철도차량운전면허응시자 및 철도종사자 신체검사에 관한 지침	○ 국설교통부 고시 제2007-603호	○ 2007.12.20
○ 도시철도차량의 정밀진단 기준	○ 국토해양부 고시 제2009-515호	○ 2009. 7.31
○ 철도의 건설기준에 관한 규정	○ 국토해양부 고시 제2009-832호	○ 2009. 9. 1
○ 도시철도 기본계획 수립지침	○ 국토해양부 예규 제 132호	○ 2009. 9.23
○ 도시철도의 건설과 지원에 관한 기준	○ 국토해양부 예규 제131호	○ 2009. 9.23
○ 도시철도차량의 정밀진단지침	○ 국토해양부 고시 제2010-469호	○ 2010. 7. 14
○ 건널목설치 및 설비기준지침	○ 국토해양부 고시 제2010-469호	○ 2010. 7. 14
○ 철도시설안전 세부기준	○ 국토해양부 고시 제2011-414호	○ 2011. 8. 3
○ 철도안전감독관 업무규정	○ 국토해양부 고시 제2011-414호	○ 2011. 8. 3
○ 선로배분지침	○ 국토해양부 고시 제2012-639호	○ 2012. 9.27
○ 철도종사자 음주 또는 약물복용 확인 · 검사업무지침	○ 국토교통부 훈령 제947호	○ 2012.12.27
○ 철도 노선 및 역의 명칭 관리지침	○ 국토교통부 고시제 2014-128호	○ 2014. 3.18
○ 철도교통관제 운영규정	○ 국토교통부고시 제2014-134호	○ 2014. 3.24
○ 철도안전관리체계 기술기준	○ 국토교통부고시 제2014-132호	○ 2014. 5.26
○ 철도안전관리체계 승인 및 검사시행지침	○ 국토교통부고시 제2014-133호	○ 2014. 5.26
○ 고속 및 일반철도차량 기술기준	○ 국토교통부고시 제2014-820호,	○ 2014.12.15
○ 철도유휴부지 활용지침	○ 국토교통부 훈령 제555호	○ 2015. 7.17
○ 철도종합시험운행 시행지침	○ 국토교통부 고시제 2015-790호	○ 2015.11.12
○ 철도시설유지보수 관리지침	○ 국토교통부고시 제2016-14호	○ 2016. 1.12

주요 법령 요약

1. 철도산업발전기본법[23]

가. 목적

이 법은 철도산업의 경쟁력을 높이고 발전기반을 조성함으로써 철도산업의 효율성 및 공익성의 향상과 국민경제의 발전에 이바지함을 목적으로 한다.

나. 주요 용어의 정의

1) "철도"라 함은 여객 또는 화물을 운송하는 데 필요한 철도시설과 철도차량 및 이와 관련된 운영·지원체계가 유기적으로 구성된 운송체계를 말한다.

2) "철도시설"이라 함은 다음 각목의 1에 해당하는 시설(부지를 포함한다)을 말한다.

　가) 철도의 선로(선로에 부대되는 시설을 포함한다), 역시설(물류시설·환승시설 및 편의시설 등을 포함한다) 및 철도운영을 위한 건축물·건축설비

　나) 선로 및 철도차량을 보수·정비하기 위한 선로보수기지, 차량정비기지 및 차량유치시설

　다) 철도의 전철전력설비, 정보통신설비, 신호 및 열차제어설비

　라) 철도노선 간 또는 다른 교통수단과의 연계운영에 필요한 시설

　마) 철도기술의 개발·시험 및 연구를 위한 시설

　바) 철도경영연수 및 철도 전문인력의 교육훈련을 위한 시설

　사) 그 밖에 철도의 건설·유지보수 및 운영을 위한 시설로서 대통령령이 정하는 시설

---

23) 철도산업발전기본법, 법률 제 6955호, 제정 2003. 7.29

① 철도의 건설 및 유지보수에 필요한 자재를 가공·조립·운반 또는 보관하기 위하여 당해 사업기간 중에 사용되는 시설

② 철도의 건설 및 유지보수를 위한 공사에 사용되는 진입도로·주차장·야적장·토석채취장 및 사토장과 그 설치 또는 운영에 필요한 시설

③ 철도의 건설 및 유지보수를 위하여 당해 사업기간 중에 사용되는 장비와 그 정비·점검 또는 수리를 위한 시설

④ 그 밖에 철도안전 관련시설·안내시설 등 철도의 건설·유지보수 및 운영을 위하여 필요한 시설로서 국토교통부장관이 정하는 시설

3) "철도운영"이라 함은 철도와 관련된 다음 각목의 1에 해당하는 것을 말한다.

가) 철도 여객 및 화물 운송

나) 철도차량의 정비 및 열차의 운행관리

다) 철도시설·철도차량 및 철도부지 등을 활용한 부대사업개발 및 서비스

4) "철도차량"이라 함은 선로를 운행할 목적으로 제작된 동력차·객차·화차 및 특수차를 말한다.

5) "선로"라 함은 철도차량을 운행하기 위한 궤도와 이를 받치는 노반 또는 공작물로 구성된 시설을 말한다.

6) "철도시설의 건설"이라 함은 철도시설의 신설과 기존 철도시설의 직선화·전철화·복선화 및 현대화 등 철도시설의 성능 및 기능향상을 위한 철도시설의 개량을 포함한 활동을 말한다.

7) "철도시설의 유지보수"라 함은 기존 철도시설의 현상유지 및 성능향상을 위한 점검·보수·교체·개량 등 일상적인 활동을 말한다.

8) "철도산업"이라 함은 철도운송·철도시설·철도차량 관련 산업과 철도기술개발 관련 산업 그 밖에 철도의 개발·이용·관리와 관련된 산업을 말한다.

9) "철도시설관리자"라 함은 철도시설의 건설 및 관리 등에 관한 업무를 수행하는 자로서 다음 각목의 1에 해당하는 자를 말한다.

가) 철도의 관리청인 국토교통부장관. 다만, 한국철도시설공단은 국토교통부장관의 업무를 대행하는 경우에 그 대행하는 범위 안에서 이 법과 그 밖의 철도에 관한 법률의 적용에 있어서는 그 철도의 관리청으로 본다.

나) 한국철도시설공단

다) 철도시설관리권을 설정 받은 자. 국토교통부장관은 철도시설을 관리하고 그 철도시설을 사용하거나 이용하는 자로부터 사용료를 징수할 수 있는 권리(이하 "철도시설관리권"이라 한다)를 설정할 수 있다.

라) 위 가목 내지 다목의 자로부터 철도시설의 관리를 대행·위임 또는 위탁받은 자

10) "철도운영자"라 함은 한국철도공사 등 철도운영에 관한 업무를 수행하는 자를 말한다.

11) "공익서비스"라 함은 철도운영자가 영리목적의 영업활동과 관계없이 국가 또는 지방자치단체의 정책이나 공공목적 등을 위하여 제공하는 철도서비스를 말한다.

다. 주요 내용

1) 철도산업발전기본계획의 수립 등

2) 철도산업위원회 구성 등

3) 철도산업의 육성

4) 철도안전 및 이용자 보호

- 철도안전, 철도이용자의 권익보호

5) 철도산업구조개혁기본계획의 수립 등

6) 철도시설 및 철도운영

7) 자산·부채 및 인력의 처리

- 한국철도시설공단과 한국철도공사 분리에 따른 처리

8) 철도시설 사용료

9) 공익적 기능의 유지

10) 특정노선 폐지 등의 승인

11) 철도건설 등의 비용부담

2. 철도사업법[24]

가. 목적

이 법은 철도사업에 관한 질서를 확립하고 효율적인 운영 여건을 조성함으로써 철도사업의 건전한 발전과 철도 이용자의 편의를 도모하여 국민경제의 발전에 이바지함을 목적으로 한다.

나. 주요 용어의 정의

1) "사업용철도"란 철도사업을 목적으로 설치하거나 운영하는 철도를 말한다.
2) "전용철도"란 다른 사람의 수요에 따른 영업을 목적으로 하지 아니하고 자신의 수요에 따라 특수 목적을 수행하기 위하여 설치하거나 운영하는 철도를 말한다.
3) "철도사업"이란 다른 사람의 수요에 응하여 철도차량을 사용하여 유상(有償)으로 여객이나 화물을 운송하는 사업을 말한다.
4) "철도운수종사자"란 철도운송과 관련하여 승무(乘務, 동력차 운전과 열차 내 승무를 말한다. 이하 같다) 및 역무서비스를 제공하는 직원을 말한다.
5) "철도사업자"란 「한국철도공사법」에 따라 설립된 한국철도공사(이하 "철도공사"라 한다) 및 철도사업 면허를 받은 자를 말한다.

다. 주요 내용

1) 철도사업용 철도노선의 분류
   가. 운행지역과 운행거리에 따른 분류
   ① 간선(幹線)철도 : 특별시·광역시·특별자치시 또는 도 간의 교통수요를 처리하기 위하여 운영 중인 10km 이상의 사업용 철도노선으로서 국토교통부장관이 지정한 노선
   ② 지선(支線)철도 : 간선철도를 제외한 사업용 철도노선

   나. 운행속도에 따른 분류
   ① 고속철도노선 : 철도차량이 대부분의 구간을 300km/h 이상의 속도로 운행할 수 있도록

---

24) 철도사업법, 법률 제7303호, 제정 2004.12.31

건설된 노선

② 준고속철도노선 : 철도차량이 대부분의 구간을 200km/h 이상 300km/h 미만의 속도로 운행할 수 있도록 건설된 노선

③ 일반철도노선 : 철도차량이 대부분의 구간을 200km/h 미만의 속도로 운행할 수 있도록 건설된 노선

2) 철도차량의 유형분류

① 고속철도차량 : 최고속도 300km/h 이상

② 준고속철도차량 : 최고속도 200km/h 이상 300km/h 미만

③ 일반철도차량 : 최고속도 200km/h 미만

3) 면허 및 면허 신청

철도사업을 경영하려는 자는 국토교통부장관의 면허를 받아야 한다.

4) 여객 운임·요금의 신고 등

철도사업자는 여객에 대한 운임(여객운송에 대한 직접적인 대가)·요금을 국토교통부장관에게 신고하여야 한다. 이를 변경하려는 경우에도 같다

5) 철도사업약관

6) 공동운수협정

7) 철도사업자의 준수사항

- 철도사업자는 「철도안전법」 제21조에 따른 요건을 갖추지 아니한 사람을 운전업무에 종사하게 하여서는 아니 된다.

- 철도사업자는 사업계획을 성실하게 이행하여야 하며, 부당한 운송 조건을 제시하거나 정당한 사유 없이 운송계약의 체결을 거부하는 등 철도운송 질서를 해치는 행위를 하여서는 아니 된다.

- 철도사업자는 여객 운임표, 여객 요금표, 감면 사항 및 철도사업약관을 인터넷 홈페이지에 게시하고 관계 역·영업소 및 사업소 등에 갖추어 두어야 하며, 이용자가 요구하는 경우에는 제시하여야 한다.

8) 철도운수종사자의 준수사항

- 철도사업에 종사하는 철도운수종사자는 다음 각 호의 어느 하나에 해당하는 행위를

하여서는 아니 된다.

① 정당한 사유 없이 여객 또는 화물의 운송을 거부하거나 여객 또는 화물을 중도에서 내리게 하는 행위

② 부당한 운임 또는 요금을 요구하거나 받는 행위

③ 그 밖에 안전운행과 여객 및 화주의 편의를 위하여 철도운수종사자가 준수하여야 할 사항으로서 국토교통부령으로 정하는 사항을 위반하는 행위

9) 철도 화물운송에 관한 책임

10) 철도차량의 관리에 관한 책임

11) 철도서비스 품질 평가

12) 철도시설의 공동 활용

13) 전용철도

14) 국유철도시설의 활용·지원 등

3. 철도의 건설 및 철도시설 유지관리에 관한 법률[25]

가. 목적

이 법은 철도망의 신속한 확충과 철도시설의 체계적인 관리를 위하여 철도의 건설 및 철도시설 유지관리에 관한 사항을 규정함으로써 공중의 안전을 확보하고 국민의 복리증진에 기여함을 목적으로 한다.

나. 주요 용어의 정의

1) "철도"란 여객 또는 화물을 운송하는 데 필요한 철도시설과 철도차량 및 이와 관련된 운영·지원체계가 유기적으로 구성된 운송체계를 말한다.

2) "고속철도"란 열차가 주요 구간을 시속 200킬로미터 이상으로 주행하는 철도로서 국토교통부장관이 그 노선을 지정·고시하는 철도를 말한다.

3) "광역철도"란 「대도시권 광역교통관리에 관한 특별법」 제2조제2호나목에 따른 철도를

---

25) 철도의건설 및 철도시설 유지관리에 관한 법률, 제정 2004.12.31., 일부개정 2019.1.26. (구,철도건설법)

말한다.

4) "일반철도"란 고속철도와 「도시철도법」에 따른 도시철도를 제외한 철도를 말한다.

5) "철도망"이란 철도시설이 서로 유기적인 기능을 발휘할 수 있도록 체계적으로 구성한 철도 교통망을 말한다.

6) "철도시설"이란 다음 각 목의 어느 하나에 해당하는 시설(부지를 포함한다)을 말한다.

　가) 철도의 선로(선로에 딸리는 시설을 포함한다), 역 시설(물류시설, 환승 시설 및 역사 (驛舍)와 같은 건물에 있는 판매시설·업무시설·근린생활시설·숙박시설·문화 및 집회 시설 등을 포함한다) 및 철도 운영을 위한 건축물·건축설비

　나) 선로 및 철도차량을 보수·정비하기 위한 선로 보수기지, 차량 정비기지 및 차량 유치시설

　다) 철도의 전철전력설비, 정보통신설비, 신호 및 열차 제어설비

　라) 철도노선 간 또는 다른 교통수단과의 연계 운영에 필요한 시설

　마) 철도기술의 개발·시험 및 연구를 위한 시설

　바) 철도경영연수 및 철도 전문인력의 교육훈련을 위한 시설

　사) 그 밖에 철도의 건설·유지보수 및 운영을 위한 시설로서 대통령령으로 정하는 시설

7) "철도건설사업"이란 새로운 철도의 건설, 기존 철도노선의 직선화·전철화 및 복선화, 철도차량기지의 건설과 철도역 시설의 신설·개량 등을 위한 다음 각 목의 사업을 말한다.

　가) 위 6)호 각 목의 시설 건설사업

　나) 위 6)호 각 목에 따른 건설사업으로 인하여 주거지를 상실하는 자를 위한 주거시설 등 생활편익시설의 기반조성사업

　다) 공공시설·군사시설 또는 공용 건축물(철도시설은 제외한다)의 건설사업

　라) 건설된 철도시설의 토지 등(「공익사업을 위한 토지 등의 취득 및 보상에 관한 법률」 제2조제1호에 따른 토지 등을 말한다)을 취득하거나 그 사용권원(使用權原)을 확보하는 사업

다. 주요 내용

1) 철도의 건설

　　가) 국가철도망 구축 계획

　　나) 철도의 건설체계

　2) 철도건설 비용부담

　3) 역세권 개발

　4) 보칙 및 벌칙

4. 철도안전법[26]

가. 목적

이 법은 철도안전을 확보하기 위하여 필요한 사항을 규정하고 철도안전 관리체계를 확립함으로써 공공복리의 증진에 이바지함을 목적으로 한다.

나. 주요 용어의 정의

1) "철도"란 「철도산업발전기본법」(이하 "기본법"이라 한다) 제3조제1호에 따른 철도를 말한다.

2) "전용철도"란 「철도사업법」제2조제5호에 따른 전용철도를 말한다.

3) "철도시설"이란 기본법 제3조제2호에 따른 철도시설을 말한다.

4) "철도운영"이란 기본법 제3조제3호에 따른 철도운영을 말한다.

5) "철도차량"이란 기본법 제3조제4호에 따른 철도차량을 말한다.

6) "철도용품"이란 철도시설 및 철도차량 등에 사용되는 부품·기기·장치 등을 말한다.

7) "열차"란 선로를 운행할 목적으로 철도운영자가 편성하여 열차번호를 부여한 철도차량을 말한다.

8) "선로"란 철도차량을 운행하기 위한 궤도와 이를 받치는 노반(路盤) 또는 인공구조물로 구성된 시설을 말한다.

9) "철도운영자"란 철도운영에 관한 업무를 수행하는 자를 말한다.

10) "철도시설관리자"란 철도시설의 건설 또는 관리에 관한 업무를 수행하는 자를 말한다.

---

26) 철도안전법, 법률 제 7245호, 제정 2004.10.22

11) "철도종사자"란 다음 각 목의 어느 하나에 해당하는 사람을 말한다.

　가) 철도차량의 운전업무에 종사하는 사람(이하 "운전업무종사자"라 한다)

　나) 철도차량의 운행을 집중 제어·통제·감시하는 업무(이하 "관제업무"라 한다)에 종사하는 사람

　다) 여객에게 승무(乘務) 서비스를 제공하는 사람(이하 "여객승무원"이라 한다)

　라) 여객에게 역무(驛務) 서비스를 제공하는 사람

　마) 그 밖에 철도운영 및 철도시설관리와 관련하여 철도차량의 안전운행 및 질서유지와 철도차량 및 철도시설의 점검·정비 등에 관한 업무에 종사하는 사람으로서 대통령령으로 정하는 사람

12) "철도사고"란 철도운영 또는 철도시설관리와 관련하여 사람이 죽거나 다치거나 물건이 파손되는 사고를 말한다.

13) "운행장애"란 철도차량의 운행에 지장을 주는 것으로서 철도사고에 해당되지 아니하는 것을 말한다.

다. 주요 내용

1) 철도안전관리체계

　- 철도안전 종합계획, 안전관리체계의 승인

2) 철도종사자의 안전관리

　- 철도차량 운전면허, 신체검사 및 적성검사, 운전업무 종사자 등의 관리

3) 철도시설 및 철도차량 안전관리

　- 철도시설의 기술기준, 철도기술심의위원회, 철도차량의 형식승인 및 제작자 승인, 종합시험 운행

4) 철도차량 운행안전 및 철도보호

　- 철도교통관제, 열차운행의 일시정지, 철도종사자의 음주제한, 철도보호지구에서의 행위제한, 여객열차에서의 금지행위, 철도보호 및 질서유지를 위한 금지행위, 여객 등의 안전 및 보안, 철도종사자의 직무상 지시사항 준수

5) 철도사고 조사·처리

6) 철도안전기반 구축

- 철도안전 전문인력, 철도안전 전문기관, 철도안전정보의 종합관리

7) 보칙 및 벌칙

5. 도시철도법[27)]

가. 목적

이 법은 도시교통권역의 원활한 교통 소통을 위하여 도시철도의 건설을 촉진하고 그 운영을 합리화하며 도시철도차량 등을 효율적으로 관리함으로써 도시교통의 발전과 도시교통 이용자의 안전 및 편의 증진에 이바지함을 목적으로 한다.

나. 주요 용어의 정의

1) "도시교통권역"이란 「도시교통정비 촉진법」 제4조에 따라 지정·고시된 교통권역(交通圈域)을 말한다.

2) "도시철도"란 도시교통의 원활한 소통을 위하여 도시교통권역에서 건설·운영하는 철도·모노레일·노면전차(路面電車)·선형유도전동기(線形誘導電動機)·자기부상열차(磁氣浮上列車) 등 궤도(軌道)에 의한 교통시설 및 교통수단을 말한다.

3) "도시철도시설"이란 다음 각 목의 어느 하나에 해당하는 시설(부지를 포함한다)을 말한다.

　가) 도시철도의 선로(線路), 역사(驛舍) 및 역 시설(물류시설, 환승시설 및 역사와 같은 건물에 있는 판매시설·업무시설·근린생활시설·숙박시설·문화 및 집회시설 등을 포함한다)

　나) 선로 및 도시철도차량을 보수·정비하기 위한 선로보수기지, 차량정비기지, 차량유치시설, 창고시설 및 기지시설

　다) 도시철도의 전철전력설비, 정보통신설비, 신호 및 열차제어설비

　라) 도시철도 기술의 개발·시험 및 연구를 위한 시설

　마) 도시철도 경영연수 및 철도 전문인력을 양성하기 위한 교육훈련시설

　바) 그 밖에 도시철도의 건설, 유지보수 및 운영을 위한 시설로서 대통령령으로 정하는 시설

---

27) 도시철도법, 법률 제3167호, 제정 1979. 4.17 (구 '지하철건설촉진법')

4) "도시철도사업"이란 도시철도건설사업, 도시철도운송사업 및 도시철도부대사업을 말한다.

5) "도시철도건설사업"이란 새로운 도시철도시설의 건설, 기존 도시철도시설의 성능 및 기능 향상을 위한 개량, 도시철도시설의 증설 및 도시철도시설의 건설 시 수반되는 용역 업무 등에 해당하는 사업을 말한다.

6) "도시철도운송사업"이란 도시철도와 관련된 다음 각 목의 어느 하나에 해당하는 사업을 말한다.

　가) 도시철도시설을 이용한 여객 및 화물 운송

　나) 도시철도차량의 정비 및 열차의 운행 관리

7) "도시철도부대사업"이란 도시철도시설·도시철도차량·도시철도부지 등을 활용한 다음 각 목의 어느 하나에 해당하는 사업을 말한다.

　가) 도시철도와 다른 교통수단의 연계운송사업

　나) 도시철도 차량·장비와 도시철도용품의 제작·판매·정비 및 임대사업

　다) 도시철도시설의 유지·보수 등 국가·지방자치단체 또는 공공법인 등으로부터 위탁받은 사업

　라) 역세권 및 도시철도시설·부지를 활용한 개발·운영 사업으로서 대통령령으로 정하는 사업

　마) 「국가통합교통체계효율화법」에 따른 복합환승센터 개발사업으로서 대통령령으로 정하는 사업

　바) 「물류정책기본법」에 따른 물류사업으로서 대통령령으로 정하는 사업

　사) 「관광진흥법」에 따른 관광사업으로서 대통령령으로 정하는 사업

　아) 「옥외광고물 등의 관리와 옥외광고산업 진흥에 관한 법률」에 따른 옥외광고사업으로서 대통령령으로 정하는 사업

　자) 가목부터 아목까지의 사업과 관련한 조사·연구, 정보화, 기술 개발 및 인력 양성에 관한 사업

　차) 가목부터 자목까지의 사업에 딸린 사업으로서 대통령령으로 정하는 사업

8) "도시철도건설자"란 도시철도건설사업을 하는 자로서 제7조제1항에 따라 도시철도사업계획의 승인을 받은 자를 말한다.

9) "도시철도운영자"란 도시철도운송사업을 하는 자로서 국가, 지방자치단체 및 제26조에 따라 도시철도운송사업 면허를 받은 자(「사회기반시설에 대한 민간투자법」에 따른

사업시행자로서 도시철도에 관한 민간투자사업을 하는 자를 포함한다)를 말한다.

10) "도시철도종사자"란 도시철도차량의 운전·운행관리 및 정비 업무, 도시철도 이용자를 상대로 하는 승무 및 역무서비스 업무, 도시철도시설의 유지보수 업무, 그 밖에 도시철도차량의 안전운행 또는 질서유지에 관한 업무에 종사하는 자를 말한다.

다. 주요 내용

1) 도시철도의 건설

    가) 도시철도망 구축계획의 수립

    나) 노선별 도시철도 기본계획의 수립

    다) 사업계획의 승인 등

2) 도시철도 운송사업 등

    가) 면허의 기준

    나) 운임의 신고

    다) 도시철도 공사의 설립 등 협의

    라) 연락 운송 등

3) 보칙 및 벌칙

6. 철도물류산업의 육성 및 지원에 관한 법률[28]

가. 목적

이 법은 철도물류산업의 육성에 관한 사항을 정함으로써 그 경쟁력을 높이고 철도물류산업을 활성화시켜 국가물류체계를 효율화하며 나아가 국민경제 발전에 이바지함을 목적으로 한다.

나. 주요 용어의 정의

1) "철도물류"란 철도차량을 이용한 화물의 운송과 이와 관련하여 이루어지는 「물류정책기본법」 제2조에 따른 물류를 말한다.

2) "철도물류시설"이란 다음 각 목의 어느 하나에 해당하는 시설로서 철도물류와 관련된

---

28) 철도물류산업의육성 및 지원에 관한 법률, 법률 제14094호, 제정 2016. 3.22

시설을 말한다.

　가)「철도산업발전기본법」제3조제2호에 따른 철도시설

　나)「물류정책기본법」제2조제1항제4호가목부터 다목까지에 따른 물류시설

3) "철도물류산업"이란「철도산업발전기본법」제3조제8호에 따른 철도산업 중 철도물류
　와 관련된 산업을 말한다.

4) "철도물류사업"이란 화주(貨主)의 수요에 따라 유상(有償)으로 물류활동을 수행하는 다
　음 각 목의 사업을 말한다.

　가) 철도화물운송업 : 철도차량으로 화물을 운송하는 사업

　나) 철도물류시설운영업 : 물류터미널·창고 등 철도물류시설을 운영하는 사업

　다) 철도물류서비스업 : 철도화물 운송의 주선(周旋), 철도물류에 필요한 장비의 임대,
　　철도물류 관련 정보의 처리 또는 철도물류에 관한 컨설팅 등 철도물류와 관련된 각종
　　서비스를 제공하는 사업

5) "철도물류사업자"란 철도물류사업을 영위하는 자를 말한다.

6) "국제철도물류"란 둘 이상의 국가 간에 이루어지는 철도물류를 말한다.

다. 주요 내용

1) 철도물류산업의 육성 계획

2) 철도물류 시설 투자

　가) 철도화물의 거점화

　나) 인입선의 건설 등

3) 철도물류 산업의 육성

　가) 철도물류의 표준화 및 정보화

　나) 철도화물 운송의 촉진

4) 국제철도물류의 추진

5) 보칙 및 벌칙

7. 산업안전보건법[29)]

가. 목적

이 법은 산업안전·보건에 관한 기준을 확립하고 그 책임의 소재를 명확하게 하여 산업재해를 예방하고 쾌적한 작업환경을 조성함으로써 근로자의 안전과 보건을 유지·증진함을 목적으로 한다.

나. 주요 용어의 정의

1) "산업재해"란 근로자가 업무에 관계되는 건설물·설비·원재료·가스·증기·분진 등에 의하거나 작업 또는 그 밖의 업무로 인하여 사망 또는 부상하거나 질병에 걸리는 것을 말한다.

2) "근로자"란 「근로기준법」 제2조제1항제1호에 따른 근로자를 말한다.

3) "사업주"란 근로자를 사용하여 사업을 하는 자를 말한다.

4) "근로자대표"란 근로자의 과반수로 조직된 노동조합이 있는 경우에는 그 노동조합을, 근로자의 과반수로 조직된 노동조합이 없는 경우에는 근로자의 과반수를 대표하는 자를 말한다.

5) "작업환경측정"이란 작업환경 실태를 파악하기 위하여 해당 근로자 또는 작업장에 대하여 사업주가 측정계획을 수립한 후 시료(試料)를 채취하고 분석·평가하는 것을 말한다.

6) "안전·보건진단"이란 산업재해를 예방하기 위하여 잠재적 위험성을 발견하고 그 개선대책을 수립할 목적으로 고용노동부장관이 지정하는 자가 하는 조사·평가를 말한다.

7) "중대재해"란 산업재해 중 사망 등 재해 정도가 심한 것으로서 고용노동부령으로 정하는 재해를 말한다.

다. 주요 내용

산업안전(산업재해)에 대한 전반적인 사항은 모두 이 법의 적용을 받는 것으로 사업주 등의 의무, 산업재해예방 계획수립, 안전보건관리체계, 안전보건관리규정, 근로자의 보건관리, 감독과 명령, 산업안전지도사 및 산업보건지도사, 벌칙 조항 등이 있다.

---

29) 산업안전보건법, 법률 제3532호, 제정 1981.12.31

1) 사업자 등의 의무

  가) 이 법과 이 법에 따른 명령으로 정하는 산업재해예방을 위한 기준을 지킬 것

  나) 근로자의 신체적 피로와 정신적 스트레스 등을 줄일 수 있는 작업환경을 조성하고 근로조건을 개선할 것

  다) 해당 사업장의 안전·보건에 관한 정보를 근로자에게 제공할 것

2) 근로자의 의무

근로자는 이 법과 이 법에 따른 명령으로 정하는 기준 등 산업재해 예방에 필요한 사항을 지켜야 하며, 사업주 또는 근로감독관, 공단 등 관계자가 실시하는 산업재해 방지에 관한 조치를 따라야 한다.

라. 산업안전보건기준에 관한 규칙[30] 중 '궤도 관련 작업 등에 의한 위험방지' 내용(제407조~419조)

1) 운행열차 등으로 인한 위험 방지

  가) 열차운행감시인의 배치 등

  나) 열차통행 중의 작업 제한

  다) 열차의 점검·수리 등

2) 궤도 보수·점검 작업의 위험 방지

  가) 안전난간 및 방책 및 울타리의 설치

  나) 자재의 붕괴, 낙하 방지

  다) 접촉의 방지

  라) 제동장치의 구비 등

3) 입환 작업 시의 위험 방지

  가) 유도자의 지정 등

  나) 추락·충돌·협착 등의 방지

  다) 작업장 등의 시설 정비

---

30) 산업안전보건기준에 관한 규칙, 노동부령 61호, 제정 1990. 7. 23

4) 터널·지하구간 및 교량 작업 시의 위험 방지

　가) 대피 공간

　나) 교량애서의 추락 방지

　다) 받침목 교환 작업 등

Part 3

경영 관리

기업의 사명과 비전

1. 기업의 사명(mission)

기업의 사명은 수많은 기업 중에서 다른 기업과 차별화하고 기업의 존재 의의와 목적을 규정해 주는 것으로 기업 목표의 가이드라인으로 작용하며, 기업의 모든 전략적 의사결정은 기업의 사명에서부터 시작한다. 사명은 기업경영전략 수립의 첫 번째 단계에 해당된다.

2. 기업의 비전(vision)

비전이란 조직 내의 모든 구성원들의 꿈과 의지가 내재된 미래의 모습을 이미지화한 것으로 계량적인 측정은 할 수 없는 개념적인 모습이다. 즉, 비전이란 한 조직의 미래에 대한 이미지로 총체적인 조직의 미래상을 말한다. 비전은 한 조직이 여러 활동을 통해 도달해야 하는 종착지로 현재보다 성공적이고 더 바람직한 미래상을 기술해 놓은 것이다.

비전은 현재보다 더 나은 미래의 상태를 의미하는 반면, 사명은 현재에 보다 초점이 주어지며 특정시간에 구애받지 않는 개념이다. 비전이 달성되면 새로운 비전의 개발이 필요하다. 그러나 기업 사명은 그것이 의미를 가지는 한 지속적으로 유지될 수 있다.[31]

---

31) 서도원 외, 경영학원론, 박영사, 2016, p.33

3. 한국철도공사 사례

가. 미션(사명)과 비전

한국철도공사의 예를 보면, 미션(사명)은 '사람·세상·미래와 함께하는 대한민국 철도', 비전은 '대한민국의 내일, 국민의 코레일'이다. 또 이를 바탕으로 3개의 핵심가치(안전, 고객, 소통)와 5대 전략 목표(스마트 철도안전, 철도 공공성 강화, 가치 중심 고객서비스, 미래 성장동력, 기업문화 혁신)를 선정하고 이를 완수하기 위한 전략과제를 정했다.

《한국철도공사 미션과 비전》[32]

□ 미션

사람·세상·미래를 잇는 대한민국 철도

안전하고 편리한 철도 서비스 제공으로 국민행복 증진과 사회적 책임을 강화하고 남북·대륙철도 연결과 미래 성장 동력을 확보하여 철도중심의 생활문화 조성

□ 비전

대한민국의 내일, 국민의 코레일

우리가 추구하는 사람 사는 세상인 "대한민국", 남북으로 뻗어가는 통일 철도와 미래 발전방향인 "내일", 공기업으로서 코레일이 추구하는 사회적 가치 지향점인 "국민", 대한민국의 철도를 이끌어 나가는 대표기관 "코레일"

□ 핵심가치

안전(국민안전/안전역량), 고객(고객만족/직원행복), 소통(국민소통/노사상생)

안전 : 안전은 국민을 위한 최고의 서비스이자 핵심가치로서 첨단 기술력을 기반으로 국민이 안심하는 안전한 철도 구현

고객 : 고객의 마음으로 고객이 만족하는 그 이상의 가치를 제공하여 가치중심의 서비스 구현

소통 : 안전한 철도, 편리한 철도, 국민의 철도, 미래의 철도

□ 경영방침

안전한 철도, 편리한 철도, 국민의 철도, 미래의 철도

□ 전략 방향

5대 전략 방향, 20대 전략 과제

앞에서 현재의 한국철도공사 미션과 비전을 살펴보았다. 2005년 철도청에서 한국철도공사로 바뀔 때 처음 제시하였던 비전과 목표를 비교해 보면, 현재의 전략방향 및 경영목표가 훨씬 더 구체화되어 있음을 알 수 있다. 따라서 다음은 한국철도공사 창립 당시 비전과 목표, 그리고 2017년 미션과 비전을 소개한다.

---

32) 한국철도공사 홈페이지. 2020. 1

《한국철도공사 창립 당시(2005년) '비전과 목표'》[33]

가. 경영비전과 목표 설정

- 환경을 생각하는 기업, 국제적 네트워크 구축으로 '철의 실크로드'시대를 여는 기업
- 2010년을 목표로 흑자경영 및 취업선호도 1위의 기업 이미지 쇄신
- 2010년까지 매년 고객만족도 10% 향상(안정성, 경제성, 쾌적성, 편리성, 스피드)

나. 경영가치와 비전

	KORAIL	
미 션		풍요로운 삶을 창조하는 Green Network
비 전		Power Korail 2010 - 흑자경영, 취업선호 · 고객만족도 1위 공사 -
경영이념		고객 중심 · 가치 경영 · 신뢰 경영
사원정신		따뜻한 마음 · 열린 사고 · 열정적 행동

※ 위 「2010」은 2010년까지 재정자립기반을 구축하겠다는 목표를 의미

다. 경영 목표

- o 2005년 : 경쟁력 있는 기업으로의 초석 다지기
- o 2009년 : 부대사업 수입증대 약 4조 달성
- o 2010년 : 재정자립 기반 구축
- o 2012년 : 단년 수지균형
- o 2019년 : 누적 수지균형

---

33) 한국철도공사 출범 자료집, 한국철도공사, 2005

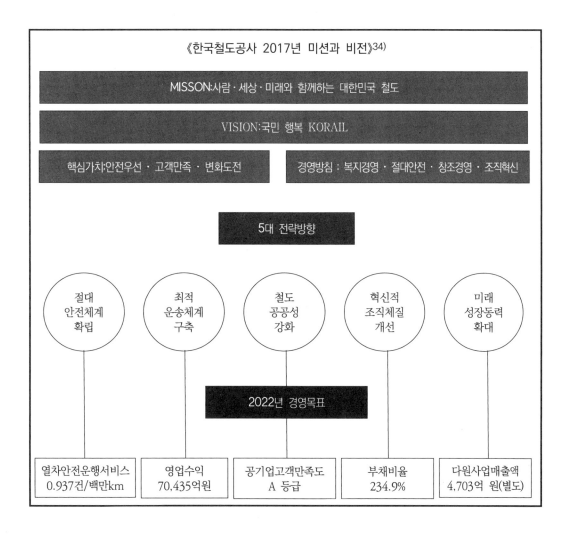

《한국철도공사 2017년 미션과 비전》[34]

MISSON:사람 · 세상 · 미래와 함께하는 대한민국 철도

VISION:국민 행복 KORAIL

핵심가치:안전우선 · 고객만족 · 변화도전

경영방침 : 복지경영 · 절대안전 · 창조경영 · 조직혁신

5대 전략방향

| 절대
안전체계
확립 | 최적
운송체계
구축 | 철도
공공성
강화 | 혁신적
조직체질
개선 | 미래
성장동력
확대 |

2022년 경영목표

| 열차안전운행서비스
0.937건/백만km | 영업수익
70,435억원 | 공기업고객만족도
A 등급 | 부채비율
234.9% | 다원사업매출액
4,703억 원(별도) |

---

34) 한국철도공사 홈페이지. 2017.

공기업 경영

우리나라 철도운영은 극히 일부 구간에서 민자 사업 형태로 운영되는 경우도 있지만, 국가 공기업인 한국철도공사와 지방공기업인 각 도시철도 운영기관이 거의 대다수를 차지하고 있다. 따라서 본 장에서는 공기업 운영기관 형태의 경영에 관한 내용 위주로 다루었다.

1. 공기업의 경영원칙

공기업은 공공성에 우선순위를 두고 있지만, 기업으로서 조직을 유지하기 위한 생산성 향상을 통해 수익성을 추구하여야 하는 양면성을 가지고 있다. 따라서 공기업의 경영원칙은 다음과 같다.[35]

가. 공공서비스 원칙

공기업은 공공성과 수익성의 적절한 균형으로 그 기업의 목적을 달성하여야 하므로 기업 경영에 관한 자율성 보장과 통제라는 두 가지 변수가 적절하게 조화되어 경영에 반영되어야 한다. 공기업이 담당하는 서비스의 특수한 성격(산업 기반적 특성 및 독점성·개발성 등)을 통칭하여 공공적 서비스라 한다. 공기업은 이러한 공공서비스를 원활하게 제공함으로써 그 사명을 달성할 수 있다. 된다. 철도기업 또한 국민 교통서비스에 중요한 역할을 담당하고 있으므로 공공서비스 원칙이 더욱 강조된다 할 것이다.

---

35) 박영희 외, 공기업론, 다산출판사, 2014. pp.135~138

나. 공공규제 원칙

공기업이 제공하는 서비스는 국민이나 사기업에 많은 영향을 주므로 소유주체 및 국민대표가 공기업 경영의 기본사항에 대하여 비판하고 통제한다. 본래 공기업은 그 소유주가 국민이지만 국민에 의한 직접경영이 불가능하기 때문에 정부나 공기업 경영자에 의한 간접경영형태로 운영된다. 여기서 공공목적을 확보하는 수단으로서 공공규제와 공공책임(사회적 책임)이 당연히 필요한 것이다.

다. 독립채산제 원칙

공기업은 본래 기업으로서의 특징을 지니고 있으므로 경영에 있어서 자주성을 확립하고 그것을 기업적·능률적인 운영에 의하여 유지시켜 나가야 한다. 이른바 분권적 재무관리의 방식을 통하여 공기업의 기업성이 실현되는 것이다. 공기업의 이러한 기업성 실현방법을 독립채산제라고 한다. 한국철도공사도 이에 해당하지만 특히 공사 조직 중 물류사업본부의 경우 공사 내에서도 자체적으로 독립채산제로 운영되고 있다.

라. 생산성 원칙

생산성 원칙은 공기업이 노동생산성 향상을 위하여 노력해야 한다는 원칙이다. 공기업의 활동은 한마디로 가치 있는 생산 활동이다. 이는 공기업의 활동이 화폐로 측정할 수 있는 가치적인 활동이고, 다른 한편으로는 생산에 참여하는 실질적인 활동을 뜻한다. 또한 실질적인 생산 활동의 합리화는 공기업의 운영에서 나타나는 실질적 생산성 향상에 의하여 이루어질 수 있다.

2. 공기업의 분류

가. 공기업의 조직형태별 분류

1) 정부기업

정부기업은 정부부처의 형태를 가진 공기업을 말한다. 우리나라의 경우 중앙정부가 설립한

우편사업, 우체국 예금, 조달사업, 양곡관리사업 등이 해당된다. 정부기업의 종업원은 모두 국가공무원이다.

2) 공공기관

가) 주식회사형 공기업

과거에는 법인형 공기업 중에서 주식회사형 공기업이 많았으나 우리나라의 경우 현재 모두 공사화 또는 민영화되었다. 포항제철종합주식회사와 국민은행 등이 주식회사형이었다.

나) 공사형 공기업

공사형 공기업은 전액 정부출자를 원칙으로 하며 주식자본 조직을 갖지 않고 법인형태를 취하고 있는 공기업을 말한다. 공사는 특정한 목적을 위하여 특별법에 의하여 설립된다. 한국도로공사는 '한국도로공사법'에 의하여, 한국철도공사는 '한국철도공사법[36]'에 의하여, 그리고 서울특별시지하철공사는 '서울특별시지하철공사 설치조례'에 의하여 설립되었다.

다) 정부산하기관

정부산하기관은 정부의 재정지원을 받거나 정부의 업무를 위탁받아 운영하는 기관 중 일정한 요건을 갖춘 기관 또는 단체를 말한다.

나. 공공기관의 분류[37]

1) 공기업

기획재정부장관은 공공기관을 공기업·준정부기관과 기타공공기관으로 구분하여 지정하되, 공기업과 준정부기관은 직원 정원이 50인 이상인 공공기관 중에서 지정한다. 또한 공기업은 자체수입액이 총수입액의 2분의 1 이상인 기관 중에서 지정하고, 준정부기관은 공기업이 아닌 공공기관 중에서 지정한다.

가) 시장형 공기업 : 자산규모가 2조원 이상이고, 총수입액 중 자체수입액이 대통령령이 정하는 기준 이상인 공기업(한국가스공사, 한국전력공사 등)

---

36) 한국철도공사법, 법률 제 7052호, 시행 2005. 1. 1
37) 공공기관의 운영에 관한 법률, 법률 제 8258호, 제정 2007. 1.19

나) 준시장형 공기업 : 시장형 공기업이 아닌 공기업(한국철도공사, 한국조폐공사, 한국
관광공사 등)

2) 준정부기관

가) 기금관리형 준정부기관 : 「국가재정법」에 따라 기금을 관리하거나 기금의 관리를 위
탁받은 준정부기관

나) 위탁집행형 준정부기관 : 기금관리형 준정부기관이 아닌 준정부기관

3) 기타공공기관 : 공기업과 준정부기관을 제외한 기관을 기타공공기관으로 지정한다.

※ 2020도 공공기관 합계 : 총 340개[38]
- 공기업 36개 (시장형 16, 준시장형 20개)
- 준정부 기관 95개 (기금관리형 13 위탁경영형 82개)
- 기타 공공기관 209개

※ 철도 운영기관
- 준시장형 공기업 : 한국철도공사, 주식회사 에스알
- 기타 공공기관 ; 코레일관광개발(주), 코레일네트웍스(주), 코레일로지스(주), 코레일유통(주), 코레일테크(주)

다. 출자자별 분류

1) 국가공기업

국가공기업이란 국가(중앙정부)가 투자하여 만든 공기업을 말한다. 국가공기업에는 조직형
태별로 정부기업, 준정부기관 및 기타공공기관이 있음은 앞에서 설명한 바와 같다. 국가공기
업은 지방공기업에 비하여 그 규모가 크고 국민경제의 발전에 많은 영향을 미친다. 한국철도
공사도 여기에 해당된다.

---

38) 2020년도 공공기관 지정, 기획재정부, 2020. 1.29

2) 지방공기업[39]

지방공기업은 지방자치단체가 직접 설치·경영하거나 법인을 설립하여 경영하는 기업으로 지방직영기업, 지방공사, 지방공단으로 구분한다. 또한 지방공기업은 다음 사업으로 제한된다.

가) 수도사업(마을상수도사업은 제외한다)

나) 공업용수도사업

다) 궤도사업(도시철도사업을 포함한다)

라) 자동차운송사업

마) 지방도로사업(유료도로사업만 해당한다)

바) 하수도사업

사) 주택사업

아) 토지개발사업

지방공기업의 설치는 지방자치단체의 조례에 의해 설치되고, 서울특별시 서울교통공사 등 각 지방자치단체에서 설립하여 운영하는 도시철도 기관도 이에 근거하여 설립·운영되고 있다.

라. 지방직영기업, 지방공단과 지방공사

1) 지방직영기업은 공무원이 직접 경영에 참여하는 기업이다. 상수도사업, 하수도사업, 공영개발, 지역개발기금 등이 있으며, 시도·시군구간 이해관계가 충돌할 여지가 없다.

2) 지방공사 및 지방공단

지방공사와 지방공단의 핵심적 차이는 결산결과 손익금 처리 가능 여부로 공단의 경우는 지방공기업법상 손익금 처리규정이 없어 수익성 위주의 사업 추진이 사실상 곤란하다. 공사에는 지하철공사, 도시개발공사 등이 있고, 공단은 일반적으로 시설관리공단, 환경관리공단 등으로 운영하고 있으며, 공단의 대부분은 업무 중 일부를 수탁 받거나 또는 대행하는 형태로 운영된다.

부산지하철공사의 경우 1988년 7월 1일 '부산교통공단'으로 설립되었으나 이후 2006년 1월 1일부터 '부산교통공사'로 변경되었다.

※ 철도운영 관련 지방공기업

　　서울·인천·부산교통공사, 대전·광주·대구도시철도공사

---

39) 지방공기업법, 법률제2101호, 제정 1969. 1.29

《지방공사와 공단의 특징/차이점》[40)]

운영 형태 구분	지방공사		지방공단
	지방자치단체 전액출자	민관공동출자(50%이상)	
적용범위	법과 시행령에 규정된 사업(법제2조, 시행령제2조①)		좌 동
조직구성	·임원 : 사장, 이사, 감사 (법 제58조) ·직원 : 정관에 규정(법 제63조) ·이사회 (법 제62조)		·이사장, 이사, 감사 ·직원 : 정관에 규정 ·이사회(법제76조②)
출자와 자금조달	·현금 또는 현물에 의한 전액 전액 지방자치단체출자 (법 제53조①)	·지방자치단체가 2분의 1이상 출자 (법 제53조②) ·자금은 주식으로 분할발행 가능 (법제53조③)	·지방자치단체 전액출자 (법 제76조②)
감독· 예산 등	·자치단체의 장이 사장 임면(법 제58조②) ·지방자치단체의 장이 공사의 업무감독(법제73조) ·행정자치부장관과 설립단체의 장은 공사의 업무, 회계, 재산에 대한 검사·보고, 일반적 사무감독은 설립단체의 장 (법 제74조) ·정관변경시 설립단체의 장이 인가 (법 제56조③) ·예산·결산·사업계획서를 단체장에게 제출·보고(법 제65조, 제66조) ·손익금 처리규정(법 제67조) ·여유금의 제한적 운용(법 제69조)		·이사장 등 좌동 (법 제76조②) ·손익금 처리규정 적용 안됨(법 제76조②)
사업법인 형태 및 기타	·법인격 있음(법 제51조) ·기업성이 강함 ·상법중 주식회사에 관한 규정 준용(법제75조) ·민관공동출자의 경우 상법준용 (법 제75조) ·공사의 임직원에 대한 형법준용(법 제83조)		·비용부담규정(법 제77조) ·법인격있음(법 제76조②) ·공단의 임직원에 대한 형법준용(법 제83조)
성격	일종의 회사		일종 공공업무대행기관
설립	자치단체 단독 또는 민·관 합작		자치단체 단독 (민관합작불가)
업무관계	단독사업 경영(융통성)		특정사업 수탁(한정성)
경영비용	판매수입		수탁금
자본조달	사채발행, 증자(민간출자가능)		공단채 발행, 증자 (민간출자불가)
경영자	사장, 부사장, 이사		이사장, 부이사장, 이사
영업수지	수익≠비용(당기순이익 또는 순손실 발생		수입=비용 (사업종료시 정산)

---

40) 지방공기업 설립·운영기준, 행정자치부, 2016.12

3. 경영공시 제도(經營公示制度)

가. 경영공시제도

경영공시제도는 공기업과 정부산하기업의 투명성을 높이고 서비스의 향상을 위하여 도입되었다. 다시 말하면 경영공시제도는 기관운영에 관한 주요정보를 국민에게 제공하여 투명성을 확보하고, 국민의 참여기회를 확대하여 경영효율성을 높이며, 국민에 대한 서비스의 질을 향상시키려는데 그 목적이 있다.

1) 경영공시제도는 공기업의 경우 1998년 12월부터, 정부산하기관의 경우는 2000년 8월부터 도입되었다[41]. 공시해야 할 사항은 ① 경영목표와 예산 및 운영계획 ② 결산서 ③ 임원 및 운영인력 현황 ④ 인건비 및 복리후생비 예산과 집행현황 ⑤ 지회사·출자회사·재출자회사와의 거래내역 및 인력 교류 현황 ⑥ 고객만족도 조사결과⑦ 감사나 감사위원회 감사위원의 직무수행실적 평가 결과 ⑧ 경영실적 평가 결과 ⑨ 정관 · 사채원부, 지침·예규 등 내부규정 및 이사회 회의록⑩ 감사 또는 감사위원회 감사보고서 ⑪ 주무기관의 장의 공공기관에 대한 감사결과 ⑫ 규정에 따라 변상책임 판정, 징계, 시정, 개선 요구 등을 받은 경우 그 내용과 그에 대한 공공기관 등의 조치사항⑬ 징계제도 관련정보 및 징계처분 결과 등을 포함한 징계운영 현황 ⑭ 소송현황, 법률자문현황, 소송대리인 및 고문변호사 현황 ⑮ 국회에 제출된 중장기 재무관리 계획, 그 밖에 공공기관의 경영에 관한 중요한 사항으로 기획재정부장관이 운영위원회의 심의·의결을 거쳐 공지하도록 요청한 사항 등이다.

2) 공공기관은 공시사항을 인터넷 홈페이지를 통하여 공시하여야 하고, 사무소에 필요한 서류를 비치하여야 한다. 공공기관은 공시된 사항에 대한 열람이나 복사를 요구하는 자에 대하여 이를 열람하게 하거나 그 사본이나 복제물을 내주어야 한다. 공시기준은 최근 5년 이내의 자료를 게시·비치하여야 한다.

3) 공공기관 경영정보공개시스템(www.alio.go.kr)이 2005년 12월부터 구축되어 운영되고 있다. 그 명칭은 '공공기관 알리오(Alio)'라고 하며, 그 법적 근거는 '공공기관운영에 관한 법률'과 '공공기관의 통합공시에 관한 기준'이다. 여기에는 인사조직, 사업성과, 재무현황, 감사결과 등 주요항목을 공개하여야 한다. 지방공기업 경영정보공개시스템

---

41) 공공기관운영에 관한 법률, 법률 제16092호, 일부개정 2018.12.31

(www.cleaneye.go.kr)도 2007년 12월에 구축되어 운영되고 있다. 그 명칭은 '지방
공기업 클린아이(Clean Eye)'로, 그 법적근거는 '지방공기업법'과 '지방공기업통합경
영공시규정'이다. 여기에 공개할 내용은 공공기관과 같다.

4) 공공기관은 공시자료의 정확성을 높이고 불성실·허위 공시에 대한 책임소재가 명확하
도록 공시항목별로 작성자, 감독자 및 확인자를 지정하고 이를 함께 공시하여야 한다.
이에 따른 확인자는 원칙적으로 해당기관의 감사부서 책임자로 한다[42].

5) 공공기관의 경영공시 작성자, 감독자 및 확인자는 수시로 공시된 자료의 정확성과 충
실도를 점검·확인하여야 한다. 그리고 규정에 따른 점검 결과 오류 사항 등에 대하여는
지체없이 이를 수정·보완하고 그 결과를 기획재정부에 통보하여야 한다.

6) 기획재정부장관은 정기적으로 공공기관의 경영공시와 통합공시의 내용을 확인·점검하
고, 허위·불성실 공시에 대해서는 시정명령 등 필요한 조치를 할 수 있다.

7) 공공기관은 기획재정부장관의조치사항에 대하여 이견이 있을 경우 서면으로 기획재정
부장관에게 그 의견을 제출할 수 있다. 이 경우 기획재정부장관은 재조사 등을 거쳐 필
요한 조치를 할 수 있다.

8) 기획재정부장관은 점검 결과를 반영하여 공공기관운영위원회의 심의·의결을 거쳐 우
수공시기관, 불성실공시기관, 기관주의 대상 기관 등을 지정할 수 있으며, 지정된 기관
에 대해서는 알리오 시스템 게시 등 필요한 조치를 할 수 있다.

9) 공공기관은 해당 기관의 홈페이지에 국민이 알기 쉽도록 다른 내용과 구분되는 경영공
시 사이트를 마련하여 운영하여야 한다.

10) 공공기관은 홈페이지 경영공시 사이트에 기획재정부장관이 정하는 통합공시시스템의
배너 등을 설치·운영하여 통합공시시스템과 해당 기관의 경영공시 사이트가 연계되도
록 하여야 한다.

---

42) 공공기관의 혁신에 관한 지침. 제정 2018. 3. 8,일부개정 2019. 3.28

나. 고객헌장제도(顧客憲章制度)[43]

고객헌장제도는 공공기관이 제공하는 서비스에 대하여 일정한 기준·절차·방법·시정 및 보상조치 등을 구체적으로 정하여 공표하고 이의 실천을 국민에게 약속하는 제도이다. 고객헌장에는 기본임무, 제공하는 서비스의 내용과 바람직한 서비스의 수준, 제공하는 서비스에 대한 불만처리, 시정절차 및 배상 등의 책임, 제공하는 서비스의 향상을 위한 노력 및 계획 등을 포함하여야 한다. 고객헌장을 운영하는 기관은 연 1회 이상 고객헌장의 내용을 점검하고 필요시 이를 개선하여야 한다.[44]

《한국철도공사 고객서비스 헌장》 [45]

고객서비스 헌장

우리의 약속

배려 신뢰친근편의
섬세하고 따뜻하게, 안심하고 기분좋게, 가족처럼 친구처럼, 편리하고 편안하게

한국철도공사는
'대한민국의 내일 국민의 코레일'이 되기 위해 다음사항을 실천하겠습니다.

우리는, 배려를 실천하는 철도가 되겠습니다.
우리는, 신뢰를 주는 안전한 철도가 되겠습니다.
우리는, 마음을 담은 서비스로 친근한 철도가 되겠습니다.
우리는, 고객의 편의를 생각하는 철도가 되겠습니다.

이러한 약속을 지키기 위해 서비스 이행기준을 정하고 이를 설실히 실천할 것을 굳게 약속합니다.

한국철도공사 임직원 일동

---

43) 공공기관운영에 관한 법률 제13조(고객헌장과 고객만족도조사). 법률 제 8258호, 제정, 2007. 1.19
44) 공공기관의 혁신에 관한 지침, 기획재정부, 제정 2018. 3. 8,일부개정 2019. 3.28
45) 한국철도공사 홈페이지. 2020. 1

《한국철도공사 고객서비스 헌장 이행 기준》[46]

1. 교통 약자를 위한 승강기 등 편의시설을 연간 계획 대비 100% 설치하고 월 1회 이상 정기적으로 점검하겠습니다.

교통약자를 위한 승강기 등 편의시설을
연간 계획 대비 100% 설치하고
월 1회 이상 정기적으로 점검하겠습니다.

□ 교통약자 편의시설 설치

(단위 : 건)

구 분	엘리베이터		에스컬레이터		휠체어리프트		전동리프트		합 계	
	계획	실적	계획	실적	계획	실적	계획	실적	계획	실적
1분기	-	-	-	-	-	-	-	-	-	-
2분기	-		-		-		-		-	
3분기	9		9	-	-		41	41	18	-
4분기	-		12		-		-		12	
계	9		21		-		41	41	30	

※ 승강기안전관리법 및 건축시설물 유지보수 시행세칙(제54조)에 의거 월1회 점검시행

〈참고사항〉
- 설치현황 세부내용 -

구 분	대상역	현황
전동리프트 (승강장용)	용문, 오산, 원동, 분천, 화명, 약목, 상동, 좌천, 황간, 주덕, 덕하, 임실, 보성, 덕소, 사상, 반곡, 함안, 서정리, 동화, 지평, 도고온천, 연산, 예천	설치완료
에스컬레이터	정왕, 의왕,옥천, 외대앞	도로점용허가승인지연 (정왕역'19.12.준공예정)
엘레베이터	방학, 도봉, 외대앞	지자체 협의 중

2. 철도이용자의 교통편익 증진과 철도 운송서비스의 공공성 강화를 위하여 지속적으로 제도를 개선, 시행해 나가겠습니다.

3. 고객편의 중심의 연계 교통 서비스를 지속적으로 강화해 나가겠습니다.

4. 러브펀드, 포인트 기부 등을 활성화하고 연간 3,000건 이상 봉사활동에 참여하겠습니다.

5. 매년 온실가스 배출을 줄이기 위한 계획을 수립하고 계획대비 100% 감축 목표를 달성하겠습니다.

6. 지역경제 활성화를 위한 지역연계 관광열차 운행으로 철도의 사회적 책임을 다하겠습니다.

7. 열차 주행키로(백만km)당 철도사고 및 운행장애를 지속적으로 줄여 나가겠습니다.

8. 여객열차의 정해진 시각보다 KTX는 5분 이상, 그 외 여객열차는 10분 이상 늦지 않도록 운행하겠습니다.

9. 계획한 열차를 100% 운행하겠습니다. (사고, 천재지변 제외)

10. 철도공사의 책임으로 KTX 및 일반열차는 20분 이상, 전동열차는 마지막 열차가 30분 이상, 전용 계약화물열차가 3시간 이상 지연 도착한 경우에는 약정된 금액을 돌려드리겠습니다.

- 여객열차(KTX. ITX-청춘, 일반열차) : 여객운송 약관

- 전동열차 : 광역철도 여객운송 약관

- 화물열차 : 철도 화물운송 약관

11. 열차운행 중 철도공사의 책임으로 열차의 계속 운행이 불가능할 경우 대체 교통수단을 제공하거나 운임 · 요금의 환불 배상하겠습니다.

〈운행중지에 따른 환불 배상〉

- 1시간이내 출발열차 : 영수금액 환불 + 10% 배상

- 1시간~3시간 이내 출발열차 : 영수금액 환불 + 5% 배상

- 3시간 초과 출발열차 : 영수금액 환불 + 배상 없음

- 출발 후 운행중지 : 미승차 구간 운임·요금 환불 + 잔여 구간 10% 배상

12. 철도공사의 책임으로 여객사상사고나 화물사고가 발생한 경우 정해진 기준에 따라 배상하겠습니다.

- 여객사상사고 : 영업사고처리 세칙

- 화물사고 : 철도화물운송 약관 및 철도운송사업자 배상책임보험

13. 안전한 열차운행을 위해 차량, 선로 등 철도시설물 점검을 철저히 하겠습니다.

14. 비상대응 훈련 및 안전점검 계획을 세우고, 계획 대비 100% 시행하겠습니다.

15. 고객 참여 소통 채널을 운영하며, 고객의 서비스 개선 정책 참여를 확대해 나가겠습니다.

16. 다양한 채널을 통해 고객의 의견을 항상 소중히 듣고, 신속하게 처리하겠습니다.

- 인터넷 홈페이지 : www.korail.com(고객의 소리)

- 전화 : (042)472-5000, 1544-7788, 1588-7588

- 방문 · 우편 : (우)34618 대전광역시 동구 중앙로240, 한국철도공사

- 인터넷 홈페이지, 전화는 1일 이내 처리, 우편은 6일 이내 처리 (건의사항은 12일 이내)

17. 철도고객센터를 24시간 운영하고, 평균 90% 이상의 전화 응답률을 유지하겠습니다.

18. 서비스 모니터링 등 서비스 품질평가를 통해 지속적으로 서비스 미흡 사항을 발굴·개선하여, 매년 향상된 서비스 제공을 위해 노력하겠습니다.

19. 서비스 아카데미를 운영하여 직급별 분야별 맞춤 전문 서비스 교육을 통해 표준화된 서비스를 실현하겠습니다.

20. 유실물 센터를 운영하며, 유실물을 홈페이지에 공개하고 접수된 유실물은 신속히 고객에게 인도 하겠습니다.

21. 인터넷 및 모바일 등을 통해 언제 어디서나 편리하게 승차권을 구입할 수 있도록 하겠습니다.

22. 차내 쾌적성 유지를 위해 열차 청소관리를 철저히 하겠습니다.

23. 고객 접점 공간의 깨끗한 관리를 위해 청소 계획을 세우고, 이행 실적을 주기적으로 점검, 관리하겠습니다.

24. 맞이방 및 열차 내 조도는 250~300Lux 이상, 온도는 26~28℃(하절기), 18~20℃(동절기)를 유지하겠습니다.

25. 철도 역사의 실내 공기질을 법정 기준치 이하로 유지하겠습니다.

《고객 협조 사항》

○ 즐겁고 안전한 여행을 위해 고객 여러분께 협조를 요청하는 사항

모두가 즐겁고 편안한 분위기에서 여행할 수 있도록 다음 사항을 부탁드리니 고객 여러분의 많은 협조 바랍니다.

- 승차권을 올바르게 사용하여 주시고, 고객 여러분의 안전과 여행질서 유지를 위해 직원의 요청이 있을 경우 적극 협조하여 주시기 바랍니다.

- 에스컬레이터, 엘리베이터와 같은 편의 시설물을 이용할 때에는 안전수칙을 준수하여 주시고, 타는 곳에서 열차를 기다릴 때에는 안전선에서 한 걸음 물러나 주시기 바랍니다.

- 역과 열차 안에서 상대방에게 불편을 끼칠 수 있는 행동은 자제하여 주시고, 애완동물과 함께 여행하실 때에는 반드시 이동 가방에 넣어 주시기 바랍니다.

서로를 존중하고 배려하는 마음으로 직원에 대한 반발, 욕설, 폭언, 희롱 등은 삼가 주시기 바랍니다.

- 고객 여러분의 소중한 의견을 서비스 개선 정책에 반영할 수 있도록 적극 제안하여 주시기 바랍니다.

---

46) 한국철도공사 홈페이지. 2020. 1

《2017년 한국철도공사 고객서비스 헌장》[47]

고객서비스 헌장

한국철도공사는
사람, 세상, 미래와 함께하는 대한민국 철도로서 국민이 행복한 기업이 되기 위해 다음 사항을 성실하게 실천하겠습니다.

우리는 고객이 안심하는 안전한 철도서비스를 제공하겠습니다.
우리는 고객의 소중한 말씀을 경영에 반영하겠습니다.
우리는 사회적 핵임활동을 충실히 시행하겠습니다.

이러한 약속을 지키기 위해 구체적인 서비스 이행기준을 정하고 이를 성실히 시행할 것을 굳게 약속합니다.

한국철도공사 임직원 일동

항목별	주요 이행기준
안전성	종합안전심사 연 1회, 비상대응훈련 연 2회, 계절별 안전점검 연 4회 시행
정시성	KTX는 5분 이상, 그 외 여객열차는 10분 이상 늦지 않도록 운행
신뢰성	정기열차 100% 운행
매표대기시간	3분 이내 구입
좌석중복시 보상	대체좌석을 제공, 없을 경우 운임·요금 전액을 돌려 드림
열차지연시 보상	KTX, ITX-청춘은 20분 이상, 일반 열차는 40분 이상, 전동열차는 마지막 열차가 30분 이상 지연 시 약정된 금액을 돌려 드림
콜센터 운영	24시간 운영
고객의견처리	인터넷, 전화는 1일 이내, 우편 및 팩스는 6일 이내 답변
사회적 책임	연간 3,000건 이상 봉사 활동 참여
결과 공표	홈페이지에 매 분기 실적 공표

4. 경영목표

가. 경영목표의 의의

공기업의 경영목표 설정은 공기업의 경영에 있어서 경영성과를 측정하는 결과로 이어지기 때문에 중요한 의미를 가진다. 공기업의 경영평가는 정부 주도로 이뤄지므로 공기업 사장 등 경영진들의 경영성과는 경영목표를 얼마나 달성하였는가에 따라 달라지기 때문이다. 경영목표

---

47) 한국철도공사 홈페이지. 2017. 1

는 기업의 설립목적과 기업환경, 그리고 정부의 정책 의지를 잘 판단하여 설정한다. 이때 경영목표는 가급적 구체적이고 객관적으로 설정되어야 하고, 목표 간에 가능한 한 상충되지 않도록 우선순위가 정해져야 한다. 경영목표는 대부분 계량화하여 나타내는 경우가 많지만 공기업이 추구하는 공공성이라는 목표는 계량화할 수 없는 부분도 많이 있다.

나. 경영목표의 설정

공기업의 구체적인 경영목표의 설정은 해당 공기업에게 위임되어 있다고 할 수 있다. 그러나 우리나라 공기업의 경영목표 설정에 있어서 경영진의 역할은 크지 않은 편이다. 공기업의 이사회는 경영목표를 의결하지만, 주무부처에 건의하는 경영 목표 안을 제시하는데 그친다고 볼 수 있다. 이는 결국 정부가 공기업의 경영목표 설정과 추진에 있어 공기업을 통제한다는 의미이다. 실제로 정부는 공기업의 해당 주무부처가 경영목표 설정지침을 주고 작성하도록 하고 있고, 공기업 내부에서 경영목표가 설정된 뒤에도 주무부처가 이를 승인하며, 평가단계에서도 경영목표를 평가하고 있다.

다. 경영목표의 수립[48]

기관장은 사업내용과 경영환경, 체결한 계약의 내용 등을 고려하여 다음 연도를 포함한 5회계연도 이상의 중장기 경영목표를 설정하고, 이사회의 의결을 거쳐 확정한 후 매년 10월 31일까지 기획재정부장관과 주무기관의 장에게 제출하여야 한다.
  1) 기관장은 공기업·준정부기관으로 지정(변경지정을 제외한다)된 해에는 지정 후 3월 이내에 당해 연도를 포함한 3회계연도 이상의 중장기 경영목표를 설정하고, 이사회의 의결을 거쳐 확정한 후 이를 기획재정부장관과 주무기관의 장에게 제출하여야 한다.
  2) 기관장이 수립된 경영목표를 변경하는 경우에는 그 변경 내용을 이사회 의결을 거쳐 확정한 후 지체 없이 기획재정부장관과 주무기관의 장에게 제출하여야 한다.
  3) 공기업·준정부기관의 경영환경·경제여건 및 국가정책방향 등을 고려하여 기획재정부장관은 공기업의 장에게, 주무기관의 장은 준정부기관의 장에게 각각 경영목표의 변경을 요구할 수 있다.

---

48) 공공기관운영에 관한 법률, 법률 제8258호, 제정, 2007. 1.19

5. 경영 평가[49]

가. 경영실적 평가

1) 공기업·준정부기관은 매년 3월 20일까지 전년도의 경영실적을 기재한 보고서(이하 "경영실적보고서"라 한다)와 기관장이 체결한 계약의 이행에 관한 보고서를 작성하여 기획재정부장관과 주무기관의 장에게 제출하여야 한다. 경영실적보고서에는 결산서를 첨부하여야 한다.

2) 기획재정부장관은 양성평등을 위한 임원 임명목표제 수립 및 이행에 관한 연차별보고서, 기관장 임명계약의 이행에 관한 보고서, 경영목표와 경영실적보고서를 기초로 하여 공기업·준정부기관의 경영실적을 평가한다. 다만, 공기업·준정부기관으로 지정(변경지정을 제외한다)된 해에는 경영실적을 평가하지 아니한다.

3) 기획재정부장관은 공기업·준정부기관의 경영실적을 평가하는 경우 「국가재정법」중 기금운용의 평가의 규정에 따라 기금운용평가를 받는 기관과 「과학기술기본법」중 정부출연연구기관등의 육성에 따라 평가를 받는 기관에 대하여는 그 평가 결과를 활용한다.

4) 기획재정부장관은 경영실적의 평가를 위하여 필요한 경우 공기업·준정부기관에 관련 자료의 제출을 요청할 수 있다.

5) 공기업·준정부기관이 양성평등을 위한 임원 임명목표제 수립 및 이행에 관한 연차별보고서, 기관장 임명계약의 이행에 관한 보고서, 경영실적보고서 및 그 첨부서류를 제출하지 아니하거나 거짓으로 작성·제출한 경우 또는 불공정한 인사운영 등으로 윤리경영을 저해한 경우로서 대통령령으로 정하는 경우에는 기획재정부장관은 운영위원회의 심의·의결을 거쳐 경영실적 평가 결과와 성과급을 수정하고, 해당 기관에 대하여 주의·경고 등의 조치를 취하거나 주무기관의 장 또는 기관장에게 관련자에 대한 인사상의 조치 등을 취하도록 요청하여야 한다. 이 경우 기획재정부장관은 감사 또는 감사위원회 감사위원이 관련 직무를 이행하지 아니하거나 게을리 하였다면 운영위원회의 심의·의결을 거쳐 해당 감사, 감사위원회 감사위원 또는 기관장을 해임하거나 그 임명권자에게 해임을 건의할 수 있다.

6) 경영실적의 평가 기준과 방법은 운영위원회의 심의·의결을 거쳐 기획재정부장관이 정

---

49) 공공기관운영에 관한 법률, 법률 제8258호, 제정, 2007. 1.19, 일부개정 2018.12.31

하되, 공기업·준정부기관에 대하여 다음 각 호의 사항이 평가에 반영될 수 있도록 정하여야 한다.

가) 경영목표의 합리성 및 달성 정도

나) 주요사업의 공익성 및 효율성

다) 직원의 고용 형태 등 조직·인력 운영의 적정성

라) 중장기 재무관리계획의 이행 등 재무운용의 안전성 및 예산 절감 노력

마) 고객만족도 조사결과

바) 합리적인 성과금 지급제도 운영

사) 그 밖에 공기업·준정부기관의 경영에 관련된 사항

7) 기획재정부장관은 경영실적 평가의 효율적인 수행과 경영실적 평가에 관한 전문적·기술적인 연구 또는 자문을 위하여 공기업·준정부기관경영평가단(이하 "경영평가단"이라 한다)을 구성·운영할 수 있다.

8) 기획재정부장관은 운영위원회의 심의·의결을 거쳐 매년 6월 20일까지 공기업·준정부기관의 경영실적 평가를 마치고, 그 결과를 국회와 대통령에게 보고한다.

9) 기획재정부장관은 경영실적 평가 결과 경영실적이 부진한 공기업·준정부기관에 대하여 운영위원회의 심의·의결을 거쳐 규정에 따른 기관장·상임이사의 임명권자에게 그 해임을 건의하거나 요구할 수 있다.

10) 기획재정부장관은 경영실적 평가 결과 인건비 과다편성 및 경영지침 위반으로 경영부실을 초래한 공기업·준정부기관에 대하여는 운영위원회의 심의·의결을 거쳐 향후 경영책임성확보 및 경영개선을 위하여 필요한 인사상 또는 예산상의 조치 등을 취하도록 요청할 수 있다.

11) 경영실적 평가의 절차, 경영실적 평가 결과에 따른 조치 및 경영평가단의 구성·운영 등에 관하여 필요한 사항은 대통령령으로 정한다.

12) 기획재정부장관은 필요하다고 인정되는 때에는 운영위원회의 의결을 거쳐 전문기관에 공기업·준정부기관의 경영실적 평가를 의뢰할 수 있다.

13) 기획재정부장관은 경영실적 평가의 기준과 방법 및 평가결과에 따른 조치사항 등을 고려하여 매 회계연도 개시 전까지 경영실적 평가에 관한 편람을 작성하여야 한다. 다만, 새로이 지정된 공기업·준정부기관의 경우에는 지정된 후 4개월 이내에 경영실적 평가에 관한 편람을 작성하여야 한다.

14) 기획재정부장관은 운영위원회의 심의·의결을 거쳐 평가결과에 따른 인사상 또는 예산상의 조치에 대한 건의 및 요구, 성과급 지급률 결정 등의 후속조치를 할 수 있다.

《2018년도 공기업 경영실적 평가 중 한국철도공사 평가항목 총괄 요약표》[50]

평가 범주	지 표 명	비계량		계량	
		가중치	등급	가중치	득점
경영관리	**1. 경영전략 및 리더십**				
	(1) 전략기획				
	(2) 경영개선				
	(3) 리더십				
	2. 사회적 가치구현				
	(1) 일자리 창출				
	(2) 균등한 기회와 사회통합				
	(3) 안전 및 환경				
	(4) 상생협력 및 지역발전				
	(5) 윤리경영				
	3. 업무효율				
	(1) 노동 생산성				
	(2) 자본 생산성				
	4. 조직 · 인사 · 재무관리				
	(1) 조직 · 인사 일반				
	(2) 재무예산 운영 · 성과				
	㉮ 이자보상비율				
	㉯ 중장기재무관리계획 이행실적				
	(3) 삶의 질 제고				
	5. 보수 및 복리 후생관리				
	(1) 보수 및 복리후생				
	(2) 총인건비 관리				

---

50) 2018년도 공기업 경영실적 평가보고서, 기획재정부, 2019. 8

	(3) 노사관계			
	6. 혁신과 소통			
	(1) 혁신노력 및 성과			
	(2) 국민소통			
	경영관리 합계			
주요사업	**1. 여객 사업**			
	(1) 철도 수송서비스 증대			
	(2) 글로벌 정시율 관리			
	2. 물류 사업			
	(1) 물류 사업 경쟁력 제고			
	3. 안전관리 사업			
	(1) 안전관리율			
	4. 신성장 사업			
	(1) 신성장 사업 성장율			
	5. 주요사업 성과관리의 적정성			
	6. 주요사업 지표관리의 적정성			
	주요사업 합계			
	전체 합계			
가 점	**1. 혁신 성장**			
	2-1. 혁신 우수과제			
	2-2. 협업 우수과제			
	2-3. 시민참여 우수과제			

공기업 · 준정부기관의 경영실적 평가는 시대에 따라 또는 정부의 방침에 바뀔 수밖에 없다. 따라서 한국철도공사의 2016년과 2018년도 평가항목을 보면 이와 같은 흐름을 비교할 수 있을 것이다.

《2016년도 공기업 경영실적 평가 중 한국철도공사 평가항목 총괄 요약표》

평가범주 및 지표관리	
경영관리	**1. 경영전략 및 사회공헌** (1) 전략기획 및 사회적 책임 (2) 기관의 경영혁신 (3) 국민평가 (4) 정부3.0 (5) 경영정보공시 점검 (6) 정부권장 정책 **2. 업무효율** (1) 노동 생산성 (2) 자본 생산성 (3) 매출액 대비 인건비 비중 **3. 조직, 인적자원 및 성과관리** **4. 재무예산 관리 및 성과** (1) 재무예산관리 (2) 자구노력 이행성과 (3) 재무예산성과 　㉮ 이자보상비율 　㉯ 부채감축 달성도 　㉰ 중장기재무관리계획 이행실적 (4) 계량관리 업무비 **5. 보수 및 복리후생** (1) 보수 및 복리후생 관리 　㉮ 성과연봉제 운영의 적절성 (2) 총인건비 인상률 (3) 노사관리

평가범주 및 지표관리	
주요사업	**1. 신속하고 정확한 여객서비스 제공으로 국민 철도 실현** (1) 철도이용객 확대 (2) 국민과의 시간약속 준수 (3) 신속하고 정확한 여객서비스 제공으로 국민철도 실현사업 성과관리의 적정성 **2. 운영효율 향상으로 물류사업 경쟁력 강화** (1) 화물수송 효율성 증대 (2) 운영효율 향상으로 물류사업 경쟁력 강화 사업 성과관리의 적정성 **3. 편안하고 안전한 철도서비스 제공** (1) 열차 안전운행서비스 제공 (2) 편안하고 안전한 철도서비스 제공 사업 성과 관리의 적정성 **4. 미래지속성장을 위한 신성장사업 활성화** (1) 신성장사업 성장률 (2) 미래지속성장을 위한 신성장사업 활성화사업 성과관리의 적정성

나. 성과관리 체계[51]

1) 공기업·준정부기관은 해당 기관의 각 직위별로 그 역할과 책임을 명확히 하여야 한다.

2) 공기업·준정부기관은 소속 직원의 업무성과를 객관적으로 측정하고 기관의 경영목표 등을 달성할 수 있도록 성과관리체계를 구축·운영하여야 하며 이에 필요한 내부규정

---

51) 공기업·준정부기관의 경영에 관한 지침, 제정 2018. 3. 8, 일부개정 2018.12.27

등을 마련하여야 한다.

3) 공기업·준정부기관이 제2항의 규정에 따라 성과관리체계를 구축·운영함에 있어 고졸자도 성과·능력에 따라 입사 후 일정기간 이후에는 승진·보직 등에서 대졸자와 동등한 대우를 받을 수 있도록 하는 방안을 포함하여야 한다.

4) 공기업·준정부기관은 소속 직원의 인사 및 성과관리를 위하여 상급자·동료·하급자·민원인 등에 의한 다면평가를 실시할 수 있으며, 연봉제 시행이 확대되도록 노력하여야 한다.

5) 공기업·준정부기관은 성과관리체계에 따라 직원의 업무 동기 및 기관의 경영성과를 높일 수 있도록 경영목표 등을 정하고 팀·개인 등 하부단위까지 체계적으로 연계시키며 성과평가결과에 따른 경영목표 개선 등 환류가 활성화되도록 노력하여야 한다.

6) 공기업·준정부기관은 소속직원에 대해 성과평가 결과에 따라 업무실적 성과급 및 연봉의 차등지급, 승진·전보 등에 활용하는 등 다양하고 실효성 있는 보상체계를 구축·운영하여야 한다.

7) 공기업·준정부기관은 전체 인건비 중 성과급 및 성과연봉의 비중을 높이고, 개인별 차등지급 수준이 확대되도록 노력하여야 한다.

8) 기획재정부장관은 성과관리체계의 구축방법 및 절차 등에 관한 세부기준을 마련할 수 있다.

다. 연차보고서의 작성

기획재정부장관은 매년 경영실적보고서와 규정에 따른 경영실적 평가 결과를 기초로 하여 공기업·준정부기관의 경영상황 등에 관한 연차보고서를 작성하고, 이를 공표할 수 있다.

라. 경영지침

1) 기획재정부장관은 공기업·준정부기관의 운영에 관한 일상적 사항과 관련하여 운영위원회의 심의·의결을 거쳐 다음 각 호의 사항에 관한 지침(이하 "경영지침"이라 한다)을 정하고, 이를 공기업·준정부기관 및 주무기관의 장에게 통보하여야 한다.

　가) 조직 운영과 정원·인사 관리에 관한 사항

　나) 예산과 자금 운영에 관한 사항

　다) 그 밖에 공기업·준정부기관의 재무건전성 확보를 위하여 기획재정부장관이 필요하

다고 인정하는 사항

2) 공기업·준정부기관의 투명하고 공정한 인사운영과 윤리경영 등을 위하여 필요한 경우 소관 정책을 관장하는 관계 행정기관의 장은 규정에 따른 경영지침에 관한 의견을 기획재정부장관에게 제시할 수 있다.

마. 공기업·준정부기관에 대한 감독

1) 기획재정부장관과 주무기관의 장은 공기업·준정부기관의 자율적 운영이 침해되지 아니하도록 이 법이나 다른 법령에서 그 내용과 범위를 구체적으로 명시한 경우에 한하여 감독한다.

2) 기획재정부장관은 공기업의 경영지침 이행에 관한 사항을 감독한다.

3) 주무기관의 장은 다음 각 호의 사항에 대하여 공기업·준정부기관을 감독한다.

　가) 법령에 따라 주무기관의 장이 공기업·준정부기관에 위탁한 사업이나 소관 업무와 직접 관련되는 사업의 적정한 수행에 관한 사항과 그 밖에 관계 법령에서 정하는 사항

　나) 준정부기관의 경영지침 이행에 관한 사항

4) 기획재정부장관과 주무기관의 장은 규정에 따라 행하는 감독의 적정성 여부를 대통령령이 정하는 바에 따라 점검하고, 운영위원회의 심의·의결을 거쳐 개선에 필요한 조치를 취하여야 한다.

바. 감사원 감사

1) 감사원은 「감사원법」에 따라 공기업·준정부기관의 업무와 회계에 관하여 감사를 실시할 수 있다.

2) 감사원은 규정에 따른 감사를 관계 행정기관의 장 등에게 위탁하거나 대행하게 할 수 있다.

3) 공기업·준정부기관에 대한 감사원 감사를 위탁하거나 대행하게 할 수 있는 관계 행정기관의 장 등의 범위와 감사 결과의 보고와 처리 등에 관하여 필요한 사항은 감사원규칙으로 정한다.

4) 공기업·준정부기관은 다음 각 호에 해당하는 감사결과 사항을 국회 소관 상임위원회에 지체 없이 제출하여야 한다.

　가) 감사나 감사위원회가 실시한 감사결과를 종합한 감사보고서

나) 감사원이 실시한 감사에서 지적된 사항과 처분요구사항 및 그에 대한 조치 계획

5) 기획재정부장관은 규정에 따라 실시한 감사나 감사위원회 감사위원의 직무수행실적 평가 결과를 국회에 지체 없이 제출하여야 한다.

사. 비위행위자에 대한 조치[52]

1) 비위행위자에 대한 수사 의뢰 등

가) 공공기관은 투명하고 공정한 인사운영 등 윤리경영을 강화하기 위하여 노력하여야 한다.

나) 기획재정부장관 또는 주무기관의 장은 공공기관의 임원이 금품비위, 성범죄, 채용비위 등 대통령령으로 정하는 비위행위(이하 "비위행위"라 한다)를 한 사실이 있거나 혐의가 있는 경우로서 가)항에 따른 윤리경영을 저해한 것으로 판단되는 경우 해당 공공기관의 임원에 대하여 검찰, 경찰 등 수사기관과 감사원 등 감사기관(이하 "수사기관 등"이라 한다)에 수사 또는 감사를 의뢰하여야 한다. 이 경우 기획재정부장관 또는 주무기관의 장은 해당 임원의 직무를 정지시키거나 그 임명권자에게 직무를 정지시킬 것을 건의·요구할 수 있다.

다) 위 항에서 "금품비위, 성범죄, 채용비위 등 대통령령으로 정하는 비위행위"란 다음 각 호의 어느 하나에 해당하는 행위를 말한다.

(1) 직무와 관련하여 위법하게 금전, 물품, 부동산, 향응 또는 그 밖의 재산상 이익을 주고받거나 약속하는 행위

(2) 해당 공공기관의 공금, 재산 또는 물품의 횡령, 배임, 절도, 사기 또는 유용

(3) 「성폭력범죄의 처벌 등에 관한 특례법」 제2조에 따른 성폭력범죄

(4) 「성매매알선 등 행위의 처벌에 관한 법률」 제4조에 따른 금지행위

(5) 법령이나 정관·내규 등을 위반하여 채용·승진 등 인사에 개입하거나 영향을 주는 행위로서 인사의 공정성을 현저하게 해치는 행위

(6) 그 밖에 제27조제3항에 해당하는 행위

라) 기획재정부장관 또는 주무기관의 장은 위 항에 따라 수사 또는 감사를 의뢰하는 경우에는 다음 각 호의 구분에 따른다. 이 경우 감사원에 감사를 의뢰하는 경우에는 감

사원과 미리 협의하여야 한다.

(1) 범죄의 사실 또는 혐의가 있어 수사의 필요성이 있다고 인정되는 경우: 수사기관에 수사 의뢰

(2) 기획재정부장관 또는 주무기관의 장이 직접 감사하기 어려운 부득이한 사유가 있고 「감사원법」에 따른 감사가 필요하다고 인정되는 경우: 감사원에 감사 의뢰

(3) 그 밖에 기획재정부장관 또는 주무기관의 장이 직접 감사하기 어려운 부득이한 사정이 있는 경우: 기획재정부장관은 주무기관의 장에게, 주무기관의 장은 기획재정부장관에게 감사 의뢰. 이 경우 기획재정부장관에게 의뢰하는 감사는 법 제52조의6에 따른 인사감사로 한정한다.

마) 기획재정부장관 또는 주무기관의 장은 수사 또는 감사를 의뢰하는 경우에는 비위행위 사실 또는 혐의에 관한 자료 등을 함께 제출하여야 한다.

바) 기획재정부장관 또는 주무기관의 장은 수사기관 등의 수사 또는 감사 결과에 따라 필요한 경우 해당 공공기관 임원을 해임하거나 그 임명권자에게 해임을 건의·요구할 수 있다. 다만, 운영위원회의 심의·의결을 거쳐 임명된 임원을 해임하거나 그 임명권자에게 해임을 건의하는 경우에는 운영위원회의 심의·의결을 거쳐야 한다.

2) 채용비위 행위자 명단 공개

가) 기획재정부장관 또는 주무기관의 장은 공공기관의 임원이 비위행위 중 채용비위와 관련하여 유죄판결이 확정된 경우로서 「특정범죄 가중처벌 등에 관한 법률」 제2조에 따라 가중처벌되는 경우 운영위원회의 심의·의결을 거쳐 그 인적사항 및 비위행위 사실 등을 공개할 수 있다.

나) 제1항에 따른 명단 공개의 구체적인 내용 및 절차 등에 필요한 사항은 대통령령으로 정한다.

3) 채용비위 관련자 합격취소 등

가) 기획재정부장관 또는 주무기관의 장은 공공기관의 임원이 비위행위 중 채용비위와 관련하여 유죄판결이 확정된 경우 해당 채용비위로 인하여 채용시험에 합격하거나 승

진 또는 임용된 사람에 대하여는 운영위원회의 심의·의결을 거쳐 해당 공공기관의 장에게 합격·승진·임용의 취소 또는 인사상의 불이익 조치(이하 "합격취소등"이라 한다)를 취할 것을 요청할 수 있다. 이 경우 운영위원회는 심의·의결을 하기 전에 그 내용과 사유를 당사자에게 통지하여 소명할 기회를 주어야 한다.

나) 합격취소 등의 기준·내용 및 소명 절차 등에 필요한 사항은 대통령령으로 정하며, 그 내용은 다음과 같다.

(1) 채용비위로 인하여 채용시험에 합격하거나 채용된 경우: 해당 채용시험의 합격 또는 채용의 취소 요청

(2) 채용비위에 가담하거나 협조하여 승진, 전직, 전보 또는 파견 등이 된 경우: 해당 승진, 전직, 전보 또는 파견 등의 취소 요청. 이 경우 필요하다고 인정하면 인사상의 불이익 조치를 함께 요청할 수 있다.

다) 채용비위 관련자 합격취소 등에 필요한 소명 절차 등

(1) 운영위원회는 합격취소 등의 요청에 관한 심의·의결을 하는 경우에는 회의 개최 10일 전까지 다음 각 호의 사항을 해당 합격취소등의 당사자에게 통지하여야 한다. 이 경우 해당 공공기관의 장에게도 함께 통지하여야 한다.

① 합격취소등의 요청 내용 및 사유

② 소명 기한

③ 소명 방법

④ 소명하지 아니하는 경우의 처리방법

⑤ 그 밖에 소명에 필요한 사항

(2) 운영위원회는 통지를 받은 당사자가 정당한 사유 없이 소명하지 아니한 경우에는 소명기회를 주지 아니하고 심의·의결할 수 있다.

(3) 운영위원회는 필요하다고 인정하는 경우에는 관계인의 출석 또는 증거물의 제출을 요구할 수 있다.

(4) 기획재정부장관 또는 주무기관의 장은 합격취소등의 요청에 관한 운영위원회의 심의·의결 후 그 결과를 해당 공공기관의 장에게 통지하여야 한다.

아. 인사 감사 등

1) 기획재정부장관 또는 주무기관의 장은 비위행위 중 채용비위의 근절 등을 위하여 대통령령으로 정하는 바에 따라 공공기관의 인사운영의 적정 여부를 감사(이하 이 조에서 "인사감사"라 한다)할 수 있으며, 필요한 경우 관계 서류를 제출하도록 요구할 수 있다.

가) 인사감사는 인사운영 전반 또는 채용, 승진, 평가 등 특정 사항을 대상으로 한다.

나) 기획재정부장관이 인사감사를 하는 경우에는 부분적으로 '공공감사에 관한 법률'과 '감사원규칙'을 준용한다. 이 경우 "중앙행정기관등의 장" 또는 "감사기구의 장"은 "기획재정부장관"으로, "자체감사"는 "인사감사"로 본다.

다) 주무기관의 장이 인사감사를 하는 경우에는「공공감사에 관한 법률」에 따른다.

마) 위에 규정한 사항 외에 인사감사의 효율적인 수행을 위하여 필요한 사항은 운영위원회의 심의 · 의결을 거쳐 기획재정부장관이 정한다.

경영혁신

1. 경영혁신의 정의

경영혁신(Management Innovation)이라는 용어는 경영과 혁신이라는 두 단어의 합성어로서, 이를 한 마디로 정의하기는 어렵지만 현실적인 시각에서 정의하면, 경영혁신이란 '기업이 경영활동을 통해서 새로운 지식을 창조내지 활용함으로써 스스로의 존속과 발전을 위해 근본적인 변화를 추구하는 것'으로 볼 수 있다. 혁신의 개념은 연구자에 따라 다르게 정의되고 있으나 그 대표적인 것으로서 다음과 같은 것을 들 수 있다.[53]

첫째, 혁신이란 기업이 보유 내지 축적하고 있는 자원이나 경영관리 능력을 새로이 결합함으로써 종래와는 다른 새로운 것을 창출하는 일이다.

둘째, 조직이 새로운 아이디어를 창출하고 그것을 개발하여 제품이나 서비스로 활용함으로써 사회나 시장의 욕구를 충족시키는 데까지 이르는 전 과정이다.

셋째, 새로운 지식을 창조 공유 내지 활용함으로써 새로운 제품이나 서비스 또는 업무 시스템 등 종래와는 다른 새로운 것을 창출하거나 부가가치를 높이는 활동이다.

2. 공공기관 경영혁신 추진 지침[54]

가. 경영혁신 추진 계획

기획재정부장관은 공공기관의 혁신을 지원하기 위한 혁신추진계획을 운영위원회의 의결을 거쳐 수립하여 시행할 수 있다. 혁신추진계획은 다음 각 호의 사항을 포함할 수 있다.

---

53) 정동섭 외, 경영전략, 피앤씨미디어. 2016. p.276
54) 공공기관의 혁신에 관한 지침, 기획재정부, 제정 2018. 3. 8, 일부개정 2019. 3. 8

1) 중점 혁신과제

2) 혁신 컨설팅 프로그램의 운영 계획

3) 혁신 교육 프로그램의 운영 계획

나. 경영혁신 추진 내용

공공기관은 해당 기관의 경영효율 향상과 대국민 서비스 개선을 위해 경영혁신전략·계획을 수립하고 추진하여야 한다. 경영혁신전략·계획에는 다음 각 호의 내용을 포함하여야 한다.

1) 기관의 임무·비전·전략과 연계된 혁신목표

2) 경영진 및 구성원의 혁신활동 활성화방안

3) 핵심역량 확보 및 강화를 위한 학습프로그램 운영방안

4) 고객 최우선 경영, 일하는 방식 개선, 책임경영 확보 및 경영투명성 향상을 위한 경영 혁신과제

5) 기타 경영혁신 활성화를 위한 노력

다. 혁신수준 진단·평가

1) 기획재정부장관은 기관의 경영실태, 공공서비스 품질 수준, 조직 및 정원의 운영실태, 기능배분의 적정성 등을 진단(이하 "경영혁신 진단"이라 한다)할 수 있다.

2) 기획재정부장관은 연구개발목적기관에 대해서 위 항의 경영혁신 진단 등 필요한 조치를 할 경우 기관의 성격 및 업무 특성을 반영하여야 한다. 이 경우 기획재정부장관은 주무기관의 장에게 연구실적 및 경영내용에 관한 평가 결과를 활용하여 경영혁신 진단을 하도록 요청할 수 있다.

3) 기획재정부장관은 경영혁신 진단 결과에 따라 시정 또는 보완이 필요한 경우 주무기관의 장과 협의한 후 운영위원회의 심의·의결을 거쳐 시정 또는 보완 계획을 수립하고 시행할 수 있다.

4) 경영혁신 진단 결과 미흡한 기관은 기획재정부장관이 정하는 바에 따라 정원, 예산 등에 관한 사항을 사전 협의하는 등 경영혁신을 위해 노력하여야 한다.

라. 혁신 포털의 설치·운영

1) 기획재정부장관은 공공기관의 혁신활동을 지원하기 위하여 공공기관 혁신포털을 설치·운영한다.

2) 혁신포털은 국민과 공공기관, 정부부처 간의 커뮤니케이션 활성화와 공공기관 혁신에 대한 국민참여 촉진 등을 위해 공공기관 포털 및 업무연락방 등의 기능을 포함한다.

3) 기획재정부장관은 혁신포털의 운영을 위해 공공기관에 자료제출이나 자료게시 등 필요한 협조를 요청할 수 있다. 획재정부 장관은 매년도 중점 혁신과제의 선정, 혁신 컨설팅 및 교육 프로그램 운영 등 각 공기업·준정부기관의 혁신을 지원하기 위한 연도별 혁신 추진계획을 공공기관 운영위원회의 의결을 거쳐 수립 시행할 수 있다.

3. 공공성 및 사회적 책임[55]

가. 사회적 가치 실현 등

1) 사회적 가치 실현 노력

공공기관은 일자리 창출, 안전하고 건강한 공동체 실현, 대·중소기업간 상생 및 협력, 지역경제 활성화 등 공공기관의 사회적 가치 실현 및 공공성 제고를 위해 노력한다.

2) 일자리 창출 노력 및 사회형평적 인력활용

가) 공공기관은 다양한 근로형태 등을 통해 새로운 일자리를 창출하고 민간부문으로 확산될 수 있도록 노력하여야 한다.

나) 공공기관은 국가유공자·장애인·여성(경력단절여성 포함)·지역인재·고졸자·청년 등에 대한 채용기회를 확대하여 사회형평적 인력활용이 활성화되도록 인력활용계획을 수립하여 이행한다.

다) 위의 규정에 따른 인력활용계획은 다음 각 호의 내용을 포함한다.

① 장애인·국가유공자 의무 고용에 관한 사항

---

55) 공공기관의 혁신에 관한 지침, 기획재정부, 제정 2018. 3. 8, 일부개정 2019. 3.29

② 양성평등채용 및 여성관리자 확대 추진 등에 관한 사항

③ 청년 미취업자 고용 의무 준수에 관한 사항

④ 고졸채용 확대 및 보수, 승진 등 근로조건의 합리적 운영에 관한 사항

⑤ 청년인턴 제도의 내실화 및 보수 등 근로 조건의 합리적 운영에 관한 사항

⑥ 비수도권 지역인재 채용 확대 및 혁신도시 이전지역 인재 채용목표제 준수에 관한 사항

⑦ 기타 균형있는 인력 활용을 위한 조치 등에 관한 사항

라) 기타공공기관은 청년일자리 창출을 위하여 법 제50조에 따른 공기업·준정부기관의 경영에 관한 지침(이하 '경영지침'이라 한다) 제10조에서 규정한 임금피크제를 준용한다.

나. 직무능력 중심 공정채용 등

1) 직무능력중심 공정채용

가) 공공기관은 직원 채용이 직무능력을 중심으로 공정하게 이루어질 수 있도록 직무관련성을 기반으로 하는 평가를 시행하는 등 채용 과정을 체계적으로 관리하여야 한다.

나) 공공기관은 직원 채용 과정에서 지원자에 대한 편견이 개입되지 않도록 입사지원서를 통하여 응시자의 출신지역, 가족관계, 학력 등 직무 수행 능력과 직접 관련이 없는 인적사항에 대한 정보를 요구할 수 없다. 다만 채용 직무를 수행하는 데 반드시 필요하거나 제21조의 규정에 따른 사회형평적 채용을 위해 필요한 경우에는 그러하지 아니하다.

다) 공공기관은 위 항에서 규정한 인적사항에 대한 정보를 채용 면접에 활용할 수 없다. 다만 연구개발목적기관은 우수 연구인력을 확보하기 위해 필요한 경우 연구실적 등을 활용할 수 있다.

2) 일·가정 양립지원

공공기관은 시간선택제 일자리 발굴·확대, 기관별 여건에 맞는 유연근무제 도입·운영, 가족친화인증제도, 자동육아휴직제도, 남성육아휴직 활성화 추진 등을 통해 일·가정양립을 지원한다.

3) 비정규직 관리

가) 공공기관은 상시·지속 업무를 수행하는 비정규직은 원칙적으로 운영할 수 없고, 필요한 경우에 한하여 최소한의 규모로 운영하여야 한다. 다만 연구개발목적기관에서 연수를 목적으로 하는 박사후연구원, 학생연구원 등은 주무기관의 장과 협의하여 달리 운영할 수 있다.

나) 공공기관은 비정규직(간접고용을 포함한다)에게 적정한 처우를 제공하여야 한다.

4. 투명 · 윤리경영[56]

가. 윤리헌장 등의 제정 및 이행

공공기관은 기관의 임무·비전과 연계한 윤리헌장과 이를 실천하기 위한 구체적인 행동강령을 제정·공포하고 이를 지속적으로 보완·개선하여야 한다.

1) 임원의 청렴의무

가) 공공기관의 임원은 제반 법령과 규정을 준수하여 직무를 공정하게 수행하여야 하며, 일체의 부패행위와 품위를 손상하는 행위를 하여서는 아니 된다.

나) 청렴의무의 구체적인 내용은 다음 각 호의 사항을 고려하여 각 공공기관이 정한다.
① 「부패방지 및 국민권익위원회의 설치와 운영에 관한 법률」 제8조제2항에 의한 공직자 행동강령 규정사항
② 법 제53조에 의한 공무원 의제사항
③ 그 밖에 관련 법령 및 내부 규정 등에 의해 임원이 준수하여야 할 사항

2) 임원 직무청렴계약의 체결

가)공공기관은 소속 임원에 대한 청렴의무와 그 위반에 대한 책임을 규정한 직무청렴계약을 체결하여 경영윤리를 강화하도록 노력하여야 한다.

---

56) 공공기관의 혁신에 관한 지침, 기획재정부, 제정 2018. 3. 8, 일부개정 2019. 3.29

나) 직무청렴계약을 체결하여야 하는 공공기관의 임원은 다음 각 호와 같다.

① 공공기관의 기관장

② 공공기관의 상임이사

③ 공공기관의 상임감사

④ 그 밖에 각 공공기관이 직무청렴계약 운영규정으로 정한 임원

3) 직무청렴계약

새로 임명된 임원은 임명된 때로부터 3개월 이내에 직무청렴계약을 체결하여야 하며, 계약에 따른 의무의 적용 기간은 임원으로 재직하는 기간으로 한다. 다만, 계약 위반에 대한 제재 관련 사항은 재직기간 이후를 포함할 수 있다. 직무청렴계약은 기관장 경영계약 등 기존의 계약과는 별도로 계약의 목적 및 계약기간, 청렴의무의 내용, 위반시 제재사항 및 제재 절차 등에 관한 사항을 규정하는 계약서에 의해 체결하는 것을 원칙으로 한다.

4) 임원 직무청렴계약 체결의 당사자

가) 기관장 및 상임감사는 기관별로 다음 각 호의 자와 각각 직무청렴계약을 체결한다.

① 공기업·준정부기관 : 선임비상임이사

②「정부출연연구기관 등의 설립·운영 및 육성에 관한 법률」제8조 및 「과학기술분야 정부출연연구기관 등의 설립·운영 및 육성에 관한 법률」제8조에 따라 설립된 연구기관 : 소관 연구회 이사장

③ 기타공공기관 : 이사회(이사회에 상당하는 위원회를 포함한다, 이하 같다)에서 정하는 비상임이사. 다만 비상임이사가 없는 경우에는 이사회가 계약을 위해 기관을 대표하는 자로 지정하는 임원

나) 상임이사는 소속 기관장과 직무청렴계약을 체결한다.

5) 청렴의무를 위반하였을 경우 제재의 종류 및 수준은 기관별 보수 · 인사 · 복지 제도 및 위반의 정도 등을 고려하여 각 공공기관이 정한다.

나. 청렴 이행 점검 등

1) 임원 직무청렴계약의 점검 등

가) 기획재정부장관은 직무청렴계약 제도의 원활한 정착을 위해 각 공공기관의 제도 운영 실태를 점검하여 개선하도록 권고하거나 우수한 기관의 사례를 다른 공공기관에서 적용하도록 권고할 수 있다.

나) 기획재정부장관은 공공기관의 직무청렴계약 운영실적을 경영평가 등에 반영할 수 있다.

2) 이사회 회의록 공개

공공기관 이사회 회의록은 경영상 기밀 등 특별한 사항을 제외하고는 자체 홈페이지와 기획재정부장관이 정하는 통합공시시스템을 통하여 공개하여야 한다. 공개하지 않는 사항은 회의록의 일부 등으로 최소화하고 비공개 사유를 명시하여 공시하여야 한다.

3) 사업실명제

가) 공공기관은 기획업무를 총괄하는 직위에 있는 자를 사업실명제 책임관으로 지정하여 사업실명제를 운영하여야 한다.

나) 공공기관은 대상 사업의 선정기준 결정, 대상 사업 선정 등 사업실명제에 관한 업무를 담당하는 사업실명제 심의위원회를 구성하여야 하며 다음 각 호의 사항을 준수하여야 한다.

① 위원회는 위원장을 포함하여 5명이상으로 구성

② 외부위원은 30%이상으로 구성

다) 사업실명제 심의위원회는 주요 국정현안에 관한 사항, 재무적 영향이 큰 대규모 사업, 국민생활과 밀접한 주요 서비스 제공 사업 등을 실명제 대상사업으로 선정하여 관리한다.

라) 공공기관은 기관별 홈페이지의 "사업실명제 코너"를 통해 다음 각 호의 내용을 외부에 공개하여야 한다.

① 사업실명제 대상사업 선정기준

② 사업실명제 대상사업 리스트 및 사업내역서

③ 사업실명제 완료 리스트 및 사업내역서

제36조(자료 제출) 기획재정부장관은 공공기관운영위원회의 심의·의결을 지원하기 위하여 필요한 자료를 공공기관에 요구할 수 있으며, 공공기관은 특별한 사유가 없는 한 이에 응하여야 한다.

5. 일반적인 경영혁신의 주요 기법 또는 수단

경영혁신을 위한 방법은 기업의 특성에 맞춰 다양하게 적용하는 것이므로 어느 하나를 가지고 설명하기는 쉽지 않다. 기업별로 업무 특성이 다르기 때문에 해당 기업의 상황에 맞는 다양한 경영혁신의 수단과 방법이 적용되기 때문이다. 또한 시대가 바뀜에 따라 과거에 유행했던 기법은 너무 일반화되어 경영혁신이라고 부를 수도 없게 된 경우도 있다. 따라서 다음에서는 그동안 기업에서 추진해왔던 일반적인 경영혁신 기법이나 수단의 사례를 알아본다.

가. 다운사이징(Downsizing)[57]

다운사이징이란 비생산적인 부분과 불필요한 조직, 부서, 계층을 폐기하고 군살을 제거하여 수익성이 높은 사업으로 재편하는 것을 말한다. 따라서 인원이나 기구를 축소하는 등의 감량 경영과는 구분되어야 한다.

나. 비즈니스 리엔지니어링(Business Re-engineering)

조직구조를 축소하면서 조직 내의 관료주의적 색채를 제거하려는 신 경영기법으로, 특징은 다음과 같다.
1) 지금까지 전통적인 업무 수행방식을 무시하고 새롭게 출발하려는 것이다.
2) 경쟁력 강화를 위해 기업이 모든 업무를 변화 지향적으로 재편하려는 것이다.
3) 경영 체질을 강화시키고, 업무 능률을 향상시키기 위해 기업의 중요한 경영요소들이 제 기능과 역할을 다 할 수 있도록 재설계하려는 것이다.

---

57) 윤대혁 외, 경영조직론, 탑북스, 2015. p.143

4) 제조업은 물론 모든 조직에 적용할 수 있다.

다. 벤치마킹(benchmarking)

특정분야에서 우수사례를 찾아 성과 차이를 확인하고 극복하기 위한 운영 프로세스를 배워 자기혁신을 추구하는 기법이다. 벤치마킹을 성공시키기 위해서는 벤치마킹의 적용 범위를 결정하고, 표적 대상을 선정한다. 그리고 대상 기업의 핵심 정보를 수집하고 분석한 다음 대상 기업의 강점과 성공 핵심 요인을 정제하여 모방할 수 있어야 한다.

라. Zero base 조직혁신

이는 기존 조직의 틀을 파괴하고 제로상태에서 조직을 새롭게 구조화시키려는 것으로써 지금까지 널리 사용되고 있는 지식, 정보, 기술, 기법 등을 제로로 두고 경영요소를 새롭게 결합시키려는 것이다. 제로베이스 혁신기법을 성공적으로 도입하려면 조직에 대한 정밀진단을 실시하고 그 결과를 바탕으로 모방이나 수용여부를 결정해야 한다.

마. 세계화(글로벌) 경영

전 세계를 대상으로 경영활동을 전개하는 것을 말한다. 오늘날 경제적인 측면에서 국경이 무너지고 있고, 시장, 기술 등의 측면에서는 공유현상이 강하게 나타나고 있다. 세계에 분산되어 있는 자원을 효율적으로 활용, 생산요소를 지역별 비교 우위에 따라 전문화하고 흐름의 최적화(전략적 제휴 ; 지역 간 네트워크 형성 등)를 이룬다. 철도분야에서도 차량제작을 비롯하여 선로, 신호 기술 분야의 설계 감리 등 다양한 분야에서 사업영역의 확장으로 세계화를 추진할 수 있는 기회가 넓어지고 있다.

바. 6시그마 경영(six sigma management)

1987년 GE에서 생산되는 모든 제품이나 서비스, 거래 및 공정과정 등 전 분야에서 품질을 측정하여 분석하고 향상시키도록 통제하고 궁극적으로는 불량을 제거하는 품질향상 운동에서 시작되었다. 6시그마의 수준단위(DPMO, Default Per Million Opportunity)는 불량수준을

3.4PPM(0.00034%) 수준이하로 줄이고자 하는 것이다. 즉, 제품 생산 100만개 당 불량률을 3.4개 이하로 줄이는 것을 목표로 한다. 원래 시그마는 통계학에서 표준편차를 의미하지만 여기서는 오류가 발생할 확률을 의미한다. 즉 제품 품질 수준이 균일하지 않은 근본 원인을 찾아내 품질수준을 높이자는 것이다. 6시그마 경영의 특징은 다음과 같다.

1) 6시그마는 객관적인 통계수치로 나타나기 때문에 제품이나 업종, 업무 및 생산 프로세스가 상이한 경우에도 비교가 가능하다.

2) 기업전략으로서 6시그마 경영은 제품의 품질향상과 원가절감을 통해 고객만족을 통한 경쟁우위를 확보할 수 있게 한다.

3) 6시그마 경영에 대한 철학은 조직 구성원들의 사고의 틀을 변화시킨다. 무조건 열심히 일하는 것 보다는 '스마트하게'일하도록 하는 분위기를 조성한다.

사. 지식경영(Knowledge management)

조직 구성원 개개인의 지식이나 노하우를 체계적으로 발굴하여 공유하고 조직 전체의 문제 해결 능력을 향상 시키는 경영방식으로 기술과 정보를 포함한 지적능력과 아이디어를 포함한다.

아. Junior Board

중역회의나 이사회 등 기업의 전통적 의사 결정 기구는 아니지만 하위 직급의 젊은 실무자들을 선발하여 구성한 청년 중역 회의를 일컫는다. 기존의 조직 구성원들보다 조직 생활에 오래 참여하지 않은 직원들이 새롭게 본 시각에서 생각하는 의견을 수렴하여 조직의 활성화에 기여하도록 한다.

자. 제안제도

소속 직원으로부터 조직운영 업무개선 의견 제안을 받아 심사하고, 채택된 안건에 대하여 보상하는 제도로, 제안제도를 통하여 불합리한 사항을 개선하거나 다각적인 정책을 집약 할 수 있다.

차. 고객가치 경영

고객별 니즈(needs)를 분석하여, 고객가치 체계와 미래에 제안할 고객가치의 갭을 분석하고 혁신과제 선정 및 방향 설정 그리고 고객가치 혁신성과를 평가하는 것으로 고객의 가치를 최우선으로 한다.

카. 포스터 경영

만화와 글이 담긴 포스터로 직원의 자발적 참여를 유도하는 경영방식으로 한 연구(미, 일리노이주 주립대학)에 따르면 포스터경영을 도입한 기업은 최대 10%. 동기부여 7% 창의력 및 아이디어 제안이 10% 이상 향상되었다고 한다.

타. 전사적 자원관리 (ERP, Enterprise Resource Planning)

기업 전체를 경영자원의 효율적 이용이라는 관점에서 통합적으로 관리하고 경영의 효율화를 기하기 위한 수단으로 자금, 회계, 구매, 생산, 판매의 흐름을 자동으로 조절해주는 전산통합관리 시스템으로, 실시간으로 경영상태 파악이 가능하다.

6. 한국철도공사 경영혁신 활동[58]

한국철도공사는 철도청 시절인 1994년에 이미 공기업 최초로 "고객중심 경영혁신"을 시작으로 품질경영, 지식경영, 6시그마 경영, ERP 도입 등 경영혁신 활동을 전개해 왔다. 그리고 2005년 공사 전환 이후 근본적 체질개선을 위해 "뿌리경영"을 혁신 동력으로 삼아 현장경영 등 본격적인 경영혁신 활동을 가속화하였고, 고객만족도 향상, 철도선진화 달성 등 미래를 준비하기 위해 눈에 보이지 않는 가치까지도 최고를 추구하는 혁신동력으로 삼고 경영혁신을 지속적으로 추구하고 있다. 이를 수단으로 한국철도공사의 경영혁신 진행과정을 보면 위기위식 공유 혁신문화도입, 전사 혁신에 의한 변화 가시화, 성과 가시화 업무, 혁신문화 정착 순으로 진행되어 실행되고 있다.

---

58) 한국철도공사 홈페이지

한국철도공사의 경영혁신 전략은 '고객만족경영과 지식경영으로 이어진 혁신활동을 K-TIP으로 승화하여 총체적 고객만족 실현'을 목표로 한다. 이를 위해 사람의 혁신, 경영방식의 혁신, 상품의 혁신을 내세운다. 먼저 사람의 혁신은 의식개혁, 학습조직, 변화관리를 통해 직원들의 경영혁신 의식을 제고시키고 변화하게 만드는 것이다. 이는 오랫동안 공공성을 강조해왔던 정부 조직 위주에서 공사로 바뀐 이후 공공성은 물론 기업으로서 수익성 향상에도 최선을 다 하여야 하는 직원들의 의식 혁신이 중요함을 의미하기도 한다. 다음은 경영방식의 혁신이다. 이는 업무 프로세스의 혁신으로 기획 프로세스, 자원관리 프로세스, 지원 프로세스를 혁신하여 업무 능률을 향상시키고자 하는 것이다. 마지막으로 상품의 혁신을 들 수 있겠다. 상품의 혁신은 고객관계 강화(CRM), 고객지향의 상품개발, 공사와 고객 간 윈-윈(win-win) 전략으로 철도 이용자를 만족시키며 수요를 증가시키는 방향으로 업무성과를 향상시킬 수 있는 성과를 목표로 하고 있다.

《한국철도공사 고객서비스 혁신 사례》[59]

1. 대국민 서비스 개선

평창 동계올림픽&패럴림픽 성공 개최 지원서비스

올림픽 기간 중 56일을 특별수송기간으로 정하여 열차운행을 확대했고, '평창올림픽수송대책본부'를 설치하여 24시간 비상대응체계를 유지하였다. 그 외에 임시열차 투입, 개폐회식 특별수송대책 마련하여 올림픽을 적극 지원했다. 아울러 패럴림픽 수송기간 중에는 휠체어석 확대, 주요역 휠체어 리프트 추가배치, 장애인 전용예매 좌석 운용, 승하차 및 차내 이동 지원을 위한 장애인 도우미 서비스를 운용, 외국인관광객 수요에 대비하여 안내표지 및 방송정비, 철도고객센터 외국어 전담인력 확대 등의 서비스를 강화하였다.

2. 다양한 교통비 절감사업 추진

다양한 요금할인 혜택을 통해 국민의 부담을 완화하여 서비스 만족도를 제고

정기권 이용고객 및 외부 전문가의 의견을 수렴하여 기존 정기권 이용시 제한되었던 사항을 개선하여 정기권 상품 출시, 소그룹 여행객을 위한 '넷이서 5만원(강릉선 4인 50%할인), '넷이서 10만원(기존선 전노선 최대 60% 할인) 등 신규 KTX할인상품 출시, 특히 지정한 횟수만큼 미리 정한 구간의 할인승차권을 구입할 수 있는 횟수차감방식 모바일 할인카드인 'KTX N카드'발매로 발매 9일만에 1만매 판매 성과를 거두었다.

3. 전산망 개선을 통한 ICT활용 서비스 강화

정부 및 외부기관의 전산망을 연계하여 철도승차권 예매편의를 향상하였다. 공공할인상품을 이용하기 위해 직접 역 창구 방문의 번거로움을 해소하고자 '보건복지부 사회보장시스템'과 연계하여 실시간으로 자격을 인증할 수 있도록 하였고, 행정안전부 '행정정보 공동이용서비스'와 연계하여 창구에 방문하지 않아도 홈페이지나 코레일 톡을 활용해 서비스를 이용하도록 개선하였다. 또한 결재 프로세스를 간소화하고자 카카오 계정과 연동한 간편 로그인, 카카오페이 등과 연동한 간편 결제 및 간편 계좌이체 서비스를 확대할 예정이다.

4. 접근성 강화한 철도 교통망 구축

단순 공급자 중심의 운송서비스를 뛰어 넘어 철도중심 연계교통 서비스인 '종합교통 플랫홈을 구축하기 위한 마스터 플랜'을 수립하였다. 집에서 목적지까지 전 과정을 연결하는 도어 투 도어(door to door)서비스를 제공 하고자 지자체 협력을 통한 공공택시 철도연계서비스 승합렌터카 공유O2O시범서비스, 코레일 톡 활용 렌터카 카셰어링 통합예약서비스 등의 연계교통 서비스를 도입하였다.

---

59) 한국철도공사 지속가능경영보고서, 2018~2019.

철도 사업

1. 철도 및 철도사업의 정의

가. 철도의 정의[60]

철도라 함은 여객 또는 화물을 운송하는 데 필요한 철도시설과 철도차량 및 이와 관련된 운영·지원체계가 유기적으로 구성된 운송체계를 말한다.

나. 철도사업의 정의

1) 철도사업이란 다른 사람의 수요에 응하여 철도차량을 사용하여 유상(有償)으로 여객이나 화물을 운송하는 사업을 말한다.[61]
2) 도시철도사업이란 도시철도건설사업, 도시철도운송사업 및 도시철도부대사업을 말한다.[62]
   가) 도시철도건설사업이란 새로운 도시철도시설의 건설, 기존 도시철도시설의 성능 및 기능 향상을 위한 개량, 도시철도시설의 증설 및 도시철도시설의 건설 시 수반되는 용역 업무 등에 해당하는 사업을 말한다.
   나) 도시철도운송사업이란 도시철도와 관련된 다음 각 목의 어느 하나에 해당하는 사업을 말한다.
   (1) 도시철도시설을 이용한 여객 및 화물 운송
   (2) 도시철도차량의 정비 및 열차의 운행 관리

---

60) 철도산업발전기본법 제2조
61) 철도사업법
62) 도시철도법

2. 철도 건설 및 운영기업의 사업 영역

가. 한국철도시설공단[63]

1) 철도시설의 건설 및 관리

2) 외국철도 건설과 남북 연결 철도망 및 동북아 철도망의 건설

3) 철도시설에 관한 기술의 개발·관리 및 지원

4) 철도시설 건설 및 관리에 따른 철도의 역세권, 철도 부근 지역 및 「철도의 건설 및 철도시설 유지관리에 관한 법률」 제23조의2에 따라 국토교통부장관이 점용허가한 철도 관련 국유재산의 개발·운영

5) 건널목 입체화 등 철도 횡단시설 사업

6) 철도의 안전관리 및 재해 대책의 집행

7) 정부, 지방자치단체, 「공공기관의 운영에 관한 법률」에 따른 공공기관(이하 "공공기관"이라 한다) 또는 타인이 위탁한 사업

8) 제 1)호부터 제 7)호까지의 사업에 딸린 사업

9) 제 1호)부터 제 8호)까지의 사업을 위한 부동산의 취득, 공급 및 관리

나. 한국철도공사[64]

1) 철도여객사업, 화물운송사업, 철도와 다른 교통수단의 연계운송사업

2) 철도 장비와 철도용품의 제작·판매·정비 및 임대사업

3) 철도 차량의 정비 및 임대사업

4) 철도시설의 유지·보수 등 국가·지방자치단체 또는 공공법인 등으로부터 위탁받은 사업

5) 역세권 및 공사의 자산을 활용한 개발·운영 사업으로서 대통령령으로 정하는 사업

　　가) 역세권 개발·운영 사업 : 「철도건설법」에 따른 역세권 개발 및 운영 사업

　　나) 공사의 자산을 활용한 개발·운영 사업 : 철도이용객의 편의를 증진하기 위한 시설의 개발·운영 사업

---

63) 한국철도시설공단법
64) 한국철도공사법 .

6) 「철도건설법」에 따른 역 시설 개발 및 운영사업으로서 대통령령으로 정하는 사업

　가) 「화물유통촉진법」에 따른 물류시설 중 철도운영이나 철도와 다른 교통수단과의 연계운송을 위한 시설

　나) 「도시교통정비 촉진법」에 따른 환승시설

　다) 역사와 같은 건물 안에 있는 시설로서 「건축법 시행령」에 따른 건축물 중 제1종 근린생활시설, 제2종 근린생활시설, 문화 및 집회시설, 판매시설, 운수시설, 의료시설, 운동시설, 업무시설, 숙박시설, 창고시설, 자동차관련시설, 관광휴게시설과 그 밖에 철도이용객의 편의를 증진하기 위한 시설

7) 「물류정책기본법」에 따른 물류사업으로서 대통령령으로 정하는 사업으로, 「화물유통촉진법」에 따라 종합물류업자로 인증을 받은 자가 경영할 수 있는 물류사업으로서 「물류정책기본법 시행령」에 따른 물류사업 중 철도운영이나 철도와 다른 교통수단과의 연계운송을 위한 사업

8) 「관광진흥법」에 따른 관광사업(카지노업은 제외한다)으로서 철도운영과 관련된 사업

9) 제1호부터 제8호까지의 사업과 관련한 조사·연구, 정보화, 기술 개발 및 인력 양성에 관한 사업

10) 제1호부터 제9호까지의 사업에 딸린 사업으로서 대통령령으로 정하는 사업

　가) 「철도산업발전 기본법」에 따른 철도시설(이하 "철도시설"이라 한다)이나 철도부지 및 같은 조 제4호에 따른 철도차량 등을 이용한 광고사업

　나) 철도시설을 이용한 정보통신 기반시설 구축 및 활용 사업

　다) 철도운영과 관련한 엔지니어링 활동

　라) 철도운영과 관련한 정기간행물 사업, 정보매체 사업

　마) 다른 법령의 규정에 따라 공사가 시행할 수 있는 사업

　바) 그 밖에 철도운영의 전문성과 효율성을 높이기 위하여 필요한 사업

　한국철도공사는 국외에서 위의 사업을 할 수 있다. 또한 공사는 이사회의 의결을 거쳐 예산의 범위에서 공사의 업무와 관련된 사업에 투자·융자·보조 또는 출연할 수 있다.

다. 도시철도 공사[65]

1) 도시철도 운송사업

　　가) 도시철도시설을 이용한 여객 및 화물 운송
　　나) 도시철도차량의 정비 및 열차의 운행 관리

2) 도시철도 부대사업

　도시철도부대사업이란 도시철도시설·도시철도차량·도시철도부지 등을 활용한 다음 각 목의 어느 하나에 해당하는 사업을 말한다.
　　가) 도시철도와 다른 교통수단의 연계운송사업
　　나) 도시철도 차량·장비와 도시철도용품의 제작·판매·정비 및 임대사업
　　다) 도시철도시설의 유지·보수 등 국가·지방자치단체 또는 공공법인 등으로부터 위탁받은 사업
　　라) 역세권 및 도시철도시설·부지를 활용한 개발·운영 사업으로서 대통령령으로 정하는 사업
　　(1) 「역세권의 개발 및 이용에 관한 법률」에 따른 역세권개발사업
　　(2) 도시철도 이용객을 위한 편의시설의 설치·운영사업

　　마) 「국가통합교통체계효율화법」에 따른 복합환승센터 개발사업
　　바) 「물류정책기본법 시행령」에 따른 물류사업 중 도시철도운영이나 도시철도와 다른 교통수단과의 연계수송을 위한 사업
　　사) 「관광진흥법」에서 정한 관광사업(카지노업은 제외한다)으로서 도시철도운영과 관련된 사업
　　아) 「옥외광고물 등의 관리와 옥외광고산업 진흥에 관한 법률」에 따른 옥외광고사업으로서 지하철역 또는 도시철도차량에 광고물이나 게시시설을 제작·표시·설치하거나 옥외광고를 대행하는 사업
　　자) 위 가~아목까지의 사업과 관련한 조사·연구, 정보화, 기술 개발 및 인력 양성에 관한 사업

---

65) 도시철도법

차) 위 가~자목까지의 사업에 딸린 사업으로서 대통령령으로 정하는 다음 사업

 (1) 「엔지니어링산업 진흥법」에 따른 엔지니어링사업 중 도시철도운영과 관련한 사업

 (2) 도시철도운영과 관련한 정기간행물 사업, 정보매체 사업

 (3) 그 밖에 도시철도운영의 전문성과 효율성을 높이기 위하여 필요한 사업

민자철도 사업

1. 민자철도 사업근거 및 투자 방식

가. 민자철도 사업 근거

'사회기반시설에 대한 민간투자법[66]'은 '사회기반시설에 대한 민간의 투자를 촉진하여 창의적이고 효율적인 사회기반시설의 확충·운영을 도모함으로써 국민경제의 발전에 이바지함을 목적'으로 제정되었다. 따라서 각종 생산 활동의 기반이 되는 시설, 해당 시설의 효용을 증진시키거나 이용자의 편의를 도모하는 시설 및 국민생활의 편익을 증진시키는 시설 등 '철도 및 도시철도'가 포함된 사회기반 시설에 민간 투자의 길을 열어 놓았다. 이는 사회기반 시설에 대한 정부 및 지방자치단체의 재원 부담을 경감하고 민간에 의한 창의적이고 효율적인 시설운영을 도모하고자 한 것이다.

나. 민간 투자사업 방식[67]

1) BTO(Build-Transfer-Operate)방식

사회기반시설의 준공(신설·증설·개량)과 동시에 해당 시설의 소유권이 국가 또는 지방자치단체에 귀속되며 사업시행자에게 일정기간의 시설관리운영권을 인정하는 방식이다.

주로 도로, 철도, 항만 등 교통시설 등 운영에 따른 충분한 사용료 수익으로 투자금 회수가 예상되는 시설물을 대상으로 시행되며, 정부 주도의 시행은 물론 민간 제안방식으로도 시행이

---

66) 사회기반시설에 대한 민간투자법(약칭: 민간투자법), 법률 제 4773호, 제정 1994. 8. 3
67) 민간투자사업기본계획, 기획재정부, 공고 제2016-64호, 2016. 4.27

가능하다. 민간투자자는 준공 후 약정된 시설관리 운영기간 동안 시설 사용자로부터 직접 이용료를 징수하여 수익을 올리고 투자금을 회수하게 되므로 '수익형 민간 투자사업'이라고도 한다. 이는 준공(Build)과 동시에 당해 시설의 소유권이 국가 또는 지방자치단체에 귀속(Transfer)되며, 사업시행자에게 장기간의 시설관리운영권(Operate)을 인정한다. 따라서 민간 사업자가 건설 및 운영 위험을 부담한다. 철도에서 시행된 사업으로는 인천국제공항철도, 신분당선, 부산~김해 경전철, 의정부 경전철, 우이신설 경전철이 있다. 또 최근에 시작된 GTX-A(수도권광역급행철도) 노선도 BTO방식으로 건설되고 있고, 현재 검토되고 노선도 여러 군데에 이른다.

2) BTL(Build-Transfer-Lease)방식

사회기반시설의 준공(신설·증설·개량)과 동시에 해당 시설의 소유권이 국가 또는 지방자치단체에 귀속되며 사업시행자에게 일정기간의 시설관리운영권을 인정하되, 그 시설을 국가 또는 지방자치단체 등이 협약에서 정한 기간 동안 임차하여 사용·수익하는 방식이다.

사업자가 건설한 후에 국가나 지방자치단체에 시설을 기부채납하고 그 대가로 일정기간 동안 관리운영권을 얻게 되며, 민간 사업자는 관리운영권의 행사방법으로 약정기간 동안 국가나 지방자치단체에 시설의 관리운영권을 임대하며, 약정된 임대료 수입으로 투자비를 회수하게 되므로 '임대형 민간투자사업'이라고 한다. 이는 준공(Build)과 동시에 당해 시설의 소유권이 국가 또는 지방자치단체에 귀속(Transfer)되며, 사업시행자에게 일정기간의 시설관리운영권(사용권)을 인정하되, 그 시설 운영권을 국가 또는 지방자치단체 등이 협약에 정한 기간 동안 임차(Lease)하여 사용하고 약정기간 동안 임대료를 지급하여 투자비를 보전해 주는 방식으로 교육, 문화, 복지시설, 환경시설 등에 적합하다. 민간시설을 정부나 지방자치단체가 리스해서 사용하고 리스료를 지불하기 때문에 위험이 없고 적정 수익률이 보장되기 때문에 PF(Project Finacing) 금융계에서 선호한다. 철도에서는 전라선 익산~신리 복선전철, 경전선 함안~진주 복선전철, 서해선 소사~원시 복선전철, 부전~마산 복선전철, 대곡~소사 복선전철 등이 해당된다.

3) BOT(Build-Operate-Transfer)방식

사회기반시설 준공(신설·증설·개량) 후 일정기간동안 사업시행자에게 당해시설의 소유권이 인정 되며 그 기간의 만료 시 시설소유권이 국가 또는 지방자치단체에 귀속되는 방식이다.

개발 프로젝트를 수행한 사업자가 사업에 필요한 자금을 조달하고 기획, 설계, 건설까지 함께 수주하는 Full Turnkey방식으로 준공하고 일정기간 동안 운영하며 운영수익으로 운영자금 충당 및 부채상환, 투자자 배당을 하고 운영기간이 종료되면 국가에 양도하는 방식으로, 자금 조달이 어려운 개발도상국가나 국가사업의 민영화 정책을 추진하고 있는 국가들의 인프라에 주로 도입되고 있다. 그러나 BOT 프로젝트는 비교적 공사기간이 길고 정치적 안정성에 따른 위험성이 큰 것이 단점으로 지적된다.

4) BOO(Build-Own-Operate)방식

사회기반시설의 준공(신설·증설·개량)과 동시에 사업시행자에게 당해시설의 소유권이 인정되는 방식이다.

5) BLT(Build-Lease-Transfer)방식

사업시행자가 사회기반 시설을 준공(신설·증설·개량)한 후 일정기간 동안 타인에게 임대하고 임대 기간 종료 후 시설물을 국가 또는 지방자치단체에 이전하는 방식이다.

6) BTO-rs(Build Transfer Operate-risk sharing)방식

민간사업비의 일부에 대하여 투자위험을 분담하는 '위험분담형 방식'이다. 즉 정부와 민간 사업자가 사업투자비용과 운용 부담을 나눔으로써 서로 사업 위험률을 분담(50%)하는 방식으로 사업에 따라 분담비용을 조정할 수 있다. 이는 사업투자에 따른 민간 사업자의 위험을 감소시켜 신규 사업의 발주가 활발해지고 장기적인 투자촉진을 기대할 수 있는 효과가 있다. 따라서 정부와 민간이 함께 사업수익을 높이는 노력을 하도록 만든 것이다. 2016년도에 우리나라에서 처음으로 도입되어 신안산선 복선전철에 적용됐다.

7) BTO-a(Build Transfer Operate-adjusted) 방식

이 방식도 BTO-rs와 같이 최근에 도입된 것으로 '손익분담형 방식'이다. 즉, 시설의 건설 및 운영에 필요한 최소 사업운영비만큼 정부가 보전함으로써 사업위험성을 낮추는 방식이다.

예를 들어 손실이 발생하면 민간이 30%까지 떠안고, 30%가 넘어가면 정부가 보전함으로써 사업위험성을 낮추는 방식이다.

《우리나라 철도건설 최초의 BTO-rs 적용 사례》[68]

1) 사업명 : 신안산선 복선전철 민간투자사업

2) 사업구간 : 신안산선 중앙~여의도간 총연장 43.6km

(안산~광명~여의도, 송산차량기지~시흥시청~광명)

3) 추정 총사업비 : 33,895억 원('13년 말 불변가격)

4) 공사기간 : 착공일로부터 60개월(시운전기간 포함)

다. BTO와 BTL 방식의 비교[69]

민간투자사업의 대표적인 두 가지 방식, 즉 수익형 민자사업(BTO)과 임대형 민자사업(BTL)을 영역별로 구분하여 비교하면 다음과 같다.

구분	수익형 민자사업(BTO)	임대형 민자사업(BTL)
대상시설 및 성격	최종 이용자에게 사용료 부과로 투자비 회수가 가능한 시설	최종 사용자에게 사용료 부과로 투자비 회수가 어려운 시설
적용사업	고속도로, 항만, 경전철, 지하철 하수 처리장, 환경시설 등	학교, 군인주거시설, 하수관, 문화복지시설, 일반철도 등
투자비 회수	최종 이용자의 사용료 (수익자 부담 원칙)	정부 시설 임대료 (정부 재정부담)
사업리스크	민간이 수요 위험 부담 운영 수입 변동 위험성	민간의 수요 위험 배제 운영 수입의 확정
사용료 책정	총 사업비 기준(고시·협약 체결 시점가격)으로 기준 사용료 산정 후 물가변동분 별도 반영	총 민간투자비 기준(시설의 준공시점 가격)으로 임대료 산정 후 균등 분할하여 지급
구분	수익형 민자사업(BTO)	임대형 민자사업(BTL)
재정지원	건설 분담금과 토지 보상비	예외 시를 제외하고 재정지원 없음
수익률 산정	6~8%	국고채 수익률 + α

---

68) 국토교통부 고시 제2016-665호 (2016.10.13.)
69) 강갑생, 기존 철도민간투자사업의 재정절감을 위한 재구조화 모형 정립, 2016

라. 최소운영수입보장(MRG, Minimum Revenue Guarntee) 제도

정부 및 지방자치단체가 민간자본을 이용하여 철도, 항만 등 사회기반시설을 건설할 때 실제 수익이 예상 수익에 미치지 못할 경우 손실 일부를 보전해주는 제도다. 예를 들어 예상 수익의 90%를 보장해주기로 했는데, 실제 운영 수익이 70%라면 20%를 보전해 주는 것이다. 그러나 수입이 사전에 합의한 수준을 초과할 경우에는 초과수입은 정부 또는 지방자치단체의 수입이 된다. 1998년도부터 시행되었으나 2006년도에 민간제안 사업 부분에서 폐지되었고, 2009년도부터는 정부고시사업에서도 폐지되었다. 그러나 MRG 제도는 논란 끝에 폐지되었지만 과거 민간투자법 및 실시협약에 의해 보장된 MRG는 유효해 현재 건설 또는 운영되고 있는 정부고시 사업은 보장기간 단축(15년→10년) 및 보장수준 축소(90~70%→75~65%)가 되었지만 재정보조는 여전히 이뤄지고 있다.

2. 민자철도 사업 현황

가. 국토교통부 주관 사업[70]

구분	사 업 명	사업기간	총사업비 (억 원)	연장 (km)	비고
운영중 (6)	인천국제공항철도건설	'01.3~'11.12	42,185	61.0	'07. 3. 개통
	신분당선(강남~정자) 복선전철	'05.7~'11.12	15,808	20.8	'11.10. 개통
	익산~신리 복선전철	'07.7~'12.4	6,686	34.4	'12. 5. 개통
	함안~진주 복선전철	'08.1~'13.1	4,497	20.4	'13. 1. 개통
	신분당선(정자~광교) 복선전철	'11.2~'16.2	15,343	12.8	'16. 1. 개통
	소사~원시 복선전철	'11.4~'16.4	17,883	23.3	'18. 6. 개통
공사중 (2)	부전~마산 복선전철	'14~'20	14,909	32.6	'14. 6. 착공

---

70) 국토교통부 홈페이지, 2016

설계 협상 중 (1)	대곡~소사 복선전철	'15~'21	10,634	18.3	'15.12. 착공
	신분당선(용산~강남) 복선전철	미정	13,212	7.8	'12. 4. 실시협약 체결

나. 지방자치단체 주관 사업

주관	사 업 명	추진단계	제안방식	개통연도	운영기간
서울시	9호선 1, 2단계	운영 중	정부 고시	2009. 7	30년
	우이신설 경전철	운영 중	민간 제안	2017. 9	30년
부산시	부산 김해 경전철	운영 중	정부 고시	2011. 9	30년
용인시	용인 경전철	운영 중	정부 고시	2013. 4	30년
의정부시	의정부 경전철	운영 중	정부 고시	2012. 7	30년

3. 공항철도(주) 사례 분석

가. 사업 개요

1) 구간 : 서울역 ~ 인천국제공항역 (연장 : 61.0km, 영업거리 58.0km)

2) 총사업비(2002. 6.30 불변) : 32,956억 원

[재정 7,631억 원(23%) + 민간 25,325억 원(77%)]

3) 1단계 : 2001. 4. 1 ~ 2007. 3.22

4) 2단계 : 2004. 1. 1 ~ 2010.12.28.(공덕역은 2011.12.31.까지)

나. 건설 및 운영 연혁

1) 1998. 6.25. 민자유치시설사업기본계획 고시(철도청)

2) 2001. 3.23. 회사 설립(주, 인천국제공항철도)

3) 2006. 6.29. 회사 상호 변경(주, 인천국제공항철도 → 공항철도,주)

4) 2007. 3.23. 1단계 구간(인천국제공항~김포공항역) 개통

5) 2009.11.27, 한국철도공사로 최대 주주 변경
6) 2009.11.30, 회사 상호 변경(공항철도,주 → 코레일공항철도,주)
7) 2010.12.29, 공항철도 완전 개통(2단계 구간, 김포공항 → 서울역)
8) 2015. 6.23, KB공항철도사모특별자산투자신탁으로 최대 주주 변경
회사 상호 변경 (코레일공항철도, 주 → 공항철도,주)

다. 초기 추진 사항

사업 완공 시점에 소유권을 정부로 이관하고 사업시행자인 공항철도(주)가 시설의 운영권을 30년 동안 무상으로 사용 운영하며 투자비와 적정 이윤을 회수하는 BTO방식으로 최소운영수입보장(MRG)을 적용했다.

1) 사업비 산정

총 사업비는 2조 7885억 원(1999. 6.30일 기준 불변가격)으로 협약되었고, 이 중 공사비는 2조 1121억 원이다. 이후 총 사업비는 민자 3조 110억 원을 포함해 4조 995억 원 규모가 됐다.

2) 최소운영수입 보장의 기준

최소 운영수입 보장의 기준 수요와 수입으로 적용되고 있는 것은 2001. 3.23 철도청과 인천공항철도(주)간에 맺어진 실시 협약에 규정된 내용으로 다음과 같다. 아울러 투자 수익률(실질 수익률)은 10.43%로 협약됐다.

《실시협약 상 일일 승객 수와 연도별 수입액》[71]

연도	일일 승객 수 (명)	연간 수입 (억 원)
2007	207.421	1,151
2008	226,642	1,637
2009	248,294	1,817
2010	492,982	3,757
2011	506,179	3,895
2012	519,988	4,041
2013	534,427	4,195
2014	549,535	4,357
2015	678,001	5,252
2016	703,309	5,483
2017	730,000	5,782
2018	758,144	5,988
2019	787,847	6,264
2020~ 2039	819,197	6,557

* 인천공항철도 민간투자사업 실시협약, 2001, 2002년 6월 기준 불변가격

라. 투자자

1) 사업 초기

㈜현대건설(27%), 대림건설(17.5%), 포스코 건설(11.87), 정부(9.9%), 동부건설, KCC, 삼환기업, 삼부토건, 동부화재해상, 고려개발, 현대해상, 청석엔지니어링, 삼표E&C 등 12개 기업에서 대주주로 참여하였다.

2) 한국철도공사에서 인수 (2009.12)

한국철도공사가 기존 지분을 매입하여 2014년 말 기준 지분율은 한국철도공사 88.8%, 국토교통부 9.9%, 현대해상화재 1.3%가 되었다.

---

71) 강갑생, 기존 철도민간투자사업의 재정절감을 위한 재구조화 모형 정립, 2016

3) 한국철도공사에서 매각 (2015. 5)

한국철도공사에서 매각하여 KB공항철도사모특별자산투자신탁 65.9%, 국토교통부 34.1%로 지분이 변경됐다.

마. 최소 운영수입 보장[72]

공항철도(주)는 최소운영수입보장(MRG)이 적용된 철도민자 1호 사업이다. 협약에서는 운영연도의 실제 운임수입이 협약 상 예상 운임수입의 기준운임수입 및 환수기준운임수입보다 적거나 많을 경우 정부가 사업시행자에게 부족분을 지급하거나 초과분을 환수토록 했다. 초기 MRG 기준은 특정 운영연도 예상수입의 90%로 정했다. 초과분 환수기준은 특정운영연도 예상수입의 110%로 협약했다.

개통 첫해인 2007년 MRG 지원금으로 2008년에 1,040억 원이 민간사업자에게 지급되었다. 정부의 재정 부담이 과중되자 정부는 2009년 11월에 한국철도공사에서 인수토록 하였고, 따라서 MRG도 90%에서 평균 58% 가량으로 줄어 들었다.

하지만 정부에서 지급하는 MRG 금액은 줄지 않고, 2011년 1,322억 원, 2012년 2,750억 원, 2013년 2,959억 원, 2014년 2,872억 원 등 2008~2014년도 간 총 1.3조 원을 지급했다. MRG 보장률은 줄었지만 해가 갈수록 협약 상 수요와 예상 수입이 큰 폭으로 높아졌기 때문이다.

바. 한국철도공사의 매각 효과[73]

2015년 5월 한국철도공사에서 지분 모두를 매각하여 앞에서 언급한 KB공항철도사모특별자산투자신탁과 국토교통부로 지분이 변경됐다. 따라서 이에 따른 매각효과를 분석하면 다음과 같다.

1) MRG가 폐지되고, 비용보전방식(SCS)으로 전환되어 2040년까지 15조 원(年 5,800억 원)에 달하는 재정부담액을 8조 원(年 3,100억 원)수준으로 낮추어, 절반 가까운 총 7조 원 가량(年 2,700억 원)을 줄이는 효과가 있을 것으로 예상한다.

---

72) 강갑생, 기존 철도민간투자사업의 재정절감을 위한 재구조화 모형 정립, 2016
73) 인천공항철도 최소운임보장제 폐지, 국토교통부 보도자료, 2015. 6.22

《MRG 방식과 비용보전방식 비교》

MRG 방식	비용보전(SCS) 방식
수입보장액 - 실제수입	표준 운영비* - 실제수입

* 민간투자 원금 및 이자 상환액 + 운영비

최소운임수입보장(MRG)은 보장수입을 정해놓고 실제 운임수입이 이에 미달할 경우 정부가 그 차액을 지원하는 방식이다. 그간 인천공항철도는 보장수입이 너무 높아 민간사업자에게 과도한 수익을 보장해왔다는 지적을 받아왔다.

2) 최근 금융시장의 저금리 추세가 반영되어 재정절감 효과가 더 커졌다. 금융기관을 대상으로 최저수익률 입찰 실시 결과, 국민·기업은행 컨소시엄이 우선협상대상자로 선정(제안수익률 3.55%)되었고, 최근까지 지속 인하된 기준금리를 반영해 결국 사업의 수익률이 3.19% 까지 낮아졌다. 이는 역대 민간투자사업 수익률 중 가장 낮은 수준이며, 최근 유사 재구조화 사례에서 4%대 중반 수준으로 사업수익률이 정해진 점을 감안할 때, 정부는 5,000억 원 이상 절약한 셈이다.

3) 대주주(지분율 88.8%)인 한국철도공사는 인천공항철도 사업시행자에 대한 보유 지분 매각을 통해, 약 4.4조 원의 부채를 줄이게 되었다. 즉, 주식매입대금 공사채 상환 1.8조 원 및 철도공사 부채에 포함되어 있던 사업시행법인(코레일공항철도㈜)의 부채 약 2.6조 원을 줄이게 되었다. 따라서 한국철도공사는2009년 12월 인천공항철도를 인수하면서 부채부담이 가중되었으나, 이를 다시 매각하면서 부채비율이 크게 개선(411%→310%)될 것으로 기대된다.

4) 이용자의 운임은 정부가 결정하는 방식으로 변경된다. 당초 사업시행자는 정부와 맺은 실시협약에 따라 매년 물가상승률을 반영한 운임을 정부에 신고만 하면 바로 적용할 수 있었다. 그러나 이제부터는 정부의 승인을 거친 운임을 적용해야 한다. 따라서 앞으로 서비스 수준에 비해 운임이 과다하게 증가하는 일은 없을 것으로 전망된다.

5) 이와 같이 정부보유 지분이 대폭 확대되고 운임결정권까지 확보함에 따라 인천공항철도의 공공성은 더욱 높아질 전망이다.

Part 4

조직·인사·예산

조직운영

1. 조직과 정원의 관리 원칙[74]

가. 조직과 정원의 관리 원칙

공기업은 민간기업에 비하여 조직구조 측면에서 차이가 많고, 같은 공기업이라고 하여도 공기업 형태에 다르다. 공기업·준정부기관은 조직·인력 운영에 있어서 다음 각 호의 원칙을 준수하여야 한다.

1) 공기업·준정부기관의 조직은 다른 공공기관의 조직과 기능상의 중복이 없어야 하며, 종합적이고 체계적으로 편성되어야 한다.

2) 공기업·준정부기관은 조직과 정원을 그 업무의 성질과 양에 따라 업무수행을 위해 적정한 규모로 유지하여야 하며 원칙적으로 정원과 현원을 일치시키기 위해 노력하여야 한다.

3) 공기업·준정부기관은 기능과 업무량이 변경되는 경우 그에 따라 기관의 조직과 정원을 조정하여야 한다.

4) 군입대 휴직자 및 6개월 이상 육아휴직자에 대해서는 현원 계상시 제외하고 결원 보충이 가능하며, 산전후휴가에 이어 3개월 이상의 육아휴직시에도 결원보충할 수 있다(산전후휴가와 육아휴직을 연속하여 사용하는 경우에는 산전후 휴가일부터 후임자 보충 가능). 다만, 이로 인해 발생하는 초과현원은 3년 이내에 해소하여야 한다.

5) 벤처기업육성에 관한특별조치법」제16조에 따라 6개월 이상 휴직한 자에 대해서는 현

---

74) 공기업 · 준정부기관 경영에 관한 지침, 기획재정부, 2018. 3. 8, 일부개정 2019.12.27

원 계상시 제외하고 결원 보충할 수 있다. 다만, 이로 인해 발생하는 초과현원은 3년 이내에 해소하여야 한다.

6).「장애인고용촉진 및 직업재활법」에 따른 중증장애인은 정원을 초과하여 채용할 수 있다. 다만, 이로 인해 발생하는 초과현원은 3년 이내에 해소하여야 한다.

나. 별도 정원의 관리

1) 공기업·준정부기관은 다음 각 호의어느 하나에 해당하는 사유가 발생하여 별도정원(특정 목적 달성을 위한 정원이 따로 있는 것으로 보고 결원을 보충할 수 있는 정원을 말한다. 이하 같다)을 운용할 필요가 있다고 인정되는 경우에는 미리 기획재정부장관과 협의하여야 한다. 이 경우 기획재정부 장관은 직무분석 결과 등을 고려하여 별도정원의 규모, 운용기간 등을 따로 정할 수 있다.

가) 임금피크제를 운영하는 경우

나)「벤처기업육성에 관한 특별조치법」제2조의2에 따른 벤처기업 설립을 위해 사내벤처팀을 운영하는 경우

2) 위 가), 나)항의 사유가 소멸된 때에는 해당 별도정원은 폐지된 것으로 본다. 다만, 이로 인해 발생하는 초과현원은 별도정원이 폐지된 때로부터 1년 이내에 해소하여야 한다.

2. 출자기관 등의 운영 및 기능·업무의 외부 위탁[75]

가. 출자기관 등의 운영

1) 공기업·준정부기관이 법에 따라주무기관의 장 및 기획재정부장관과 사전에 협의를 요하는 출연·출자에 관한 약정을 맺고자 하는 경우, 사전협의는 약정을 맺기 전에 이루어져야 한다.

2) 공기업·준정부기관은 다음 각 호의 경우 이사회의 심의·의결을 거쳐 출자여부를 결정하여야 한다. 다만, 법령에 의해 이사회 기능을 수행하는 기관이 지정되어 있거나 이사

---

75) 공기업 · 준정부기관 경영에 관한 지침, 기획재정부, 2018. 3. 8, 일부개정 2019.12.27

회의 권한을 수임하는 기관이 별도로 있을 경우에는 동 기관의 검토로 이사회 검토를 갈음할 수 있다.

    가) 다른 법인의 지분을 10% 이상 취득하고자 할 경우(중소기업 금융지원의 경우에 한하여 20% 이상 지분을 취득하고자 할 경우)

    나) 다른 법인에 30억원 이상 출자하고자 할 경우

    다) 출자기관이 금융기관으로부터 차입을 하고자 할 때 채무보증행위를 하려는 경우

3) 공기업·준정부기관은 자회사와 「독점규제 및 공정거래법」상의 "대규모내부거래"에 해당하는 내부거래를 하고자 할 경우 이사회의 심의·의결을 거쳐 결정하여야 한다.

4) 공기업·준정부기관의 퇴직임직원이 출자기관 등에 취업하고자 할 경우에는 외부인사가 참여하는 심사위원회를 구성하여 심의·의결하여야 한다.

5) 공기업·준정부기관은 출자기관의 성과 제고를 위해 노력하여야 하며, 출자기관 관리업무를 규정한 내부 지침을 마련하여야 한다.

6) 공기업·준정부기관은 출자기관의 관리현황과 경영성과 등을 주무기관의 장 및 기획재정부장관에게 매년 4월말까지 보고하여야 하며, 출자기관의 경영성과가 부실한 경우 개선·폐지 등을 위해 노력하여야 한다.

7) 공기업·준정부기관의 출자기관이 법 제4조에 따라 공기업 또는 준정부기관으로 지정되었거나, 공기업·준정부기관이 시행령 제29조의2제1항 각 호의 어느 하나에 따라 다른 법인의 지분을 취득 또는 보유하게 되는 경우에는 제1항부터 제6항까지의 규정을 적용하지 아니한다.

나. 기능·업무의 외부위탁

1) 공기업·준정부기관은 해당 기관의 기능이나 업무를 외부에 위탁할 경우에는 위탁하는 업무의 내용과 수준, 기존의 성과수준과 소요예산 등에 대하여 철저한 사전분석을 거쳐 이를 실시하여야 한다.

2) 외부 위탁사업에 대한 수탁기관의 선정은 원칙적으로 공모에 의한 일반경쟁을 거치고 수탁기관 선정시의 과정 및 결과를 공개하는 등 투명성과 공정성을 확보하여야 한다.

3) 외부위탁사업의 수탁기관은 수탁기관의 업무수행능력, 수용태세, 노사관계와 재무구

조, 위탁 후 종사인력에 대한 처우수준 등에 대한 충분한 심사를 거쳐 선정함으로써 서비스 중단 등의 문제점을 방지하여야 한다.

4) 각 기관은 업무의 외부위탁을 위한 계약에 원칙적으로 서비스수준 향상 등 구체적인 성과지표를 명시하여야 하며, 외부위탁 후에는 위탁으로 인하여 국민에게 불편과 부담을 주는 사례가 없도록 수탁업체의 업무처리 상황에 대하여 주기적으로 점검하고 필요시 적절한 시정조치를 하여야 한다.

3. 증원의 절차 및 운용[76]

가. 증원의 절차

1) 공기업·준정부기관은 그 기관의 업무량 증감과 그에 따른 인력수요의 변화 등을 감안하여 다음 연도 정원조정안을 매년 5월 말까지 수립하고 주무기관의 장을 거쳐 기획재정부장관과 협의하여야 한다.

2) 증원을 협의하는 경우에는 증원 인력의 직급을 함께 협의하여야 한다.

3) 공기업·준정부기관은 법령 제·개정, 정책상황의 변경 등 정책의 추진을 위해 시급한 필요가 있는 경우, 당해 연도 정원 조정에 대해 기획재정부장관과 수시로 협의할 수 있다.

4) 공기업·준정부기관이 위 1)항 및 3)항의 협의 결과에 따라 정원을 조정하고자 하는 경우에는 이사회의 의결을 거쳐야 한다.

나. 자율 정원 · 한시 정원 · 탄력 정원의 운용

1) 자율 정원조정 제도

가) 증원은 주무기관의 장이나 기획재정부장관과 협의하여야 하지만, 자체 인건비 조달 여부, 경영실적 등을 고려하여 기획재정부장관이 정하는 공기업·준정부기관은 주무기

---

76) 공기업 · 준정부기관 경영에 관한 지침, 기획재정부, 2018. 3. 8, 일부개정 2019.12.27

관의 장과 협의를 거쳐 관리자급을 제외한 실무 인력을 증원할 수 있다. 다만, 증원의 결과를 기획재정부장관에게 제출하여야 한다.

나) 위 가)항의 규정에 따른 실무 인력의 범위는 기획재정부장관이 정한다.

2) 한시 정원의 운영

가)기획재정부 장관은 공기업·준정부기관이 존속기한이 정해진 사업 또는 한시적으로 발생하는 수요(다른 법률에서 직접 규정하고 있는 경우를 제외하고는 휴직·파견기간 등이 1년 이상인 경우를 포함한다)에 대응하기 위해 필요한 경우 존속기한을 정해 한시적으로 운영하는 정원(이하 "한시정원"이라 한다)을 지정할 수 있다.

나) 기획재정부 장관은 한시정원의 존속기한이 도래하기 전에 한시정원의 운영실적을 점검하여 한시정원의 존속 여부를 결정하여야 하며 존속기한이 경과한 한시정원은 자동으로 폐지된다.

다) 한시정원의 폐지로 인해 발생한 초과현원은 2년 이내에 해소하여야 한다.

3) 탄력정원의 운영

가) 공기업 ·준정부기관은 총인건비 범위 내에서 노사협의 등을 통해 공공서비스의 품질 향상 및 좋은 일자리 창출을 위해 필요한 경우 해당 기관이 자율적으로 운영할 수 있는 정원(이하 "탄력정원"이라 한다)을 둘 수 있다.

나) 공기업·준정부기관이 탄력정원을 조정하고자 하는 경우 주무기관의 장과 협의를 거쳐야 하며 탄력정원을 조정한 경우에는 지체 없이 그 결과를 기획재정부장관에 통보하여야 한다.

다) 공기업·준정부기관 예산편성지침 및 공기업·준정부기관 예산집행지침의 정원에 탄력정원은 포함되지 아니한다.

4. 공공기관의 조직 구조[77]

가. 공공기관운영위원회

기획재정부장관 소속하에 공공기관운영위원회(위원장 : 기획재정부장관)를 두고 공기업·준정부기관에 대한 지정 및 해제, 기관의 신설 심사, 경영공시, 공시의무 등의 위반에 대한 인사상 조치, 기능 조정, 혁신지원, 임원 임명·해임이나 해임 건의, 경영실적 평가 등에 대한 심의 · 의결 기능을 갖는다.

나. 이사회

이사회는 이사(理事)전원으로 구성된 업무 집행에 관한 의사결정 기관으로 공기업과 준정부기관에는 이사회를 두며, 이사회의 운영과 심의 · 의결사항은 다음과 같다.

1) 이사회 운영

가) 공기업·준정부기관의 이사회 회의는 이사회의 구성원이 출석하는 대면회의(영상회의 포함)를 원칙으로 한다.

나) 서면에 의한 이사회 회의는 불가피한 경우에 한하여 최소한으로 운영되어야 하며, 이 경우 이사회의 의장은 서면에 의한 이사회를 개최하게 된 사유를 문서로 작성하여 이사회 구성원에게 알려야 한다.

다) 공기업·준정부기관의 이사회 의장은 원칙적으로 이사회 회의 개최 7일 전까지 회의의 목적과 주요 내용을 포함한 회의 개최 계획을 회의의 구성원에게 통지하여야 한다. 다만, 긴급을 요하거나 부득이한 사유가 있을 때에는 그러하지 아니하다.

라) 공기업·준정부기관의 이사회 의장은 원칙적으로 회의 개최 7일전(안건이 차년도 예산안인 경우는 15일 전)까지 회의 구성원에게 이사회의 안건을 송부하여야 한다. 다만, 긴급을 요하거나 부득이한 사유가 있을 때에는 그러지 아니하다.

마) 이사회의 심의 지원

① 공기업·준정부기관의 장은 이사회가 보다 충실히 운영될 수 있도록 회의의 구성원에게 당

---

77) 공공기관운영에 관한 법률 (법률 제 8258호, 제정 2007. 1.19)

해 기관의 경영현황을 주기적으로 보고하여야 하며, 회의의 안건 검토에 필요한 자료를 충분히 제공하여야 한다.

② 공기업·준정부기관의 이사회 구성원이 이사회 안전의 검토 또는 업무 파악 등을 위하여 자료를 요구할 경우 이를 제공하여야 한다. 다만, 불가피한 사유로 자료를 제공할 수 없을 경우에는 그 사유를 자료를 요청한 이사에게 보고하여야 한다.

바) 이사회의 회의록 작성 및 공개

① 공기업·준정부기관의 이사회 의장은 이사회 회의의 개최 일시, 장소, 참석자 명단, 회의에서의 참석자 발언 내용, 회의 결과 등을 기록한 회의록을 작성하여야 한다.

② 작성된 회의록은 다음 이사회 회의에서의 보고 및 확인을 거쳐 이를 보존하여야 한다.

③ 회의록은 경영 기밀 등 특별한 사항을 제외하고는 자체 홈페이지와 기획재정부 장관이 정하는 통합공시시스템을 통하여 공개하여야 하고, 공개하지 않을 경우에는 그 사유를 명시하여 공시하여야 한다.

2) 이사회 심의·의결사항

이사회가 심의·의결하는 사항은 다음과 같다.

가) 경영목표, 예산, 운영계획 및 중장기재무관리계획

나) 예비비의 사용과 예산의 이월

다) 결산

라) 기본재산의 취득과 처분

마) 장기차입금의 차입 및 사채의 발행과 그 상환 계획

바) 생산 제품과 서비스의 판매가격

사) 잉여금의 처분

아) 다른 기업체 등에 대한 출자·출연

자) 다른 기업체 등에 대한 채무보증. 다만, 다른 법률에 따라 보증업무를 수행하는 공기업·준정부기관의 경우 그 사업 수행을 위한 채무보증은 제외한다.

차) 정관의 변경

카) 내규의 제정과 변경

타) 임원의 보수

파) 공기업·준정부기관의 장(이하 "기관장"이라 한다)이 필요하다고 인정하여 이사회의 심의·의결을 요청하는 사항

다. 감사위원회

시장형 공기업에는 이사회에 감사위원회를 설치하여야 하며, 준시장형 공기업은 다른 법률의 규정에 따라 감사위원회를 설치할 수 있다. 감사위원회는 업무와 회계에 대한 감사를 실시하고, 그 결과를 이사회에 보고하여야 한다.

공공기관의 자체감사기구의 구성 및 운영 등에 관한 기본적인 사항과 효율적인 감사체계의 확립에 필요한 사항은 '공공감사에 관한 법률'[78])에 의한다.

5. 한국철도공사 조직설계 사례

가. 조직 구성

어느 기업을 막론하고 해당 기업이 추구하는 사업의 효율적인 수행을 위하여 상황변화에 따라 조직을 폐지하거나 신설하고 있다. 한국철도공사의 경우도 일반적인 조직체계를 구성하고 있지만 적자가 심화되고 있는 물류사업본부는 자체 조직 하에서 독립채산제로 운영하기도 한다. 또한 추구하는 목적에 따라 한시적으로 운영하는 태스크포스(Task Force; TF)팀도 다수 조직하고 있다. 철도사업이라는 기본적인 업무는 변함이 없음에도 다음의 조직도를 통하여 철도청 때와 현재의 공사체제를 비교해 보면 조직 구성과 그 명칭에서 많은 변화를 알 수 있다. 또한 업무는 변함이 없지만 시대 변화에 따라 또는 대표(CEO)의 의지에 따라 산하 조직의 명칭이 변경되기도 한다.

1) 본사 : 7본부(안전경영본부, 기획조정본부, 여객사업본부, 물류사업본부, 광역철도본부, 사업개발본부, 기술본부)

---

78) 공공감사에 관한 법률, 법률 제10163호, 제정 2010. 3.22

6실(감사실, 미래전략실, 홍보문화실, 인재경영실, 재무경영실, 관제실)

6단(여객마케팅단, 열차운영단, 차량기술단, 시설기술단, 전기기술단, 해외남북철도사업단)

2) 지역본부 : 12개 지역본부(서울, 수도권서부, 수도권동부, 강원, 충북, 대전충남, 전북, 광주, 전남, 경북, 대구, 부산경남)

3) 부속기관 : 연구원, 인재개발원, 회계통합센터, 철도교통관제센타, 특별통차운영단, 철도차량정비단(수도권, 대전, 부산), 고속시설사업단, 시설장비사무소, 고속전기사업단, 서울정보통신사무소

나. 한국철도공사 정원표[79]

구 분			정 원
임 원	기관장	상임	1
	이사	상임	6
		비상임	8
	상임임원 계 (A)		7
정규직	정원 (B)		32,260
무기계약직	정원 (C)		0
임직원 총계 (A+B)			32,267
(임원 7, 1급 228 2급 422, 3급~6급 23,088, 특정직 10, 별도직군(임금피크제 1,705), 계 32.267명			
여성 현황			2,390
별도정원 (임금피크제)			1,705

《공통 공개기준》
ㅇ 임원(기관장, 이사, 감사) : 법령 또는 기획재정부로부터 승인·통보받은 정원 기준
ㅇ 정규직 : 무기계약직을 포함하여 임원을 제외한 인력(지사 및 해외조직에서 근무 중인 직원포함)
  * 일반정규직 : 정규근로자 중 무기계약직을 제외한 인원
  * 무기계약직 :계약이 무기한으로 정년이 보장되는 근로자로, 비정규직에서 전환된 인력과 무기계약직으로 직접 채용한 인력
  * 임용 후 인력을 기준으로 작성, 따라서 인턴 등 임용 전 인력은 제외되며, 수습 직원도 임용 후 수습 인력만 해당됨
  * 임금피크제 별도정원, 탄력정원 포함
ㅇ 소속외 인력 : 공공기관이 직접 고용하지 않고 파견·용역·사내 하도급 등의 형태로 타 업체(용역업체·파견업체) 소속이면서 동 기관에 근무하는 인력

※ 2017년 9월 정원 : 28,411명

---

79) 한국철도공사 공시자료, 2019.10

다. 철도청 조직도(2004년)

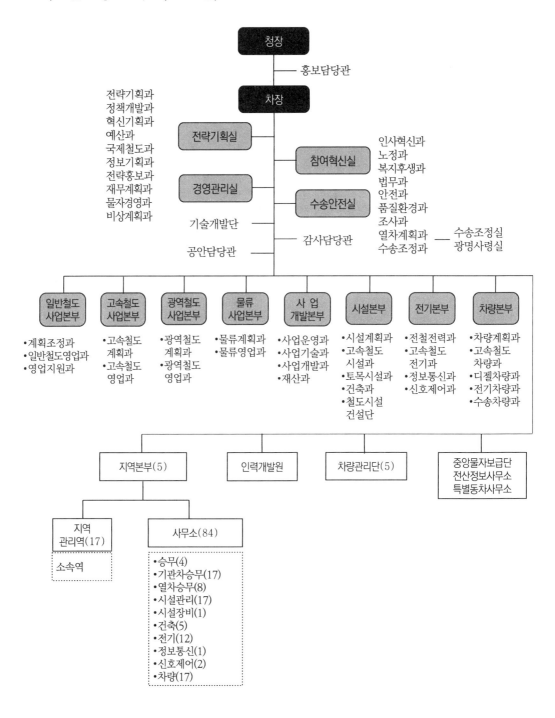

라. 한국철도공사 조직도(2017.11)[80]

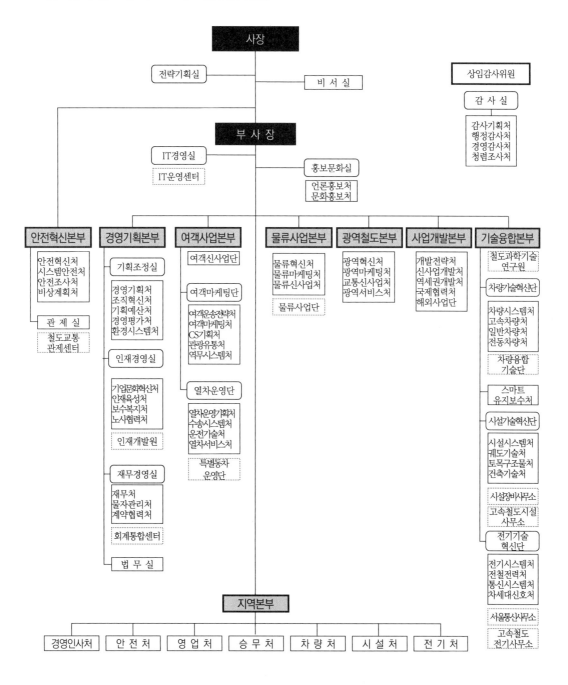

마. 한국철도공사 조직도(2020. 1)[81]

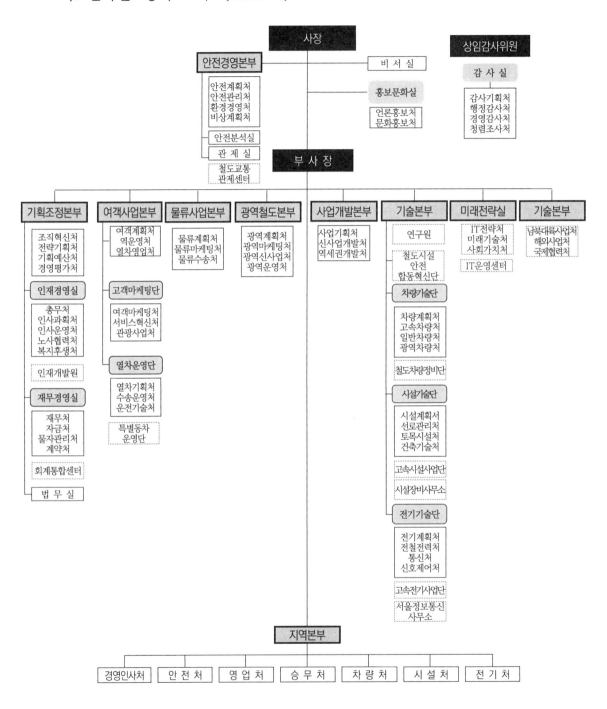

81) 한국철도공사 홈페이지. 2020. 1

제2절
인사운영

1. 인사 일반 원칙[82]

가. 인사 운영의 기본원칙

공기업·준정부기관은 인사 운영에 있어 다음 각 호의 원칙을 준수하여야 한다.

1) 임직원의 임면, 승진, 전보 등 임직원의 인사를 법령, 정관, 자체 규정 및 이 지침이 정하는 바에 따라 공정하고 투명하게 운영

2) 직원의 업무성과를 객관적으로 측정할 수 있는 성과관리체계를 구축·운영하여 책임경영체제가 정착되도록 노력

3) 국가유공자·장애인·여성·지방인재·이공계 전공자·저소득층(「공무원임용시험령」 제2조의 규정에 의하여 저소득층에 속하는 사람)·북한이탈주민·다문화가족 등에 대한 사회형평적 인력 활용이 되도록 노력

4) 임직원의 직무수행능력 향상과 자기개발 기회가 확대되도록 다양한 교육프로그램 운영과 교육훈련 예산의 확보 등을 위해 노력

나. 임금피크제

1) 공기업·준정부기관은 전 직원을 대상으로 임금피크제를 운영한다. 다만, 급여수준이 최저임금의 150% 수준 이하인 직원 등 급여수준이 매우 낮은 경우에는 임금피크제 적

---

82) 공기업·준정부기관 경영에 관한 지침, 제정 2018. 3. 8, 일부개정 2019.12.27

용을 제외할 수 있다.

2) 공기업·준정부기관은 임금피크제를 통해 청년 일자리 창출에 적극 노력하여야 하며, 다음 각 호의 기준에 따라 매년 신규채용 목표를 설정하여야 한다.

　가) 정년연장기관 : 정년연장으로 인한 퇴직연장자 증가분

　나) 정년보장기관 : 정년도래 1년 전 인원의 증가분

3) 공기업·준정부기관은 위 2)항 각 호의 기준에도 불구하고 기획재정부장관과 협의를 거쳐 신규채용 규모를 조정할 수 있다.

4) 매년 설정하는 임금피크제 관련 신규채용 규모만큼 별도정원으로 반영하며, 별도정원은 별도직군 정원으로 반영하거나 초임직급 정원으로 반영한다. 기관의 임금피크제 운영방식에 따라 별도정원 중 일부는 별도직군 정원으로 반영하고 나머지는 초임직급 정원으로 반영할 수 있다.

　가) 별도직군 방식: 임금피크제 대상자를 기존 직급에서 제외하여 별도직군의 현원으로 관리

　나) 초임직급 방식: 임금피크제 대상자를 기존 직급의 현원으로 관리

5) 임금피크제 관련 신규채용 인원의 인건비는 임금피크제 절감재원을 통해 충당하는 것을 원칙으로 하며, 임금지급률과 임금조정기간 등 임금피크제 세부사항은 기관의 연령분포, 임금체계 등을 감안하여 합리적으로 설계하되, 총인건비 인상률 한도 범위 내에서 임금피크제와 관련하여 설정한 신규채용 목표 인원의 인건비가 충당되도록 설계한다.

6) 기획재정부장관은 매년 공기업·준정부기관의 신규채용 목표 달성 여부를 확인하여, 목표 초과달성 인원에 해당하는 인건비의 일정부분은 총인건비 인상률 예외로 허용하고 미달인원에 해당하는 인건비는 총인건비에서 차감한다.

7) 공기업·준정부기관은 임금피크제 대상자의 업무 능력 및 기관별 직위·직무 구조 등을 고려하여 적합한 직위·직무를 개발하여 부여하여야 하며, 임금피크제 대상자의 동기부여와 직무 등에 따른 적절한 보상을 위해 임금지급률 및 임금조정기간 차등이나 직무급, 역할급 등을 지급할 수 있다.

8) 임금피크제 대상자는 모두 정원 내 인력으로 관리되어야 하며, 정년이후 재고용을 전제로 임금피크제를 적용하면서 정년도래 전에 정원 외 인력으로 전환할 수 없다.

9) 임금피크제를 도입하지 않은 공기업·준정부기관에 대해서는 다음 연도 총인건비에 관하여 예산편성지침상 인상률의 1/2을 상한으로 적용한다.

10) 공기업·준정부기관이 임금피크제와 관련한 신규채용 규모 및 별도정원을 인정받고자 하는 경우에는 임금피크제 설계안과 별도정원 요청서를 작성하여 기획재정부장관과 협의하여야 한다.

11) 공기업·준정부기관이 임금피크제 제도를 변경하고자 하는 경우에는 보수규정 등 관련 제도 변경 사항을 이사회 개최일 15일 전까지 주무기관의 장 및 기획재정부장관에게 송부하여야 한다.

다. 개방형 계약직제

1) 공기업·준정부기관은 전문성을 강화하고 경쟁력을 제고하기 위하여 본부 간부직 직위의 일정비율을 민간 등에 개방하는 개방형 계약직제를 운영한다.

2) 개방형 계약직제의 대상 직위는 기관 특성을 감안하여 자율적으로 선정하되, 사업기획, 마케팅, 홍보, 정보화, 감사, 법무, 재무, 회계 등 전문성이 요구되거나 기관의 경영성과 달성을 위한 관리능력이 필요한 직위를 우선 선정할 수 있다.

3) 개방형 계약직으로 채용된 자는 원칙적으로 임기 2년의 성과계약을 기관장과 체결하고 기관장은 성과평가 결과에 따라 계약기간 연장, 정규경력직 전환 등을 할 수 있다. 이 경우 계약기간 연장 등에 대한 기준 및 절차는 기관의 특성에 따라 자율적으로 운영할 수 있다.

4) 개방형 계약직을 채용하려는 경우에는 기관 내부와 외부를 대상으로 수행직무, 요구자격, 경력 조건 등을 사전 공지하여 공개모집하고 내외부 위원으로 구성된 개방형 계약직 선발심사위원회가 실시하는 채용시험을 거쳐 공정하게 선발하여야 한다.

5) 기관 내부에서 임금피크제 적용 대상인 자가 개방형 계약직으로 채용된 경우 계약기간 중에는 임금피크제 적용을 제외할 수 있다.

6) 개방형 계약직에 채용된 자에 대해서는 총인건비 범위 내에서 각 기관의 업무 특성에 따라 필요시 성과급, 직무급 등 추가 수당을 지급할 수 있다.

라. 전문직위제

1) 공기업·준정부기관은 전문성을 강화하고 업무의 연속성을 확보하기 위하여 동일 직위
에 장기간 근무할 필요성이 있고 정책기획, 재무, 법무, 감사 등 전문성이 요구되는 직
위를 전문직위로 선정하여 운영하도록 한다.

2) 전문직위에 보직된 자는 일정기간 동안 다른 직위로 전보를 제한하되, 전문직위 대상
직위, 전보제한 기간, 인센티브 방안 등은 기관특성을 반영하여 자율적으로 운영할 수
있다.

3) 전문직위로 선정된 경우라도 직제정원 변경, 승진, 강임, 징계처분, 다른 기관으로의
전직·전보 등 인사운영상 전보제한 기간을 지키기 어려운 사유가 있는 경우에는 인사
위원회의 심사를 거쳐 전보 제한의 예외를 인정할 수 있다.

2. 직원의 인사[83]

가. 인사위원회 등의 설치 · 운영

1) 공기업·준정부기관은 소속직원의 채용과 승진·징계 등 인사운영의 공정성과 투명성을
확보하기 위하여 인사위원회 또는 이에 준하는 심의·의결 기구(이하 "인사위원회등"이
라 한다)를 설치·운영하여야 한다.

2) 공기업·준정부기관은 인사위원회등을 구성함에 있어 관련 전문가 등 외부위원을 포함
하도록 하여야 한다.

3) 공기업·준정부기관은 인사위원회등을 구성·운영함에 있어 이해관계가 있거나 기타 공
정한 심사를 기대하기 어려운 자를 제외하여야 한다.

4) 인사위원회등의 위원은 해당 심사에 있어서 이해관계가 있거나 기타 공정한 심사를 기
대하기 어려운 사정이 있는 경우 공기업·준정부기관의 인사위원장의 승인을 받아 해당
심사에서 제외될 수 있다.

5) 공기업·준정부기관의 인사위원장은 제3항의 규정에도 불구하고 소속 직원이 공정한
심사를 기대하기 어렵다고 판단되는 위원에 대하여 해당 심사에서 제외하여 줄 것을

---

83) 공기업 · 준정부기관 경영에 관한 지침, 제정 2018. 3. 8.일부개정 2019.12.27

요청한 경우 이를 검토하고 필요시 해당 위원을 해당 심사에서 제외하여야 한다.

6) 공기업·준정부기관의 인사위원장은 인사위원회등의 개최시 회의록을 작성하고 보존하도록 하여야 한다.

나. 직원채용 원칙

1) 공기업·준정부기관은 직원의 채용절차와 방법 등에 관한 사항을 사전에 규정하고 직원 채용시에는 공고 등을 통하여 구체적인 채용 절차와 방법 등을 공개하여야 한다.

2) 공기업·준정부기관이 채용 공고 후 불가피한 사유로 채용 내용을 변경하는 경우에는 변경하고자 하는 내용을 인사위원회 등의 심의·의결을 거쳐 다시 공고하여야 한다.

3) 공기업·준정부기관은 소속직원을 채용하는 경우 공개경쟁시험에 의해 채용하는 것을 원칙으로 하며, 응시자의 공평한 기회 보장을 위해 성별·신체조건·용모·학력·연령 등에 대한 불합리한 제한을 두어서는 아니된다.

4) 공기업·준정부기관은 위 3)항의 규정에도 불구하고 특수분야 전문직종 등의 경우 동일한 조건을 가진 다수인을 대상으로 제한경쟁시험방식을 통해 채용할 수 있다. 이 경우 채용기준 또는 자격요건은 직위·직무특성을 감안하여 구체적으로 설정하고 이를 사전에 공개하여야 한다.

5) 공기업·준정부기관은 서류심사 기준 다양화, 직무능력을 포괄적으로 측정할 수 있는 필기·면접시험의 도입 등을 통하여 해당 직위·직무에 적합한 인재가 채용될 수 있도록 노력하여야 하며, 특히 면접전형의 경우 구조화된 면접(경험·상황·발표·토론면접 등)을 실시하여 공정한 평가가 되도록 노력하여야 한다.

6) 공기업·준정부기관 소속의 지사 또는 지역본부 등에서 직원을 채용하는 경우, 채용 절차와 전형방식 등을 본사가 직접 관리하되, 지사 또는 지역본부에서 별도로 채용하는 것이 불가피한 경우에는 채용 방법과 절차 등을 사전에 명확히 규정하고 채용 결과를 본사에 보고하여야 한다. 이 경우에도 제14조 및 본조 제1항부터 제6항까지의 규정은 동일하게 적용하여야 한다.

다. 채용 공정성 관리

1) 공기업·준정부기관은 채용 과정에 감사부서의 장이나 직원 또는 감사부서의 장의 권한을 대리하는 입회담당자를 참여시켜야 한다.

2) 위 항에 따라 감사부서가 참여하여야 하는 채용 과정에는 위탁업체 계약, 문제추출·인쇄·포장, 시험장 관리, 채점, 합격자 결정 등 채용의 전체 세부 과정이 포함된다.

3) 공기업·준정부기관은 다음 각 호의 기준에 따라 서류전형과 면접전형에 외부 관련 전문가를 참여시켜 전형 과정의 공정성을 확보하여야 한다.

　가) 퇴직 후 3년이 경과하지 않은 자, 비상임 이사 등 기관과 이해관계가 있거나 기타 공정한 심사를 기대하기 어려운 자는 외부위원이 될 수 없음

　나) 면접전형 전체 위원의 절반 이상을 외부위원으로 구성함. 다만, 계약기간 1년(육아·병역휴직 대체인력 채용은 2년)미만 채용(이하 이 조에서 "단기 채용"이라 한다)의 경우에는 1인 이상을 외부위원으로 구성할 수 있으며 이 경우 1년(육아·병역휴직 대체인력 채용은 2년)을 초과하여 계약기간을 연장하거나 정규직으로 전환할 수 없음

　다) 한 기관의 직전 채용에 외부위원으로 참여한 자는 해당 기관에 연속하여 외부위원이 될 수 없음(한 기관의 연속된 채용이 아니더라도 직종분야별 연속된 채용의 경우에도 이와 같다.)

　라) 외부위원은 동일한 채용의 여러 전형 가운데 하나의 전형에 대해서만 외부위원이 될 수 있음

4) 공기업·준정부기관은 다음 각 호에 해당하는 자를 서류전형 및 면접전형의 위원이 되게 할 수 없으며, 면접위원에게 제 가)호와 「공공기관의 혁신에 관한 지침」(이하 "혁신지침") 제22조에 따른 기준 등 면접과 관련된 주요사항에 대한 사전교육을 실시하여야 한다.

　가) 응시자와 친족관계, 근무경험 관계 등 공정을 기대하기 어려운 특별한 관계나 사정이 있는 자

　나) 위 가)호를 위반하여 위원을 한 사실이 있거나 면접과정에서 공공기간의 혁신에 관한 지침 제22조를 위반하여 직무와 무관한 인적정보를 요구한 사실이 있는 자

5) 공기업·준정부기관은 부정합격자(본인 또는 본인과 밀접한 관계가 있는 타인이 채용에 관한 부당한 청탁, 압력 또는 재산상의 이익 제공 등의 부정행위를 한 경우, 해당 부정행위로 인해 채용에 합격한 본인)에 대해 합격을 취소할 수 있는 근거를 내부 규정에 마련하여야 하고, 채용 공고에 그 내용을 적시하여야 한다. 아울러 최종합격자로부터 부정합격시 해당 규정에 따라 합격이 취소될 수 있음을 내용으로 하는 확인서를 제출받아야 한다.

6) 공기업·준정부기관은 다른 공공기관에서 부정한 방법으로 채용된 사실이 적발되어 채용이 취소된 자에 대하여 채용에 관한 내부 규정상 결격사유를 두는 등 공공기관 채용비위 근절을 위해 노력하여야 한다.

7) 공기업·준정부기관은 채용과 관련된 서류를, 인사부서와 감사부서에서 동시에 관리하도록 하되, 감사 부서는 감사 권한의 범위 내에서 열람하도록 한다.

8) 공기업·준정부기관은 기록물 보존에 관한 내부 규정을 통해, 채용관련 문서를 영구적으로 보존하도록 보존 기간을 정하여야 한다.

9) 공기업·준정부기관은 채용계획 수립, 공고, 서류·면접전형과 필기시험 실시, 합격자 결정 등 직원채용의 절차와 방법 등에 관한 별도의 규정을 마련하되, 개별 채용별로 그 절차와 방법을 기관장 등이 달리 정하도록 할 수 없다.

10) 공기업·준정부기관은 제한경쟁시험방식으로 직원을 채용하는 경우(단기채용이나 사회형평적 인력 활용을 위한 채용은 제외) 채용목적, 인원, 절차, 기준 등 채용전반에 대해 주무기관의 장과 미리 협의하여야 하며, 같은 회계연도 내에 동일한 절차와 기준으로 동일한 직급·직종(분야)에 대해 채용하는 경우에는 일괄하여 협의할 수 있다. 다만 불가피한 사유로 협의사항과 달리 채용하게 되는 경우에는 변경사항과 그 사유를 즉시 주무기관의 장에게 보고하여야 한다.

11) 공기업·준정부기관은 제한경쟁시험방식으로 직원을 채용하는 경우 합격자 발표 전 외부위원이 참여하는 위원회 등을 통해 당해 채용이 관계법령과 내부규정에 따라 이행되었는지 점검하여야 한다.

라. 직원채용 계획의 수립 등

1) 공기업·준정부기관은 인사운영의 예측가능성이 제고될 수 있도록 해당 연도의 채용시

기, 채용규모, 시험방법 등 채용내용에 대한 사항을 사전 공개하여야 하며, 기획재정부 장관은 그 관련 내용을 종합하여 이를 공표할 수 있다.

2) 공기업·준정부기관은 소속직원을 채용하는 경우 직무능력중심의 채용관행이 확산될 수 있도록 일정기간 이상 중소기업경력자 등에 대한 채용우대조치를 시행할 수 있다.

3) 위 2)항에 따라 중소기업 경력자를 채용한 경우, 기획재정부 장관은 해당기관의 정원 조정시 우대조치를 시행할 수 있다.

4) 공기업·준정부기관의 장은 소속 직원을 채용하는 경우 한국사 능력을 전형요소에 반영 하여 역사인식을 제고하도록 노력하여야 한다.

마. 직원 보직관리의 원칙

1) 공기업·준정부기관은 보직을 부여함에 있어 해당 직원의 전공·전문성·경력·본인 희망 등을 고려하여야 한다.

2) 공기업·준정부기관은 소속직원의 보직을 체계적으로 관리하고 전문성을 향상시키기 위해 경력개발제도를 도입하여 운영할 수 있다.

3) 공기업·준정부기관은 직원선호도가 높거나 영향력이 큰 직위 등을 사전에 지정하고, 해당 직위에 대한 사내공모·개방형 임용 등을 실시하여 능력중심의 인사운영이 되도록 노력하여야 한다.

바. 승진·전보 등 인사운영

1) 공기업·준정부기관은 원칙적으로 소속직원의 승진·전보 등에 관한 인사운영 방향·기 준을 정하여 미리 공지하고, 정기인사를 실시하는 경우 그 인사기준 등을 미리 공지하 여야 한다.

2) 공기업·준정부기관은 근무성적평정, 서열명부 등 업무성과지표 및 징계 관련 참고자료 등을 활용하여 객관적이고 공정하게 승진과 전보 등에 대한 인사를 하여야 한다. 특히, 특별승진 등의 경우에는 구체적인 승진 인원과 승진 요건 등에 대하여 인사위원회 등 의 심의·의결을 거쳐 사전에 전 직원에게 공지하여야 한다.

3) 공기업·준정부기관은 불합리한 규제를 개선하는 등 공공의 이익을 위해 창의성과 전문 성을 바탕으로 적극적으로 업무를 처리한 직원을 인사위원회의 심의를 거쳐 적극행정

우수직원으로 선발할 수 있다. 적극행정 우수직원에 대해서는 적극행정의 성과 및 기관 인사운영 여건 등을 고려하여 특별승진 등 인사우대 조치를 할 수 있다.

4) 공기업·준정부기관은 휴직중인 소속직원이 휴직기간 중 휴직의 목적 달성에 현저히 위배되는 행위(이하 "휴직의 목적 외 사용"이라 한다)를 금지하며, 소속직원이 휴직의 목적 외 사용을 하지 않도록 복무관리를 하여야 한다.

사. 위탁업체 등의 관리

1) 공기업·준정부기관은 채용 또는 승진 등의 절차를 전문업체에 대행하거나 위탁하는 경우 해당 업체의 부정개입을 차단하기 위하여 정보유출방지방안 등을 마련하여야 한다.

2) 공기업·준정부기관은 채용과 승진 등에 대한 위탁 기관 등의 보안유지 위반 등에 대하여 계약 해지와 아울러 민사상 책임을 부과하고 형사 고발 등의 조치를 하여야 한다.

3) 공기업·준정부기관은 채용절차의 위탁을 위하여 전문업체를 선정하고자 하는 경우 「공기업·준정부기관 계약사무규칙」에 따라 계약이행능력을 심사하여야 한다.

4) 공기업·준정부기관은 합격자 결정에 영향을 미칠 수 있는 정도의 중대한 채용오류가 발생한 경우에는 「공기업·준정부기관 계약사무규칙」 조에 따라 주요 계약조건의 위반을 이유로 부정당업자 입찰참가제한조치가 가능함을 계약조건에 명시하여야 한다.

아. 징계 등 복무관리

1) 공기업·준정부기관의 장은 국가공무원법과 관련 규정을 참고하여 직원 징계에 관한 규정을 마련하고 소속 직원에 대한 복무관리를 하여야 한다.

2) 공기업·준정부기관의 장은 소속 직원이 다음 각 호의 어느 하나에 해당하는 경우 징계 처분하는 규정을 두어야 한다.

가) 법령을 위반한 경우

나) 직무상 의무를 위반하거나 직무를 태만히 한 때

다) 금품비위, 성범죄, 채용비위 등 직무 내외를 불문하고 그 체면 또는 위신을 손상하는 행위를 한 때

라) 「공무원행동강령」 제13조의3(동 규정에서 "공무원"은 "공공기관 직원"으로 본다)에 해당하는 행위를 한 경우

바) 소극행정(부작위 또는 직무태만으로 국민의 권익을 침해하거나 기관의 재정손실을 초래한 경우)

3) 공기업·준정부기관의 장은 위 호의 어느 하나에 해당하는 사유 발생시 지체없이 인사위원회 등에 징계 의결을 요구하여야 하고, 그 의결 결과에 따라 징계처분 하여야 한다.

4) 공기업·준정부기관의 장은 직원이 채용비위에 연루되어 수사의뢰 되거나 징계 의결이 요구된 경우에는 해당 직원을 업무에서 즉시 배제하여야 한다.

5) 공기업·준정부기관은 채용비위 근절을 위하여 채용비위로 검찰에 의해 기소된 직원을 기관장이 직권으로 면직시키는 권한을 내부 규정에 둘 수 있다.

6) 공기업·준정부기관은 기관내 성희롱 등 성 관련 비위사건이 발생한 경우, 해당 비위행위자에 대한 징계조치 등 인사제재를 엄중하게 실시하여야 하고 징계결과를 인사 및 성과평가에 반영하여야 한다.

7) 공기업·준정부기관은 채용비위로 인하여 징계를 받은 직원에 대해서는 다음 각 호의 기간 동안 감사 및 인사업무를 담당하게 할 수 없다.
가) 정직 이상 3년
나) 정직 미만 2년

8) 공기업·준정부기관은 감사원에서 조사 중인 사건에 대하여는 조사개시 통보를 받은 날부터 징계 의결의 요구나 그 밖의 징계 절차를 진행하지 못한다.

9) 공기업·준정부기관은 검찰·경찰, 그 밖의 수사기관에서 수사 중인 사건에 대하여는 수사개시 통보를 받은 날부터 징계 의결의 요구나 그 밖의 징계 절차를 진행하지 아니할 수 있다.

자. 징계 감경 등

1) 공기업·준정부기관에 설치된 인사위원회 등은 징계의결이 요구된 사람에게 다음 각 호의 어느 하나에 해당하는 공적이 있는 경우에는 징계를 감경할 수 있다.
가) 중앙행정기관 또는 지방자치단체의 장의 표창 이상 공적
나) 기관장 표창(부장급 이상의 관리직은 제외)을 받은 공적

다) 인사위원회 등이 마련한 별도 기준에 따라 객관적으로 인정하는 공적

2) 위 규정에 의한 감경시 동일한 공적으로 중복하여 감경할 수 없고, 징계권자는 인사위원회 등 결정에 관여해서는 아니된다.

3) 위 규정에 따른 감경시 다음 각 호의 어느 하나에 해당하는 경우에는 감경할 수 없다.

　가) 금품 및 향응 수수, 공금의 횡령·유용 등 비위관련 징계 후 5년이 넘지 아니한 자

　나) 「성폭력범죄의 처벌 등에 관한 특례법」에 따른 성폭력범죄

　다) 「성매매알선 등 행위의 처벌에 관한 법률」에 따른 성매매

　라) 「국가인권위원회법」에 따른 성희롱 및 음주운전

　마) 채용 비위

　바) 공무원행동강령 제13조의3에 해당하는 행위

《공무원행동강령 제13조의3(직무권한 등을 행사한 부당 행위의 금지)》

　공무원은 자신의 직무권한을 행사하거나 지위·직책 등에서 유래되는 사실상 영향력을 행사하여 다음 각 호의 어느 하나에 해당하는 부당한 행위를 해서는 안 된다.

1. 인가·허가 등을 담당하는 공무원이 그 신청인에게 불이익을 주거나 제3자에게 이익 또는 불이익을 주기 위하여 부당하게 그 신청의 접수를 지연하거나 거부하는 행위
2. 직무관련공무원에게 직무와 관련이 없거나 직무의 범위를 벗어나 부당한 지시·요구를 하는 행위
3. 공무원 자신이 소속된 기관이 체결하는 물품·용역·공사 등 계약에 관하여 직무관련자에게 자신이 소속된 기관의 의무 또는 부담의 이행을 부당하게 전가하거나 자신이 소속된 기관이 집행해야 할 업무를 부당하게 지연하는 행위
4. 공무원 자신이 소속된 기관의 소속 기관 또는 산하기관에 자신이 소속된 기관의 업무를 부당하게 전가하거나 그 업무에 관한 비용·인력을 부담하도록 부당하게 전가하는 행위
5. 그 밖에 직무관련자, 직무관련공무원, 공무원 자신이 소속된 기관의 소속 기관 또는 산하기관의 권리·권한을 부당하게 제한하거나 의무가 없는 일을 부당하게 요구하는 행위

---

4) 공기업·준정부기관에 설치된 인사위원회 등은 징계의결이 요구된 사람의 비위가 성실하고 능동적인 업무처리 과정에서 과실로 인하여 생긴 것으로 인정되거나, 감경 제외 대상이 아닌 비위 중 직무와 관련이 없는 사고로 인한 비위라고 인정될 때에는 그 정상을 참작하여 징계를 감경할 수 있다.

5) 공기업·준정부기관의 장은 징계사유가 발생한 날부터 3년(금품 및 향응 수수, 공금의 횡령·유용, 채용비위의 경우는 5년)이 지나면 징계 의결 요구를 하지 못하도록 하는 규정을 두어야 한다.

6) 공기업·준정부기관은 직원 등이 다음 각 호의 어느 하나에 해당하는 때에는 의원면직을 제한하는 규정을 두어야 한다.

   가) 비위와 관련하여 조사 또는 수사 중인 때

   나) 감사 관련 기관에서 감사 결과 중징계 처분을 요구하거나 인사위원회 등에 중징계 의결 요구 중인 때

차. 인사정보 및 인사고충

1) 공기업·준정부기관은 인사정보를 공개할 수 있는 범위와 기준을 사전에 설정하고 해당 직원이 공개를 요청하는 경우에는 이를 공개하여야 한다.

2) 공기업·준정부기관은 해당 기관의 인사 운영에 대한 직원의 고충 상담과 인사와 관련한 이의신청 업무 등을 처리할 수 있도록 기관내 인사고충창구를 설치·운영하여야 한다.

   가) 임직원의 임면, 승진, 전보 등 임직원의 인사를 법령, 정관, 자체 규정 및 이 지침이 정하는 바에 따라 공정하고 투명하게 운영한다.

   나) 직원의 업무성과를 객관적으로 측정할 수 있는 성과관리체계를 구축·운영하여 책임경영체제가 정착되도록 노력한다.

   다) 국가유공자·장애인·여성·지방인재·이공계 전공자 등에 대한 사회형평적 인력 활용이 되도록 노력한다.

   라) 임직원의 직무수행능력 향상과 자기개발 기회가 확대되도록 다양한 교육프로그램 운영과 교육훈련 예산의 확보 등을 위해 노력한다.

3. 임원 인사[84]

가. 임원의 직무수행요건 및 자격요건 설정

1) 공기업·준정부기관의 장은 당해기관의 임원직위에 대해 기관특성을 감안하여 직위별 역할과 책임을 명확히 하여야 하며, 직위별 직무수행요건을 설정하여 운영하여야 한다.

2) 위 항에 따른 직무수행 요건을 고려하여 직위별 자격요건을 설정하여야 한다.

3) 자격요건은 다음 각 호의 사항을 고려하여 규정하는 것을 원칙으로 한다. 다만, 기관의 특성에 따라 필요한 경우 구체적인 자격 요건을 규정할 수 있다. 이 경우 실질적인 능력과 자질에 따른 적임자 선발이 이루어질 수 있도록 하여야 한다.

가) 기관장
(1) 최고 경영자로서의 리더십과 비전 제시 능력
(2) 해당 분야와 관련한 지식과 경험
(3) 조직관리 및 경영능력
(4) 청렴성과 도덕성 등 건전한 윤리의식
(5) 기타 기관의 특성과 여건을 반영하여 특별히 요구되는 고유역량

나) 상임이사
(1) 해당 분야와 관련한 지식과 경험
(2) 리더십과 조직관리능력
(3) 청렴성과 도덕성 등 건전한 윤리의식
(4) 기타 기관의 특성과 여건을 반영하여 특별히 요구되는 고유역량

다) 비상임이사
(1) 경영에 대한 지식과 경험
(2) 청렴성과 도덕성 등 건전한 윤리의식
(3) 기타 기관의 특성과 여건을 반영하여 특별히 요구되는 고유역량

---

84) 공기업·준정부기관 경영에 관한 지침, 제정 2018. 3. 8,일부개정 2019.12.27

라) 감사

(1) 조직운영 및 경영에 대한 감시 능력

(2) 청렴성과 도덕성 등 건전한 윤리의식

(3) 해당 분야의 업무 이해도

(4) 기타 기관의 특성과 여건을 반영하여 특별히 요구되는 고유역량

나. 공기업 임원의 임명

공기업·준정부기관은 해당 기관의 임원 직위에 대해 위에서 기술한 임원의 직무수행요건 및 자격요건에 의한 직위별 직무수행요건에 적합한 능력과 자질을 갖춘 사람이 선임될 수 있도록 객관적인 절차와 기준에 따라 임원을 선임하여야 한다. 공기업·준정부기관의 임원은 기관장, 이사(상임이사와 비상임이사), 감사로 구분된다. 공기업의 장은 임원추천위원회가 복수로 추천하여 공공기관운영위원회의 심의·의결을 거친 사람 중에서 주무기관의 장의 제청으로 대통령이 임명한다.

공기업의 상임이사는 임원추천위원회가 추천한 사람 중에서 공기업의 장이 임명한다. 다만, 감사위원회의 감사위원이 되는 상임이사(이하 "상임감사위원"이라 한다)는 절차 따라 대통령 또는 기획재정부장관이 임명한다.

다. 임원추천위원회의 운영규정 및 구성

1) 임원추천회의 운영규정

가) 공기업·준정부기관의 이사회는 객관적이고 공정한 임원선임을 위해 임원추천위원회의 구성방법, 후보자심사기준, 추천절차 등에 관한 기관별 임원추천위원회 운영규정을 마련하여야 한다.

나) 공기업·준정부기관의 이사회는 후보자심사기준을 설정하는 경우 다음 각 호의 어느 하나에 해당하는 사람이 비상임이사 후보자로 선정되지 않도록 하여야 한다.

1) 해당 공기업·준정부기관 임원의 배우자 및 직계존비속

2) 해당 공기업·준정부기관에 대한 회계감사 또는 세무대리를 하는 사람

3) 해당 공기업·준정부기관과 법률자문·경영자문등의 자문계약을 체결하고 있는 변호사·공인회계사·세무사 및 그 밖에 자문용역을 제공하고 있는 사람

다) 공기업·준정부기관은 임원추천위원회 운영규정을 제정 또는 개정한 경우에는 그 내용을 주무기관의 장 및 기획재정부장관에게 송부하여야 한다. 다만, 이 지침 시행 당시 이미 시행중인 공기업·준정부기관의 임원추천위원회 운영규정은 이 지침이 시행된 날로부터 1월 이내에 기획재정부장관에게 송부하여야 한다.

2) 임원추천위원회의 구성

가) 공기업·준정부기관의 이사회는 임기만료가 예정된 임원의 후임자 선정을 위해 임원추천위원회를 구성하는 경우에는 원칙적으로 해당 임원의 임기만료 2월 이전에 구성하여야 한다.

나) 이사회가 선임하는 위원의 정수는 임원추천위원회 위원 정수의 3분의 1 이상으로 한다.

다) 기관별 임원추천위원회는 임원추천이 필요할 때마다 새로 구성함을 원칙으로 한다. 다만, 해당 기관의 임원 직위 결원이 여러 명이고 그 결원발생 예정시기가 최초 결원 발생 예정일로부터 3월 이내에 집중되는 경우에는 동일한 위원으로 임원추천위원회를 구성하여 운영할 수 있다.

라) 준정부기관의 이사회는 주무기관 소속 공무원 1인을 임원추천위원회 위원으로 선임할 수 있다.

마) 임원추천위원회 위원은 해당기관의 특성을 반영하되, 성별·지역별로 균형있게 구성되도록 하여야 하고, 남성 또는 여성 위원의 비율이 위원 정수의 80%를 넘지 않도록 하여야 한다.

바) 공기업·준정부기관의 이사회는 임원추천위원회 위원선정에 활용할 수 있도록 후보자 인력풀을 확보하기 위해 노력하여야 하며, 이를 위해 전문기관, 관련학계·단체, 비상임이사의 추천과 인사혁신처 국가인재DB 등을 활용할 수 있다.

라. 임원추천위원회의 심사

1) 임원추천위원회는 응모자·추천된 자에 대하여 서류심사 및 면접심사를 실시한다. 다만, 비상임 임원의 경우 기관특성, 모집방법 등을 감안하여 면접심사를 생략할 수 있다.

2) 임원추천위원회는 직위별 특성을 고려하여 서류심사를 통해 결원 인원의 적정배수에 해당하는 인원을 면접심사 대상으로 선발할 수 있으며, 서류심사를 통과한 사람에 한해 면접심사를 실시할 수 있다.

3) 임원추천위원회가 면접심사를 실시할 때에는 응모자·추천된 자가 제출한 이력서, 자기소개서, 직무수행계획서 등을 참고하여 적격여부를 심사한다. 다만, 기관장의 경우 모집시 이력서, 자기소개서 외에 간단한 직무수행계획서 등을 제출받은 후, 면접심사시 상세한 직무수행계획서를 제출받아 심사할 수 있다.

4) 임원추천위원회 위원은 후보자 심사과정에서 알게 된 후보자 개인의 인적사항, 사생활 정보 등 심사내용과 관련된 사항에 대하여 비밀을 유지하고, 그 내용을 타인에게 누설하여서는 아니 된다.

5) 공기업·준정부기관은「공공기관의 정보공개에 관한 법률」제9조제1항제5호의 규정에 따라 임원추천위원회 위원의 명단, 모집·심사·추천 등 단계별 임원 후보자 명단, 개인별 평가표 등을 공개하지 아니할 수 있다.

마. 임원추천위원회의 후보자 추천

1) 임원추천위원회 3배수 내지 5배수로 임원후보자를 선정하여 우선순위 없이 추천하되, 직위 특성, 대상 직위 수 등 불가피한 사유가 있는 경우, 그 사유를 명시하여 3배수 미만으로 후보자를 선정·추천할 수 있다.

2) 임원추천위원회는 공공기관운영위원회(이하 "운영위원회"라 한다)의 심의·의결을 거쳐야 하는 임원에 대해서는 운영위원회에 후보자를 추천하고 임명권자 또는 임명제청권자에게 통지하여야 하며, 그 이외의 임원에 대해서는 임명권자 또는 임명제청권자에게 후보자를 추천한다.

3) 임원추천위원회가 운영위원회 등에 후보자를 추천하거나 통지할 때에는 다음 각 호의 문서를 첨부하여야 한다.

가) 후보자가 제출한 서류

나) 후보자 모집 시 추천자의 추천서(추천방식 또는 공개모집·추천방식 병행 시 추천방식에 의해 추천된 후보자에 한한다)

다) 임원추천위원회 회의록

라) 임원추천위원회의 후보자 추천서

마) 후보자 선발경과 요약서

4) 임원추천위원회가 공기업·준정부기관의 비상임이사를 추천하는 경우 기존 비상임이사와 성별, 지역 등이 적절한 균형을 이룰 수 있도록 고려하여야 한다.

5) 임원추천위원회가 응모자·추천된 자에 대해 심사한 결과 적격자가 없다고 판단하는 경우에는 임원추천위원회의 의결로 규정에 따른 후보자 모집을 다시 실시하여야 한다.

6) 임원추천위원회가 후보자 모집절차를 다시 실시하였음에도 적격자가 없는 경우에는 의결로써 규정에 의한 절차를 다시 거치지 아니하고 후보자를 직접 발굴하여 추천할 수 있다. 이때 후보자 발굴방법은 임원추천위원회가 정하는 바에 따른다.

7) 공기업·준정부기관의 임원이 연임되는 경우에는 원추천위원회의 추천을 거치지 아니한다.

예산·회계

1. 예산·회계

공기업의 예산 회계는 '국가재정법' 및 '공공기관운영에 관한 법률', '공기업·준정부기관 경영에 관한 지침', '공기업·준정부기관 회계기준' 등을 근거로 한다.

가. 공기업 예산의 성격[85]

공기업은 공익성 때문에 예산회계에 있어서 사기업과 다른 점이 적지 않다. 또한 적정한 수준에서의 자율성과 신축성을 발휘하여 기업 경영상의 이윤증대를 도모한다는 측면에서 정부의 일반예산과도 다른 특징을 가지고 있다. 즉 공기업의 예산은 이윤추구, 예산운영의 탄력성, 예산편성의 기준 등으로 볼 때에는 정부의 예산과 구분되고, 요금 결정의 원칙, 회계상 규제 정도, 회계의 원칙 등에 있어서는 사기업의 예산과도 구분된다.

나. 정부 예산과 공기업 예산

1) 정부의 예산회계와 사기업의 예산회계는 분명히 그 목적을 달리하고 있는데, 공기업의 예산회계는 정부와 사기업의 예산회계의 중간적 위치를 점하고 있다. 공기업도 이윤을 추구하는데 최대의 이윤이 아니라 공공성을 충족시키면서 일정한 범위 내 에서의 이윤을 추구해야 한다.

2) 정부의 예산회계에서는 탄력성이 적지만, 공기업에서는 사기업의 경우와 같이 경제적

---

85) 박영희 외(2014), 공기업론, 다산출판사. p187

독립체라는 점에서 예산회계의 독립성을 많이 부여하고 있다.

3) 정부의 예산회계제도에 있어서는 각 부처의 협조와 타협이 강조되는데 비하여 공기업에서는 정치성보다는 원가를 기준으로 한 경제성이 강조된다. 이와 같은 특징은 사기업과 거의 유사하다고 할 수 있다.

다. 사기업 예산과 공기업 예산

공기업의 예산은 요금 결정의 원칙, 회계 상의 규제 정도, 회계의 원칙 등에 있어서 사기업의 예산과 다른 특징이 있다.

1) 요금 결정 원칙에 있어서 공기업과 사기업의 예산회계제도는 차이가 있다. 공기업은 원가보상주의를 요금결정의 주요한 원칙으로 삼고 있는데 비하여 사기업의 경우 원가보상원칙 외에도 가격의 수요탄력성이나 최대수의 가능상 등의 원칙에 따라 요금을 결정한다.

2) 회계상의 규제 정도가 다르다. 공기업에서는 재무회계, 회계검사 등에 있어서 정부의 규제가 많다. 사기업에서는 정부 등의 기관규제나 특별한 사안에 대한 개별적인 통제 외에는 별다른 규제가 없으며, 오히려 증권시장 등의 기업외적 요인이나 요구에 의한 것이 더 많다.

3) 회계원칙에 있어서도 차이가 있다. 공기업의 회계원칙은 기본적으로는 사기업의 회계원칙과 유사하지만, 자본과 이익, 수익과 비용, 자산과 부채의 기록 등에 있어서는 그 인식과 내용이 다르다.

2. 공기업 예산 · 회계

가. 중장기 재무관리계획의 수립[86]

1) 다음 각 호의 어느 하나에 해당하는 기관의 장은 매년 해당 연도를 포함한 5회계연도 이상의 중장기 재무관리계획(이하 "중장기재무관리계획"이라 한다)을 수립하고, 이사회의 의결을 거쳐 확정한 후 6월 30일까지 기획재정부장관과 주무기관의 장에게 제출하

---

86) 공공기관운영에 관한 법률, 법률 제8258호, 제정 2007. 1.19, 일부개정 2018.12.31

여야 한다.

가) 자산규모 2조원 이상이거나 설립 근거 법률에 정부의 손실보전 조항이 있는 공기업·준정부기관

나) 그 밖에 자산·부채규모 등을 고려하여 대통령령으로 정하는 기준에 해당하는 공기업·준정부기관

2) 중장기재무관리계획에는 다음 각 호의 사항이 포함되어야 한다.

가) 경영목표

나) 사업계획 및 투자방향

다) 재무 전망과 근거 및 관리계획

라) 부채의 증감에 대한 전망과 근거 및 관리 계획 등이 포함된 부채관리 계획

마) 전년도 중장기재무관리계획 대비 변동사항, 변동요인 및 관리계획 등에 대한 평가·분석

바) 그 밖에 대통령령으로 정하는 사항

3) 중장기재무관리계획을 수립하는 기관(이하 이 항에서 "대상기관"이라 한다)의 경영환경·경제여건 및 국가정책방향 등을 고려하여 기획재정부장관은 공기업인 대상기관의 장에게, 주무기관의 장은 준정부기관인 대상기관의 장에게 각각 중장기재무관리계획의 변경을 요구할 수 있다.

나. 예산 편성 기준[87]

1) 공기업 · 준정부기관의 예산은 예산총칙 · 추정손익계산서 · 추정대차대조표와 자금계획서로 구분하여 편성한다.

2) 기관장은 경영목표와 경영지침에 따라 다음 회계연도의 예산안을 편성하고, 다음 회계연도 개시 전까지 그 공기업 · 준정부기관의 이사회에 제출하여야 한다.

3) 기관장은 신규 투자사업 및 자본출자에 대한 예산을 편성하기 위하여 대통령령으로 정하는 바에 따라 미리 예비타당성조사를 실시하여야 한다.

4) 규정에 따라 편성 · 제출한 예산안은 이사회의 의결로 확정된다. 다만, 다른 법률에서

---

87) 공공기관운영에 관한 법률, 법률 제8258호, 제정 2007. 1.19, 일부개정 2018.12.31

공기업·준정부기관의 예산에 관하여 주주총회나 출자자총회 등 사원총회의 의결이나 기금운용심의회의 의결 등 별도의 절차를 거치도록 한 경우에는 이사회 의결 후 이를 거쳐 확정하고, 준정부기관의 예산에 관하여 주무기관의 장의 승인을 거쳐 확정하도록 한 경우에는 이사회 의결을 거친 후 주무기관의 장의 승인을 얻어야 한다.

5) 공기업·준정부기관으로 지정될 당시 이미 확정되어 있는 예산은 제1항부터 제4항까지의 규정에 따라 편성되어 확정된 것으로 본다.

6) 기관장은 공기업·준정부기관의 예산이 확정된 후 그 공기업·준정부기관의 경영목표가 변경되거나 그 밖의 불가피한 사유로 인하여 예산을 변경하고자 하는 경우에는 변경된 예산안을 작성하여 이사회에 제출하여야 한다.

7) 공기업·준정부기관은 규정에 따라 예산이 확정되거나 변경된 경우 지체 없이 기획재정부장관, 주무기관의 장 및 감사원장에게 그 내용을 보고하여야 한다. 다만, 단서에 따라 주무기관의 장의 승인을 얻은 경우에는 주무기관의 장에게 보고된 것으로 본다.

8) 공기업·준정부기관은 예산이 확정되거나 변경된 경우 지체 없이 국회 소관 상임위원회에 그 내용(해당 연도 수입·지출 계획서를 포함한다)을 제출하여야 한다.

다. 공기업 예산운용의 기본원칙[88]

공기업·준정부기관은 예산의 편성 및 집행에 있어 다음 각 호의 원칙을 준수하여야 한다.

1) 각 기관은 재무건전성 확보를 위하여 최선을 다하여야 한다.

2) 각 기관은 국민 부담의 최소화를 위하여 최선을 다하여야 한다.

3) 각 기관은 예산을 운용함에 있어 지출의 성과를 제고하고 예산이 최대한 절감될 수 있도록 노력하여야 한다.

4) 각 기관은 인건비 등 예산운용의 투명성과 예산과정에의 고객 등의 참여를 제고하기 위하여 노력하여야 한다.

5) 각 기관은 매 회계연도마다 자체적으로 예산집행지침을 수립하여 운용함으로써 예산의 집행을 체계적이고 투명하게 관리하도록 노력하여야 한다.

---

88) '공기업·준정부기관 경영에 관한 지침'과 '공공기관의 혁신에 관한 지침'에서 같이 나온다.

라. 자산운용의 원칙

1) 공기업·준정부기관은 안정성·유동성·수익성 및 공공성을 고려하여 당해 기관의 자산을 투명하고 효율적으로 운용하여야 한다.
2) 기획재정부장관은 공기업·준정부기관의 자산운용에 관한 세부지침을 공공기관운영위원회의 심의·의결을 거쳐 수립하여 시행 할 수 있다.

3. 공기업의 예산과정[89]

공공기관의 예산회계에 대하여는 '공공기관의 운영에 관한 법률'이 적용된다. 이 법은 공공기관의 운영에 관한 기본적인 사항과 자율경영 및 책임경영체제의 확립에 관하여 필요한 사항을 정하여 경영을 합리화하고 운영의 투명성을 제고함으로써 공공기관의 대국민 서비스 증진에 기여함을 목적으로 지정되었다.

가. 예산의 편성

1) 공기업·준정부기관의 예산은 예산총칙·추정손익계산서·추정대차대조표와 자금계획서로 구분하여 편성한다.
2) 기관장은 경영목표와 경영지침에 따라 다음 회계연도의 예산안을 편성하고, 다음 회계연도 개시 전까지 그 공기업·준정부기관의 이사회에 제출하여야 한다.
3) 기관장은 신규 투자사업 및 자본출자에 대한 예산을 편성하기 위하여 대통령령으로 정하는 바에 따라 미리 예비타당성조사를 실시하여야 한다. 다만, 다음 각 호의 어느 하나에 해당하는 경우에는 예비타당성조사 대상에서 제외한다.
   가) 정부예산이 지원되는 사업 중 「국가재정법」 제38조에 따라 예비타당성조사를 실시하는 사업
   나) 남북교류협력에 관계되거나 국가 간 협약·조약에 따라 추진하는 사업
   다) 도로 유지보수, 노후 상수도 개량 등 기존 시설의 효용 증진을 위한 단순개량 및 유지보수 사업

---

89) 공공기관의 운영에 관한 법률, 법률 제8258호, 제정 2007. 1.19, 일부개정 2018.12.31

라) 「재난 및 안전관리 기본법」 제3조제1호에 따른 재난(이하 "재난"이라 한다)복구 지원, 시설 안정성 확보, 보건·식품 안전 문제 등으로 시급한 추진이 필요한 사업

마) 재난예방을 위하여 시급한 추진이 필요한 사업으로서 국회 소관 상임위원회의 동의를 받은 사업

바) 법령에 따라 추진하여야 하는 사업

사) 지역균형발전, 긴급한 경제적·사회적 상황 대응 등을 위하여 국가 정책적으로 추진이 필요한 사업으로서 다음 각 목의 요건을 모두 갖춘 사업. 이 경우, 예비타당성조사 면제 사업의 내역 및 사유를 지체 없이 국회 소관 상임위원회에 보고하여야 한다.

① 사업 목적 및 규모, 추진방안 등 구체적인 사업계획이 수립된 사업

② 국가 정책적으로 추진이 필요하여 국무회의를 거쳐 확정된 사업

4) 위 규정에 따라 편성·제출한 예산안은 이사회의 의결로 확정된다. 다만, 다른 법률에서 공기업·준정부기관의 예산에 관하여 주주총회나 출자자총회 등 사원총회의 의결이나 기금운용심의회의 의결 등 별도의 절차를 거치도록 한 경우에는 이사회 의결후 이를 거쳐 확정하고, 준정부기관의 예산에 관하여 주무기관의 장의 승인을 거쳐 확정하도록 한 경우에는 이사회 의결을 거친 후 주무기관의 장의 승인을 얻어야 한다.

5) 기관장은 공기업·준정부기관의 예산이 확정된 후 그 공기업·준정부기관의 경영목표가 변경되거나 그 밖의 불가피한 사유로 인하여 예산을 변경하고자 하는 경우에는 변경된 예산안을 작성하여 이사회에 제출하여야 한다. 이 경우 제4항은 변경된 예산안의 확정에 관하여 이를 준용한다.

6) 공기업·준정부기관은 예산이 확정되거나 변경된 경우 지체 없이 기획재정부장관, 주무기관의 장 및 감사원장에게 그 내용을 보고하여야 한다.

7) 공기업·준정부기관은 예산이 확정되거나 변경된 경우 지체 없이 국회 소관 상임위원회에 그 내용(해당 연도 수입·지출 계획서를 포함한다)을 제출하여야 한다.

나. 예산의 집행

1) 운영계획의 수립

가) 공기업·준정부기관은 예산이 확정되는 경우 지체 없이 이사회의 의결을 거쳐 그 회계연도의 예산에 따른 운영계획을 수립하여야 한다. 다만, 공기업·준정부기관으로 지정될 당시 수립되어 있는 운영계획은 이 법에 따라 수립된 것으로 본다.

나) 공기업·준정부기관이 확정된 예산을 변경한 경우에는 지체 없이 이사회의 의결을 거쳐 제1항의 규정에 따라 수립된 운영계획을 변경하여야 한다.

다) 공기업·준정부기관은 수립한 그 회계연도의 운영계획을 기획재정부장관(공기업의 경우에 한한다)과 주무기관의 장에게 예산이 확정된 후 2월 이내에 제출하여야 한다.

2) 결산서 작성 및 제출

가) 공기업·준정부기관은 회계연도가 종료된 때에는 지체 없이 그 회계연도의 결산서를 작성하고, 감사원규칙이 정하는 바에 따라 다음 각 호의 어느 하나에 해당하는 자 중에서 선임한 회계감사인(이하 "회계감사인"이라 한다)의 회계감사를 받아야 한다. 이 경우 공기업·준정부기관은 매 회계연도 종료 후 감사원규칙으로 정하는 기간 내에 회계감사인에게 결산서를 제출하여야 한다.

① 「공인회계사법」 제23조에 따른 회계법인(이하 "회계법인"이라 한다)
② 「주식회사 등의 외부감사에 관한 법률」 제2조제7호나목에 따른 감사반(이하 "감사반"이라 한다)

나) 공기업은 기획재정부장관에게, 준정부기관은 주무기관의 장에게 다음 연도 2월 말일까지 제1항에 따라 작성된 다음 각 호의 결산서를 각각 제출하고, 3월 말일까지 승인을 받아 결산을 확정하여야 한다. 다만, 주주총회나 출자자총회 등 사원총회가 있는 공기업·준정부기관의 경우에는 사원총회에서 결산을 의결·확정한다.

① 재무제표(회계감사인의 감사의견서를 포함한다)와 그 부속서류
② 그 밖에 결산의 내용을 명확하게 하기 위하여 필요한 서류

다) 기획재정부장관과 주무기관의 장은 매년 5월 10일까지 제2항에 따라 확정된 공기업·준정부기관의 결산서와 그 밖에 필요한 서류(이하 이 조에서 "결산서등"이라 한다)

를 감사원에 제출하여야 한다.

라) 결산서등을 제출받은 감사원은 그 공기업·준정부기관 중 「감사원법」에 따른 법인과 그 밖에 감사원규칙으로 정하는 공기업·준정부기관의 결산서등을 검사하고, 그 결과를 7월 31일까지 기획재정부장관에게 제출하여야 한다.

마) 회계감사를 실시할 수 있는 회계법인과 감사반의 선정 기준 및 회계감사의 절차, 제4항의 규정에 따른 감사원의 결산감사에 관하여 필요한 사항은 감사원규칙으로 정한다.

바) 기획재정부장관은 결산서등에 감사원의 검사 결과를 첨부하여 국무회의에 보고하고, 8월 20일까지 국회에 제출하여야 한다.

다. 예산집행 지침

기획재정부에서 매년 공공기관의 예산집행지침을 주요항목별로 구체적으로 작성하여 시달하고, 각 공공기관은 이 지침을 준수하여 예산을 집행한다. 이는 예산을 집행함에 있어 정부 정책에 부합하도록 하고 방만 경영의 개선 및 공공기관의 책임경영체제에 부합하도록 예산 집행의 투명성과 효율성 제고하기 위함이다.

《 '2019년도 예산집행지침'의 '비목별 지침'중 '업무추진비' 예 》[90]

o 업무추진비를 집행하고자 하는 경우에는 집행목적 · 일시 · 장소 · 집행대상 등을 증빙서류에 기재하여 사용용도를 명확히 하여야 하며, 건당 50만 원 이상의 경우에는 주된 상대방의 소속 및 성명을 증빙서류에 반드시 기재하여야 한다.

o 각 기관은 업무추진비의 적정한 사용을 위해 "클린카드"를 발급받아 활용하여야 한다.

- 다만, 국민권익위원회가 「공공기관 법인카드 제도개선방안('07.10월)」등에 따라 선정한 의무적 제한업종과 기관이 자율적으로 추가하여 선정한 제한업종에는 클린카드를 사용할 수 없다.

※ 의무적 제한업종
· 유흥업종('한국표준산업분류'에 따라 접객요원을 두고 술을 판매하는 일반유흥주점, 무도시설을 갖추고 술을 판매하는 무도유흥주점)
· 위생업종(이 · 미용실, 피부미용실, 사우나, 안마시술소, 발마사지, 스포츠마사지, 네일아트, 지압원 등 대인 서비스)
· 레저업종(골프장, 골프연습장, 스크린골프장, 노래방, 사교춤, 전화방, 비디오방, 당구장, 헬스클럽, PC방, 스키장)
· 사행업종(카지노, 복권방, 오락실)
· 기타업종(성인용품점, 총포류 판매점)

o 다음 각 호의 어느 하나에 해당하는 경우에는 클린카드 사용의 불가피성을 증빙자료를 통해 입증하여 품의를 받는 경우에 한하여 사용할 수 있다.
 (1) 법정공휴일 및 토 · 일요일
 (2) 관할 근무지와 무관한 지역
 (3) 비정상시간대(23시 이후 심야시간대 등) 사용
 (4) 업무를 위해 주류판매를 주목적으로 하는 업종에서 사용
- 증빙자료 작성 시에는 일시, 장소, 목적, 집행대상, 구체적인 업무내용과 사유 등을 포함하여야 한다.
o 원칙적으로 업무추진비는 현금으로 사용 할 수 없다. 또한, 불가피한 공식적인 업무를 위해 상품권을 구매한 경우 지급대장에 지급일시, 지급대상자를 반드시 기재하여 관리하여야 한다.
o 공식행사 등 특별한 경우를 제외한 주류구매 및 주류판매를 주목적으로 하는 업종 사용은 지양해야 한다.
o 업무추진비의 사용 관행을 개선하고, 투명한 사용을 위해 본 지침의 범위내에서 각 기관의 실정에 맞는 자체 세부지침을 마련하여 시행하여야 한다.
o 각 기관의 회계, 감사부서에서 디브레인 시스템을 활용하여 주기적(월 1회이상)으로 클린카드 사용에 대한 모니터링을 실시할 수 있도록 부처 자체지침에 반영한다.
o 각 기관은 「공공기관의 정보공개에 관한 법률」 및 동법 시행령에 따라, 기관장의 업무추진비 사용내역을 각 기관 홈페이지에 공개하여야 한다.

---

90) 2019년도 예산 및 기금운용계획 집행지침, 기획재정부, 2019. 1

4. 공기업 회계기준[91]

가. 재무제표 등의 작성원칙

1) 재무제표 또는 연결재무제표는 당해 회계연도 분과 직전 회계 연도분을 비교하는 형식으로 작성한다.

2) 비교식으로 작성되는 양 회계연도의 재무제표 또는 연결재무제표는 계속성의 원칙에 따라 작성하여야 한다.

3) 계정과목은 중요성의 원칙에 따라 설정하고 명료성, 계속성, 비교가능성이 유지되어야 하며 정당한 사유 없이 이를 변경할 수 없다.

4) 재무제표 또는 연결재무제표의 과목은 해당 항목의 중요성에 따라 별도의 과목으로 표시하거나 다른 과목과 신설, 통·폐합할 수 있다.

나. 회계 장표

1) 모든 거래는 전표에 따라 처리하여야 한다.

2) 회계업무의 전산화에 따라 장표의 비치 등을 생략할 수 있다. 다만, 장표의 비치를 생략한 경우에도 감독기관이나 이해관계자의 요구가 있으면 회계장표와 동일한 대용장표를 신속히 제공할 수 있는 필요한 조치를 취하여야 한다.

3) 전표에는 계정과목을 표시하여야 한다. 전표의 합계금액은 이를 정정하지 못한다.

4) 결의서 또는 증거서류는 전표로 대용할 수 있으며 전표의 대용범위는 세부기준으로 정한다. 이 경우 결의서 및 증빙서의 서식에는 전표의 기능이 포함되어야 한다.

5) 회계장부는 주요부와 보조부로 구분한다. 주요부는 분개장과 총계정원장으로 하고 보조부는 각 계정원장 및 명세장으로 한다. 다만, 전표 및 일계표를 일자순으로 철하여 분개장에 갈음할 수 있다.

6) 주요부와 보조부는 그 기장사무의 담당자를 달리하여야 한다. 장부의 기장사무와 현금출납사무 또는 물품출납사무는 그 담당자를 달리하여야 한다.

7) 증빙서류로 지출결의서, 영수증서, 청구서, 계약서, 기타 증빙서류 등이 있다.

---

91) 공기업·준정부기관 회계기준, 기획재정부 고시 2017-18호, 일부수정 2017. 6.19

다. 금전 회계

1) 금전은 현금, 예금, 수표 및 우편환증서를 말한다.

2) 기관장은 금융기관 또는 체신관서를 지정하여 금전의 수납에 관한 사무를 대행하게 할 수 있다.

3) 전도금의 지급잔액과 마감 후의 수입현금을 제외하고는 현금을 보관하여서는 아니 된다. 다만, 공기업·준정부기관의 업무특성으로 인하여 부득이한 경우에는 현금보관에 관한 사항을 세부기준으로 정하여 운용할 수 있다.

4) 수표 및 어음의 금액은 정정할 수 없다.

5) 납입의 고지 등 징수결정을 하는 징수사무의 담당자와 징수결정액을 수납하는 수납사무의 담당자를 달리하여야 한다.

6) 지출담당은 매월말에 거래점의 잔액증명을 받아 예금원장과 대조하여야 한다.

라. 회 계

1) 재무상태표 또는 연결재무상태표(이하 "재무상태표 등"이라 한다)는 공기업·준정부기관의 재무상태를 명확히 보고하기 위하여 보고기간 종료일(재무상태표 작성 기준일을 말한다. 이하 같다) 현재의 자산, 부채 및 자본을 적정하게 표시하여야 한다.

2) 재무상태표 등은 자산, 부채 및 자본으로 구분한다. 자산과 부채는 유동성의 정도에 따라 항목을 구분하여 작성한다. 유동성이란 현금으로 전환되기 용이한 정도를 말한다. 자산, 부채 및 자본은 총액에 따라 기재함을 원칙으로 하고, 자산의 항목과 부채 또는 자본의 항목을 상계함으로써 그 전부 또는 일부를 재무상태표 등에서 제외하여서는 아니된다.

마. 구분회계[92]

공기업·준정부기관 중 관련법령에서 회계단위를 구분하도록 한 경우에는 재원의 원천 또는 목적사업 등으로 구분하여 회계처리하고, 구분회계 사이의 내부거래 및 미실현 손익을 제거한 후 이를 통합한 결산서를 작성하여야 한다. 즉, 구분회계는 사업단위별 경영성과와 재무상태

---

92) 공기업·준정부기관 경영에 관한 지침, 제정 2018. 3. 8.일부 개정 2019.12.27

를 파악하기 위해 사업단위별로 재무정보를 산출하는 체계를 말한다. 따라서 구분회계 단위는 자산·부채·자본과 수익·비용을 독립적으로 식별할 수 있는 구성단위를 말한다. 구분회계가 도입됨으로써 각 사업별로 부채가 얼마나 발생하는지 알 수 있고, 따라서 기관의 부채가 정부 정책에 의해 발생한 것인지 아니면 경영 부실에 기인한 것인지 구분할 수 있는 근거가 될 수 있다.

1) 구분회계의 원칙

가) 회계는 자산, 부채와 수익, 비용을 독립적으로 식별할 수 있는 사업을 단위로 하되, 공공기관의 핵심사업을 상품·프로세스·수혜자 등 합리적인 기준에 따라 구분하고 조직구성과 연계되도록 하여야 한다.

나) 구분회계의 단위는 공공기관의 재무상태에 대한 계획, 통제 및 실적관리가 이루어질 수 있도록 예산서상 수입과 지출 내역을 각각의 부문사업 및 세부사업별로 구분한 단위(이하 "예산회계 단위"라 한다)와 일치되도록 한다.

다) 구분회계 단위는 객관성, 계속성 및 비교가능성이 유지되어야 하며 정당한 사유 없이 이를 변경할 수 없다.

라) 공기업·준정부기관은 손실보전대상 사업이 있는 경우, 이에 대한 회계를 구분하여 손실보전 근거자료로 활용하여야 한다.

마) 각 단위 구분회계의 대상 사업은 사업 추진목적을 식별할 수 있도록 다음 각 호와 같이 성격을 구분한다.

① 고유사업: 기관의 설립 목적 및 기능에 따라 과거부터 지속 수행해 온 사업

② 정책사업: 사업 추진 동기가 공공기관의 자체판단이 아닌 정부의 정책결정 등에 따라 추진하는 사업

③ 대행·위탁사업: 관련 법령 등에 따라 공공기관이 대행 또는 위탁하는 사업

2) 구분회계 재무제표의 작성

가) 공기업·준정부기관은 구분회계 단위 및 단위 성격을 설정하는 경우 기획재정부장관과 협의하여야 한다.

나) 공기업·준정부기관은 구분회계 단위 또는 단위 성격에 변동이 있는 경우 지체 없이

그 변동내역을 기획재정부장관에게 제출하여야 한다.

다) 구분회계 재무제표는 구분회계 재무상태표와 구분회계 손익계산서로 구성한다.

라) 기획재정부장관은 구분회계 재무제표 등의 세부 작성요령 등에 대하여 별도의 매뉴얼을 작성하여 각 기관장에게 통보할 수 있다.

3) 구분회계 재무정보 설명자료의 작성

가) 공기업·준정부기관은 구분회계 재무정보에 대한 국민 이해를 돕기 위해 재무제표의 내용을 요약하고 결과를 분석한 설명자료를 작성하여 기관의 재무상태 및 경영성과에 대한 종합적인 정보를 제공하여야 한다.

나) 위 설명자료에는 다음 각 호의 사항이 포함되어야 한다.

① 구분회계 단위 개요 및 구분 기준

② 단위별 자산, 부채와 수익, 비용 등 증감 원인

4) 구분회계 책임자의 지정

가) 공기업·준정부기관은 구분회계 자료의 정확성을 제고하고 책임소재를 명확하게 하기 위해 작성자, 감독자 및 확인자를 지정하여야 한다.

나) 위 확인자는 원칙적으로 해당 공공기관의 재무부서 책임자로 한다.

5) 구분회계 공시

공기업·준정부기관은 구분회계 재무제표와 구분회계 재무정보 설명자료를 기획재정부 공공기관 경영정보 공개시스템을 통하여 공시하여야 한다.

《한국철도공사 구분회계 운영》[93]

(일반원칙) 구분회계 일반원칙은 다음 각 호와 같다.

1. 구분회계 단위는 재무제표 산출이 가능하여야 한다.

2. 구분회계는 전표의 생성 단계부터 구분회계 단위별 재무정보가 분리되어야 한다.

3. 예산·자금 등에 대한 계획과 통제를 위하여 구분회계 단위는 구분회계 예산과 일치하여야 한다.

4. 구분회계 단위는 신뢰성, 연속성, 비교가능성이 유지되어야 하며 정당한 사유 없이 이를 변경할 수 없다.

(구분회계 단위)

① 구분회계 단위는 다음과 같다.

1. 고속철도여객

2. 일반철도여객

3. 광역철도여객

4. 물류

5. 차량

6. 다원(용산)

7. 다원(사업개발)

8. 유지보수

9. 기타

② 모든 구분회계 단위에 직·간접적인 영향력을 행사하는 "본사" 및 "지역본부 지원"은 별도 단위로 운영한다.

(구분회계 재무제표) 구분회계 단위별 재무상태표, 손익계산서를 의미한다.

---

93) 한국철도공사 구분회계 운영시행세칙, 세칙제79호, 제정 2014.12.31., 일부개정 2018. 7. 3

5. 재무상태표 등 사례

《한국철도공사 요약 재무상태표》[94] - 2017년 3/4분기 -

요약 연결재무상태표 (K-IFRS) (단위 : 백만 원)

	구분	2015년 결산	2016년 반기	2016년 결산	2017년 반기
자산	유동자산	952,737	1,323,202	1,096,123	1,292,378
	비유동자산	17,245,988	17,398,041	17,416,806	17,336,430
	자산 총계	18,298,705	18,721,243	18,512,929	18,628,808
부채	유동부채	2,806,685	3,828,228	2,908,664	2,774,965
	비유동부채	10,643,521	10,154,088	10,835,482	11,275,710
	부채 총계	13,451,186	13,982,316	13,744,146	14,050,675
자본	자본금(A)	9,994,029	10,094,029	10,108,885	10,190,585
	기타(B)	-537,338	-5,490,898	-5,462,205	-5,740,662
	지배기업의 소유주 지분(A+B)	4,651,696	4,603,131	4,646,680	4,449,923
	비지배 지분	91,828	135,796	122,103	128,209
	자본 총계	4,748,519	4,738,927	4,768,783	4,578,132
부채비율		283.25	295.05	288.21	306.91
재무현황 자료		별도재무현황자료(각 연도별 재작성)			
별도 재무심사표		별도재무상태표(각 연도별 재작성)			
구분회계재무정보		각 연도별 별도 재무제표			

---

94) 한국철도공사 홈페이지, 경영공시

《한국철도공사 수입 및 지출 현황》[95] – 2017년 1/4분기 –

수입*지출현황(고유사업) (단위 : 백만 원)

구 분			2014년 결산	2015년 결산	2016년 결산	2017년 예산
수입	정부지원수입	직접지원 출연금	-	-	-	-
		직접지원 보조금	523,527	422,402	353,873	296,746
		직접지원 부담금	-	-	-	-
		직접지원 이전수입	-	-	-	-
		직접지원 부대수입	-	-	-	-
		간접지원 사업수입	3,791,242	4,177,579	4,312,016	3,801,739
		간접지원 위탁수입	374,941	4,177,579	408,006	1,120,394
		간접지원 독점수립	564,351	615,188	622,758	-
		간접지원 부대수입	-	-	-	-
	소 계		5,254,051	5,646,169	5,696,653	5,218,879
	기타 사업수입		151,246	1,864,407	171,413	255,469
	부대수입		41,348	16,228	33,595	-
	출자금		18,570	390,313	114,856	142,100
	차입금		3,916,958	454,890	2,334,777	2,117,700
	기타		24,453	453,155	166,408	17,262
	수입 합계		9,406,626	8,815,159	8,517,702	7,751,410
지출	인건비		1,684,189	2,009,325	2,096,445	2,098,921
	경상운영비		100,827	105,907	114,024	362,450
	사업비		3,464,462	3,814,454	3,779,200	2,475,185
	차입상환금		4,140,192	2,823,612	2,437,564	2,743,717
	기타		-3,044	61,861	90,469	71,137
	지출 합계		9,406,626	8,815,159	8,517,702	7,751,410
수입*지출 총괄 자료			연결포괄손익계산서			2017년 수입지출(예산)

정부순지원수입(고유사업) (단위 : 백만 원)

구 분		2014년 결산	2015년 결산	2016년 결산	2017년 예산
정부순지원수입	출연금	-	-	-	-
	출자금	18,570	390,310	114,856	142,100
	보조금	523,517	422,402	353,873	296,746
	부담금	-	-	-	-
	이전수입	-	-	-	-
	위탁수입	-	-	-	-
	기타수입	-	-	-	-
	합계	542,087	812,712	468,729	438,846

95) 한국철도공사 홈페이지, 경영공시

공통 공개기준

○ 정부지원수입(수입 및 지출현황)

- 출연금 : 기관 고유목적 사업 수행 등을 위해 정부로부터 직접 출연 받은 금액
- 보조금 : 보조금 관리에 관한 법률에 따라 지원받은 금액
- 부담금 : 부담금 관리기본법에 따른 부담금 수립

예) 한국원자력안전기술원의 '원자력관계사업자 등의 비용부담금'

- 이전수입 : 기금으로부터의 전입금 등 기타 정부로부터 이전받은 수입

예) 문화예술위원회의 복권기금전입금

- 부대수입(직접지원) : 정부의 직접지원액의 이자 등 운용수익
- 사업수입 : 법령에 규정된 당해 기관의 업무로 인한 수입액
- 위탁수입 : 법령에 규정된 위탁근거에 따라 위탁받은 업무로 인한 수입액
- 독점수입 : 법령에 규정되어 있거나 법령의 근거에 의하여 부여된 독점적 사업으로 인한 수입 (예, 한국마사회가 한국마사회법 제3조의 규정에 의해 독점적으로 수행하는 경마사업으로 획득한 수입액)
- 부대사업(간접지원) : 정부의 간접지원액의 이자 등 운용수익

○ 기타사업수입 등(수입 및 지출현황)

- 기타사업수입 : 당해 기관의 설립근거법에 명시되지 않은 사업의 수행에 따라 발생하는 수입
- 부대수입(기타) : 기타사업수입액의 이자 등 운용수익

○ 정부지원수입

- 출연금 : 당해연도에 정부 예산에 편성된 출연금 수입액
- 출자금 : 당해연도에 정부 예산에 편성된 출자금 수입액
- 보조금 : 당해연도에 정부 예산에 편성된 보조금 수입액
- 부담금 : 부담금관리기본법에 따른 정부출연금
- 이전수입 : 정부관리기금 등으로부터의 전입액
- 위탁수입 : 정부와 직접 체결한 위탁사업에 따른 수입액
- 기타수입 : 출연금, 출자금, 보조금, 부담금, 이전수입, 위탁수입의 이자 등의 운용 수입

기관 세부 작성기준

○ 수입

- 보조금(PSO, 수송차량구입비, 환승동선개선사업비), 사업수입(운송 등 용역수 익, 재화판매수익 등), 위탁수입(고속유지수탁수익 등), 독점수입(관제수탁 수 익 등), 기타사업수익, 부대수익, 정부출자금, 신규차입금, 기타

○ 지출

- 인건비, 경상운영비, 사업비(매출원가 등), 차입금상환(차입금상환액, 이자지급 액) 기타(납부법인세, 기타 지출 등

《대전광역시 도시철도공사 예산결산표》[96]

(단위 : 백만 원)

구 분			2014	2015	2016
사업예산	수입	영업수익	48,818	50,955	52,957
		영업외수익 이자수익	324	164	115
		영업외수익 타회계전입금	7,850	9,322	10,941
		영업외수익 기타	588	500	447
		특별 이익 등	0	0	0
		소계	57,580	60,941	64,460
		이월 재원	1,742	1,871	2,279
	지출	영업비용 인건비	28,845	30,115	29,539
		영업비용 기타	29,624	30,258	31,828
		영업외비용 이자비용	31	0	0
		영업외비용 기타	0	0	0
		특별 손실 등	0	0	0
		소계	58,500	60,393	61,359
		이월지출	1,739	1,842	2,279
자본예산	수입	자산매각수입	0	0	0
		고정부채차입	0	0	0
		잉여금·출연금 수입	2,000	0	0
		기타	44	631	57
		소계	2,044	631	57
		이월재원	7,189	4,577	3,660
	지출	유형재산	731	1,105	1,267
		무형재산	62	59	75
		고정부채 상환	2,000	0	0
		기타	871	931	1,128
		소계	3,664	2,095	2,470
		이월지출	52	7	769

* 작성기준 : 각 연도말 결산기준

96) 클린아이(지방공기업 경영정보공개시스템) : 대전광역시도시철도공사, 2017

Part 5

마케팅 경영

제1절

철도 마케팅

1. 철도 마케팅 현황

"철도"라 함은 여객 또는 화물을 운송하는 데 필요한 철도시설과 철도차량 및 이와 관련된 운영·지원체계가 유기적으로 구성된 운송체계를 말한다. 따라서 철도산업은 사람 또는 화물을 고객이 원하는 장소로 안전하게 이동시켜 주는 것을 목적으로 하는 운송 산업이다. 즉, 고객의 필요와 욕구를 충족시켜 줌으로서 고객에게 편익을 제공한다. 우리나라의 일반철도는 정부투자 기관인 한국철도공사에 의해 운영되는 공기업으로서 정부의 법적 규제와 예산이라는 테두리 내에서 기업경영을 해야 하는 한계를 지니고 있다. 특히 공사 전환 이전에는 오랜 기간 동안 철도 청이라는 정부 조직으로 운영되면서 수익성보다는 공공성에 더 많은 비중을 두고 운영함으로써 경영상의 적자를 지속한 것이 현실이었다. 그러나 공사로 전환되면서 공공성은 물론 수익성을 추구하기 위해 기업마인드를 도입하면서 오늘날 기업마인드의 핵이라고 할 수 있는 마케팅 개념이 강조되고 있다. 따라서 이를 극복하기 위해서는 철도 수송력 확충, 여객 서비스 및 제도 개선, 고객의 기호에 맞는 철도 관광 상품의 개발 등 수요자 중심의 다양한 마케팅 활동을 더욱 추진해 나가야 한다. 특히 철도 여객수송의 핵심을 차지하고 있는 한국철도공사 고속열차 (KTX)의 경우 2016년 말 부터 운행되기 시작한 (주)에스알 고속열차(SRT)와 경쟁체제에 들어 갔기 때문에 더욱 고객서비스 및 고객만족을 위한 마케팅 활동의 강화가 요구된다.

또한 화물열차의 경우 철도 인프라 부족 및 주요 간선철도의 주간 시간대 이용의 제약 등에 따라 수송분담률이 매년 답보 상태에 머무르거나 오히려 전년도 보다 하락하고 있는 실정이므로 이의 활성화를 위한 지속적인 투자와 새로운 마케팅 기법 등의 개발이 요구되고 있다. 정부에서는 한국철도공사를 지주회사로 하여 철도물류회사를 설립할 계획을 갖고 한국철도공사

자체로 2015년부터 물류본부를 독립채산제로 운영토록 하고 있다. 또한 2016년에는 화물열차 운임 및 요금의 상한신고제 등을 폐지하여 운영회사의 자율적인 경영을 보장하였다.

2. 한국철도공사의 SWOT 분석 및 활용

철도마케팅 관리 및 활성화를 위해 우선해야 할 일은 시장과 시장의 환경 그리고 경쟁사 등에 주의를 기울여야 한다는 점이다. 따라서 공사의 강점·약점·기회·위험요인을 정확하게 분석하여 전략을 수립하여야 한다. 다음은 한국철도공사에서 자체로 분석하여 전략을 수립한 것으로 작성기간이 오래된 것이지만 현재와 크게 변동이 없으므로 소개한다.

가. SWOT 분석

《한국철도공사의 SWOT 분석》[97]

강점 요인(S)	약점 요인(W)
- KTX의 속도경쟁력 - 환경경영 우위 (전철화 노선 확대 등) - 전국적인 Network 및 풍부한 역세권 개발 자원 - 국제적 위상 및 대내외 공신력	- 철도의 연계성, 접근성 취약 - 일반열차의 속도경쟁력 및 화물열차의 경쟁력 취약 - 비채산 노선의 구조조정 한계 - 과도한 선로사용료 등 재무구조 취약

기회 요인(O)	위험 요인(T)
- 친환경교통수단의 사회적 인식확대 - 사회전반의 안전성 강화 - 정부의 물류 및 철도산업 진흥정책 - 고속철도 및 수도권 광역화 추세	- 국제적 경제여건 악화에 따른 물동량 저하 - 정부의 도로중심 교통정책 지속추진 - 공기업의 선진화 및 자회사 지배구조변화 요구 - 정부지원 축소 압력(PSO비용 보상 등)

* 출처 : 한국철도공사 내부자료

나. 전략과제

위 SWOT 분석을 기반으로 한 전략과제는 다음과 같다.

《한국철도공사 전략과제》

SO 전략	WO 전략
- 운송사업 경쟁력 제고 - 사업구조 다각화 - 친환경 경영	- 서비스 네트워크 강화 - 고객감동 경영 - 친환경 기술혁신

ST 전략	WT 전략
- 글로벌 사업기반 구축 - 사회적 책임 경영	- 기업운영 최적화 - 경영관리 역량 고도화 - 인재가치 혁신

3. 철도 서비스의 특징

서비스는 본질적으로 유형적 제품과는 구별되는 특성이 있다. 일반적으로 서비스는 무형성, 이질성, 생산과 소비의 비분리성, 그리고 소멸성의 특징을 지니며, 이러한 일반적 서비스 특성을 철도 서비스에 적용하면 다음과 같다.[98]

가. 철도 서비스의 무형성

무형성은 철도 서비스의 가장 중요한 특징 중 하나다. 철도 서비스는 운송 과정에서 열차 내 좌석의 소유가 아니라 승객이 원하는 열차를 출발역에서 도착역까지 이용하는 행위로서 소비자가 승차권을 구매하기 전에 품질을 확인할 수가 없어 객관적으로 평가하기가 어려운 상품이다.

나. 철도 서비스의 이질성

서비스 품질의 이질성이란 표준화가 어렵다는 것을 의미하는 것으로 비록 동일한 서비스 공

---

98) 연덕원, 철도마케팅, 계영사, 2005. pp.3~5

급자로부터 동일한 서비스를 제공 받더라도 제공 시점과 고객에 따라 품질이 달라질 수 있음을 의미한다. 철도 서비스의 경우 서비스 품질의 일관성 유지를 위해 내부적으로 접객 업무에 대한 매뉴얼 작성 및 교육, 접객 직원에 대한 서비스 교육 강화 등의 활동이 전개되고 있다.

다. 철도 서비스의 비분리성

일반적인 제품과 다르게 서비스는 생산과 소비가 동시에 이루어진다. 철도 서비스의 경우 승객이 여행을 위하여 좌석 예약을 하는 시점부터, 철도역에 도착하여 맞이방을 이용하거나 열차에 승차하여 여행을 하면서 종착역에 도착하여 철도역을 빠져 나갈 때까지 생산과 소비의 과정이 동시에 이루어진다.

라. 철도 서비스의 소멸성

철도 서비스의 소멸성이란 열차가 역을 출발한 후 팔리지 않은 좌석은 그 가치가 상실되어 소멸됨을 의미한다. 객차의 증감으로 다소의 조절은 가능하지만 철도가 일단 열차시각표에 의하여 고객에게 고시한 열차에 대하여는 수요가 적다고 일방적으로 열차운행을 중단할 수 없기 때문이다. 따라서 열차를 편성할 때에는 사전에 면밀한 수요예측과 일정수준 이상의 수요를 확보할 수 있는 전략이 강구되어야 한다.

4. 운임 정책

가. 운임정책의 기본원칙[99]

1) 시장가격을 활용한다.

운임은 동일 시장 내에서 경쟁사의 그것보다 경쟁력이 있도록 책정되어야 한다. 경쟁력은 주요 수송 노선에 따라 매우 다르므로 운임은 시발역-종착역마다 다르게 책정하는 것이 일반적이다. 운임에 대한 고객들의 반응 행태는 제공된 서비스 형태나 수준에 따르며 서비스의 가치에 의해서도 좌우된다. 따라서 운임은 마케팅 전략에 접합시켜야 하는 마케팅 믹스는 특별

---

99) 철도청, 고속철도 운수·운전, 성문사, 1997. p.37

한 고객층과 그들의 요구, 시장을 넓히기 위한 기대 등에 그 초점을 둔다.

2) 시장구역에 적합한 운임의 범위이어야 한다.

장거리 여행의 승객은 이용 실적에 따라 운임이 달라지는 것이 바람직하다. 단골 고객 및 귀빈객들에 의한 이익 마진이 개별 여행자의 운임보다 중요하기 때문이다. 회사 경비로 지출되는 사업가의 여행은 회사의 기대와 계약을 충족시켜야 한다.

3) 운임은 비용을 감당해야 한다.

모든 비용에는 수송비용, 광고비용, 간접비, 마케팅 비용 등이 고려되어야 한다. 그러나 어떤 경우는 원가에서 손해를 보고 승차권을 판매하는 경우도 있다. 이러한 경우는 시장점유율을 확대하거나 어려운 문제점들을 해결하기 위한 노력 때문에 발생한다.

4) 운임은 목표가 된 시장구역에 잘 알려져야 한다.

운임이 시장 내에서 현실성 있게 받아들여져야 한다는 사실 이외에 운임이나 요금 체계 등이 홍보활동을 통하여 고객들에게 잘 전달되어져야 한다. 운임의 질(경쟁력)에 대한 전달과정은 고객의 유인과 그들의 수송수단 선택을 좌우한다.

5) 운임은 고객신뢰성을 확보하여야 한다.

이 원칙은 고객이 다른 선택을 할 수 없는 시간에 가능한 많은 이익을 취할 수 있도록 주어진 수송수단으로 유도하고, 주어진 수송수단을 선택하는 책임을 져야 한다. 그리고 고객이 다른 수송수단을 이용할 수 있는 시간에는 할인 폭을 넓힌다.

6) 운임은 마케팅 믹스의 논리에 따라 정해져야 한다.

한 구간의 마케팅 믹스는 시장에 적합한 마케팅 전략으로부터 나온다. 그러므로 판매가격과 운임체계는 시장접근의 전반적인 체계에 맞춰서 이루어진다.

7) 운임체계는 고객들의 수요 변화에 따라 탄력적이어야 한다.

탄력적인 운임은 비수기 동안 각 열차의 좌석이용에 관한 이익 마진율을 최대화할 수 있도록 한다. 고객들은 탄력운임제를 나쁘게 인식할 수도 있고 싸게 승차할 수 있는데 비싸게 운임을 주었다고 생각할 수도 있다. 따라서 고객들이 비수기 동안의 할인이나 또는 사전예약 등 특별히 할인운임이 이루어지고 있다는 것을 충분히 인식할 수 있도록 해야 한다.

나. 운임 정책 목표[100]

철도를 포함한 대중교통 운임은 다음과 같은 정책적인 목표를 갖고 접근한다.

1) 수입 증대

적당한 수준의 운임정책은 승객 수요를 감소시키지 않고 수입을 증대시킨다.

2) 공평성

운임부과는 공정하고 형편성이 있어야 한다. 또한 소요되는 운행비용을 고려하여 산출되어야 한다.

3) 간편성

운임제도는 모든 승객들이 이해하고 이용하기 쉽고 간단하고 편리하여야 한다. 또한 승객은 지불해야 할 운임을 승차하기 전에 알 수 있어야 한다.

4) 안전성

운임제도는 승객이나 승무원에 의한 부정행위를 최소한으로 줄여 모든 수입금이 경영자에게 안전하게 전달되어야 한다.

---

100) 원제무, 도시교통론, 박영사, 2012. p226

5) 비용 최소화

운임징수에 소요되는 인건비와 장비 및 이외 유지비 등은 최소화되어야 한다.

6) 사회적 목표와 일치성

운임제도는 교통정책, 토지 이용정책 등을 포함하는 사회 제반목표와 부합되어야 한다. 즉, 도심지에서 승용차의 운행을 억제하고 지하철을 많이 이용하게 하던지, 저소득층이나 약자의 기동성을 확보해 주도록 하는 것이 이에 해당된다.

7) 할인운임

운임제도는 학생이나 노인들과 같은 특정 사회집단에 대하여는 할인가격으로 정책적인 배려를 해야 한다. 이러한 할인운임제도를 실시하는데 필요한 비용은 그들보다 많은 운임을 지불하는 다른 승객으로 부터가 아니라 세금 등 사회 전체로부터 충당되어야 한다.

5. 철도 운임

가. 철도 운임 산정기준(요약)[101]

1) 목적

이 기준은 「철도사업법」 제9조, 「물가안정에 관한 법률 시행령」 제6조제5항 및 「공공요금 산정기준」(기획재정부훈령)에 따라 국토교통부장관이 한국철도공사가 제공하는 철도운송서비스에 관하여 철도운송서비스 이용자의 공정한 이익과 철도사업의 건전한 발전을 도모하기 위해 적정한 철도운임·요금을 산정할 때에 객관적이고 일관성 있는 기준을 제공하는데 그 목적이 있다.

---

101) 철도운임산정기준, 국토교통부, 2017. 1. 3

2) 운임산정 기본원칙

가) 철도운임·요금(이하 "철도운임"이라 한다)은 철도운송서비스를 제공하는데 소요된 취득원가 기준에 의한 총괄원가를 보상하는 수준에서 결정되어야 한다.

나) 총괄원가는 한국철도공사(이하 "공사"라 한다)의 성실하고 능률적인 경영 하에 철도 운송서비스를 공급하는데 소요되는 적정원가에다 철도운송서비스에 공여하고 있는 진실하고 유효한 자산에 대한 적정 투자보수를 가산한 금액으로 한다.

3) 운임산정 기간

가) 철도운임의 산정은 원칙적으로 1회계년도를 대상으로 하되, 운임의 안정성, 기간적 부담의 공평성, 원가의 타당성, 경영책임, 물가변동 및 제반 경제상황 등을 감안하여 신축적으로 운영할 수 있다.

나) 철도운임 산정 당시 예측할 수 없었던 불가피한 경제적 또는 경제외적 사유의 발생 으로 총괄원가의 현저한 증감이 있을 경우에는 국토교통부장관은 해당 증감요인만을 반영하여 새로이 철도운임의 상한을 지정할 수 있다.

4) 기초회계자료

철도운임은 발생주의 및 취득원가주의에 따라 계리된 철도운송서비스의 예산서를 기준으로 산정하는 것을 원칙으로 한다. 다만, 예산서를 기준으로 하는 것이 어려운 경우 결산서를 기준 으로 할 수 있으며, 적정원가 및 적정투자보수 산정시 해당 결산서의 범위 내에서 산정한다.

5) 적정원가

가) 적정원가는 공사의 규제서비스 제공과 직접적 연관성이 있는 운송원가에 일반관리 비 등을 합산한 영업비용에 규제서비스 제공과 관련하여 발생한 법인세비용 및 제2항 에 따른 영업외비용을 가산하고 제3항에 따른 영업외수익과 「철도산업발전 기본법」 제33조에 따른 공익서비스비용에 대한 보상금을 차감한 금액으로 한다.

나) 영업외비용에는 자본조달과 관련한 이자비용, 외환관련손실, 유가증권 및 투자자산 관련 손실은 제외하며, 자산관련 영업외비용을 산입한다.

다) 영업외수익에는 자본조달과 관련한 이자수익, 외환관련수익, 유가증권 및 투자자산 관련 이익은 제외하며, 자산관련 영업외수익을 산입한다.

라) 철도운임산정기간 동안의 규제서비스 공급에 소요된 원가를 기초로 산정하기 때문에 비규제서비스 공급과 관련된 원가는 적정원가에 포함하지 않는다.

6) 회계분리의무

공사는 요금산정목적 재무제표를 작성함에 있어서 규제서비스 및 비규제서비스와 관련된 자산, 부채, 자본, 수익 및 비용(이하 "자산 등"이라 한다)을 해당 서비스별로 직접 귀속·배부하여야 한다.

7) 운임체계

철도운임은 규제서비스별 총괄원가를 기준으로 이용자의 부담능력, 편익정도, 사회적·지역적인 특수한 환경을 고려하여 철도이용자 간에 부담의 형평이 유지되고 자원이 합리적으로 배분되도록 체계가 형성되어야 한다.

8) 운임설정

철도운임은 철도운송서비스 이용 시 공사가 열차종류별로 정하는 기본거리를 기준으로 운임을 징수하는 기본운임과 이를 초과하는 거리에 대하여 수수하는 초과운임의 2부요금제를 원칙으로 하되, 자원의 효율적 배분을 위하여 필요하다고 인정하는 경우에는 차등요금, 누진요금 등으로 보완할 수 있다.

9) 자료제출

공사는 공공요금 산정과 검증을 위하여 요금산정보고서와 요금산정을 위한 재무제표 및 관련 회계자료를 국토교통부장관에게 제출하여 검토과정을 거친 후 기획재정부장관에게 6월말까지 제출하여야 한다. 다만, 공사는 불가피한 사정이 있는 경우 미리 국토교통부와 협의를 거쳐 지연사유를 명시하고 제출하여야 한다.

10) 요금산정보고서

요금산정보고서는 공사의 수행사업에 대한 개관, 공사의 수행사업에 대한 주요 변동사항, 서비스분류 기준 및 서비스분류 내역, 회계분리기준 및 회계분리내역, 재무보고목적 및 요금산정목적 재무제표, 특수관계자 및 중요한 특수관계자 거래내역, 요금산정내역서, 기타 요금산정 관련 주요 자료 등을 반드시 포함해야 한다.

11) 요금검증 및 공개

국토교통부장관은 공공요금 산정 시 요금산정보고서와 요금산정용 재무제표를 검증해야 하며, 필요할 경우 검증업무를 독립적인 전문기관에 의뢰할 수 있다. 국토교통부장관은 공공기관의 정보공개에 관한 법률에서 정하는 범위 내에서 요금산정보고서를 공개할 수 있다.

나. 철도 운임의 유형

철도를 포함한 대중교통의 운임은 여러 종류가 있고, 경우에 따라서는 두 가지 이상을 복합적으로 적용하는 경우도 있다. 우리나라에서는 여객열차나 화물열차 모두 거리비례제를 적용하고 있다. 다음에서는 서비스 운임 중 대표적인 몇 가지를 알아본다.

1) 거리비례제

거리비례제는 승객이 여행한 거리에 비례하여 운임을 징수하는 방법이다. 이는 균일운임제보다 더 많은 운임을 징수할 수 있어 업체의 수익증대에 따른 경영효율화가 가능하다. 이 제도는 현재 우리나라 철도운임에 적용되고 있다. 현재 한국철도공사 및 서울교통공사에서 거리비례제를 채택하고 있다.

2) 거리체감제

거리체감제는 승차구간이 길어짐에 따라 체감율을 적용하는 것으로 원거리 승객에게 단거리 승객보다 여행거리 당 운임단가를 적게 하는 제도이다. 즉 여행거리에 관계없이 승객이 철도역이나 차량 등의 고정시설 이용도는 같기 때문에 원거리 여객에 대한 거리 당 운임을 저렴하게 한다는 관점에서 보면 합리적인 방법이라 할 수 있다.

3) 구간운임제

구간운임제는 일정한 거리를 기준으로 한 구간에 따라 운임을 결정하는 방법이다. 이 방법은 거리에 따라 운임을 책정하는 측면에 있어서는 거리비례제와 비슷하나 일정한 운임간격이 정해진다는 면에서 다른 점이 있으며, 구간의 설정에 있어 구역제와 비슷하나 도상에 표시된 물리적인 구역이 아닌 출발점에서의 운행거리 구간을 정한다는 측면에서 이와는 다르다. 현재 대전도시철공사에서 채택하고 있다.

4) 균일운임제

균일운임제는 여행거리에 관계없이 1회 승차 시 마다 균일한 운임을 적용하는 방법이다. 이 제도는 운임 체계가 간단하여 운영자와 승객 모두에게 편리하고 승하차 시간을 단축된다는 장점을 가지고 있으나, 승객의 여행거리에 대한 고려가 없어 불합리성을 내포하고 있다. 우리나라에서는 시내버스 요금에 적용된다, 현재 대구 및 광주도시철도공사에서 채택하고 있는 제도다.

5) 구역운임제

구역운임제는 전 운행구간을 몇 개의 구역으로 나누어 구역마다 단위요금을 정해놓고 승객이 통과하는 구역 수에 따라 요금을 징수하는 방법이다. 이 제도의 시행을 위해서는 구역의 규모와 형태의 결정이 중요한 데, 지역의 특성에 따라 동심원형, 격자형, 지리적 구역청(행정청), 벌집형 등이 있다. 우리나라에서는 시외구간을 운행하는 시외버스에서 일부 변형되어 적용되고 있다.

여객 마케팅

1. 마케팅 기본전략

가. 수요관리 전략

1) 수요관리의 중요성

철도는 각 분야별 시스템이 유기적으로 결합되어 운영되고 있으므로 많은 차량 및 설비 등 자원이 투입되고 있다. 따라서 이와 같은 자원은 고객의 이용에 따라 얼마나 효율적으로 활용하는가는 매우 중요한 문제이다. 즉, 자원을 최대한 투입했는데도 수요를 충족할 수 없다면 잠재적인 고객들이 철도를 이용할 수 없게 되며, 수요가 부족하다면 투입된 각종 자원들이 쉽게 되어 수익성이 떨어질 수밖에 없게 되는 것이다. 따라서 수요관리의 중요성이 강조되고 있다.

2) 철도 수요의 특성[102]

가) 철도는 노선별, 계절별, 요일별, 시간대별, 열차 종류별 수요의 탄력성이 크다.
　　예를 들어 노선의 경우 경부선 및 경인선 등에 고객이 집중하지만 다른 노선은 그렇지
　　않다, 주말이나 출퇴근 시간대에는 수요가 많은 반면 주중이나 출퇴근 이외의 시간대
　　는 수요가 줄어드는 현상이 있다.

나) 고등급 열차를 선호하는 추세로 바뀌고 있다.
　　경제의 발전과 국민소득이 증가하고 시간가치를 중시하면서 고속열차 등 고등급 열차

---

102) 연덕원, 철도마케팅, 계영사, 2005. p.72

의 수요가 점차 많아지고 있다. 따라서 철도운영회사에서도 주요 간선철도 열차 배정을 고속열차 위주로 하고 있다.

다) 타 교통수단과 기후의 영향을 많이 받는다.

새로운 항공노선의 개발과 고속도로의 개통은 철도 수송수요에 많은 영향을 미친다. 그러나 철도의 장점 중 하나가 기후변화에 영향을 많이 받지 않기 때문에 태풍, 폭설, 안개 등 기후가 좋지 않은 경우에는 일시적으로 승객이 철도로 몰리는 경향을 보인다.

라) 외부 시장상황의 영향이 크다.

대규모 택지가 개발되거나, 산업단지가 들어서거나 인구가 밀집되는 경우는 인근 철도역의 여객이 크게 늘어난다.

마) 장거리 수요가 점차 늘어나고 있다.

특히 고속철도의 개통은 경부선 대구, 부산 등 장거리 이용율을 높이고 있다.

바) 고정 고객이 많다.

철도의 안전성 향상과 고속화는 철도를 이용하는 고정 고객을 늘리고 있다. 특히 고속철도의 개통으로 서울 또는 광명에서 천안아산, 오송, 대전까지 고정 통근객이 급격히 증가하고 있는 추세다.

3) 수요 조절 전략

철도는 마케팅활동을 통해서 수요를 증대시킬 수도 있고, 반대로 수요를 감소시킬 수도 있다. 즉, 철도는 열차상품의 차별화, 유통, 가격, 촉진 등의 마케팅 믹스를 적절히 활용하여 수요를 조절시킬 수 있다.

가) 차종별 상품의 차별화 및 여행상품의 다양화

고품격 열차 운영 또는 관광열차, 등산열차, 패키지 열차, 자전거열차 등 여행 상품의 차별화 및 다양화로 차별화되고 맞춤형 수요를 창출할 수 있다.

나) 서비스 시간대와 장소의 조절

고객이 언제 어디서나 서비스를 제공받을 수 있도록 하는 것이다. 명절에 지하철 운행 시간을 연장 운행하여 수요를 창출하는 것 등이 그 예다. 한편 현재는 스마트폰 응용프로그램을 이용하여 언제 어디서나 승차권을 구입할 수 있다.

다) 차별가격 전략

철도운송은 계절별, 요일별, 시간대별 수요 탄력성이 크다. 따라서 수요가 많은 대수송 기간이나 피서철과 주말에는 정상운임을 적용하여 수익성을 향상시키고, 수요가 적은 주중에는 할인가격을 적용하는 탄력운임제를 통해 수요를 조절할 수 있다.

《빅데이터 분석… 승객·운영사 모두 웃었다》[103]

SRT : 승차율 낮은 시간대 파격적 할인, 승객 늘고 운송 수익 1.5% 증가

수서발 고속철 SRT가 과학적 수요 분석을 통한 할인 제도를 운용하며 수익을 극대화하고 있다. 지난 7월 3일부터 8월 2일까지 한 달 동안 승차율이 50% 미만인 열차에 대해 운임을 30~40% 할인해 준 것인데, '출혈 경쟁'이라는 비판 속에도 오히려 수익이 증가 결과를 낳은 것이다. SRT 운영사인 SR은 "앞으로도 다양한 할인 제도 도입을 통해 이용자에게 저렴하게 열차를 이용할 기회를 주면서 더 많은 수익을 올릴 수 있는 방안을 찾을 것"이라고 밝혔다.

SRT 할인제도를 통한 효과 자료 : SR제공

구분		할인시행 전(A)	할인시행 후(B)	당초 예상 (C)	증감	
					B-A	B-C
일평균 수송량 (명/하루)	합계	5만1260	5만5427	5만494	4167	4933
	경부선	3만9156	4만2132	3만8338	2976	3794
	호남선	1만2104	1만3295	1만2156	1191	1139
일평균 운송수익 (원/일)	합계	14억9700만원	15억1900만원	14억7000만원	2200만원	4900만원
	경부선	11억6400만원	11억9400만원	11억5500만원	3000만원	3900만원
	호남선	3억3300만원	3억2500만원	3억1500만원	-800만원	1000만원

---

103) 조선일보, 2017. 12. 9

라) 커뮤니케이션 증대전략

광고나 인적 판매를 통해서 고객과의 커뮤니케이션을 증대시켜 수요를 조절하는 방법이다. 예를 들어 신상품을 개발하거나 임시열차를 운행하는 경우 언론을 통한 홍보나, 전통 한식을 자랑하는 경주 및 전주역사 등에는 야간 조명을 설치하여 철도 이미지를 개선하는 것이 이에 해당된다.

4) 수익관리시스템(YMS, Yield Management System)

YM이란 운행이 확정된 열차를 대상으로 수요를 예측하고, 운임등급별로 예측된 수요에 근거하여 구간별·운임등급별 판매가능수를 할당하고 조정하는 역할을 하는 것으로, 원래는 항공사에서 수익률 제고를 위한 방안으로 시작된 것이다. 따라서 YMS는 철도 여객영업의 수익성 향상을 위해 예약 가능한 열차에 대하여 과거 예약실적과 현재의 예약상황을 기초로 고객 수요를 예측하여 최대의 수익을 올릴 수 있는 좌석 공급량을 출발-도착(OD)과 요금 등급별로 할당하기 위한 최적화 시뮬레이션을 수행하고 열차 좌석당 평균 수입이 극대화되도록 좌석 공급량을 최적으로 할당토록 의사결정을 지원하는 시스템이다.

나. 공급관리 전략

철도에서 공급관리 전략은 좌석을 얼마나 더 늘려 공급하느냐 하는 것이다. 철도의 대표적인 공급관리의 전략으로는 새로운 열차의 설정과 객차 량수 조절, 운행 빈도 조절 등을 들 수 있다.

1) 새로운 열차 설정

수요에 따라 새로운 열차를 설정하는 것이다. 설이나 추석 명절 등에 임시열차를 증설하거나 피서 철에 일시적으로 임시열차를 신설하는 것도 이에 해당된다. 그러나 새로운 열차의 설정에는 선로용량의 한계나 기관차 및 객차 보유량의 제한을 받는다. 또한 선로배분지침이 있어 수요가 많다고 해서 어느 하나의 철도 운용회사에서 일방적으로 열차를 증설하기가 쉽지 않다.

《선로배분 지침》[104]

1. 목적 : 철도산업발전기본법 제17조 제2항 및 법 시행령 제24조에 의하여 선로용량의 배분에 관한 원칙과 처리절차를 정하여 선로를 안전하고 효율적으로 사용할 수 있도록 함을 목적으로 한다.

2. 선로배분의 권한 : 선로의 배분은 철도의 관리청인 국토교통부장관이 이를 행한다. 이 가운데 집행업무는 철도시설관리자인 한국철도시설공단(이하 "선로배분시행자"라 한다)이 대행한다.

3. 선로배분의 원칙 : 선로배분은 선로사용자 간에 공정하고 효율적인 선로사용이 가능하도록 다음 사항을 고려하여야 한다.

    1) 선로사용의 안전성·공익성 및 수익성

    2) 철도이용수요 및 이용의 편의성

    3) 선로작업의 효율성 및 적정성

4. 선로배분의 적용기간 : 선로배분의 적용기간은 매년 1월 1일부터 12월 31일까지로 한다. 다음의 경우는 예외로 할 수 있다.

    1) 철도의 신설 또는 개량사업이 완료된 노선·구간에 대한 선로배분을 시행하는 경우

    2) 정부의 철도교통정책 및 수송수요 등의 변화, 장기간의 국가적 행사 등으로 특정 노선에 대한 선로배분을 재시행할 필요가 있는 경우

5. 철도운영자별 기본 열차운행 횟수 :

  ① 철도운영자가 사용하는 노선 또는 구간에 대한 철도운영자별 기본 열차운행 횟수는 국토교통부장관이 정하며, 다음 각 호의 사항을 고려하여 매년 조정할 수 있다.

    1) 철도운영의 공익성 및 철도시설의 효과적 관리

    2) 철도운송의 경쟁력 향상 및 철도운송시장 개편 등 정부정책 방향

    3) 철도운영의 안전성

    4) 철도서비스 수준

    5) 선로사용료 수준

    6) 철도운영자별 전년도 기본열차운행횟수

  ② 철도운영자별 기본열차 운행횟수를 정하려는 경우에는 선로배분위원회의 심의를 거쳐야 한다.

6. 열차종류별 선로배분 우선순위 : 열차운행계획은 철도운영자가 형평성의 원칙에 따라 상호 합의하여 조정함을 원칙으로 하되, 합의가 이루어지지 아니하는 경우 등에는 선로배분시행자가

다음 각 호의 기준을 감안하여 조정한다.

　　1) 철도노선은 수도권전철 운행노선과 비 수도권전철 운행노선으로 구분하여 선로배분 우선순위를 부여하며, 열차종류별·요일·시간대별 선로배분 우선순위는 별표에서 정한 사항을 고려한다.

　　2) 제1)호에 의한 선로사용 우선순위 배분 시 열차의 종류별로 선로사용 수요가 경합되는 경우에는 다음 각 목의 순위를 고려한다.

　　　　가. 일정시간대에 제공되는 정기여객열차 및 정기화물열차

　　　　나. 여객열차 중 장거리열차

　　　　다. 국제화물열차 및 컨테이너열차 등 고속화물열차

7. 선로배분심의위원회의 구성 및 운영 : 국토교통부장관은 철도전문가 등이 참여하는 선로배분심의위원회를 구성·운영하여야 한다.

8. 연간선로사용계획의 확정 : 선로배분시행자는 철도운영자별 기본 열차운행 횟수 및 열차종류별 선로배분 우선순위에 따라 선로작업계획 및 열차운행계획을 반영하여 연간 선로사용계획을 작성하여야 한다.

2) 객차 연결량 수의 조절

객차 연결량 수는 열차 설정 시 각 열차마다 미리 수요에 부응할 수 있도록 편성한다. 그러나 기상이변이나 단체여객 발생 등의 사유로 기존 정기열차로 수송할 수 없을 만큼 예상치 못한 수요가 발생하지만 임시열차를 운행할 수 없을 경우 사용할 수 있는 공급관리 전략이다.

3) 운행 빈도의 조절

지하철의 경우 평상시에는 5~10분 간격으로 열차를 운행하다가 피크타임 때인 통근시간대에는 운행시격을 2~3분으로 단축시켜 공급을 늘리고, 일반 철도노선에서도 주말과 성수기에는 열차운행 빈도를 늘려 수요를 충족시키는 방법이 공급관리 전략이다.

다. 포지셔닝 전략

포지셔닝(positioning)은 소비자들의 인식 속에 제품이나 서비스가 경쟁제품에 대비하여 차

---

104) 선로배분지침, 국토교통부 고시 제2017-657호, 2017. 9.29

지하고 있는 상대적 위치를 말한다. 여기서 위치는 공간을 전제로 하며 그 공간은 소비자의 마음속에 지니고 있는 인식이다. 철도서비스의 포지셔닝이란 표적시장 내 고객에 대한 철도사업자의 의사 표현으로 교통수단으로서 철도이미지 뿐만 아니라 철도 상품인 KTX, 새마을호, 무궁화호라는 상표가 어떤 모습으로 고객들에게 인식되어야 할 것인가를 결정하는 전략방법이다. 이러한 포지셔닝이 중요한 이유는 철도공사라는 기업 이미지뿐만 아니라 KTX라는 열차상표 이미지가 포지셔닝을 통해 고객의 마음속에 자리 잡게 되기 때문이다. 철도는 그 특성상 타 경쟁수단에 비해 우월적 속성을 지니고 있는 몇 가지를 강조함으로써 철도서비스가 특정한 품질을 가지고 있다고 포지셔닝 할 수 있다. 한 예로, 서비스 속성을 '최고로 잘 하는 것'의 관점에서 포지셔닝 할 경우 철도의 대표적인 표지셔닝으로는 '안전과 신속'을 들 수 있을 것이다.

2. 상품전략

가. 서비스 상품

서비스 상품은 유형적 제품과 마찬가지로 고객 욕구를 충족시켜 주기 위해 시장에 내놓는 제공물이다. 서비스 상품은 핵심서비스와 다양한 보조서비스로 구성되어 있다. 여기서 핵심서비스는 고객의 본질적인 욕구를 충족시키는 것, 즉 철도 운송 서비스의 경우 고객이 원하는 장소에 안전하게 수송시켜 주는 것이다. 보조서비스는 이에 비해 핵심서비스를 이용할 때 고객이 좀 더 편리하거나 원하는 정보를 제공하는 등을 말한다.

나. 관광상품 개발

우리나라에서 관광열차로 처음 개발된 것은 1985년에 신혼부부를 대상으로 '신혼열차'를 운행한 것이 최초가 된다. 이후 '정동진 해맞이 열차', '환상의 눈꽃열차' 등 수 많은 관광열차가 개발되어 운행되어 왔고 현재도 운행되고 있다. 그러나 이와 같은 관광열차는 새마을호나 무궁화열차를 그대로 편성하여 단체 관광객을 모집한 수준이었지만, 근래 들어 한국철도공사에서는 다양한 관광열차를 개발하여 운행하고 있다, 예를 들어 천혜의 자연 관광자원을 철도와 융합하여 지역중심의 새로운 가치창출을 목표로 철도 관광벨트를 구축하고 기관차와 객차도 각기 다른 특징을 갖춰 운행함으로써 철도여행의 즐거움을 새롭게 하고 있다. 또한 한국철도공사는 고객의 기대에 맞는 상품 개발 및 활성화를 위해 '코레일 관광개발(주)'라는 계열사를 운영하고 있다, 동 회사에서는 철도 인프라를 기반으로 관광여행 상품을 만들고 고품격 서비스를 제공하며, 지자체와 연계사업을 통하여 지역경제, 사회발전에 이바지하는 철도 서비스 전문기관으로 발전하고 있다.

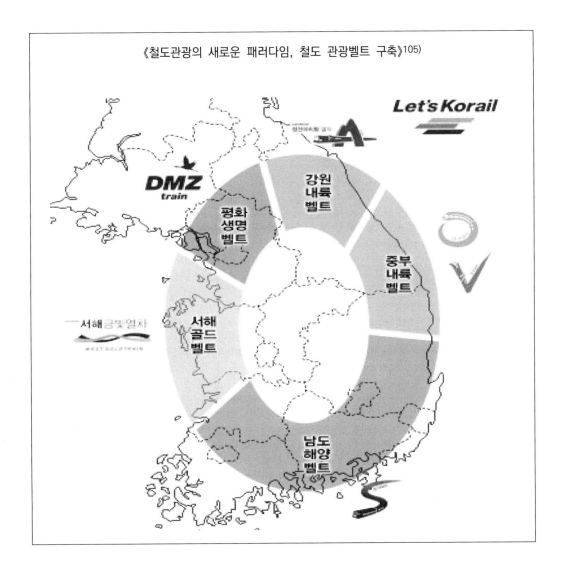

《철도관광의 새로운 패러다임, 철도 관광벨트 구축》[105]

---

105) 한국철도공사 자료

관광권역	테마설정	개발구간	관광열차	운영 개시
중부 내륙벨트	폐선지역을 철도로 되살리기	제천-태백-영주	O-Train	'13. 4.12
		분천 - 철암	V-Train	'13. 4.12
남도 해양벨트	남도의 역사와 해양레저	부산 - 보성 용산-여수엑스포	S-Train	'13. 9.27
평화 생명벨트	세계유일 DMZ, 평화와 생태보존	서울 - 도라산 서울 -백마고지	DMZ Train	'14. 5. 4 '14. 8. 1
강원 청정벨트	강원도의 천혜 자연경관	청량리-아우라지	A-Train	'15. 1.15
서해 골드벨트	숨은 보석 같은 여행지	용산-천안-익산	G-Train	'15. 1.29

3) 한국철도 브랜드

브랜드는 서비스 업체의 제공물을 정의하고 포지셔닝 하는데 중요한 역할을 담당한다. 서비스 브랜드는 무형상품을 시각화해 줄 뿐만 아니라 고객이 구매하기 전 염려하는 금전적, 사회적, 안전상의 위험을 줄여준다. 따라서 브랜드는 단순한 이름이나 심벌 이상을 의미한다. 한국철도의 대표적인 브랜드는 한국철도공사의 기업 브랜드인 '코레일'106)과 상품 브랜드인 'KTX'일 것이다. 브랜드 가치 전문기관에서 매 분기 시행하는 '대한민국 100대 브랜드'에도 'KTX'는 상위권에 위치하고 있다. 고속철도 개통 초기부터 사용하기 시작한 'KTX'는 비록 고속열차를 이용하지 않았던 사람들이라도 모르는 이가 없을 만큼 안전하고 신속하고 빠르다는 이미지를 갖고 있다. 코레일의 패밀리 네임으로 'Let's Korail'도 있다. 이는 'Let's go + rail / 코레일과 떠나는 즐거운 여행'을 나타내며 홈페이지도 이를 사용하고 있다. 한편 고속철도 운영의 후발 주자로 나선 ㈜에스알의 'SRT'와 한국철도공사 'KTX' 간의 열차 브랜드 경쟁도 치열하게 전개될 것이다. 그만큼 브랜드가 기업 마케팅에서 차지하는 위치가 크다고 할 수 있다. 한국철도공사에서는 브랜드의 중요성을 인식하고 브랜드 경영 추진부서를 운영하

---

106) 한국철도공사가 '한국철도(코레일)'로 약칭(줄임말) 변경을 추진한다. 한국철도공사는 영어식 표기인 '코레일(KORAIL)'을 대신할 새로운 한글 약칭 '한국철도(코레일)'에 대한 대국민 제안을 시행한다고 밝혔다. 약칭 변경을 널리 알리고 초기 혼선을 줄이기 위해 영어식 표기인 '코레일'을 '한국철도'에 붙여서 사용키로 하고, 영어 표기는 대외 인지도를 고려하여 'KORAIL'을 그대로 사용하기로 했다. 그동안 한국철도공사는 공식 문서·법령·계약서 등에 사용하는 법인명은 '한국철도공사'로, 홈페이지·고객안내문·보도자료 등의 커뮤니케이션명은 '코레일(KORAIL)'로 나눠 사용해 왔다. 그러나 한국철도공사, 코레일(KORAIL), 철도공사 등 다수의 명칭이 사용되어 이용객 혼란과 기업 이미지 통일에 어려움이 있었다. (2019.10.8., 코레일 보도자료)

는 등 전사적인 브랜드 경영에 나서고 있다. 이와 같은 브랜드 경영이 마케팅과 연결되어 성과를 낼 수 있도록 해야 할 것이다.

《한국철도공사CI 정립》[107]

CI 기본시스템

지구를 상징하는 구

구 위에 시원하게 뻗은 두선은
21세기의 한국철도를 의미

《한국철도공사 브랜드·디자인 관련 수상실적》

2013, 대한민국 디자인 대상(산업통상자원부)

2014, 대한민국 경관대상(국토교통부), GOOD DESIGN 대상(산업부장관)

2015, 국가브랜드 대상(혁신경영부문, 5년 연속 수상), 대한민국 공공디자인대상

2017, 대한민국 명예의 전당(철도부문 대상),대한민국 브랜드스타 철도부문(8년 연속 수상)

2017, 대한민국 브랜드 대상(산업통상자원부장관)

3. 가격 전략

일반적인 마케팅 전략의 근간은 상품, 가격, 촉진, 판매로 이어지는 이른바 4P가 있다. 이 중에서 대부분은 비용을 유발하지만, 가격은 판매량에 직접적인 영향을 미치고 또한 기업의 수익을 결정하는 중요한 요소이다. 따라서 기업의 입장에서 볼 때 제품 가격은 이익이 보장되지 않을 정도로 낮아서도 안 되고 수요가 없을 정도로 높아서도 안 된다.

철도운임은 과거의 인가제에서 현재는 신고제로 바뀌었으나, 여객열차 운임의 경우 상한신고제 적용으로 현실적으로는 정부의 규제를 받고 있는 실정이다. 철도운임은 철도 고유의 운송행위에 대한 대가로서 철도이용자가 철도경영자에게 지불하는 반대급부를 말하며, 요금은 운송에 부대된 노력 또는 설비사용에 대한 보수이다. 여객 운임 · 요금의 결정은 다음과 같다.

---

107) 한국철도공사 자료

가. 여객 운임·요금 신고 등[108]

1) 여객 운임·요금의 신고 등

가) 철도사업자는 여객에 대한 운임(여객운송에 대한 직접적인 대가를 말하며, 여객운송과 관련된 설비·용역에 대한 대가는 제외한다. 이하 같다)·요금(이하 "여객 운임·요금"이라 한다)을 국토교통부장관에게 신고하여야 한다. 이를 변경하려는 경우에도 같다.

나) 철도사업자는 여객 운임·요금을 정하거나 변경하는 경우에는 원가(原價)와 버스 등 다른 교통수단의 여객 운임·요금과의 형평성 등을 고려하여야 한다. 이 경우 여객에 대한 운임은 사업용철도노선의 분류, 철도차량의 유형 등을 고려하여 국토교통부장관이 지정·고시한 상한을 초과하여서는 아니 된다.

다) 국토교통부장관은 제 나)항에 따라 여객 운임의 상한을 지정하려면 미리 기획재정부장관과 협의하여야 한다.

라) 철도사업자는 제 가)항에 따라 신고 또는 변경신고를 한 여객 운임·요금을 그 시행 1주일 이전에 인터넷 홈페이지, 관계 역·영업소 및 사업소 등 일반인이 잘 볼 수 있는 곳에 게시하여야 한다.

마) 철도사업자는 여객에 대한 운임·요금(이하 "여객 운임·요금"이라 한다)의 신고 또는 변경신고를 하려는 경우에는 국토교통부령으로 정하는 여객 운임·요금신고서 또는 변경신고서에 다음 각 호의 서류를 첨부하여 국토교통부장관에게 제출하여야 한다.

(1) 여객 운임·요금표

(2) 여객 운임·요금 신·구대비표 및 변경사유를 기재한 서류(여객 운임·요금을 변경하는 경우에 한정한다)

바) 철도사업자는 사업용철도를 「도시철도법」에 의한 도시철도운영자가 운영하는 도시철도와 연결하여 운행하려는 때에는 여객 운임·요금의 신고 또는 변경신고를 하기 전에 여객 운임·요금 및 그 변경시기에 관하여 미리 당해 도시철도운영자와 협의하여야 한다.

---

108) 철도사업법(제9조~10조2), 법률제7303호, 제정 2004.12.31., 일부개정 2019. 4.23

《한국철도공사 철도운임의 산정방식 및 결정체계》[109]

1. 철도운임은 철도운송서비스를 제공하는데 소요된 취득원가 기준에 의한 총괄원가를 보상하는 수준에서 결정

   가. 산정근거

   1) 「공공요금산정기준」: 기획재정부 훈령 제 137호(2013.5.14.)

   2) 「철도운임산정기준」: 국토교통부 훈령 제203호(2014.04.01.)

   나. 총괄원가는 철도운송서비스를 제공하는데 소요되는 적정원가에 철도사업에 공여하고 있는 진실하고 유효한 자산에 대한 적정투자보수를 가산한 금액

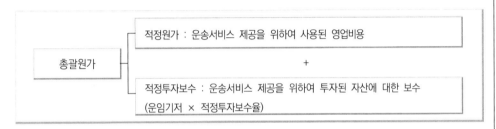

   다. 철도운임은 km당 임률과 이용거리를 곱하여 산정하는 거리비례제를 기본으로 하되 KTX의 경우에는 KTX전용선 및 기존선에 대한 복수임률제를 적용

구 분	KTX	새마을호	무궁화호	통근열차	누리로
운임체계	복수임률제	거리비례	거리비례	거리비례	거리비례
	$P = a \times d \pm \alpha$	$P = a \times d$	$P = a \times d$	$P = a \times d$	$P = a \times d$
* P : 운임, a : 임률, d : 거리, α : 기존선에 대한 체감률					

   라. 요금은 특실사용에 대한 대가로 운임의 일정비율을 적용

2. 철도운임의 결정체계

   가. 철도운임은 한국철도공사에서 매년 산출된 원가를 기초로 하며, 철도운임상한의 재조정이 필요한 경우에는 국토교통부장관에게 승인 요청

   나. 국토교통부장관은 「철도사업법시행령 제4조」에 따라 철도운임의 상한을 새로 지정할 경우 필요에 따라 '철도산업위원회'를 개최하여 심의가능

   다. 국토교통부장관은 내부방침 및 철도산업위원회의 심의결과에 따라 물가안정에 관한 법률 제

4조 제1항과 철도사업법 제9조에 따라 기획재정부장관과 철도운임상한 지정에 관하여 협의

라. 국토교통부장관은 기획재정부장관과 협의를 거쳐 결정한 철도운임 상한지정 결과를 관보
게재하고, 한국철도공사는 그 결과에 따라 상한 지정된 임률 범위 내에서 철도운임을 정하여
국토교통부에 신고

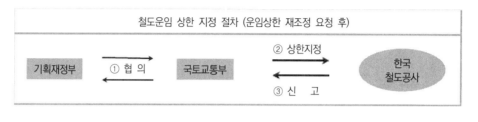

철도운임 상한 지정 절차 (운임상한 재조정 요청 후)

기획재정부 ① 협 의 국토교통부 ② 상한지정 한국철도공사 ③ 신 고

2) 여객 운임·요금의 감면

가) 철도사업자는 재해복구를 위한 긴급지원, 여객 유치를 위한 기념행사, 그 밖에 철도
사업의 경영상 필요하다고 인정되는 경우에는 일정한 기간과 대상을 정하여 신고한
여객 운임·요금을 감면할 수 있다.

나) 철도사업자는 제 가)항에 따라 여객 운임·요금을 감면하는 경우에는 그 시행 3일
이전에 감면 사항을 인터넷 홈페이지, 관계 역·영업소 및 사업소 등 일반인이 잘 볼
수 있는 곳에 게시하여야 한다. 다만, 긴급한 경우에는 미리 게시하지 아니할 수 있다.

3) 부가 운임의 징수

가) 철도사업자는 열차를 이용하는 여객이 정당한 운임·요금을 지불하지 아니하고 열
차를 이용한 경우에는 승차 구간에 해당하는 운임 외에 그의 30배의 범위에서 부가
운임을 징수할 수 있다.

나) 철도사업자는 송하인(送荷人)이 운송장에 적은 화물의 품명·중량·용적 또는 개수
에 따라 계산한 운임이 정당한 사유 없이 정상 운임보다 적은 경우에는 송하인에게
그 부족 운임 외에 그 부족 운임의 5배의 범위에서 부가 운임을 징수할 수 있다.

다) 철도사업자는 부가 운임을 징수하려는 경우에는 사전에 부가 운임의 징수 대상 행

---

109) 철도운임원가정보, 한국철도공사 홈페이지. 2020. 2

위, 열차의 종류 및 운행 구간 등에 따른 부가 운임 산정기준을 정하고 철도사업약관에 포함하여 국토교통부장관에게 신고하여야 한다.

라) 부가 운임의 징수 대상자는 이를 성실하게 납부하여야 한다.

4) 승차권 등 부정판매의 금지

철도사업자 또는 철도사업자로부터 승차권 판매위탁을 받은 자가 아닌 자는 철도사업자가 발행한 승차권 또는 할인권·교환권 등 승차권에 준하는 증서를 상습 또는 영업으로 자신이 구입한 가격을 초과한 금액으로 다른 사람에게 판매하거나 이를 알선하여서는 아니 된다.

나. 현행 운임·요금 체계

1) 운임 구조

철도 일반열차의 운임 구조는 거리비례제(이용거리 km×차종별 임율)를 근간으로 하며 최저운임을 적용한다.

2) 탄력운임 제도

가) 탄력운임제의 개요

비수기인 주중에는 여객운임을 할인함으로써 성수기 수요를 비수기로 조절 분산하여 비수기 철도 수송 장비의 운용효율을 향상시키기 위한 가격 전략이다.

나) 탄력운임 제도의 효과

① 사회적 편익의 증진

비수기 공급과잉 시 탄력 운임으로 인해 소비자와 생산자의 편익이 추가로 발생한다.

② 고객의 이용편의 증진

성수기의 수요 집중도가 많아 많은 잠재수요가 존재하므로 수요 탄력도가 매우 낮을 것으로 추정되지만 탄력운임제 도입으로 성수기 운임 할증 시에는 수요분산으로 이용이 다소 용이해진다.

③ 고객의 욕구에 부응

주로 이용하는 비즈니스맨과 같이 철도 서비스에 대한 충성고객은 운임부담이 줄어들 것이므로 고객만족도가 향상된다.

④ 철도경영의 개선

철도운임의 탄력제는 철도경영의 다각화를 가능하게 하여 철도경영발전에 도움을 줄 것이다.

다. 철도운임의 상한 지정

철도운임·요금의 상한 지정은 철도사업법 제9조 및 같은 법 시행령 제4조에 따라 국토교통부장관이 고시한다.

1) 여객부문 운임 상한[110]

운임·요금 상한 (임율)	
가. KTX	
(1) 고속선(원/km)	164.41원
(2) 일반선(원/km)	112.12원
나. ITX(원/km)	108.02원
다. 새마을호(원/km)	96.36원
라. 무궁화호(원/km)	64.78원
마. 통근열차(원/km)	31.69원

* KTX는 3.3%를 인상하되 정차역 수를 기준으로 출발, 목적지역을 제외한 2개역 이내를 정차할 경우 0.6% 할증, 그 외 열차는 할증·할인율 동결

* 일반열차는 새마을호 2.2%, 무궁화호 2.0% 인상하되 선로최고속도 기준으로 121/km 이상은 1.1% 이상 할증, 91~121km/h는 1% 할인, 90km/h이하는 2.2% 할인

---

110) 여객부문 철도운임상한, 국토해양부 고시 제2011-697호, 2011.11.24

2) 수도권 광역전철 여객 운임 상한[111] 〈교통카드 기준〉

구 분		현 행	조 정	비고
기 본	운 임	1,050원	1,250원	200원 인상
	거 리	10km 까지	10km 까지	조정없음
추가 운임		10~40km까지 5km마다 100원 40km 초과시 10km마다 100원	10~50km까지 5km마다 100원 50km 초과시 8km마다 100원	

* 1회권 이용 시 100원 초과

* 수도권 내,외 구간을 연속하여 이용할 경우 수도권 외 구간의 초과운임, 4km마다 100원

라. 공공할인 제도

1) 경로 우대[112]

	시설의 종류	할인율(일반요금에 대한 백분율)
철도	1) 새마을호, 무궁화호	100분의30
	2) 통근열차	100분의50
	3) 수도권전철	100분의100
나. 도시철도 (도시철도 구간 안의 국유 전기철도를 포함한다)		100분의100

---

111) 철도운임상한지정, 국토해양부 고시 제2015-395호, 2015. 6.23
112) 노인복지법. 법률 제3453호, 제정 1981. 5. 3

2) 장애인 감면113)

시설의 종류	감면율 (일반요금에 대한 백분율)
가. 철도 1) 무궁화호·통근열차 2) 새마을호 나. 도시철도(「철도사업법」에 따라 수도권 지역에서 「한국철도공사법」에 따라 설립된 한국철도공사가 운영하는 전기철도를 포함한다)	100분의50 100분의 50(1~3급 장애인) 100분의 30(4~6급 장애인) (4~6급 장애인의 경우 토요일과 공휴일을 제외한 주중에만 감면된다) 100분의100

※ 철도 등 운송수단은 여객운임만 감면된다.

3) 국가 유공자 등

국가 유공자는 국가, 지방자치단체 또는 공공기관의 수송시설을 무료로 이용할 수 있다114). 독립유공자 및 다른 사람의 보호 없이는 활동이 어려운 독립유공자를 직접 보호하여 수송시설을 이용하는 자 또한 같다115). 5·18민주화운동 부상자와 이들을 직접 보호하여 수송시설을 이용하는 자에게는 공공기관의 수송시설 이용료를 받지 않거나 할인할 수 있다.116)

4) 청소년117)

대중교통 이용 시 청소년의 이용면제 또는 할인을 할 수 있다.

---

113) 장애인복지법, 법률 제4179호, 제정 1989.12.30
114) 국가유공자 등 예우 및 지원에 관한 법률, 법률 제3742호, 제정 1984. 8. 2
115) 독립유공자 예우에 관한 법률, 법률 제4856호, 제정 1994.12.31
116) 5·18민주유공자예우에 관한 법률, 법률 제6650호, 제정 2002. 1.26
117) 청소년복지지원법, 법률 제7164호, 제정 2004. 2. 9

마. 영업할인 제도[118]

(2016년 기준)

종류		KTX	일반열차		비고
			새마을로	무궁화호	
기본 할인	자유석	5%	5%	-	
	입석	15%			
	환승할인	-	30%		일반열차 30% 할인
영업 할인	정기 승차권 일반	45%(10, 20일용), 50%(1개월용)			- 1일 2회 기준 (토,일,공휴일 제외)
	정기 승차권 청소년	60%(10, 20일, 1개월용)			
	청소년드림 할인	10~30%	-		- 만 24세 이하 10%,20%,30%할인
	KTX 365할인	~15%	-		- D2일까지 예매 - 5%,10%,15%할인(준요일)
	특실요금 할인	~50%	-		- 예상 잔여석 중 특실요금 최 대 50% 할인
	KTX 가족석	40% (가족액카드 소지자), 일 반고객15%	20%		- '12.12.12. 가족애카드판매 - 명칭변경 : 동반석→가족석 - 2013. 1. 5 승차분부터 할인 - 낱장 판매시 5% 할인
	파격가 할인	15~30%	-		
	단체할인	10%			- 10명 이상

4. 유통 전략

고객에게 서비스를 어떻게 전달하고 유통시킬 것인가 하는 문제는 서비스 상품이나 가격 결정 못지않게 중요하다. 서비스를 언제, 어디서, 그리고 어떻게 전달할 것인가에 대한 결정은 고객 서비스 경험에 중요한 영향을 미친다. 철도서비스의 유통경로는 과거에는 서비스 이용자가 직접 철도역의 매표창구를 방문하여 승차권을 구매하는 직접 전달경로가 대부분이었으나, 근래에는 인터넷 및 스마트 폰 앱(App)을 활용한 이용이 급증하고 있는 추세이므로 이에 대하여 더욱 고객들이 쉽고 편리하게 접근할 수 있는 방법을 계속 연구해야 한다. 따라서 다음에 언급하는 판매 대리점 및 복수점포 전략은 점차 쇠퇴할 수밖에 없는 것이 현실이므로 이론적

---

118) 2018 국가교통·SOC 통계, 국토교통부, 2019. 1

인 측면이 강하다.

가. 전자 발권 등

근래에 인터넷 홈페이지를 이용하거나, 스마트 폰 애플리케이션(코레일톡)을 이용한 예약과 결재가 폭발적으로 늘어나고 있다. 또한 역에 나와서도 승차권자동발행장치(ATM)등을 통해서도 승차권을 구입하고 있다.

나. 판매 대리점

판매대리점은 철도와 고객 간에 거래를 중개하여 거래를 촉진시키는 기능을 한다. 성립된 거래 금액에 일정액의 수수료를 받는 브로커(broker) 형태의 중간상인이다. 고객들은 이를 통해 원하는 서비스를 제공받는데 드는 시간을 줄일 수 있고, 철도사업자는 여행 업무에 전문적인 지식과 정보를 갖고 있는 이들을 통해 광범위하게 업무를 대행시킬 수 있다.

다. 복수점포 전략

접근성과 이용 가능성을 높이기 위하여 점포의 수를 확장해 나가는 전략을 말한다. 전국 각지에 있는 역에서 전국 어디나 여행할 수 있는 승차권과 여행 상품을 판매하며, 또한 피서철 해수욕장 등에 임시매표소를 설치하여 이용가능성과 접근성을 높이기도 했었다. 그러나 전자발권이 대부분인 현대에서는 의미가 줄어들 수밖에 없다.

5. 촉진 전략

촉진전략은 고객들에게 자사의 상품을 알리고 고객들이 자사의 상품을 선택하게 하려는 마케팅 커뮤니케이션이라고 정의할 수 있다. 일반적으로 촉진의 목적은 정보를 제공하고 호의적인 태도를 가지도록 설득하며 최종적으로 소비자 행동에 영향을 주어 구매를 이끌어내는 것이다. 서비스 상황에서 촉진과 커뮤니케이션은 고객에게 서비스에 대한 강력한 이미지, 신뢰감, 자신감, 확신을 심어주기 때문에 매우 중요하다. 서비스 상품이 성공적으로 개발되고 가격이 적정하며, 유통경로가 제대로 구축되었다고 할지라도 효과적인 촉진활동이 뒷받침되지 않으면

시장에서 생존할 수 없다119). 서비스 촉진에서 일반적으로 이용할 수 있는 촉진방법에는 인터 넷, 신문, 잡지, 라디오, TV등의 광고매체와 판촉, 홍보, 인적판매 등의 여러 가지 커뮤니케이 션 수단이 있다. 또한 서비스가 수행되는 장소인 철도역과 열차의 디자인, 분위기 등 물리적 환경이 또 다른 커뮤니케이션 환경이 된다.

가. 판매 촉진

철도에서 활용할 수 있는 판촉 전략으로 가격적인 활동으로는 가격할인과 환불 및 상환이 있으며, 비 가격적인 촉진활동으로써 무료 시승행사, 경연대회와 문화행사, 단골 고객 프로그 램 등을 들 수 있다.

1) 가격할인

가격할인은 주로 철도 이용 증대를 위해 고객을 유인하는 수단으로써 구매위험을 감소시키 고 구매 가능성을 증대시킨다. 그러나 가격할인은 제 값을 지불하고 열차를 이용할 용의가 있 는 고객들에게 까지 낮은 가격으로 판매하는 좋지 않은 결과를 초래하기도 한다.

2) 환불 및 상환

환불(rebate)이나 상환(refund)의 주목적은 서비스를 이용하는 고객들을 보상하여 브랜드 전환(brand-swtching)을 방지하는 데 있다. 철도는 회원카드를 사용하는 경우 사용하는 금액 에 상응하는 포인트를 적립해 각 점수만큼 다음 열차이용 시 승차권 구입대금으로 이용할 수 있고, KTX열차의 경우 마일리지 제도를 도입하여 운영하고 있다.

3) 시승행사

시승행사는 고객에게 무료로 철도 서비스를 체험하게 함으로써 잠재고객에게 철도 서비스 의 차별성을 알리고 구매의 위험을 감소시킬 수 있다.

---

119) 윤만희, 서비스 마케팅원론, 경문사. 2015. p.231

4) 프리미엄

프리미엄은 철도 서비스를 이용하는 고객에게 특정 서비스를 이용할 수 있도록 제공되는 것을 말한다. 예를 들면, 철도 승차권 소지 고객이 철도와 계약된 렌터카 업체를 이용할 경우 비용을 감면하여 주는 경우다. 철도는 선박연계, 항공연계, 여행업계, 숙박업소, 관광지 입장권 등 다양한 부대 서비스를 개발하여 촉진을 할 수 있다.

나. 광고

광고는 많은 수의 대중에게 동시에 알릴 수 있는 비용효과적인 방법으로서 브랜드 자산과 기업 이미지를 형성하게 하는 가장 일반적인 방법이다. 철도의 운행노선에 대한 정보는 인터넷을 이용하거나, 여행사 또는 철도 고객센터나 역에 문의하면 쉽게 정보를 얻을 수 있으므로 노선별 상품 광고보다는 아래와 같은 점을 착안하여 시행함이 바람직하다.

1) 영상매체인 TV나 열차내 모니터를 통해 타 교통수단과의 차별화된 서비스 소개를 실제 경험한 고객이 만족하는 사례 소개
2) 새로운 열차 서비스 개발 시 타 교통수단보다 우월성 부각
3) 낭만과 추억의 철도이미지를 부각시켜 열차를 이용하고 싶은 분위기 조성
4) 지역특성을 활용한 관광열차 광고 등

다. 홍보

홍보는 대가를 지불하지 않고 TV, 라디오, 신문, 잡지 등 비 인적매체를 통하여 제품 및 서비스에 대한 소식을 고객에게 제공하는 활동이다. 철도에서 할 수 있는 홍보 전략으로는 다음과 같은 내용을 들 수 있겠다.

1) 최고의 서비스 기업 또는 지역사회에 공헌하는 공사의 이미지 부각
2) 안전한 철도의 이미지를 부각시키는 기업 홍보
3) 어린이날 무료 시승행사 및 소년소녀 가장 돕기 운동
4) 불철주야 열차안전운행을 위한 안전점검이 이루어지고 있는 현장 소개
5) 철도공사 축구부, 유도부, 사이클부 등 활성화 또는 선수 후원 등

라. 소셜미디어의 활용을 통한 촉진 활동

한국철도공사에서 인터넷이나 '코레일톡' 등 앱을 활용하여 승차권을 발권하는 것이 전체의 70%를 넘어서고 있다. 또한 근래 스마트폰 이용자의 급증과 LTE, WiFi 등 무선인터넷 서비스의 확장과 더불어 SNS 이용자 또한 급증하고 있으므로 이들을 활용한 마케팅 활동이 중요한 요소가 되기 때문에 대표적인 소셜미디어의 몇 가지를 선정하여 주요 사항을 비교하고자 한다.

《SNS 3가지 대표 서비스 주요 사항 비교》[120]

구분	블로그	페이스북	트위터
역할	생산	생산과 유통	유통
가입	blog.naver.com blog.daum.net tistory.com	facebok.com	twitter.com
글자제한	없음	없음(63,206자)	140자
관계	구독자, 이웃	친구, 팬	팔로워(Follower)
유통	RSS, 엮인 글	좋아요, 공유하기	리트윗(Retweet)
구성	포스트, 댓글	뉴스피드, 타임라인	타임라인, 멘션, 관심글
특성	- 글, 사진, 동영상등 다양한 콘텐츠를 복합적으로 올리기 편하다. - 글이나 댓글을 통한 커뮤니케이션이 이루어진다. - 블로그 구성과 디자인을 자유롭게 변경할 수 있다. - 키워드를 통해 검색에 잘 노출된다. - 콘텐츠를 분류, 수집, 다시 찾아보기 쉽다. 따라서 콘텐츠를 업데이트하고 재가공하기가 쉽다.	- 친구, 고객들과 친밀을 형성할 수 있다. - 자신이 올렸거나 좋아하는 정보를 추천해 친구들과 나눌 수 있다. - 팬 페이지를 만들어 특정 대상을 목표로 한 커뮤니티를 만들 수 있다. - 사진, 영상을 업로드 할 수 있다. - 애플리케이션으로 많은 기능을 구현할 수 있다.	- 짧은 글, 사진과 링크를 통해 정보를 게시한다. - 타임라인에서 실시간 정보를 파악할 수 있는 속보성이 특징이다. - 자신의 의견이나 생각을 여러 사람에게 한 번에 전달할 수 있다. - 해시태그로 관련정보를 모아볼 수 있다. - 관심 사용자에게 리스트에 등록한다.

120) 성공을 부르는 SNS 마케팅, 최재용 외, 라온북, 2013, p.27

6. 한국철도공사 여객운송 약관 요약[121]

여객운송약관은 한국철도공사(이하 '철도공사'라 한다)가 운영하는 고속철도, 준고속철도, 일반철도(광역 및 도시철도를 제외한 철도를 말한다)에서 여객운송 및 이에 부대하는 서비스에 대한 철도공사와 철도를 이용하는 사람 사이(이하 '여객'이라고 한다)의 권리와 의무, 책임·준수사항 등을 정함을 목적으로 한 것으로, 다음은 그 주요내용을 요약한 것이다.

가. 용어와 정의

1) "여객"의 구분
   가) 유아 : 만 6세 미만
   나) 어린이 : 만 6세 이상 만 13세 미만
   다) 어른 : 만 13세 이상

2) "역"이란 여객을 운송하기 위한 설비를 갖추고 열차가 정차하는 장소를 말하며 "간이역"이란 여객의 승하차 설비만을 갖추고 승차권 발행 서비스를 제공하지 않는 역을 말한다.
3) "승차권판매대리점"이란 철도공사와 승차권 판매에 관한 계약을 체결하고 철도 승차권을 판매하는 우체국, 은행, 여행사 등을 말한다.
4) "열차"란 철도공사에서 운영하는 고속열차, 준고속열차, 일반(새마을호, ITX-새마을, 무궁화호, 누리로, 통근)열차를 말한다.
5) "차실"이란 일반실, 특실 등 열차의 객실 종류를 말한다.
6) "철도종사자"란 「철도안전법」제2조제10호에서 정하고 있는 승무 및 역무서비스 등의 업무를 수행하는 사람을 말한다.
7) "운임"이란 열차를 이용하여 장소를 이동한 대가를 말한다.
7의2) "요금"이란 열차에서 부가적으로 이용하는 서비스의 대가로 특실요금 등을 말한다.
8) "부가운임"이란 「철도사업법」제10조에 따라 기준운임·요금 이외에 추가로 받는 운임을 말한다.

---

121) 한국철도공사 여객운송약관, 2019. 7. 5

9) "위약금"이란 승차권 유효기간 이내에 운송계약 해지를 청구함에 따라 수수하는 금액을 말한다.

10) "승차권"이란 철도공사에서 발행한 운송계약 체결의 증표를 말한다.

11) "좌석이용권"이란 지정 좌석의 이용 청구 권리만을 증명할 수 있도록 발행한 증서를 말한다.

12) "입장권"이란 역의 타는 곳 까지 출입하는 사람에게 발행하는 증표를 말한다.

13) "할인승차권·상품"이란 관계 법령 또는 영업상 필요에 의해 운임·요금을 할인하는 대신에 이용대상·취소·환불을 제한하거나 수수료·위약금 등을 별도로 정하여 운영하는 상품을 말한다.

14) "운임구역(또는 유료구역)"이란 승차권 또는 입장권을 소지하고 출입하여야 하는 구역으로 운임경계선 안쪽을 말한다. 다만, 운임경계선이 설치되지 않은 장소는 열차를 타는 곳 또는 열차 내를 말한다.

15) "여행시작"이란 여객이 여행을 시작하는 역에서 운임구역에 들어가는 때를 말한다.

16) "단체"란 승차일시·열차·구간 등 운송조건이 동일한 10명 이상의 사람을 말하며 한 장의 승차권으로 발행한다.

17) "환승"이란 도중 역에서 10분~50분(철도공사에서 맞이방, 홈페이지 등에 게시한 시간표 기준) 이내에 다른 열차로 갈아타는 것을 말하며, 한 장의 승차권으로 발행한다.

18) "공휴일"이란 「관공서의 공휴일에 관한 규정」제2조 및 제3조에서정한 공휴일을 말한다.

나. 운송의 거절 등

1) 철도종사자는 다음 각 호에 해당하는 경우에는 운송을 거절하거나, 다음 정차역에서 내리게 할 수 있다.

가) 「철도안전법」에 규정한 위해물품 또는 위험물을 휴대한 경우

나) 「철도안전법」에 규정하고 있는 열차 내에서의 금지행위와 철도보호 및 질서유지를 해치는 금지행위를 한 경우

다) 「철도안전법」에 규정하고 있는 보안검색에 따르지 않는 경우

라) 「철도안전법」에 규정하고 있는 철도종사자의 직무상 지시에 따르지 않는 경우

마) 「감염병의 예방 및 관리에 관한 법률」에서 정한 감염병 또는 정부에서 지정한 감염

　　병에 감염된 환자이거나 의심환자로 지정되어 격리 등의 조치를 받은 경우

바) 「철도사업법」 제10조에 정한 부가운임의 지급을 거부하는 경우

사) 질병 등으로 혼자 여행할 수 없는 사람이 보호자 또는 의료진 없이 여행하는 경우

아) 유아가 만 13세 이상의 보호자 없이 여행하는 경우

2) 철도종사자는 위 가)호부터 바)호까지와 열차를 이용하지 않으면서 물품만 운송하는 경우 해당하는 사람 또는 물품을 역사 밖으로 퇴거시키거나 철거할 수 있다.

3) 철도공사는 운송을 거절하거나, 다음 정차역에 내리게 한 경우 승차하지 않은 구간의 운임·요금(할인한 경우 동일한 할인율로 계산한 금액)에서 정한 위약금을 공제한 잔액을 환불한다.

다. 운송계약 내용의 조정 등

1) 철도공사는 다음 각 호의 사유로 열차의 안전운행에 지장이 발생하는 경우 운행시간의 변경, 운행중지, 출발·도착역 변경, 우회·연계수송 및 승차권의 예약·구매·환불과 관련된 사항 등을 제한 또는 조정할 수 있다.

가) 지진·태풍·폭우·폭설 등 천재지변(이하 '천재지변'이라 합니다) 또는 악천후로 인하여 재해가 발생하였거나 발생할 것으로 예상되는 경우

나) 「철도안전법」 제2조에 따른 철도사고 및 열차고장, 철도파업, 노사분규 등으로 열차 운행에 중대한 장애가 발생하였거나 발생할 것으로 예상되는 경우 또는 기타 사유로 열차를 정상적으로 운행할 수 없는 경우

2) 철도공사는 철도공사에서 따로 정한 설·추석 특별수송기간(이하 '명절기간'이라 한다) 및 토요일·일요일·공휴일과 단체승차권, 할인상품에 대하여 다음 각 호의 사항을 별도로 정할 수 있다.

가) 승차권의 구매와 관련된 사항

나) 운임·요금 환불, 수수료, 위약금 등 계약내용의 변경 또는 해지와 관련된 사항

다) 운임·요금할인과 관련된 사항

라) 승차구간 및 열차의 조정

3) 여객은 운송계약 내용의 제한 또는 조정으로 열차를 이용하지 못하였을 경우 승차권에 기재된 운임·요금의 환불을 청구할 수 있다.

4) 철도공사는 위 1)항에 따라 조정한 내용을 역 및 홈페이지 등에 공지한다. 다만, 긴급하거나 일시적인 경우에는 안내방송으로 대신할 수 있다.

라. 기준운임·요금 등

1) 철도공사는 「철도사업법」제9조에 따라 국토교통부장관에게 신고한 운임·요금 범위에서 출발역부터 도착역까지의 구간(이하 '승차구간'이라 한다)별로 운임·요금(이하 '기준운임' 또는 '기준요금'이라 한다)을 정하여 받는다.

2) 철도공사는 만 13세 이상의 보호자 1명당 좌석을 지정하지 않은 유아 1명은 운임을 받지 않는다. 다만, 1명을 초과하는 경우에는 어린이 운임을 받는다.

3) 철도공사는 천재지변, 열차고장 및 선로고장 등으로 일부 구간을 다른 교통수단으로 연계 운송하는 경우 전체 구간의 운임·요금을 받는다.

마. 운임·요금의 결제

1) 철도공사는 기준운임을 할인하거나 위약금 등을 계산할 때에 발생하는 100원 미만의 금액에 대하여 50원까지는 버리고 50원 초과 시에는 100원으로 한다.

2) 철도공사는 영업상 필요한 경우에 수표 수취, 신용·마일리지·포인트·혼용결제 및 계좌이체 등을 제한할 수 있다.

바. 승차권의 구매 등

1) 여객은 여행 시작 전까지 승차권을 발행받아야 하며 구매한 승차권의 승차일시·열차·구간 등의 운송조건을 확인하여야 한다.

2) 철도공사는 승차권을 발행할 때 정당 대상자 확인을 위하여 신분증 등의 확인을 요구할 수 있다.

3) 철도공사는 2명 이상이 함께 이용하는 조건으로 운임을 할인하고 한 장으로 발행하는 승차권은 이용인원에 따라 낱장으로 나누어 발행하지 않는다.

4) 철도공사는 승차권을 발행하기 전에 이미 열차가 20분 이상 지연되거나, 지연될 경우에는 여객이 지연에 대한 배상을 청구하지 않을 것에 동의를 받고 승차권을 발행한다.

5) 철도공사는 할인승차권 또는 이용 자격에 제한이 있는 할인상품을 3회 이상 부정사용한 경우에는 해당 할인승차권 또는 할인상품 이용을 1년간 제한할 수 있다.

사. 승차권의 기재사항

승차권에는 다음 각 호의 사항을 기재한다.

1) 승차일자
2) 승차구간, 열차 출발시각 및 도착시각
3) 열차종류 및 열차편명
4) 좌석등급 및 좌석번호(등급 및 번호가 정해진 열차 승차권에 한함)
5) 운임·요금 영수금액
6) 승차권 발행일
7) 고객센터 전화번호

아. 승차권 등의 유효성

1) 열차를 이용하고자 하는 사람은 운임구역에 진입하기 전에 운송계약 체결의 증표(승차권, 좌석이용권 또는 철도공사에서 별도로 발행한 증서)를 소지하여야 하며, 도착역에 도착하여 운임구역을 벗어날 때까지 해당 증표를 소지해야 한다.

2) 위 1)항에 정한 증표의 유효기간은 증표에 기재된 도착역의 도착시각까지로 하며, 도착역의 도착시각이 지난 후에는 무효로 한다.

3) 운임할인(무임 포함) 대상자의 확인을 위한 각종 증명서는 증명서의 유효기간 이내에 출발하는 열차에 한하여 사용할 수 있다.

4) 여러 명이 같은 운송조건으로 이용하는 단체승차권, 4인 동반석 승차권 등의 승차일시·구간·인원 등을 변경하는 경우에는 해당 승차권을 환불한 후 다시 구입하여야 한다.

자. 부가운임 등

1) 철도공사는 「철도사업법」 제10조에 따라 다음 각 호에 해당하는 경우 승차구간의 기준운임·요금(승차한 역을 확인할 수 없는 경우에는 승차한 열차의 처음 출발역부터 적용)과 그 기준운임의 30배 범위에서 해당 부가운임을 받습니다.

   가) 승차권이 없거나 유효하지 않은 승차권을 가지고 승차한 경우 : 0.5배

   나) 철도종사자의 승차권 확인을 회피 또는 거부하는 경우 : 2배

   다) 이용 자격에 제한이 있는 할인상품 또는 좌석을 자격이 없는 사람이 이용하는 경우 : 10배

   라) 단체승차권을 부정사용한 경우 : 10배

   마) 부정승차로 재차 적발된 경우 : 10배

   바) 승차권을 위·변조하여 사용하는 경우 : 30배

2) 철도공사는 제1항에 정한 부가운임 기준을 홈페이지에 게시하며 명절기간에는 부가운임 기준을 최고 30배 범위 내에서 수수할 수 있다.

3) 운임할인 신분증 또는 증명서를 제시하지 못하여 부가운임을 지급한 사람은 승차한 날로부터 1년 이내에 다음 각 호를 역(간이역 및 승차권판매대리점 제외)에 제출하고 부가운임의 환불을 청구할 수 있다.

   가) 해당 승차권

   나) 운임할인 대상자임을 확인할 수 있는 신분증 또는 증명서

   다) 부가운임에 대한 영수증

4) 철도공사는 부가운임의 환불 청구를 받은 경우 정당한 할인대상자임을 확인하고 별표에 정한 최저수수료를 공제한 잔액을 환불한다.

《최저위약금·수수료 및 지연배상 기준》

1. 최저위약금 및 최저수수료 : 400원

2. 열차지연배상금

※ 소비자분쟁해결기준(공정거래위원회고시 제2019-3호)에 정한 지연배상금액 기준

종별 지연시간	고속열차	일반열차
20분 이상 40분 미만	12.5%	12.5%
40분 이상 60분 미만	25%	25%
60분 이상	50%	50%

- 승차일로부터 1년 이내에 환급
- 승차하지 않은 구간이 철도공사가 정한 최저 운임·요금구간인 경우에는 최저운임·요금(단, 운임을 할인한 경우에는 동일 할인율로 계산한 최저운임요금)환급
- 열차지연 시 일반승차권은 표시된 운임(운임을 할인한 경우에는 할인금액을 공제한 운임)을 기준으로 하고, 정기승차권은 1회 운임을 기준으로 환급하며 요금은 제외

차. 승차권 분실 재발행

1) 승차권을 분실한 사람은 여행시작 전에 재발행을 청구할 수 있다. 다만, 다음 각 호에 해당하는 경우는 제외한다.

가) 좌석번호를 지정하지 않은 승차권

나) 분실한 승차권이 사용된 경우

다) 분실한 승차권의 유효기간이 지난 경우

라) 분실한 승차권을 확인할 수 있는 회원번호, 신용카드 번호, 현금영수증 등이 없는 경우

2) 철도공사는 제1)항에 따라 분실한 승차권을 재발행하는 경우에는 다음 각 호에 정한 금액을 받는다.

가) 여행 시작 전 : 분실한 승차권과 같은 구간의 기준운임 · 요금

나) 여행 시작 후 : 분실한 승차권과 같은 구간의 기준운임 · 요금 및 이미 승차한 구간에 대한 부가운임을 합산한 금액

3) 승차권을 재발행 받아 도착역까지 여행을 마친 사람은 승차한 날로부터 1년 이내에 분실한 승차권 및 재발행 받은 승차권을 역(간이역 및 승차권판매대리점 제외)에 제출하고 제2)항에 정한 금액에서 별표에 정한 최저수수료를 공제한 잔액의 환불을 청구할 수 있다.

4) 철도공사는 제3)항의 청구를 받은 경우 해당 승차권이 환불·변경되지 않고, 다른 사람이 이용하지 않았음을 승무원이 확인한 경우에만 환불한다.

5) 제2)항에 따라 재발행 받은 승차권의 좌석번호가 열차 내에서 중복되는 경우 좌석 이용에 대한 권리는 분실한 승차권을 소지한 사람에게 있다.

6) 제5)항의 좌석중복으로 입석·자유석으로 여행한 사람은 도착역에서 좌석운임·요금과 입석·자유석 운임과의 차액에서 최저수수료를 공제한 잔액의 환불을 청구할 수 있다.

카. 운임 · 요금의 환불

1) 운임·요금을 환불받고자 하는 사람은 승차권을 역(간이역 제외)에 제출하고 운임·요금의 환불을 청구할 수 있다. 다만, 인터넷·모바일로 발행받은 승차권의 운임·요금 환불은 승차권에 기재된 출발역 출발 전까지 인터넷과 모바일로 직접 청구할 수 있다.

2) 철도공사는 제1)항의 청구를 받은 경우 청구시각, 승차권에 기재된 출발역 출발시각(환승승차권은 승차구간별 각각의 출발역 출발시각) 및 영수금액을 기준으로 다음 각 호에 정한 위약금을 공제한 금액을 환불한다.

가) 출발 전

(1) 월~목요일

① 출발 3시간 전까지 : 무료

② 출발 3시간 전 경과 후부터 출발시각 전까지 : 5%

(2) 금~일요일, 공휴일

① 출발 1일 전까지 : 최저위약금(승차권 구매일로부터 7일 이내 환불하는 경우 감면)

② 출발 3시간 전까지 : 5%

③ 출발 3시간 전 경과 후부터 출발시각 전까지 : 10%

나) 출발 후

   (1) 출발시각 경과 후 20분까지 : 15%

   (2) 출발시각 20분경과 후 60분까지 : 40%

   (3) 출발시각 60분경과 후 도착역 도착시각 전까지: 70%

3) 제2)항에도 불구하고 단체승차권은 다음 각 호에 따라 환불 인원별로계산하여 합산한 금액에서 위약금을 공제한 금액을 환불한다. 다만, 별도계약에 의한 단체는 별도계약에서 정한 위약금을 공제한다.

4) 승차구간내 도중역에서 여행을 중지한 사람은 승차권에 기재된 도착역 도착시각 전까지 승차하지 않은 구간의 운임·요금 환불을 청구할 수 있으며, 이 경우 철도공사는 이미 승차한 역까지의 운임·요금 및 위약금을 공제한 금액을 환불한다.

타. 지연에 따른 환불·배상

1) 철도공사의 책임으로 승차권에 기재된 도착역 도착시각 보다 열차가 20분 이상 늦게 도착한 사람은 승차한 날로부터 1년 이내에 해당 승차권을 역(간이역 및 승차권판매대리점 제외)에 제출하고 소비자분쟁해결기준에 정한 금액을 청구할 수 있습니다. 다만, 다음 각 호 등에 해당하는 경우는 제외한다.

   가) 천재지변 또는 악천후로 인한 재해

   나) 열차 내 응급환자 및 사상자 구호 조치

   다) 테러위협 등으로 열차안전을 위한 조치를 한 경우

2) 제1)항에 정한 지연시각은 여행시작 전에는 승차권에 기재된 출발역 출발시각을, 여행시작 후에는 도착역 도착시각(환승승차권은 승차구간별 각각의 도착역 도착시각)을 기준으로 적용한다.

3) 여행을 시작하기 전에 제1항에 정한 시간 이상이 지연되어 여행을 포기한 사람은 운임·요금 환불을 청구할 수 있으며, 이 경우 철도공사는 제14조에도 불구하고 운임·요금 전액을 환불한다.

파. 운행중지에 따른 환불·배상

1) 철도공사의 책임으로 열차의 운행이 중지된 경우 여객은 승차한 날부터 1년 이내에 해당 승차권을 역(간이역 및 승차권판매대리점 제외)에 제출하여 운임·요금의 환불·배상을 청구할 수 있으며, 철도공사는 다음 각 호의 기준에 따라 지급한다. 다만, 철도공사에서 대체 열차를 투입하거나 다른 교통수단을 제공하여 연계수송을 완료한 경우에는 환불·배상하지 않으며, 여객은 철도공사에서 제공하는 대체교통 수단의 이용 여부를 선택할 수 있다.

  가) 출발 전
   (1) 운행중지를 역·홈페이지 등에 게시한 시각을 기준으로 1시간 이내에 출발하는 열차 : 전액 환불 및 영수금액의 10% 배상
   (2) 운행중지를 역·홈페이지 등에 게시한 시각을 기준으로 1시간~3시간 사이에 출발하는 열차 : 전액 환불 및 영수금액의 3% 배상
   (3) 운행중지를 역·홈페이지 등에 게시한 시각을 기준으로 3시간 후에 출발하는 열차 : 전액 환불
  나) 출발 후 : 이용하지 못한 구간에 대한 운임·요금 환불 및 이용하지 못한 구간 운임·요금의 10% 배상

2) 제1)항에도 불구하고 천재지변 및 악천후로 인하여 재해가 발생한 경우 등 철도공사의 책임이 없는 사유로 운행이 중지된 경우에는 다음 각 호에 정한 금액의 환불을 청구할 수 있다.
  가) 출발 전 : 영수금액 전액 환불
  나) 출발 후 : 이용하지 못한 구간의 운임·요금 환불, 다만, 운임·요금을 할인한 경우에는 같은 할인율로 계산한 운임·요금을 환불

하. 철도공사의 책임 등

1) 철도공사는 철도여행 중 발생한 여객사상사고로 입은 손해에 대하여는 관계 법령에 따라 철도공사에서 제정한 영업사고처리세칙에 의하여 처리한다.

2) 철도공사는 여객의 과실로 인하여 발생한 손해와 여객이 법령·정부기관의 명령이나 이 약관 및 이 약관을 근거로 제정된 규정을 준수하지 아니함으로써 발생된 손해는 책임지지 않는다.

거. 여객의 의무 등

1) 여객은 「철도안전법」제47조에 따라 여객열차에서 다음 각 호에 해당하는 행위를 하여서는 안됩니다.

  가) 정당한 사유 없이 국토교통부령으로 정하는(운전실·기관실·발전실 및 방송실 등) 여객출입 금지장소에 출입하는 행위

  나) 정당한 사유 없이 열차운행 중에 비상정지버튼을 누르거나 철도차량의 옆면에 있는 승강용 출입문을 여는 등 철도차량의 장치 또는 기구 등을 조작하는 행위

  다) 여객 열차 밖에 있는 사람을 위험하게 할 우려가 있는 물건을 여객 열차 밖으로 던지는 행위

  라) 열차 등 금연구역으로 지정된 장소에서 흡연하는 행위

  마) 철도종사자 및 여객 등에게 성적(性的) 수치심을 일으키는 행위

  바) 술을 마시거나 약물을 복용하고 다른 사람에게 위해를 주는 행위

  사) 다른 사람에게 위해를 끼칠 우려가 있는 동·식물을 안전조치 없이 여객열차에 동승하거나 휴대하는 행위

  아) 다른 사람에게 감염의 우려가 있는 법정감염병자가 철도종사자의 허락 없이 여객열차에 타는 행위

  자) 철도종사자의 허락 없이 여객에게 기부를 청하거나 물품을 판매·배부 또는 연설·권유 등을 하여 여객에게 불편을 끼치는 행위

  차) 그 밖에 공중이나 여객에게 위해를 끼치는 행위로써 국토교통부령으로 정하는 행위

2) 철도종사자는 제1)항의 금지행위를 한 사람에 대하여 필요한 경우 다음 각 호의 조치를 할 수 있다.

  가) 금지행위의 제지

  나) 금지행위의 녹음·녹화 또는 촬영

3) 여객은 「철도안전법」에 따라 철도의 안전과 보호 및 질서유지를 위하여 철도종사자의 직무상 지시에 따라야 하며, 폭행·협박으로 철도종사자의 직무집행을 방해하여서는 안된다.

4) 여객은 출발시각 3분 전까지 타는 곳에 도착하여야 한다.

5) 여객은 「철도안전법」에 따른 여객들의 안전 및 보안을 위한 보안 검색 시 철도종사자의 안내에 협조하여야 한다.

6) 여객이 관련 법령, 약관 및 이와 관련된 규정을 준수하지 않아 철도공사에 손해를 입힌 경우 여객은 해당 손해를 철도공사에 배상하여야 한다.

너. 준거법 및 분쟁해결

1) 이 약관은 대한민국의 관련법에 따라 해석되며, 이 약관 및 철도공사의 관련 규정에 정하지 아니한 사항은 「상법」에 따른다.

2) 이 약관에 명시되지 아니한 사항 또는 약관의 해석에 다툼이 있는 경우에는 여객과 철도공사가 합의하여 분쟁을 해결한다.

3) 제2)항의 규정에도 불구하고 합의가 이루어지지 않은 경우 여객 또는 철도공사는 「소비자기본법」에 따른 피해구제기구 및 분쟁조정기구인 한국소비자원 등에 피해구제 또는 분쟁조정을 신청할 수 있다.

4) 이 약관에 따라 이행하는 운송과 관련된 소송의 관할법원은 그 손해배상 청구권자의 국적과 손해배상 청구의 법적 근거에도 불구하고 대한민국 법원으로 하며, 그 소송절차는 대한민국 법에 따른다.

더. 휴대품

1) 여객은 다음 각 호에 정한 물품을 제외하고 좌석 또는 통로를 차지하지 않는 두 개 이내의 물품을 휴대하고 승차할 수 있으며, 휴대 허용기준의 세부사항은 철도공사 홈페이지에 게시한다.

가) 「철도안전법」에 정한 위해물품 및 위험물

나) 동물(다만, 다른 사람에게 위해나 불편을 끼칠 염려가 없고 필요한 예방접종을 한 애완용 동물을 전용가방 등에 넣은 경우 제외)

다) 자전거(다만, 접힌 상태의 접이식 자전거, 완전 분해하여 가방에 넣은 경우 제외) 등 다른 사람의 통행에 불편을 줄 염려가 있는 물품

라) 불결하거나 좋지 않은 냄새 등으로 다른 사람에게 불편을 줄 수 있는 물품

2) 제1)항의 휴대품은 물품을 소지한 여객의 책임으로 보관 및 관리하여야 한다.

3) 철도종사자는 위 제1)항 가)호에 해당하거나 안전상 또는 그 밖의 사유로 필요한 경우 물품을 소지한 사람 및 경찰(또는 철도특별사법경찰)과 함께 내용물을 확인할 수 있으며, 제1)항의 휴대금지품 휴대 및「철도안전법」에서 정한 휴대 금지물품으로 확인된 경우, 철도종사자는 가까운 도중역 하차 등 후속조치를 할 수 있다.

러. 입장권

1) 배웅·마중을 목적으로 운임구역(열차 내 제외)에 출입하고자 하는 사람은 입장권을 소지하여야 하며, 관광·견학 등을 목적으로 타는 곳에 출입하고자 하는 사람은 방문기념 입장권을 구입(방문기념 입장권 발매역에 한함), 소지 하여야 한다.

2) 입장권과 방문기념 입장권을 소지한 사람은 열차 내에 출입할 수 없으며, 입장권에 기재된 발매역에서 지정열차 시간대에 1회에 한하여 타는 곳에 출입할 수 있다.

3) 입장권과 방문기념 입장권은 환불하지 않는다.

4) 입장권과 방문기념 입장권의 유효성, 이용방법 및 요금 등 세부 기준은 철도공사 홈페이지에 따로 게시한다.

머. KORAIL Membership 가입 및 이용에 관한 약관

1) "KORAIL Membership 카드"란 승차권 구매 및 이와 관련한 서비스, 제휴된 서비스 등을 제공받을 수 있도록 철도공사가 고유번호를 부여하여 발행한 카드(코레일톡 멤버십 QR코드·바코드 포함)를 말한다.

2) 대한민국 국민이면 누구나 회원으로 가입할 수 있다. 다만, 철도공사는 회원의 관리 및 운영에 필요한 경우 가입을 제한할 수 있다.

3) KORAIL Membership으로 가입하고자 하는 사람은 철도공사 홈페이지 또는 모바일 앱에 접속하여 가입절차에 따라 필요한 사항을 입력하여야 한다..

4) 회원 서비스 제공

가) 철도공사는 회원에 대하여 별도의 서비스를 제공할 수 있으며, 회원의 철도승차권 구입 실적에 따라 회원의 등급을 분류하고 마일리지 적립 또는 할인쿠폰 등 서비스를 다르게 제공할 수 있다.

나) 회원이 제공받은 마일리지는 적립일을 기준으로 5년간 유효하며, 적립 제외대상, 사용처 등 세부사항은 철도공사 홈페이지에 게시한다.

다) 회원이 제1항의 마일리지를 부당한 방법으로 적립·사용하는 경우 철도공사는 해당 회원의 서비스 이용을 제한하거나 중지할 수 있다.

라) 철도공사는 제1항에 정한 회원 서비스 및 회원등급별 서비스를 변경 또는 중지할 수 있으며, 이 경우 철도공사는 해당 변경 내용을 철도공사 홈페이지에 1주일 전부터 공지한다.

버. KORAIL PASS 이용에 관한 약관

1) KORAIL PASS의 종류

가) ① KORAIL PASS는 사용형태에 따라 연속권과 선택권, 기간에 따라 3일권, 5일권(선택형의 경우 2, 4일권)으로 구분하며, 나이에 따라 일반(NORMAL-ADULT), 어린이(NORMAL-CHILD : 만 6세에서 만 12세까지)로 구분하고, 2~5명이 같은 일정으로 여행하는 조건인 동승(SAVER)으로 구분한다.

나) KORAIL PASS 선택권(Flexible pass)은 유효기간 10일 이내에 임의로 여행 날짜를 선택할 수 있고, 사용 기간에 따라 2일권과 4일권으로 구분합니다.

2) 판매가격

가) KORAIL PASS의 판매가격은 해외 판매처와 별도 협약에 따라 정하며 판매가격표를 판매처에 갖춰 놓거나 인터넷 등에 게시한다.

나) KORAIL PASS의 판매가격은 사용기간별, 나이별로 구분하며KORAIL PASS SAVER의 경우 동행 중 어린이가 포함된 경우라도 모두 어른 운임을 받는다.

3) KORAIL PASS의 발행

　가) KORAIL PASS는 대한민국을 방문하는 외국인에게만 발급하며, 대한민국 국적을 소
　　유한 사람에게는 발급하지 않는다.

　나) KORAIL PASS는 철도공사 외국어 홈페이지 또는 해외 여행사에서 직접 구입할 수
　　있으며, 철도공사 외국어 홈페이지에서 구입한 경우에는 이용자가 직접 KORAIL
　　PASS를 발급받아야 한다.

4) 유효성

　가) KORAIL PASS의 유효기간은 구입 시 본인이 지정한 사용개시 일부터 PASS 사용기
　　간까지(사용개시일자는 패스 구입일로부터 31일 이내)로 합니다. 다만, 사용기간 종료
　　일 운행하는 열차를 이용한 경우에는 열차 도착 전에 사용기간이 종료되더라도 열차
　　도착 시간까지는 유효한 것으로 간주한다.

　나) KORAIL PASS 이용자(이하 '이용자'라 한다)는 철도공사가 운영하는 KTX를 포함한
　　모든 열차(광역철도, 임시관광열차 제외)의 일반실을 위 제1항의 일정기간 동안 구간
　　및 횟수에 제한 없이 철도공사 홈페이지에서 열차 출발 1개월 전부터 좌석 예약 후 좌
　　석지정권을 발권하거나, 역에서 발권 받을 수 있다. 다만, 특실을 이용하는 경우에는
　　특실 요금의 50%를 추가로 지급해야 하며, 좌석 매진 시에는 입석으로 이용한다.

　다) KORAIL PASS는 패스에 표기된 본인에 한정하여 사용할 수 있으며, 다른 사람에게
　　양도할 수 없다.

5) 이용자는 KORAIL PASS 구입 시 사용개시 일을 등록하여야 한다. 다만, 사용개시일
　이전 또는 좌석 예약을 하지 않았을 경우는 1회에 한정하여 구입처 또는 철도공사 홈
　페이지에서 변경이 가능하다.

6) 이용자는 열차이용 시 KORAIL PASS(좌석이용 시 열차승차권 포함) 및 본인을 증명
　할 수 있는 신분증으로 여권을 휴대하여야 하며, 철도종사자가 KORAIL PASS 및 여권
　확인을 요구할 경우 KORAIL PASS(열차승차권 포함)와 여권을 제시하여야 한다.

서. 자유여행패스 이용에 관한 약관

1) "자유여행패스"란 철도공사가 정한 규정 및 이용 방법에 따라 유효기간 내 지정된 열차를 자유롭게 이용할 수 있는 승차권을 말한다.

2) 자유여행패스의 유효기간은 사용 시작일로부터 사용 종료일까지로 하며, 유효기간 내에 열차를 이용할 수 있다.

3) 자유여행패스를 이용하는 사람은 철도공사가 운행하는 열차(수도권전철, 임시ㆍ관광전용열차 제외)의 입석(자유석)을 이용한다. 단, 자유여행패스의 사용 조건에서 정하고 있는 열차의 좌석을 지정(좌석지정권 발행)하여 이용할 수 있다.

4) 자유여행패스는 패스에 기재된 본인에 한하여 사용할 수 있으며, 양도하거나 타인이 사용하게 할 수 없다.

5) 자유여행패스를 사용하는 사람은 철도를 이용할 경우 반드시 자유여행패스(좌석 이용 시 좌석지정권포함) 및 본인임을 증명할 수 있는 신분증(여권)을 소지하여야 하며, 철도공사 직원의 자유여행패스 및 신분증 확인 요구가 있는 경우 자유여행패스(좌석지정권포함)와 신분증을 제시하여야 한다.

《자유여행패스의 종류》

(2019. 7. 1. 기준)

구분	내일로패스	하나로패스	문화누리 레일패스
운영기간	동·하계 시즌 (12~2월, 6~8월)	연중	연중
이용대상	만 27세 이하	만 18세 이상	문화누리카드 소지자
권종 [가 격(원)]	·내일로패스 3일권 / 5일권 / 7일권 ·내일로패스 2인권 3일권 / 5일권 / 7일권	3일권	2일권 / 3일권
이용열차	·ITX-청춘 이하 일반열차의 입 석(또는 자유석) ·내일로패스만으로 KTX, 관광전 용열차 입석 또는 자유석 이용불 가	ITX-청춘 이하 일반열차의 입석(또는 자유석)	KTX이하 일반열차(ITX-청춘 제외)의 입석(또는 자유석)
발권일	사용시작 3일전	사용시작 7일전	사용시작 7일전
지연배상	없음	없음	없음
반환기준	사용시작일 1일전까지 가능	사용시작일 1일전까지 가능	사용시작일 1일전까지 가능
좌석지정	· KTX, ITX-새마을, 새마을, 누 리로, 무궁화호의 일반실 및 관광전용열차(O, V, S, A, DMZ, G-train, 경북관광테 마열차)限 좌석지정 시 일반실 운임의 60%할인(KTX 좌석 매진 시 입석 또는 자유석 60%할인), ITX-청춘은 좌석 지정 제외 · 모든 좌석지정(KTX 입석/자유 석 포함)은 일 1회씩 총 3회 가능하며, 역창구에서만 발권 가능(주말, 공휴일 좌석 지정 불가)	1일 1편도(총3회)	없음

7. 서울교통공사(1~8호선) 여객운송 약관 요약[122]

이 여객운송약관(이하 "약관"이라 한다)은 서울교통공사 영업구간을 이용하고자 하는 사람(이하 "여객"이라 한다)과 서울교통공사 간에 여객운송에 관한 사항을 정하는 것을 목적으로 한다.

---

122) 여객운송약관. 서울교통공사 규정 제60호, 2017. 5. 31

가. 용어의 정의

1) "역"이라 함은 도시철도구간의 열차를 이용하고자 하는 여객을 운송하기 위한 설비를 갖추고 열차가 정차하는 장소를 말한다.

2) "여행시작"이라 함은 여객이 여행을 시작하는 역에서 승차권을 개표한 때를 말한다.

3) "연락운송"이라 함은 도시철도법 제34조에 따라 서울교통공사구간과 한국철도광역전철구간, 인천교통공사구간, 서울시메트로9호선구간, 공항철도 청라국제도시~서울역구간, 신분당선구간, 용인경량전철구간, 의정부경전철구간을 서로 연속하여 여객을 운송하는 것을 말한다.

4) "연계운송"이라 함은 도시철도와 운임체계가 다른 전철구간 간에 각각의 운임을 합산 적용 후 해당운임만큼 분배를 전제로 서로 연속하여 여객을 운송하는 것을 말한다.

5) "도시철도"라 함은 도시철도법에 따라 서울교통공사구간과 연락운송하는 노선(이하 "도시철도구간"이라 합니다) 및 그 부대설비, 열차등을 통틀어 말한다.

6) "서울교통공사"라 함은 도시철도구간 중 1호선 지하서울~지하청량리간, 2호선 시청~왕십리 경유~시청간과 신설동~성수간, 신도림~까치산간, 3호선 지축~오금간, 4호선 당고개~남태령간, 5호선 방화~마천 간과 강동~상일동 간, 6호선 응암~봉화산 간, 7호선 장암 ~ 부평구청 간, 8호선 암사~모란 간, 9호선 언주~종합운동장 구간을 말한다.

7) "직원"이라 함은 철도안전법 제2조제10호에 정한 철도종사자로서 여객의 안전, 편의, 안내 등의 역 업무를 수행하는 사람을 말한다.

8) "승차권"이라 함은 도시철도구간에서 사용할 수 있는 1회용교통카드와 정기승차권, 단체승차권 및 교통카드를 말한다.

9) "1회용교통카드(이하 "1회권"이라 한다)"라 함은 여객이 운임(무임대상자 제외)과 보증금을 지급하고 구입하여 연락 및 연계운송하는 구간을 1회 이용한 후 보증금을 환급받는 형태로 운영하는 카드를 말한다.

10) "정기승차권(이하 "정기권"이라 한다)" 이라 함은 도시철도구간에서 정해진 기간 또는 횟수 이용 후 계속 충전하여 사용할 수 있는 선급카드 형태의 매체를 말한다.

11) "단체승차권(이하 "단체권"이라 한다)"이라 함은 일정 수 이상의 여객이 동일한 구간을 이용할 수 있는 승차권으로서 도시철도구간에서 사용할 수 있는 승차권을 말한다.

12) "교통카드"라 함은 무선주파수(RF : Radio Frequency) 방식을 이용하여 카드와

단말기간 물리적 접촉없이 교통운임을 지급할 수 있는 IC카드로서 도시철도구간에서 통용되는 선급·후급·우대용 교통카드를 말한다.

13) "선급교통카드"라 함은 카드사업자가 여객으로부터 대금을 미리 받은 후 이에 상응하는 금액을 전자적 방법에 의하여 카드에 입력(이하 "충전"이라 한다)하여 그 충전한 금액의 범위 내에서 운임·요금을 결제할 수 있도록 발행한 카드(카드사업자가 제휴한 전자화폐 및 휴대전화 등의 매체를 이용한 카드 포함)를 말한다.

14) "후급교통카드"라 함은 카드사업자가 운임·요금을 결제할 수 있도록 IC칩을 삽입하여 발급한 신용카드를 말한다.

15) "우대용 교통카드"라 함은 도시철도구간을 무임으로 이용할 수 있는 대상자가 승차시 마다 발급절차 없이 지속적으로 이용가능하도록 지방자치단체 등에서 발급하는 카드를 말한다.

16) "카드사업자"라 함은 도시철도구간에서 사용할 수 있는 카드를 발급하여 판매하거나 공급하는 신용카드업자 또는 교통카드 발급업자를 말한다.

17) "기본운임"이라 함은 제11조제1항제1호에 정한 운임을 말한다. 다만, 1회권(어린이용, 우대용 제외)은 동 운임에 100원을 추가한 운임으로 한다.

18) "버스"라 함은 도시철도와 상호 환승 이용 시 통합거리비례제 운임이 적용되는 버스로서 서울특별시장의 지도·감독을 받는 시내버스(광역, 간선, 지선, 순환) 및 마을버스, 경기도지사(시장·군수)의 지도·감독을 받는 시내버스(일반형, 직행좌석형, 좌석형) 및 마을버스, 그리고 인천광역시장의 지도·감독을 받는 시내버스(광역, 좌석, 급행간선, 간선, 지선)를 말한다.

19) "수도권 내 구간"이라 함은 수도권정비계획법 제2조에 정한 서울특별시, 인천광역시, 경기도에 있는 도시철도구간을 말한다.

20) "수도권 외 구간"이라 함은 도시철도구간 중 수도권 내 구간을 제외한 구간을 말한다.

21) "경계역"이라 함은 도시철도구간 중 수도권 내 구간과 수도권 외 구간의 경계가 되는 평택역과 가평역을 말한다.

22) "서울시계 내 구간"이라 함은 서울교통공사구간 중 1호선, 2호선, 3호선, 4호선, 5호선, 6호선, 7호선 장암~온수, 8호선, 9호선 언주~종합운동장, 한국철도광역전철구간 중 서울~금천구청, 구로~온수, 회기~도봉산, 가좌~양원, 왕십리~복정, 서울~수색, 상봉~신내구간, 서울시메트로9호선구간, 공항철도구간 중 서울~김포공항구간을 말한다.

23) "서울시계 외 구간"이라 함은 도시철도구간 중 서울시계 내 구간을 제외한 구간을 말한다.

24) "열차"라 함은 도시철도구간을 운행하는 전동열차를 말한다.

25) "환승"이라 함은 도시철도와 버스 간에 상호 갈아타는 것을 말한다.

26) "승차권에 표시된 사항"이라 함은 운임, 구간, 이용가능횟수 등 승차권 이용에 필요한 정보가 승차권 외부에 표시되거나 내부에 전자적으로 입력되어 있는 것을 말한다.

나. 여객운송의 조정

1) 서울교통공사는 여객운송을 원활하게 하기 위하여 필요한 때에는 다음 각 호의 사항을 제한하거나 조정할 수 있으며, 이 경우 그 요지를 관계역 또는 인터넷 홈페이지에 게시한다. 다만, 긴급하거나 일시적인 경우에는 안내방송으로 대신할 수 있다.

가) 승차권의 종류, 발매역, 발매장소, 발매시간, 발매방법에 관한 사항

나) 승차구간 및 열차의 운행에 관한 사항

다) 운임의 할인 및 반환에 관한 사항

라) 휴대품에 관한 사항

마) 교통카드 이용에 관한 사항

2) 서울교통공사는 지진·태풍·폭우·폭설 등 천재지변 또는 악천후로 인하여 재해가 발생하였거나 발생할 것으로 예상되는 경우와 그 밖의 열차운행에 중대한 장애가 발생하였거나 발생할 것으로 예상되는 경우에는 다음 각 호의 사항을 제한하거나 조정할 수 있다.

가) 열차운행 시각의 변경

나) 열차운행의 취소 또는 중지

다) 출발역, 도착역의 변경

라) 승차권의 발매

3) 서울교통공사는 다음 각 호의 어느 하나에 해당하는 행위를 하는 자에 대해서는 운송을 거절하거나 여행 도중 역 밖으로 나가게 할 수 있다.

가) 열차 내에 별표 1의 위해물품을 휴대하는 행위

나) 여객의 행동, 나이 또는 정신적·육체적 조건으로 인하여 단독으로 여행이 곤란함에
도 보호자가 동반하지 않은 경우

다) 다른 여객에게 불쾌감이나 위험 등의 피해를 주거나 줄 우려가 있는 경우

라) 유효한 승차권을 소지하지 아니하였거나 승차권의 확인을 거부하는 경우

마) 역이나 열차 내에서 여객 또는 공중에게 기부를 청하거나 물품의 판매, 연설, 권유
등의 행위를 하는 경우

바) 공중이 이용하는 역 구내 또는 열차 내에서 폭언 또는 고성방가 등 소란을 피우는
행위

사) 열차가 운행되고 있는 도중 타고 내리거나 고의적으로 승강용 출입문의 개폐를 방해
하여 열차운행에 지장을 초래하는 행위

아) 흡연이 금지된 역 구내 또는 열차 내에서 흡연하는 행위

자) 직원의 허락 없이 역 구내 또는 열차 내에서 광고물을 부착하거나 배포하는 행위

차) 직원의 직무상 요구를 따르지 아니하거나 폭행·협박으로 직무집행을 방해하는 행위

카) 정당한 사유 없이 여객출입 금지장소에 출입하는 행위

타) 역 구내 또는 열차 내에서 노숙하는 행위

파) 역 구내 또는 열차 내에 산업폐기물, 생활폐기물, 오물을 버리는 행위

하) 정당한 사유 없이 역 구내의 비상정지버튼을 누르거나 열차의 승강용 출입문을 여는
등 열차의 장치 또는 기구 등을 조작하는 행위

거) 열차 밖에 있는 사람에게 위험을 끼칠 염려가 있는 물건을 열차 밖으로 던지는 행위

너) 그 밖의 공중 또는 여객에게 위해를 끼치는 행위 등

다. 여객의 구분

1) 여객은 다음 각 호와 같이 구분한다.

가) 유아 : 만 6세 미만의 사람. 다만, 유아가 단독으로 여행하거나 보호자 1인이 동반하
는 유아가 3인을 초과할 때 그 초과된 유아 및 유아가 단체로 여행할 때는 어린이로
본다.

나) 어린이 : 만 6세이상 만13세 미만의 사람. 다만, 만 13세 이상이라도 초등학생은 어

린이로 본다.

다) 청소년 : 청소년복지지원법에 의하여 운임이 감면되는 만 13세 이상 만 18세 이하의 사람. 다만, 「초·중등교육법」제2조에 따른 학교에 재학 중인 18세 초과 24세 이하인 학생은 청소년으로 본다.

라) 어른 : 만13세 이상 만65세 미만의 사람

마) 노인 : 노인복지법의 적용을 받는 만 65세 이상의 사람

바) 장애인 : 장애인복지법의 적용을 받는 장애인

사) 유공자

(1) 국가유공상이자 : 국가유공자등예우및지원에관한법률 제66조제1항에 정한 전상군경, 공상군경, 4.19혁명부상자, 공상공무원 및 특별공로상이자

(2) 독립유공자 : 독립유공자예우에관한법률의 적용을 받는 애국지사

(3) 5·18민주유공상이자 : 5·18민주유공자예우에관한법률 제58조제1항에 정한 5·18민주화운동부상자

2) 외국인의 경우에는 위 1)호의 유아, 어린이, 청소년을 제외하고는 어른으로 본다.

라. 운임요금의 계산

1) 수도권 내 구간만 이용하거나 수도권 외 구간만을 이용하는 경우의 운임은 이용거리에 따라 다음과 같이 계산합니다. 다만, 수도권 내 구간과 수도권 외 구간을 연속하여 이용하는 경우에는 수도권 내 구간의 운임을 먼저 계산한 후 수도권 외 구간의 이용거리 4km까지 마다 별도로 정한 추가운임을 합산한 후 끝수처리 한 금액으로 한다.

가) 기본운임 : 10㎞까지 별도로 정한 운임

나) 추가운임 : 10㎞초과 50㎞까지는 5㎞까지 마다, 50㎞ 초과구간은 8㎞까지 마다 도로 정한 추가운임을 더한 금액

2) 도시철도구간에서 운임을 계산하는 거리는 따로 정한 경우를 제외하고는 가장 가까운 경로로 계산한다.

3) 도시철도와 버스 상호 간에 교통카드를 사용하여 일정한 횟수와 시간 이내에 환승 이용하는 여객의 운임은 다음 각 호와 같이 이용거리에 따라 통합운임을 적용한다. 다만

통합운임의 적용은 각각의 교통수단을 승하차할 때마다 단말기에 교통카드를 접촉하여 이용거리가 산출되는 경우에 한정하여 적용한다.

가) 통합운임은 도시철도 이용거리와 버스 이용거리를 합산하여 산출한다.

나) 환승 이용한 거리의 합이 다음의 각 목이 정하는 거리 이내인 경우에는 환승이용한 각 교통수단 중 기본운임이 가장 높은 교통수단의 운임으로 한다.

  (1) 서울광역, 경기(직행)좌석형 및 인천광역(좌석) 시내버스인 경우 30km

  (2) 가목 이외 버스인 경우 10km

다) 환승 이용한 거리의 합이 제2호에 정한 거리를 초과하는 구간은 5km까지 마다 별도로 정한 추가운임을 합산하여 산출한 금액으로 한다. 다만, 그 금액이 각각의 교통수단 운임의 합을 초과하는 경우에는 각각의 교통수단 운임의 합으로 한다.

4) 제3)항의 환승인정 횟수는 4회(5회 승차)까지 이며, 선 교통수단 하차 후 30분 이내 후교통수단 승차의 경우로 하되, 21:00~다음 날 07:00까지는 1시간 이내로 한다. 다만, 환승통행 목적이 아닌 동일노선 환승의 경우는 통합운임을 적용하지 않는다.

마. 승차권의 종류

1) 승차권의 종류는 다음 각 호와 같다.
  가) 1회권 가. 어른용(일반용) 1회권
  나) 어린이용 1회권
  다) 우대용 1회권

2) 정기권
  가) 서울전용 정기권
  나) 거리비례용 정기권

3) 단체권
  가) 어른단체

나) 청소년단체

다) 어린이단체

4) 선급교통카드(이하 "선급카드"라 한다)

가) 어른선급교통카드(이하 "어른카드"라 한다)

나) 청소년선급교통카드(이하 "청소년카드"라 한다)

다) 어린이선급교통카드(이하 "어린이카드"라 한다)

5) 후급교통카드(이하 "후급카드"라 합니다)

6) 우대용교통카드

가) 경로우대용교통카드(이하 "경로카드"라 한다)

나) 장애인우대용교통카드(이하 "장애인카드"라 한다)

다) 유공자우대용교통카드(이하 "유공자카드"라 한다)

바. 승차권의 발매, 발급, 충전장소 및 위탁발매, 발매 범위 등

1) 1회용발매·교통카드충전기, 교통카드정산·충전기, 교통카드판매·충전기, 무인충전기, 기타 충전가능기기 또는 고객서비스센터에서 승차권 발매·발급 또는 선급카드를 충전할 수 있다. 다만, 교통카드는 발급기관이 지정한 장소에서 발매 또는 발급한다.

2) 위 1)항에 정한 내용에도 불구하고 서울교통공사는 필요한 경우 승차권 발매·발급장소를 따로 설치하거나 승차권의 발매 및 발급을 타인에게 위탁할 수 있다.

3) 위 제2)항 승차권 발매 및 발급 위탁에 필요한 승차권 발매·발급방법, 종류, 할인율, 수수료 등 필요한 사항은 따로 정한다.

4) 서울교통공사는 도시철도구간 내에서 유효한 승차권을 발매한다.

5) 서울교통공사와 연락운송 또는 연계운송하는 타운송기관 및 카드사업자는 서울교통공사구간내에서 유효한 승차권을 발매하거나 발급할 수 있다.

6) 승차권 발매 및 발급에 관한 사항과 운임의 정산등 그 밖의 필요한 사항은 해당 운송기관과 해당 카드사업자가 상호 협약으로 정하는 바에 의한다.

7) 1회권은 발매일 제한이 없다. 다만, 우대용 1회권은 발급일에 발급역에서만 승차할 수 있다. 이 때, 환승역은 노선과 관계없이 동일역으로 본다.

사. 승차권의 사용조건 등

1) 여객은 그 승차에 유효한 승차권을 가지고 있어야 한다.

2) 승차권에 승차인원을 기재한 것을 제외하고는 1인이 1매를 승차권에 표시된 사항에 의하여 사용할 수 있다.

3) 위 제2)항에 정한 내용에도 불구하고 다음 각 호의 경우에는 이를 사용할 수 있다. 다만, 남은 운임은 반환하지 않는다.

　가) 어린이가 어른이나 청소년용 승차권을 사용한 경우

　나) 청소년이 어른용 승차권을 사용한 경우

　다) 승차권에 표시된 운임구간보다 적은 운임구간을 사용한 경우

　라) 무임대상자가 우대용교통카드 또는 우대용 1회권 이외의 승차권을 사용한 경우

4) 교통카드는 여행을 시작할 때 도시철도 교통카드시스템에서 사용이 가능하여야 하며, 선급카드의 경우 카드내 기본운임이상의 잔액이 남아 있어야 한다. 다만, 도시철도 이용 후 버스로 환승할 경우에는 250원 이상의 잔액이 남아 있어야 한다.

5) 어린이 또는 청소년이 어린이카드 또는 청소년카드를 사용하기 위해서는 당사자 또는 보호자가 카드발급사에 생년월일 등을 등록하여야 하며, 등록하지 않은 경우에는 최초 사용 후 10일이 지나면 어른운임을 받는다.

6) 정기권은 통용기간 내에만 사용할 수 있으며, 종류별 사용구간은 다음 각 호와 같다.

　가) 서울전용 : 서울시계내 구간

　나) 거리비례용 : 도시철도구간에서 별도로 정한 종별 교통카드 운임지역 내

아. 승차권의 무효

1) 여객이 소지한 승차권이 다음 각 호의 어느 하나에 해당할 때에는 무효로 한다.

　가) 무임대상이 아닌 사람이 우대용 1회권 또는 우대용 교통카드를 사용하였을 때

　나) 어른이 어린이용이나 우대용 1회권, 우대용 교통카드, 청소년카드 및 어린이카드를

사용하였을 때

다) 청소년이 어린이용 및 우대용 1회권, 우대용 교통카드, 어린이카드를 사용하였을 때

라) 승차권의 원형 및 표시된 사항을 고의로 훼손 또는 변조하였을 때

마) 통용기간이 지난 승차권을 사용하였을 때

바) 노인, 국가유공자, 독립유공자, 5·18민주유공상이자, 장애인 등의 경우 신분증명서를 제시하지 않을 때

사) 그 밖의 부정승차의 수단으로 사용하였을 때

2) 다음 각 호의 경우에는 승차권의 남은 구간을 무효로 하고, 교통카드 및 정기권은 이미 승차한 구간의 운임을 공제하거나 사용횟수를 차감한다.

가) 1회권을 소지한 여객이 도중에 하차하였을 때

나) 위 제 나항(여객운송의 조정) 제 3)호에 의거 조치하였을 때

다) 제36조에 의거 조치하였을 때(휴대금지품 또는 제한품을 휴대한 경우의 처리)

자. 승차변경, 무표 등의 처리

1) 개표된 승차권을 소지한 여객이 동일한 역에서 되돌아 나오는 경우에는 자동개집표기에 의하여 집표처리하며, 그 운임은 반환하지 않는다. 다만, 선·후급교통카드 및 정기권 사용 여객이 이용방향 착오 등의 사유로 최초 개표 후 5분 이내 동일한 역에서 동일한 카드로 다시 개표하는 경우 1회에 한하여 해당 승차권의 기본운임 부과 또는 횟수차감을 면제한다.

2) 승차변경

가) 1회권 또는 단체권을 소지한 여객이 승차구간을 연장한 경우에는 하차역에서 승차권에 표시된 구간과 실제로 승차한 구간의 운임을 비교하여 차액을 받는다.

나) 서울교통공사구간에서 유효하지 않은 승차권을 소지한 여객은 직원에게 신고하여야 하며, 그 승차권이 유효하지 않은 구간에 대한 1회권 운임을 따로 내야 한다.

다) 선급카드의 남은 금액이 승차한 구간의 운임보다 부족하여 집표할 수 없을 때에는 교통카드 정산·충전기 등에서 충전 후 집표할 수 있다.

라) 정기권을 소지한 여객이 정기권의 이용구간을 초과하여 이용한 경우에는 별도로 정한 바에 따라 사용횟수를 추가로 차감한다.

차. 부가금의 처리

1) 다음 각 호에 해당하는 여객에게는 승차구간의 어른용 1회권 운임(어린이는 어린이용 1회권 운임)과 그 30배의 부가금을 받는다. 다만, 부득이한 사유로 승차권을 구입하지 못하였거나 분실한 사실을 직원에게 미리 신고하고 그 사실이 인정될 경우에 한하여 승차구간의 1회권 운임만을 받는다.

　가) 승차권을 소지하지 아니하고 열차를 이용하거나 운임지역 내로 무단입장 하였을 때

　나) 이용 도중 승차권을 분실하였을 때

　다) 제24조 제1항에 의하여 승차권이 무효가 되었을 때

　라) 승차권을 개표하지 않고 운임지역 내로 입장하였을 때

　마) 승차권의 검사에 협조하지 않을 때

　바) 단체권에 기재된 인원(어른, 청소년, 어린이를 구분)을 초과하여 승차하였을 때 그 초과인원

　사) 유효하지 않거나 도난, 분실 등 사고 처리된 교통카드를 사용하였을 때

　아) 우대용카드 사용자가 유효한 신분증을 제시를 못하였을 때

2) 위 각 호의 경우에 해당하는 여객의 승차역이 불분명한 때에는 도시철도구간 내 역 중 가장 먼 역에서 승차한 것으로 처리한다.

3) 승차권의 부정사용이 제1)항의 각 호 중 2항목 이상에 해당할 경우에는 가장 중한 것을 적용한다.

4) 여객운임 및 부가금은 현금 또는 자기앞수표 및 교통카드로 낼 수 있으며 여객운임요금영수증을 발급받을 수 있다.

5) 여객이 잘못 승차한 사실을 직원에게 신고하여 그 사실이 인정되었을 경우에는 당해 승차권의 통용기간 내에 한하여 정당한 방향으로 재입장할 수 있다.

카. 운임반환 및 보상

1) 개표 또는 집표가 되지 않은 승차권의 처리 등

　가) 승차역의 자동개집표기의 고장, 정전 등으로 정상적으로 개표되지 아니한 승차권을 소지한 여객은 하차역에서 직원의 안내를 받아야 한다. 이 때 승차권에 표시된 구간을

지나 여행하였을 때에는 승차권에 표시된 운임 또는 구간과 실제로 승차한 구간의 운임 또는 구간을 비교하여 부족액을 내야 한다.

나) 승차역에서 정상적으로 개표되었으나 하차역에서 자동개집표기의 고장, 정전, 승차권의 훼손등으로 집표가 불가능할 경우에는 직원의 안내를 받아야 한다.

다) 승차권(우대용 1회권 및 우대용 교통카드 제외) 개표 후 집표 시까지 5시간이 초과되었을 경우에는 해당 승차권의 기본운임을 추가로 내야 한다.

2) 열차운행 불능 시 여객운송

가) 열차의 운행이 불가능하게 되었을 경우에는 그 불통구간 내에서는 여객운송을 하지 않는다.

나) 여객이 승차권 개표 후 열차운행 중단 및 지연 등의 사유로 여행을 계속할 수 없을 때에는 다음 각 호의 금액을 반환한다.

(1) 1회권 : 해당 1회권에 전자적으로 기록된 운임

(2) 정기권 : 별도로 정한 정기권 종별 1회권 운임

(3) 단체권 : 해당 승차권에 표시된 운임

(4) 선급카드, 후급카드 : 1회권 기본운임

3) 제2)항에 정한 금액은 여행 중지일을 포함하여 7일 이내 도시철도구간 역에 청구하여 반환받을 수 있다. 이때, 여행을 중지한 당시에 반환받지 못한 경우에는 미승차 확인증을 발급 받아 반환받아야 한다.

4) 정기권을 사용하는 여객이 열차운행 중단 등의 사유로 인하여 계속하여 3일 이상 사용할 수 없을 때에는 충전한 기관의 역에 반환을 청구할 수 있다.

5) 사고 등으로 인하여 열차가 5분 이상 지연되었을 때에는 지연증명서를 발급받을 수 있다.

타. 휴대금지 및 제한물품

1) 여객은 다음 각 호의 어느 하나에 해당하는 물품은 휴대하고 승차할 수 없다.

가) 별도로 정한 위해물품, 그 밖의 여객에게 위해를 끼칠 염려가 있는 물품

나) 난로 및 풍로(다만, 즉시 사용하지 못하는 것은 제외)

다) 사체

라) 동물. 다만, 소수량의 조류, 소충류 및 크기가 작은 애완동물로서 용기에 넣고 겉포 장을 하여 안이 보이지 않게 하고, 불쾌한 냄새가 발생하지 않도록 한 경우와 장애인 의 보조를 위하여 장애인보조견 표지를 부착한 장애인보조견은 제외한다.

마) 불결 또는 악취로 인하여 다른 여객에게 불쾌감을 줄 우려가 있는 물건

바) 전차선 등에 접촉될 경우 안전사고 및 열차운행에 지장을 줄 우려가 있는 풍선류

2) 직원은 여객의 휴대품 중 금지품이 있는 것으로 예상될 때에는 그 물건의 내용을 확인 할 수 있다.

3) 휴대품의 내용을 확인할 경우 이에 협조하지 아니하는 여객에 대하여는 승차를 거절할 수 있다.

4) 여객의 휴대품이 열차 내에서 전도되거나 충격으로 파손이 우려되는 것은 여객이 스스 로 보호하여야 하며, 파손 또는 분실된 경우와 휴대품으로 인하여 다른 여객에게 피해 를 입힌 경우 서울교통공사는 책임을 지지 않는다.

5) 휴대품의 제한

여객은 휴대금지품 이외의 물품으로서 길이, 너비, 높이 각 변의 합이 158cm 이상인 물품 과 중량이 32kg을 초과하는 물품은 휴대하고 승차할 수 없다. 다만, 휠체어, 유모차, 접힌 상태의 접이식 자전거는 휴대하고 승차할 수 있으며, 접이식 이외 자전거의 경우 에는 자전거 휴대에 대한 특례에 의한다.

6) 휴대금지품 또는 휴대 제한품을 휴대하고 승차하려고 하는 경우에는 승차를 거절할 수 있으며, 이미 승차한 사실을 발견한 때에는 가까운 역에 하차토록 하여 역 밖으로 나가 게 할 수 있다. 이 때, 그 휴대품에 대하여 별도로 정한 부가금을 받는다.

파. 자전거 휴대에 대한 특례

1) 자전거 휴대승차

자전거는 휴대품의 제한에 불구하고 토요일, 법정공휴일에는 휴대하고 승차할 수 있다. 다만, 서울교통공사구간 외에는 해당 구간의 운영기관이 정하는 바에 의한다.

2) 준수 사항

가) 자전거 휴대 여객은 다음 각 호의 사항을 준수 하여야 하며, 이를 준수하지 아니하는

여객에 대하여는 운송을 거절하거나 여행 도중 역 밖으로 나가게 할 수 있다.

(1) 지정차량(차량의 맨 앞과 맨 뒤칸)에만 승차하여야 한다.

(2) 역 구내 및 열차 내에서는 자전거를 타고 이동할 수 없다.

(3) 자전거 전용 안전설비가 설치된 경우 반드시 해당설비를 이용하여야 한다.

(4) 안전사고 예방을 위하여 엘리베이터, 에스컬레이터, 휠체어리프트를 이용할 수 없다.

(5) 그 밖에 열차운행에 지장 또는 다른 여객에게 피해를 주지 않도록 하여야 한다.

나) 서울교통공사는 여객의 안전 및 열차 안전운행 확보 등을 위하여 필요한 경우 자전거 휴대에 관한 사항을 제한하거나 조정할 수 있다.

3) 주의의무 및 책임

가) 자전거 휴대 여객은 역 구내 및 열차 내에서 안전사고가 발생하지 않도록 주의하여야 한다.

나) 자전거의 파손, 분실 그리고 자전거 휴대 여객의 부주의로 인하여 발생한 본인 및 제3자의 손해에 대하여 서울교통공사는 그 책임을 지지 않는다.

제3절

화물 마케팅

1. 철도화물 운송

가. 철도 화물운송 현황

우리나라 철도 화물운송은 다른 교통수단과 비교할 때 수송분담율이 장기간 정체되어 있다가 근래에는 오히려 하락하는 추세에 있다. 철도산업의 전반적인 발전을 위해 정부에서는 2013년 6월 장기적인 '철도산업 발전방안'을 수립했고, 여기에는 한국철도공사의 단계적인 개편방안도 포함되어 있다. 즉 한국철도공사의 경영 투명성과 전문화를 위해 독일식 지주회사제를 응용하여 한국철도공사는 간선철도 중심으로 여객운송 사업을 영위하면서 지주회사 역할을 수행하는 구조로 전환한다는 것이었다. 이 계획은 한국철도공사를 지주회사로 하여 '철도물류회사'를 포함한 6개의 자회사를 단계적으로 설립하는 방안이다.

따라서 당시 한국철도공사 운송 적자(2012년 3천6백억 원)의 120%가 물류부분에서 발생하고 있으므로(4천3백억 원), 2014년부터 물류전문 자회사를 설립하여 철도물류의 경쟁력을 강화할 계획이었다. 그러나 여러 사정상 물류회사의 설립이 어렵게 되자 한국철도공사에서 자체적으로 물류부문 경쟁력 강화방안을 마련토록 했다. 이에 따라 한국철도공사에서는 2015년 4월부터 물류본부를 책임사업부제로 하고 대대적인 조직 개편을 하게 된다. 즉 본사의 3개 처(물류계획처, 물류영업처, 물류개발처)외에 권역별로 6개 물류사업단(수도권, 중부권, 충청권, 강원권, 호남권, 영남권)을 설립하여 화물취급역 106개를 산하에 두게 하였다. 물류본부의 사업부제 출범에 따라, 물류본부에 대하여 책임경영 기반 마련을 위한 예산, 인사 등의 대폭적인 권한 위임과 사업예산의 자체 편성 및 집행, 독립된 성과기준을 마련해 운영토록 했다.

그러나 현재는 6개 물류사업단이 폐지되는 등 책임사업부제 도입 초기의 권한과 책임을 대폭 축소한 채 운용하고 있다.

다른 한편으로 한국철도공사에서는 기업의 철도 화물운송을 쉽게 하기 위한 여러 가지 제도 개선을 하였다. 먼저 운송 신청 및 인도절차를 대폭 간소화하였다. 구두, 전화, FAX는 물론 전자교환문서(EDI)로 신청할 수 있도록 했고, '코레일 물류 앱' 등 물류정보시스템을 구축하여 접수화물 현황, 위치 추적, 도착 예정시간 등의 기본 조회 기능에 요금 확인, 화물 예약까지 원스톱 서비스가 가능해졌다. 다음은 수출입화물의 통관절차 등 일괄처리가 가능해졌다. 수도권 최대 내륙컨테이너 기지인 의왕 ICD에서는 수출입 화물의 보관, 하역, 운송, 배송은 물론 세관, 식품검역소 등의 종합 물류 서비스를 제공하고 있다. 또한 사유화차에 대한 서비스를 강화했다. 고객은 누구든지 사유화차를 제작 운용할 수 있으며, 사유화차 운임은 다른 종류의 할인과 중복할인이 가능토록 했고, 한국철도공사와 협의하여 사유화차는 제작업체에서 전용으로 사용이 가능하도록 하였다.

나. 철도화물 수송량

현재 한국철도 화물의 주 수송 품목은 양회, 컨테이너, 석탄, 광석 등이 대부분을 차지하고 있으며, 종류별 주요 수송현황은 다음과 같다.

《철도 화물 수송량 (종류별, 연도별)》[123]

[단위 : 천(명 · 톤 ·개)]

구분	2010	2011	2012	2013	2014	2015	2016
화물합계	39,217	40,012	40,309	39,822	37,379	37,094	32,555
양회	14,791	14,676	14,602	14,847	14,126	14,891	13,488
컨테이너	9,948	11,678	12,110	11,853	10,386	9,841	8,500
석탄	6,170	5,295	4,876	4,585	4,289	3,823	3,308
광석	2,023	2,211	2,319	1,944	2,106	2,057	1,710
유류	1,641	1,348	1,173	1,033	890	1,016	735
건설	254	271	249	142	152	115	108
사업용	393	410	433	462	492	490	415
기타	3,997	4,124	4,547	4,956	4,938	4,875	4,291

123) 2018 국가교통·SOC 주요통계, 국토교통부, 2018. 8

다. 철도 화물운송 시장의 분석

우리나라 철도의 화물 운송시장의 SWOT 분석을 통하여 강점과 약점 그리고 기회와 위협 요인에 대하여 알아보면 다음과 같다.

《철도 화물운송 시장의 SWOT 분석》[124]

강 점 (Strength)	약 점 (Weakness)
- 안전성, 환경친화성, 에너지효율성 등 철도특성상 경쟁력 우위 - 대량 장거리 운송 가능 - 중량화물 운송 제한이 적음 - 전국적 네트워크 구축	- 수송단계의 복잡으로 수송 완결성미흡 (문전 수송 애로) - 일관복합운송 능력 저하 - 인프라 부족과 효율성 저하 - 단거리 운송에 부적합
기 회 (Opportunity)	위 협 (Threat)
- 시설과 운영분리로 시설비 감소 - 선로용량 증대 (고속철도 개통) - 유라시아 횡단철도와 연계 가능성 - 중국 경제성장에 따른 동북아 물량증가	- 철도운송사업 진입장벽 해체 - 국내 운송시장의 경쟁 심화 - 도로 네트워크 확장 - 타 운송 수단의 서비스 및 기술발전과 시설 투자 - 고객 needs의 복잡 및 다양화

2. 화물 마케팅 전략

가. 수요관리 전략

철도 화물운송 서비스 마케팅의 기본 전략은 수요관리 전략과 공급관리 전략으로 대별된다.

1) 수요관리 전략

가) 계약 수송

연간 일정 물량 이상을 수송할 경우 운임은 협약에 의한 할인가격으로 하고, 연간 계약 량을 수송하지 아니하였을 경우 할인운임을 회수한다.

---

124) 연덕원, 철도마케팅, 계영사, 2005.

나) 다이렉트 수주 방식

화주와 철도 사업자간에 일관운송 계약을 체결하고 연계운송을 포함한 전 구간 운송을 철도사업자 책임 하에 운송하는 다이렉트(직접계약) 수주 전략이다.

다) 사유화차 인센티브제

사유화차를 제작하여 철도운송사업자의 차적에 등재한 후에 화물운임을 할인받을 수 있고, 협약에 따라 전용으로 화물을 운송할 수 있다.

라) 수송량 약정제도

특정기업의 필요한 화물 수송을 위하여 철도역에서부터 특정 기업의 공장 내 물류 시설까지 전용선을 부설함에 있어 철도사업자가 비용의 전부 또는 일부를 부담하는 경우에는 수송 물량의 확보를 위하여 전용선 취급화물의 철도수송량을 전용자와 약정하여 타 운송수단으로의 물량 이탈을 방지한다.

마) 탄력적인 운임 제도

철도 수송수요를 창출하기 위하여 화물운임을 탄력적으로 정하는 것을 말한다. 신규 수요 창출 등에 효과적이다. 2016년 6월부터 철도의 화물운임에 대한 정부의 규제가 폐지되어 한국철도공사에서 자체적으로 탄력적인 운임적용이 가능해졌다.

나. 공급관리 전략

철도 화물운송 서비스 상품의 공급은 적시에 적량을 수송할 수 있는 열차운행과 화차 공급, 자동화된 상·하역 설비, 하치장과 같은 보관설비가 충분히 준비되어야 수송수요에 대응할 수 있다.

1) 열차의 수송능력 증강과 속도의 향상

불량한 선형 개량으로 급곡선을 완화하거나, 단선선로의 복선화, 신호설비의 현대화, 화차 속도향상, 전철화 및 유효장 연장 등이 해당된다.

《경부선 및 호남·전라선 열차장 제한 정거장 현황》[125]

정거장 및 선로장		열차장 제한
상부본선	하부본선	
서대전, 익산, 순천	서대전, 강경, 익산, 삼례, 순천	29량 이하
원동	원동, 개운	30량 이하
전의	청도	31량 이하
사상, 청도	서정리, 지천	32량 이하
병점	-	33량 이하
서정리, 신암, 김천	병점, 이원, 김천, 전의	34량 이하
평택, 지천, 이원, 신동, 구포	신동, 구포	35량 이하
세천, 남성현	세천, 남성현	36량 이하

* 자료 : 한국철도공사 물류관리처

2) 화차의 성능 개선 등을 통한 적재 능력 향상

3) 상 · 하역 설비의 확충

화물터미널에서의 상·하역 작업의 자동화는 운송시간 단축과 물류비 절감, 화물 손상방지 등의 면에서 중요하다.

4) 보관시설의 확충

철도 화물수송에 있어서 보관시설은 야적 하치장과 창고로 나누어 볼 수 있다. 철도 화물 수송이 원활히 수행되기 위해서는 충분한 보관시설이 필요하겠다.

5) 물류 정보화

물류 정보화는 효율성 제고와 물류비 절감을 위해 필수 불가결한 요소가 되고 있다. 철도공 사에서는 철도물류정보서비스 홈페이지와 스마트 폰을 이용한 코레일 물류 웹 앱을 구축하여 철도 화물의 발송, 도착업무가 인터넷을 통하여 고객이 집에서도 처리할 수 있음은 물론 열차 운행 정보와 컨테이너 및 화차의 소재를 실시간으로 파악할 수 있도록 획기적으로 개선하였 다. 또한 EDI(electronic data interchange 전자 데이터 교환) 망을 통하여 물류거점, 화주, 물류관련 기관과의 정보 연계로 자료를 공유하여 수출입 컨테이너 화물의 유통정보를 공유함

---

125) 철도물류 수송력향상을 위한 유효장 확장사업, 기획재정부, 2016

으로써 물류흐름을 촉진하고 있다.

다. 상품관리

1) 신 운송시스템 도입 및 개발

신 운송서비스는 철도의 대량 수송성과 환경 친화성의 강조는 물론 철도화물운송 작업의 안전성 등 다양한 관점에서 접근하여 고객에 대한 철도화물운송 서비스에 최선을 다하는 방향으로 개발되어야 한다.

가) DST(Double Stack Train, 이단적열차)

컨테이너를 2단으로 적재한 열차로, 미국철도협회에서는 이단적열차가 도입된 이후 승무원의 비용이 절반으로 줄어들어 single stack보다 40% 이상의 비용이 절감되는 것으로 추산하고 있다. 특히 DST 도입 시 열차 당 수송력은 84%까지 증대되는 것으로 알려졌다. 한국철도공사에서는 한국철도기술연구원, 성신RST 등과 공동으로 '세계에서 가장 낮고, 가장 높은 용량의 수출입용 표준 컨테이너 2단적재 화차(DSC, Double Stack Car)'를 개발하여 2017년 4월에 시험 차량 제작을 완료하였다.

나) 양방향 복합신호 시스템 구축

양방향 복합신호 시스템은 상하행 선로 구분 없이 열차를 양방향으로 취급이 가능하도록 신호시스템을 개량하는 것을 말한다. 이는 심야시간대에 한 선로에서 보수 작업을 하여도 다른 선로로 신호 제한 없이 수송이 가능하여 철도 물량 증대 및 실시간 고객 서비스가 가능한 장점이 있다.

다) E&S (Effective and Speedy Handling System, 본선 직상차 및 입환생략 시스템)

E&S시스템은 '정거장 입환생략 모델'이라고 하며 화물열차에서 화차를 분리 또는 연결하여 화물을 싣고 내리던 기존의 복잡한 입환 방식을 생략하고, 화물 착발선에 인접하게 컨테이너 하역홈을 설치하여 열차의 착발장소와 하역장소를 일체화시키는 것을 말한다. 철도를 통한 물류수송은 중간역에서 입환작업에 걸리는 시간과 대기시간이 큰 비중을 차지한다. 이러한 시간을 단축하기 위해 플랫폼에 도착하자마자 화물열차의 하

역이 이루어지고 작업이 종료된 후 바로 출발할 수 있어 불필요한 시간을 줄일 수 있다. 1988년 일본의 JR 화물에서 처음으로 시작됐다. 우리나라에서는 2016년 7월 전라선 동익산역에서 시범으로 도입했다.

E&S 시스템의 장점은 다음과 같다.[126]

① 구내입환 작업의 대폭적인 감소로 수송효율화 달성 및 입환기관차를 줄이는데 기여한다.

② 열차 정차시간이 짧아, 열차 운행 소요시간 단축에 크게 기여한다.

③ 중간역에서 화물하역을 위한 화차의 연결, 해방이 불필요하고, 거점 간 직행화에 의해 안정적인 수송이 가능하다.

④ 최소인원으로 역 내 작업을 수행할 수 있으므로 인력 효율화 등 인건비 절감이 가능하다.

⑤ 화물역 신설 시 화차 유치선이 감축되어 공사비가 저렴해진다.

라) 접히는 컨테이너 개발

화차 컨테이너의 운송 효율을 극대화시키기 위해 4분의 1로 접히는 컨테이너를 개발했다.

《접히는 컨테이너 개발》[127]

국토교통부 2017. 1.20일 접이식 컨테이너 기술을 개발했다고 발표했다. 이번에 개발한 접이식 컨테이너 기술은 무역수급 불균형으로 인한 공(空) 컨테이너를 재배치하는 데 소요되는 비용을 크게 절감하여 물류 운송의 효율을 한 단계 높여 줄 획기적인 기술이다. 현재 전 세계적으로 공 컨테이너 재배치를 위해 매년 약 8조 원(약 67억 달러)의 비용이 소요되고 있으며, 국내 업체들도 이를 위해 연간 약 4천억 원을 사용하고 있는 것으로 추정된다. 반면, 이번에 개발한 접이식 컨테이너 기술은 컨테이너 접이 부분에서도 일반 컨테이너의 강도를 유지할 수 있도록(모서리 기둥별 96톤(ton)지지 가능) 설계됐으며, 간단한 보조장비와 인력(2명)으로, 10분 이내에 접이 작업이 완료되어, 향후 현장 활용성이 매우 높을 것으로 전망된다.

---

126) 이태구, 철도물류수송에 E&S 시스템 구축 및 도입방안, 2015
127) 2017. 1.23, 국토교통부 보도자료

마) 화물작업선(CY) 이동식 전차선 개발

일반적으로 컨테이너 야드(CY)에는 컨테이너 상하차 작업을 할 때, 하역장비(리치스태거 등) 등의 사용에 지장을 주므로 전차선이 설치되어 있지 않다. 따라서 전철구간에서도 작업선에 화차를 차입 또는 인출을 할 때 전기기관차가 들어갈 수 없으므로 시발역부터 동력비가 많이 소비되는 디젤기관차로 운행할 수밖에 없었다. 이와 같은 문제를 해결하기 위해 작업선 등에서도 전기기관차의 운행을 가능하도록 전차선을 접었다 폈다 할 수 있는 이동식 전차선을 개발하여 2016년 8월에 경부선 옥천역에 시험 설치하여 기관차 운영 시험 및 성능평가를 했다.

이동식 전차선 접음 (단전)　이동식 전차선 펼침 (급전)

2) 화물 운송서비스의 고속화 및 장대화

화물 운송서비스의 고속화 및 장대화를 통하여 고객의 욕구에 충족하기 위한 노력은 세계적인 추세이다. 우리나라도 계속적인 고속화차의 개발과 더불어 컨테이너 직통열차 운행을 증가시키고 있다. 아울러 KTX-산천 고속열차에 화물을 적재하여 고속으로 운송하는 방법을 연구하고 있다.

《전기기관차 분산 중련 무선제어 기술 개발》[128]

대용량(장대) 화물열차 운용을 위하여 전기기관차 분산 중련 무선제어 기술을 개발하여, 화물 운송량의 극대화를 통한 열차 운행 효율성 향상을 목적으로 개발하여 시범운행을 실시했다. 또한 중련제어 기술은 전기기관차 중련 정보의 무선 송수신을 통한 제어, 제동관 압력 충기 및 배기, 속도향상을 위한 피제어 기관차 제동관 압력 제어 기능 구현, 전기기관차 분산배치에 따른 절연구간 통과 제어 기능 구현 등을 목표로 개발했다. 무선제어 시스템 기술 사양은 다음과 같다. 중련 제어 정보 전송방식은 wifi를 적용해서 철도차량 및 철도운행 환경에서의 간섭에 의한 장애를 극복하고, 철도차량 간의 고 신뢰성, 안정성, 보안성 있는 데이터 송수신이 가능토록 했다. 한국철도공사는 2017년 3월 한국철도기술원, 현대로템과 분산 중련 무선제어 기술개발 MOU를 체결하고, 2017년 4월 17일 및 5월 2일 등 2회에 걸쳐 부산신항역~진례역 간 화차 50량을 연결하고 시운전을 성공적으로 실시했다. 한국철도공사에서는 앞으로 무선 안정성 및 보안성 확보를 통한 상용화를 추진할 계획이다.

3) 품목별 전용화차 개발

화물 하역작업의 신속 및 기계화를 위한 파렛트 화차는 이미 1998년도 개발하여 운용하고 있는 등 자동차 및 냉연코일 수송용 화차 등 품목별 전용화차를 개발하여 운용하고 있다.

4) 고객맞춤 서비스 상품 개발

철도운송사업자가 수행해야 할 마케팅 활동으로 기존고객 및 잠재고객의 파악을 통한 고객욕구를 충족시키기 위한 서비스 상품을 개발하는 것이다. 같은 양회업체라고 하더라도 내륙에 위치한 고객이 있는 반면 해안에 접해있어 연안운송이 가능한 고객이 있다.

라. 가격전략

1) 철도 화물 운임 및 요금체계

우리나라 철도운임은 한국철도공사가 출범하면서 인가제 운임에서 운임인상 상한제를 병행한 신고제 운임으로 변경되었다. 이후 정부에서는 2016. 6. 30일부터 한국철도공사의 자율성

---

128) 한국철도공사 자료, 2017. 5

을 보장하고 타 운송수단과의 경쟁을 유도하기 위하여 화물 운임에 대한 모든 제한을 폐지하였다. 국내 철도운임은 품목별 무차별운임(FAK Rate)을 적용하고 있으며, 운임구조는 거리비례제가 적용되고 있다. 운임 계산은 차급화물은 화차 1량 단위, 컨테이너화물은 컨테이너 규격별 1개를 단위로 한다.

※ FAK Rate (Freight All Kinds Rate) : 화물의 중량 또는 용적에 따라 설정되는 운임으로 화물의 종류나 내용은 문제가 되지 않는다. 즉, 화차 1량 당 또는 컨테이너 1개 등의 개당 운임이 얼마라는 식으로 정해지는 운임이다.

가) 일반 차급화물

일반 차급화물 운임 = 기본 임율(1km당 운임) x 화물 영업거리(km) x 화물중량(톤)

나) 컨테이너 화물

컨테이너화물 운임 = 종별 기본 임율(1km당 운임) x 화물 영업거리(km)

다만 컨테이너 화물 운임은 컨테이너의 크기와 영 · 공 컨테이너 등에 따라 1km당 운임율이 다르게 책정되고, 공 컨테이너의 운임율은 영 컨테이너 운임율의 74%를 적용하고 있다.

2) 운임 할증 제도

운송 상 주의를 요하는 위험품 등에 대한 품목할증, 열차 속도를 제한하거나 열차지정 또는 전세열차로 운행하는 열차운행제한 할증, 특대화물 할증, 철도공사 직원이 감시하여야 하는 화물 등에 대한 할증이 있다.

3) 운임 할인 제도

가) 투자비 보전을 위한 사유화차 할인

고객이 화차를 제작하여 철도운송에 사용할 경우 투자비 보전을 위해 시행하는 할인으로 할인율은 화차제작 조건을 따른다.

나) 일반적 할인

(1) 왕복수송 할인 : 도착화물의 수화인이 송화인이 되어 운송구간 및 차종이 같고 인도일부터 2일 안에 화물을 탁송할 경우 복편운임을 20% 할인한다. 다만, 구간별로 필요한 경우

할인율을 그 때마다 별도방침으로 정할 수 있으며, 컨테이너화물은 왕복수송 할인을 적용하지 않는다.

(2) 탄력할인 : 다른 교통수단과의 경쟁력 확보 및 탄력적인 시장 대응을 통한 철도화물 수입 증대를 위해 필요할 경우 시행하며, 할인율은 그 때마다 따로 정한다.

4) 철도 화물요금

철도는 수탁화물을 운송하는 것에만 한하는 것이 아니라 그 외에도 집배, 보관과 같은 운송에 부대되는 각종 행위를 한다. 그러므로 철도는 화주로부터 그 행위에 대한 보수로써 각종의 요금을 수수하게 되는 데, 철도가 그 보수를 수수하는 목적은 부대행위 행위에 대한 노력 또는 설비에 대한 실비를 보상하는 외에 적하 또는 반출 촉진과 같은 타 목적을 수행하기 위함에 있다. 요금액은 대체적으로 화물의 수량에 비례 할지라도 운송거리와는 무관함이 통례이다. 화물요금에는 화물 유치료, 화차 유치료, 호송인료, 컨테이너 하치장사용료, 정보입력료 등이 있다.

마. 유통관리 전략

1) 철도 화물운송 서비스 유통 경로

철도 화물운송 서비스의 유통경로는 철도 사업자와 화주(구매자)간 직접거래가 이루어지는 직접유통과 철도사업자와 화주 사이에 거래를 중개하는 운송인이 있는 간접유통의 두 가지를 들 수 있다. 전자는 주로 제품공장의 물류창고까지 철도가 부설되어 있는 경우의 유통경로로써 양회나 석탄과 같은 화물운송에 이용되며, 후자는 컨테이너나, 광석, 유류 등 집화가 필요하거나 생산자가 운송 업무를 아웃소싱 형태로 운영하는 경우에 이용되는 유통경로로써 철도 화물운송의 일반적인 유통경로이다.

2) 철도 화물운송 서비스 유통관리 전략

철도로 화물운송을 중개하는 우리나라 복합운송인은 대부분이 화물자동차를 소유하고 있는 운송업체이다. 이들은 자신이 보유한 자동차를 이용하여 의뢰 받은 화물을 우선 수송하고 자동차 운송이 불가능한 중량화물이나 자동차를 이용하고 남는 여유분의 화물을 철도로 탁송하는 경향이 있어 철도의 수송수요가 불안정한 원인이 되고 있다. 이러한 단점을 보완하기 위하여 새로운 유통관리 전략이 도입되어야 한다.

3) ICD(Inland Container Terminal, 내륙컨테이너 터미널) 활용

내륙물류기지는 2가지 이상 운송수단(도로, 철도, 항만, 공항)간 연계운송을 할 수 있는 규모 및 시설을 갖춘 복합물류터미널과 내륙컨테이너기지를 말한다. ICD는 본래 Inland Clearance Depot 즉, 내륙통관기지를 뜻하는 것으로서 UNCTAD[129]의 ICD에 대한 공식적인 정의를 보면 "항만 혹은 공항이 아닌 공용내륙시설로서 공적 권한을 지니고 있으며, 고정화된 설비를 가지고서 모든 가능한 내륙운송형태에 의해 미통관된 상태에서 이송된 제 종류의 화물(컨테이너 포함)의 일시적 저장이나 취급에 관한 서비스를 제공하고 있으며, 세관 통제 아래 놓여있고, 세관과 그밖에 즉시 수출, 연장수송을 위한 일시적 장치, 재수출, 임시입국, 입고, 입국통관을 전 문으로 하는 대리인(점)을 포괄하고 있는 곳"으로 되어 있는데, 이는 내륙통관기지(Inland Clearance Depot)로서의 역할이 강조되고 있음을 알 수 있다. 컨테이너화의 급속한 확산과 복합운송의 발달이 이루어지는 ICD는 Inland Container Terminal(내륙컨테이너 터미널) 혹은 Inland Container Depot(내륙컨테이너기지)로서 발전하고 있으며, 통관기능은 그 주요 기능 중의 하나에 해당한다. 수도권 최대의 ICD는 의왕ICD로 수도권 수출입 컨테이너의 상당량을 처리하고 있는 수출입 컨테이너 기지이며, 철도수송, 내륙운송, 내륙통관, 내륙항만 기능을 수행함으로써 화주에게 신속한 물류서비스를 제공함과 동시에 물류비 절감을 통한 국가 경쟁력 향상에 이바지 하고 있다.

바. 촉진 전략

1) 화물운송 서비스 촉진의 특징

화물운송 서비스 상품은 그 특성상 주문형 구매가 많고, 판매량이나 시장 점유율 자체는 소비재 상품에서 보다 중요하지 않다. 따라서 일반 소비재의 주요 촉진수단인 판매촉진이나 대중매체를 통한 광고보다는 인적 판매를 통한 고객 관계형성 및 유지가 중요하다.

---

129) UNCTAD (United Nations Conference on Trade and Development, 유엔무역개발회의)

2) 전문매체를 이용한 광고 및 홍보

철도의 화물운송 서비스에 대한 관심은 철도운송에 관심이 있는 물류관련 기업에 한정된다. 따라서 대중매체를 이용한 광고나 홍보보다는 물류관련 정기 간행물이나 전문서적, 산업 카탈로그(Industria Catalogue), 물류 관련 신문과 같은 전문 간행물을 통한 광고나 홍보로 한정된다. 그러므로 광고의 횟수가 적고 단위 당 광고비용이 적게 소요된다.

3. 철도화물 운송약관 요약[130)

가. 적용범위

1) 이 약관은 철도공사가 운영하는 화물운송 및 이에 부대하는 업무에 적용한다.
2) 철도공사와 고객 간 별도의 운송협약을 체결한 경우에는 이 약관보다 우선 적용한다.
3) 이 약관 또는 별도로 체결한 운송협약에서 정하지 않는 사항은 철도관계 법령, 상법 등의 법규와 공정한 일반관습을 따른다.

나. 용어의 정의

1) "고객"이란 철도를 이용하여 화물을 탁송할 경우의 송·수화인 등을 말한다.
2) "역"이란 국토교통부에서 고시하는「철도거리표」의 화물취급역을 말한다.
3) "화물운송장"이란 고객이 탁송화물의 내용을 적어 철도공사에 제출하는 문서(EDI 전자교환문서 포함)를 말한다.
4) "화물운송통지서"란 철도공사가 탁송화물을 수취하고 고객에게 발급하는 문서를 말한다.
5) "탁송"이란 고객이 철도공사에 화물운송을 위탁하는 것을 말한다.
6) "수탁"이란 철도공사가 고객의 탁송신청을 수락하는 것을 말한다.
7) "수취"란 철도공사가 적재 완료한 탁송화물을 인수하는 것을 말한다.
8) "적하"란 화물을 싣고 내리는 것을 말한다.
9) "살화물"이란 석탄, 광석 등과 같이 일정한 포장을 하지 않는 화물을 말한다.

---

130) 철도화물운송약관, 한국철도공사, 2017.10.16

10) "차량한계"란 철도차량의 안전을 확보하기 위하여 차량의 정적한계를 고려한 폭과 높이의 한계를 말한다.

11) "인도"란 철도공사가 화물운송통지서에 적은 화물을 고객에게 넘겨주는 것을 말한다.

12) "화차표기하중톤수"란 화차에 적재할 수 있는 최대의 중량을 말한다.

13) "자중톤수"란 화차 등 차량의 자체 중량을 말한다.

14) "군화물"이란 국군 또는 주한미국군(국제연합군 포함)이 탁송하는 화물을 말한다.

15) "위험물"이란 「위험물 철도운송 규칙(국토교통부령)」에서 정한 화학공업류, 화약류, 산류, 가스류, 가연성물질, 산화부식류, 독물류 등 위험물을 말한다.

16) "특대화물"이란 일반화물 중 다음 각 호의 어느 하나에 해당하는 화물을 말한다. 다만, 갑종철도차량은 예외로 한다.

　가) 화물의 폭이나 길이, 밑부분이 적재화차에서 튀어나온 화물

　나) 화물적재 높이가 레일 면에서부터 4,000밀리미터 이상인 화물

　다) 화물 1개의 중량이 35톤 이상인 화물

17) "갑종철도차량"이란 자기 차륜의 회전으로 운송되는 철도차량을 말한다.

18) "사유화차"란 철도공사의 소유는 아니나 철도공사의 차적에 편입된 화차를 말한다.

19) "전용화차"란 철도공사의 소유화차를 특정고객에게 일정기간 동안 전용(專用)시킨 화차를 말한다.

20) "EDI"란 전자문서교환(Electronic Data Interchange)을 말한다.

21) "전용철도"란 다른 사람의 수요에 따른 영업을 목적으로 하지 않고 자신의 수요에 따라 특수목적을 수행하기 위하여 설치하거나 운영하는 철도를 말한다.

22) "화물지선"이란 철도공사가 운영하는 선로에 별도의 화물취급장을 마련하여 화물취급에 제공하는 영업선으로써 철도공사에서 따로 지정한 선로를 말한다.

23) "운임"이란 화물의 장소적 이동에 대한 대가로 수수하는 금액을 말한다.

24) "요금"이란 장소적 이동 이외의 부가서비스 등에 대한 대가로 수수하는 금액을 말한다.

25) "기본운임"이란 할인·할증을 제외한 임률, 중량, 거리만으로 계산한 운임을 말한다. 다만, 최저기본운임에 미달할 경우에는 최저기본운임을 기본운임으로 한다.

26) "최저기본운임"이란 철도운송의 최저비용을 확보하기 위하여 제45조에서 정한 기본운임을 말한다.

27) "컨테이너화물"이란 컨테이너로 운송되는 화물을 말한다.

28) "일반화물"이란 컨테이너화물 이외의 화물을 말한다.

29) "철도물류시설"이란 철도운송 화물의 보관, 하역 등을 위한 화물창고, 화물헛간, 야적 하치장, 철도CY 등의 시설을 말한다.

30) "전용열차"란 고객과 열차횟수, 연결량수 등 운행에 필요한 세부사항을 정하여 일정 기간 운영협약을 맺은 열차를 말한다.

다. 화물운송

1) 화물 탁송신청은 철도물류정보서비스(인터넷, 모바일 웹)를 통하여 직접 신청하는 것을 원칙으로 하고 필요시 EDI, 구두, 전화, 팩스(fax) 등으로 할 수 있으며, 운송제한 화물은 위험물 컨테이너를 제외하고 화물운송장을 제출해야 한다. 다만, 전용열차는 탁송신청을 생략할 수 있다.

2) 고객은 화물 탁송 시 다음 각 호의 내용을 알려야 한다.

가) 발송역 및 도착역(화물지선에서 탁송할 경우 그 지선명)

나) 송·수화인의 성명(상호), 주소, 전화번호

다) 화물의 품명, 중량, 부피, 포장의 종류, 개수

라) 운임·요금의 지급방법

마) 화차종류 및 수송량수

바) 화물운송장 작성자 및 작성연월일(운송제한 화물에 한정함)

사) 컨테이너화물로 위험물을 탁송할 경우 그 위험물 종류

아) 특약 조건 및 그 밖에 필요하다고 인정되는 사항

3) 취급화물의 범위

가) 철도공사는 화차 1량을 1건으로 하여 취급한다. 다만, 갑종철도차량은 1량을 1건으로, 컨테이너화물은 컨테이너 1개를 1건으로 취급한다.

나) 위 항의 1건 취급화물의 범위는 다음 각 호와 같다.

(1) 송화인, 수화인, 발송역, 도착역, 탁송일시, 운임·요금 지급방법이 같은 화물

(2) 위험물에는 다른 화물을 혼합하지 않을 것

(3) 1량에 적재할 수 있는 부피 및 중량을 초과하지 않을 것. 다만, 2량 이상에 걸쳐 적재하는 특대화물(중간에 보조차를 공동 사용하여 그 앞뒤의 화차에 적재한 화물 포함) 및 이와 다른 화물을 함께 탁송하는 경우에는 그 사용차에 적재할 수 있는 부피 및 중량

라. 탁송금지 위험물 및 운송제한 화물 등

1) 탁송금지 위험물

고객은「철도안전법」에서 정한 다음 각 호의 어느 하나에 해당하는 위험물을 철도로 탁송할 수 없다.

　　가) 점화류(點火類) 또는 점폭약류(點爆藥類)를 붙인 폭약

　　나) 니트로글리세린

　　다) 건조한 기폭약(起爆藥)

　　라) 뇌홍질화연(雷汞窒化鉛)에 속하는 것

　　마) 그 밖에 사람에게 위해를 주거나 물건에 손상을 줄 수 있는 물질로서 국토교통부장관이 정하여 고시하는 위험물

2) 운송제한 화물

철도공사는 다음 각 호의 어느 하나에 해당하는 화물에 대하여 운송설비 등을 갖추고 운송이 가능할 경우에 별도의 조건을 붙여 운송취급을 할 수 있다.

　　가)「위험물 철도운송 규칙」에서 정한 운송취급주의 위험물

　　나) 동물, 사체 및 유골

　　다) 귀중품

　　라) 부패변질하기 쉬운 화물

　　마) 갑종철도차량

　　바) 열차 및 운송경로를 지정하여 운송을 청구하는 화물

　　사) 전세열차로 청구하는 화물

　　아) 속도제한 화물

　　자) 운송에 적합하지 않은 포장을 한 화물

　　차) 화물취급역이 아닌 장소에서 탁송하는 화물

카) 차량한계를 초과하는 화물 등 철도로 운송하기에 적합하지 않은 화물

마. 적재중량 및 부피 등

1) 고객은 탁송화물의 성질, 중량, 부피 등에 따라 운송에 적합하도록 포장하여야 한다. 다만, 포장이 필요 없는 살화물 등은 예외로 한다.

2) 철도공사는 송화인이 탁송화물을 적하선에서 화차에 적재 완료한 후 운송에 지장이 없을 경우 수취한다. 다만, 전용철도운영자가 탁송하는 화물의 수취는 별도협약을 따른다.

3) 화물운송통지서 발급

   가) 철도공사는 화물을 수취하고 화물운임·요금을 수수할 때(후급취급 화물은 화물을 수취할 때) 화물운송통지서를 발급한다. 다만, 고객의 동의가 있는 경우 화물운송통지서 발급을 생략할 수 있다.

   나) 화물운송통지서는 화물운송 수취증으로서 유가증권적 효력이 없다.

4) 적재중량 및 부피

   가) 화차에 적재할 화물의 중량은 화차표기하중톤수를 초과할 수 없다. 다만, 화약류는 화차표기하중톤수의 100분의 80을 초과할 수 없으며, 레일의 적재중량은 세칙에서 정한 기준을 따른다.

   나) 화물의 폭, 길이 등을 화차 밖으로 튀어나오게 적재할 수 없다.

   다) 화물의 최고높이는 레일 면에서 화차중앙부는 4,000밀리미터, 화차양쪽 옆은 3,800밀리미터 이내로 적재하여야 한다.

5) 화물의 적하 등

   가) 화물의 적하는 고객의 책임으로 하여야 한다. 다만, 세칙에서 정한 경우에는 예외로 한다.

   나) 화물의 적하는 세칙에서 정한 시간 내에 완료하여야 한다.

   다) 특대화물 등 안전수송을 위해 필요한 화물의 적재방법은 세칙에서 정한 기준을 따른다.

   라) 고객은 화물 하화 시 다른 화물을 운송하는 데 지장이 없도록 잔량을 남겨서는 안 된다.

6) 송화인은 화물을 적재한 후에 세칙에서 정한 방법에 따라 봉인을 하여야 한다. 다만, 봉인이 필요 없는 화물은 예외로 한다.

바. 탁송화물 운송기간 및 인도시기 등

1) 탁송화물 확인

　가) 철도공사는 필요한 경우 화물내용에 대하여 고객과 함께 진위여부를 확인할 수 있다.

　나) 규정에 따라 확인한 결과 발생한 확인비용 및 손해는 알린 내용과 같은 경우는 철도공사가, 다른 경우에는 고객이 부담하여야 한다.

2) 호송인 승차

　가) 운송 도중 특별한 관리가 요구되는 화물은 송화인의 비용으로 호송인을 승차시켜 보호·관리하여야 한다.

　나) 호송인 승차를 위해 차장차를 연결하는 경우에는 갑종철도차량에 해당하는 운임을 수수할 수 있다.

　다) 호송인은 화물에 사고가 발생한 경우 응급조치를 할 수 있는 사람으로서 철도공사가 지정한 물품을 휴대하여야 한다.

　라) 운송제한 화물 중 운송 시 상당한 주의가 필요하다고 철도공사에서 인정하는 화물은 고객의 비용으로 철도공사 직원을 승차시켜 감시하게 할 수 있다.

3) 도착통지

철도공사는 탁송화물이 도착역에 도착한 경우 바로 수화인에게 도착통지를 하여야 한다. 다만, 수화인에게 통지할 수 없을 경우 송화인에게 통지하고, 송화인마저 연락이 되지 않을 때에는 도착역의 보기 쉬운 장소에 1주일 동안 게시하는 것으로 갈음한다.

4) 운송기간

화물의 운송기간은 다음 각 호의 시간을 합산한 것으로 한다. 다만, 천재지변, 기상악화 등 미리 예상치 못한 사유로 운송기간이 지연되는 경우에는 그 기간만큼 연장하는 것으로 본다.

　가) 발송기간: 화물을 수취한 시각부터 12시간

나) 수송기간: 운임계산 거리 400킬로미터까지 마다 24시간

다) 인도기간: 도착역에 도착한 시각부터 12시간

5) 인도시기 및 화물반출

가) 화물의 인도시기는 탁송화물을 적하선에 차입하고 제31조에 따른 방법으로 인도하는 때를 말한다. 다만, 전용철도운영자가 탁송하는 화물의 인도시기는 별도협약을 따른다.

나) 고객은 인도한 화물을 정한 시간 내에 하화를 완료하고 당일 내에 역구내에서 반출하여야 한다. 다만, 18시 이후에 하화를 완료하는 화물은 다음날 11시까지 반출하여야 한다.

다) 화물인도 방법 : 화물의 인도는 봉인 등 화차상태에 이상이 없음을 확인하고 화물운송통지서 또는 화물인도명세서에 수화인의 인장이나 서명을 받고 인도한다.

라) 인도불가능 화물의 처리 : 철도공사는 수화인이 화물의 수령을 거부하거나 수령할 수 없는 때에는 상법에 따라 화물을 공탁하거나 경매할 수 있다.

사. 화물운송 부대업무

1) 구내운반 화물 : 역 구내 및 역 기점 5킬로미터 이내를 철도공사 기관차로 운반하는 화물은 구내운반 화물로 취급한다.

2) 철도물류시설 사용

가) 고객은 철도를 이용하여 탁송할 화물 또는 인도 완료한 화물을 철도공사와 협약을 통해 철도물류시설에 일시 또는 장기 유치할 수 있다. 이 경우 세칙에서 정한 철도물류시설 사용료를 수수한다.

나) 유치한 화물의 보관 책임은 고객에게 있다.

3) 화차유치 및 선로유치

가) 철도공사는 탁송 전후 및 탁송 중인 철도공사 화차를 고객이 요청하거나 고객의 귀책사유로 인하여 선로에 유치될 경우 화차유치료를 수수할 수 있다.

나) 철도공사는 사유화차(전용화차 포함) 소유 고객의 요청 또는 귀책사유로 인하여 사유

화차가 철도공사 운용선로에 유치될 경우 선로유치료를 수수할 수 있다.

4) 화차계중기 사용

가) 고객은 화물 탁송 중 화차계중기 사용을 청구 할 수 있으며, 철도공사는 사용에 지장이 없을 경우 이에 응해야 한다. 이 경우 세칙에서 정한 화차계중기 사용료를 수수한다.

나) 철도공사는 화물의 과적방지 등을 위해 필요할 경우 탁송 중인 화물에 대해 화차계중기를 사용하여 검량을 할 수 있다.

5) 사유화차 제작·운용 : 고객은 철도공사와 별도의 협약을 통해 사유화차를 제작·운용할 수 있다.

6) 화차임대 사용 : 고객은 철도공사와 별도의 협약을 맺어 철도공사의 화차를 화물수송 이외의 목적으로 사용할 수 있다. 이 경우 세칙에서 정한 화차임대사용료를 수수한다.

7) 화차전용 사용 : 철도공사는 고객이 화차를 전용으로 사용할 경우에는 별도의 협약에 의해 이를 승낙할 수 있다. 이 경우 세칙에서 정한 화차전용료를 수수한다.

8) 기관차 일시 사용 : 사유기관차를 운용하는 전용철도운영자가 사유기관차 고장 등으로 철도공사의 기관차를 일시 사용할 필요가 있을 경우에는 철도공사의 승낙을 통해 사용할 수 있다. 이 경우 세칙에서 정한 기관차사용료를 수수한다.

아. 운임 및 요금

1) 운임·요금의 수수

가) 화물의 운임·요금은 철도공사에서 별도로 정한 화물운임·요금표를 따른다. 다만, 고객의 요구에 따라 추가 비용이 발생할 경우 그 추가비용은 별도로 수수할 수 있다.

나) 화물의 운임·요금은 화물을 수취하고, 화물운송통지서를 발급할 때 발송역에서 송화인에게 수수한다. 다만, 철도공사와 별도협약을 체결한 고객의 화물은 예외로 한다.

2) 최저기본운임

가) 화물 1건의 최저기본운임은 다음 각 호와 같다.

(1) 일반화물은 화차표기하중톤수 100킬로미터에 해당하는 운임

(2) 컨테이너화물은 규격별, 영·공별 컨테이너의 100킬로미터에 해당하는 운임

(3) 하중을 부담하지 않는 보조차와 갑종철도차량은 자중톤수의 100킬로미터에 해당하는 운임

나) 전세열차 최저운임은 세칙에서 정한 화물운임·요금표를 따른다.

3) 운임계산 중량

가) 화물운임을 계산하는 중량은 화물 실제중량을 따른다. 다만, 실제중량이 세칙에서 정한 「화물품목 분류 및 화물품목 운임계산 최저톤수 기준표」에 미달할 경우에는 최저톤수를 적용한다.

나) 하중을 부담하지 않는 보조차와 갑종철도차량(차장차 포함)은 자중톤수를 적용한다.

4) 운임계산 거리 : 화물운임계산 거리는 국토교통부에서 고시하는「철도거리표」의 화물영업거리에 의해 운송 가능한 최단경로를 적용한다. 다만, 세칙에서 정한 경우에는 그 기준을 따른다.

5) 운임·요금의할인및할증 : 철도공사는 화물유치, 투자비 보전 등 영업상 필요한 경우 운임·요금을 할인할 수 있다. 철도공사는 운송에 특별한 설비나 주의가 필요한 위험물, 특대화물, 열차 및 운송경로 지정화물 등 운송제한 화물에 대해서는 운임·요금을 할증할 수 있다.

6) 부가운임·요금

가) 철도공사는 화물을 수취한 후 송화인의 화물운송장 거짓기재 또는 거짓신청을 발견한 경우에는 다음 각 호의 부가운임을 수수할 수 있다.

(1) 위험물은 부족운임과 그 부족운임의 5배에 해당하는 부가운임

(2) 제1)호 이외의 화물은 부족운임과 그 부족운임의 3배에 해당하는 부가운임

나) 철도공사는 고객에게 화물의 탁송 또는 반출을 재촉하였으나 이행하지 않을 경우에는 화차유치료 및 철도물류시설 사용료를 요금 외에 3배의 범위에서 부가요금을 수수할 수 있다.

7) 운임·요금의 소멸시효 : 철도공사 또는 고객은 운송계약을 체결한 날부터 1년 안에 화물운임·요금을 청구하지 않으면 그 시효가 소멸한다.

자. 운송책임 및 손해배상

1) 운송책임

가) 철도공사는 화물을 수취한 이후 탁송화물에 대한 보호·관리 책임을 진다. 다만, 호송인이 승차한 화물은 예외로 한다.

나) 철도공사의 운송책임은 수화인이 화물을 조건 없이 인도받은 경우에 소멸한다. 다만, 즉시 발견할 수 없는 훼손 또는 일부 멸실 화물을 화물수령일부터 2주일 안에 철도공사에 알린 경우에는 예외로 한다.

2) 면책

철도공사는 다음 각 호의 어느 하나에 해당하는 경우에는 책임을 지지 아니합니다.

가) 천재지변이나 그 밖에 불가항력적인 사유로 발생한 화물의 멸실, 훼손 또는 연착으로 인한 손해

나) 화물의 특성상 자연적인 훼손·부패·감소·손실이 발생한 경우의 손해

다) 고객이 품명, 중량 등을 거짓으로 신고하여 발생한 사고의 손해

라) 고객의 책임으로 적재한 화물이 불완전하여 발생한 사고의 손해

마) 고객의 불완전 포장으로 인하여 발생한 손해

바) 수취 시 이미 수송용기가 밀폐된 컨테이너 화물 등의 내용물에 대한 손해. 다만, 철도공사의 명백한 원인행위로 인한 손해는 제외한다.

사) 화차 봉인 생략 및 미비로 인한 손해

아) 봉인이 완전하고 화물이 훼손될 만한 외부 흔적이 없는 경우의 손해

자) 호송인이 승차한 화물에 대하여 발생한 손해

차) 면책특약 화물의 면책조건에 의해 발생한 손해

카) 그 밖에 고객의 귀책사유로 인하여 발생한 손해

3) 사고통보

철도공사는 다음 각 호의 어느 하나에 해당하는 경우에는 그 요지를 송화인, 수화인 등 고객에게 알려야 한다.

가) 화물의 분실, 파손 또는 그 밖의 손해를 발견한 때

나) 선로나 그 밖에 운송상 지장으로 고객에게 손해가 발생할 염려가 있을 때

4) 손해배상

가) 화물의 멸실, 훼손 또는 인도의 지연으로 인한 손해배상책임은 상법에서 정한 규정
을 적용한다.

나) 철도공사가 인도기간 만료 후 3개월이 경과하여도 화물을 인도할 수 없을 경우에는
해당 화물을 멸실된 것으로 보고 손해배상을 한다. 다만, 철도공사의 책임이 없는 경
우에는 예외로 한다.

다) 고객의 고의 또는 과실로 철도공사 또는 다른 사람에게 손해를 입힌 경우에는 고객
이 해당 손해를 철도공사 또는 다른 사람에게 배상하여야 한다.

라) 철도공사와 고객 간의 손해배상 청구는 그 사고발생일부터 1년이 경과한 경우에는
소멸한다.

Part 6

안전 경영

안전관리 일반

1. 공공기관의 안전관리에 관한 지침[131]

가. 총칙

1) 목적

이 지침은 「공공기관의 운영에 관한 법률」(이하 "법"이라 한다) 제15조에 따라 공공기관 사업 및 시설의 안전관리에 필요한 사항을 정하는 것을 목적으로 한다.

2) 기본원칙

    가) 공공기관은 국민의 생명과 안전을 경영의 최우선 가치로 두어야 하며 이를 위해 최선의 노력을 다하여야 한다.

    나) 공공기관은 소속 임직원뿐 아니라 안전관리 대상 사업·시설의 근로자에 대하여도 생명과 안전을 지키기 위해 최선의 노력을 다하여야 한다.

    다) 공공기관은 안전사고 예방 및 대응을 위한 안전관리 체계를 구축·운영하여야 한다.

    라) 공공기관은 용역 계약을 체결하거나 집행하는 경우에는 계약상대자가 안전 관련 법령을 준수하게 하는 등 안전사고 예방을 우선적으로 고려하여야 한다.

---

131) 공공기관의 안전관리에 관한 지침, 기획재정부, 제정 2019. 3.28

3) 안전관리 중점기관의 지정 등

가) 기획재정부장관은 다음 각 호의 어느 하나에 해당하는 기관을 안전관리 중점기관으로 지정할 수 있다.

(1) 안전관리 대상 사업·시설에서 직전 연도부터 과거 5년간 산업재해 사고사망자가 2명 이상 발생한 기관

(2) 산업재해 현황과 업무의 위험 정도 등을 고려하여 주무기관의 장이 지정을 요청하는 기관

(3) 「재난 및 안전관리 기본법」에 따른 국가기반시설 관리기관

(4) 「시설물의 안전 및 유지관리에 관한 특별법」에 따른 제1종 시설물의 공공관리주체

(5) 기타 공공의 안전을 위해 특별한 관리가 필요한 기관

나) 안전관리 중점기관은 제1항 각 호의 지정 요건이 없어진 경우에는 주무기관의 장을 거쳐 기획재정부장관에게 지정 해제를 요청할 수 있고, 이 경우 기획재정부장관은 안전을 위한 관리 필요성 등을 고려하여 지정을 해제할 수 있다.

4) 안전기본계획 수립

가) 공공기관은 매년 1월말까지 안전관리 대상 사업·시설의 안전관리를 위해 기본계획을 수립하여야 한다.

나) 위 항에 따른 기본계획에는 다음 각 호의 내용이 포함되어야 한다.

(1) 전년도 안전경영 활동 실적 및 평가

(2) 안전경영 방침 및 안전경영 활동 계획

(3) 안전 조직 구성·인원 및 역할

(4) 안전에 관한 시설 및 예산

(5) 그 밖에 안전관리에 관한 계획

다) 안전관리 중점기관은 기본계획에 산업재해 및 안전사고 감축목표를 포함하여야 한다.

라) 공공기관은 주무기관의 장과의 협의를 거쳐 기본계획안을 수립하고 이사회의 승인 (이사회가 없는 공공기관은 제외한다)을 거쳐 확정한다.

마) 공공기관은 기본계획의 이행 상황을 주기적으로 점검하여야 하며, 매년 3월말까지

전년도 기본계획의 이행 실적을 주무기관의 장에게 점검 받아야 한다.

나. 인력·조직 구성

1) 인력확충

공공기관은 기관의 규모, 업종 및 안전 위험요소 등을 종합적으로 고려하여 해당 기관에 필요한 안전 관련 인력을 확보하고 적재적소에 배치하기 위해 노력하여야 한다.

2) 전문성 강화

가) 공공기관은 안전 관련 분야 전공자 또는 경력자를 채용하거나, 전보 제한 기간을 설정하는 등 안전 분야 근로자의 전문성을 높이기 위해 노력하여야 한다.

나) 공공기관은 소속 임직원의 안전 관련 근무경력, 전문성, 성과 등을 근무평정, 성과평가 등에서 우대할 수 있다.

3) 안전보건교육

가) 공공기관은 소속 경영진, 관리자 및 현장근로자 등을 대상으로 하는 안전보건교육 계획을 수립하고 정기적으로 안전보건교육을 실시하여야 한다.

나) 공공기관은 근로자를 채용하거나 근로자의 업무가 변경된 경우에는 해당 근로자에 대해 담당업무와 관련한 안전보건교육을 실시하여야 하며, 유해하거나 위험한 작업을 담당하는 경우에는 추가적인 안전보건교육을 실시하여야 한다.

4) 안전관리 책임자 및 전담조직

가) 안전관리 중점기관은 임원(임원에 상당하는 자를 포함한다) 중 한명을 안전관리의 책임자로 지정하여야 한다.

나) 안전관리 중점기관은 안전 관련 업무를 총괄하는 전담조직을 기관장 또는 부기관장 (부기관장이 없는 경우 이에 상당하는 자를 포함한다) 직속으로 설치하여 운영하여야 한다.

5) 안전경영위원회

안전관리 중점기관은 안전에 관한 사항을 심의하기 위해 근로자, 전문가 등이 참여하는 안전경영위원회를 구성·운영하여야 한다.

6) 안전근로협의체

안전관리 중점기관이 「산업안전보건법」에 따라 산업안전보건위원회를 설치·운영하여야 하는 경우에는 사업장 안전에 관한 중요 사항을 협의하기 위해 원·하청 노사 등이 참여하는 안전근로협의체를 별도로 구성·운영하여야 한다.

다. 안전관리

1) 안전관리 규정 작성

공공기관은 안전관리 대상 사업·시설의 안전을 유지하기 위해 다음 각 호의 사항이 포함된 안전관리규정을 작성하여야 한다.

　　가) 안전에 관한 관리조직과 그 직무에 관한 사항
　　나) 안전교육에 관한 사항
　　다) 사업 및 시설의 안전관리에 관한 사항
　　라) 사고 조사 및 대책 수립에 관한 사항
　　마) 그 밖의 안전에 관한 사항

2) 안전조치

　　가) 공공기관은 주기적으로 안전에 관한 자체 점검을 실시하고 그 결과와 개선계획을 주무기관의 장에게 보고하여야 한다.
　　나) 공공기관은 근로자가 작업장에 출입하기 전에 필수 안전조치 사항에 대하여 점검하게 하고 안전조치를 준수하지 않은 근로자에 대해서는 퇴거 조치를 하는 등 작업장 안전조치를 철저히 이행하기 위해 노력하여야 한다.
　　다) 공공기관은 근로자가 2인 1조로 근무하여야 하는 위험 작업과 해당 작업에 대한 근속기간이 6개월 미만인 근로자가 단독으로 수행할 수 없는 작업에 관한 기준을 마련

하여 운영하여야 한다.

라) 공공기관은 폭염, 한파 등 이상기후가 발생하거나 발생할 우려가 있는 경우에는 현
장근로자가 작업을 중지하고 휴식을 취할 수 있도록 하여야 한다.

마) 공공기관은 산재 위험에 상시로 노출되는 근로자에 대한 심리치료를 실시하는 등 안
전보건 관리를 위해 노력하여야 한다.

바) 공공기관은 소속 직원 및 작업장 근로자가 안전을 위한 개선과제를 제시할 수 있도
록 내부 제안제도를 운영하여야 한다.

3) 위험성평가

가) 공공기관은「산업안전보건법」에 따라 위험성평가를 실시하고 위험요인을 발굴하여
필요한 조치를 하여야 한다.

나) 공공기관이 사업을 도급하는 경우에 「산업안전보건법」에 따른 도급인의 사업장과
발주공사의 현장에 대해서는 계약의 조건을 통하여 수급인(하청 사업주를 포함한다)
이 실시하는 위험성평가 결과를 점검하고 필요한 보완 조치를 요구하여야 한다.

다) 공공기관은 제1항에 따른 위험성평가 결과, 제2항에 따른 조치 결과를 주무기관의
장에게 제출하여야 한다. 다만, 최근 3년간 안전관리 대상 사업·시설에서 사고 사망자
가 발생한 공공기관은 안전관리 전문기관의 검토를 받아 주무기관의 장에게 제출하여
야 한다.

4) 시설물 안전점검

공공기관은 「시설물의 안전 및 유지관리에 관한 특별법」에 따라 소관 시설물의 안전과 기
능을 유지하기 위해 정기적으로 안전점검(안전관리 전문기관에 의뢰하여 실시하는 정밀안전점
검을 포함한다)을 실시하여야 한다.

5) 작업중지 요청제

가) 공공기관은 안전관리 대상 사업·시설에 대하여 근로자가 위험상황을 인지하였을 때
근로자가 발주자 또는 원청에게 직접 일시 작업중지를 요청할 수 있는 제도를 운영하
여야 한다.

나) 공공기관은 근로자가 작업중지를 요청한 경우 안전 및 보건에 관하여 필요한 조치를 하여야 하며, 요청 내용과 조치 결과를 기록하고 보존하여야 한다.

다) 공공기관은 근로자가 위험상황이 있다고 믿을 만한 합리적인 이유가 있을 때에는 작업중지를 요청한 근로자나 근로자가 소속된 수급인에게 불리한 처우를 하여서는 아니 된다.

6) 안전투자

공공기관은 예산을 편성하거나 집행하려는 경우에는 안전 관리 및 예방 관련 사업을 적극적으로 지원하고 투자하여야 한다.

7) 안전기술 개발 등

가) 공공기관은 사물인터넷, 무인화 기술 등을 활용한 안전 신기술 및 신제품의 개발을 지원하고 이에 대한 이용을 확대하기 위해 노력하여야 한다.

나) 안전관리 중점기관은 안전경영 시스템(KOSHA 18001) 인증을 받도록 노력하여야 한다.

라. 임원의 책임

1) 공공기관의 임원은 법령과 본 지침에 따른 안전관리 책무와 그 밖에 근로자의 안전과 보건을 위해 필요한 조치를 하여야 하며, 소속 직원이 이를 준수하도록 지시·감독하여야 한다.

2) 임원의 책임

가) 주무기관의 장은 공기업·준정부기관의 임원이 고의나 중과실로 제20조에 따른 임원의 직무를 불이행하거나 게을리한 결과로 안전관리 대상 사업·시설에서 다음 각 호의 어느 하나에 해당하는 사고가 발생한 경우에는 법 제35조에 따라 해당 임원을 해임하거나 해임을 건의할 수 있다.

(1) 「산업안전보건법」제2조 제7호에 따른 중대재해

(2) 「산업안전보건법」제49조의2에 따른 중대산업사고

(3) 「시설물의 안전 및 유지관리에 관한 특별법」제58조 제4항에 따른 일정한 규모 이상의 사고

(4) 그 밖에 이에 준하는 경우로서 근로자와 국민의 안전에 중대하고 현저한 위해를 발생시킨 산업재해 또는 사고

나) 주무기관의 장이 기타공공기관의 설립에 관한 법률 또는 정관에 따라 기타공공기관의 임원을 해임하거나 해임을 건의하고자 하는 경우에는 제1항의 기준을 준용할 수 있다.

다) 기획재정부장관은 경영실적이 부진한 공기업·준정부기관의 임원이 제1항에 따라 해임 또는 해임 건의의 대상이 되는 경우에는 법 제48조 제8항에 따라 해임을 건의하거나 요구할 수 있다.

마. 투명경영

1) 안전공시

공공기관은 법 제11조와 제12조 및 「공공기관 통합공시에 관한 기준」에 따라 안전과 관련한 항목을 공시하여야 한다.

2) 산업재해 통합관리

공공기관이 다음 각 호의 어느 하나에 해당하는 사업장을 운영하는 경우에는 사업장의 규모와 관계없이 「산업안전보건법」제9조의2에 따른 공표의 대상이 된다.

가) 제조업

나) 철도운송업

다) 도시철도운송업

라) 전기업(발전업, 송전 및 배전업, 전기판매업을 포함한다)

2. 안전관리

가. 안전(Safety)의 정의

안전(Safety)이란 누구나 쉽게 알 수 있는 것 같지만 한마디로 정의하라면 간단하지 않고 다양한 견해들이 있다. 일반적으로 안전이란 위험한 요소들을 제거하여 사고를 미리 예방함으로써 인간의 생명과 재산을 보호하고 사회의 복지향상을 도모하는 것이며 위험한 것이 없는 상태라 할 수 있겠다. 이를 철도산업에 대입한다면 열차 운행 시 사고를 예방하여 여객과 화물의 안전을 보장하는 것이며, 또한 철도 종사자들이 업무 중에 발생할 수 있는 재해로부터 안전을 확보하는 것이라 할 수 있다. 산업안전 분야에서 많은 이론을 제공한 하인리히(H.W.Heinrich)는 '안전은 사고예방이며, 사고예방은 물리적 환경과 인간 및 기계의 관계를 통제하는 과학인 동시에 예술이다'라며 사고예방을 강조했다.[132) 철도는 대량의 인명과 화물을 수송하는 교통수단이다. 따라서 철도 안전관리는 '철도사고가 발생하기 전에 철도 사고를 유발할 수 있는 위험요인을 찾아내서 이를 제거하는 사고 예방 활동과 사고가 발생하였을 경우 신속히 복구하여 인적·물적 피해는 물론 열차 운행의 지장을 최소화할 수 있도록 관리하는 총체적인 활동'이라고 할 수 있다. 이와 같은 활동에는 차량·시설의 유지보수 및 개량과 같은 물리적인 대책과 종사자 관리, 사고 조사 및 제도의 개선, 안전 예산 확보 등 안전과 관련된 정책적인 활동 모두가 포함된다.[133)

나. 철도안전의 목표

철도는 여객과 화물을 대량으로 수송하는 교통수단이다. 일반 여객열차 1개 열차에 약 4~500여명 정도 여객이 승차하지만, KTX열차는 900명이 넘는 승객이 승차하고, 수도권 전동열차는 출퇴근시간대에 수천 명이 승차하고 있는 실정이다. 화물열차 또한 대량의 화물을 수송하고 있으며, 특히 위험품을 수송하는 경우도 있다. 이와 같은 상황에서 열차 사고가 발생한다면 수많은 인명의 피해와 막대한 재산상의 손실이 발생할 수 있으므로 이와 같은 피해를 예방하기 위하여 철도에서 열차 안전운행은 무엇보다도 기본 중에 기본이 되어야 하는 것이다. 그러므로 철도를 이용하는 승객 및 철도로 수송하는 화물을 안전하게 수송하는 것이 철도

---

132) 김대식, 산업안전관리론, 형설출판사, 2006. p14
133) 곽상록, 철도안전관리, 지식과 감성, 2015. p.16

안전의 목표다. 또한 철도 종업원들이 작업 중에 발생 할 수 있는 사고로부터 사전에 보호하는 것도 매우 중요한 일이다. 따라서 철도사고가 발생하지 않도록 사전에 안전 및 사고예방활동을 아무리 강조해도 지나침이 없는 것이다.

다. 안전과 경영의 균형

근래에는 안전에 대한 인식이 많이 달라졌지만 예전엔 산업계의 곳곳에서 사업주들이 안전관리를 경영의 기본문제로 인식하는 경우가 많지 않은 때도 있었다. 사업 경영에서 안전보다도 수익성에 우선을 두었기 때문이다. 물론 기업경영을 하면서 수익을 소홀히 해서는 안 되고 수익을 증대시켜야 한다. 그러나 수익만을 중시하다가 안전을 소홀히 할 경우 중대사고 발생으로 기업의 존폐 위협에 시달릴 수도 있는 것을 우리는 많이 보아왔다. 따라서 기업경영에서 수익증대를 위한 기업의 경영과 사고예방을 위한 안전관리가 적정선에서 균형을 이루는 것이 가장 바람직하다고 할 것이다. 1906년 미국 철강회사 사장 E.H.Gary가 '안전제일'을 기치로 내걸고 철강 공장을 작업자 위주로 안전하게 건설하고 생산 활동을 하여 결과적으로 안전도 확보하고 회사에 많은 이익을 남기게 된 것은 안전이 기업의 생산성 향상과 직결된다는 좋은 사례가 될 것이다. 또한 요즘의 기업 경영은 사회적 신뢰를 기반으로 하지 않으면 안 된다. 안전관리는 기업의 사회적 신뢰를 확립하는 데 가장 중요한 변수 중 하나일 것이다. 최근에 기업이 가져야 하는 사회적 신용도를 결정하는 중요한 요소로 안전관리 문제가 급속히 부각되고 있다. 철도의 경우도 예외가 아니다. 만약에 열차 운행 중 사고가 발생하거나, 수많은 승객을 수송하는 전동 열차가 지연되어 승객들에게 불편을 초래한다면 해당 철도 운용회사의 사회적 신용은 말할 수 없게 추락하고, 이를 만회하기까지는 사고 이전보다 훨씬 더 많은 노력을 기울여야 한다.

3. 재해발생 이론

가. 하인리히의 재해발생 이론

1931년 미국의 하인리히(Herbert William Heinrich)가 '산업 재해예방 : 과학적 접근 Industrial Accident Prevention : A Scientific Approach'이란 저서를 통해서 밝혀낸 산업안전에 대한 이론이다. 당시 미국 보험사에서 근무하던 하인리히는 산업 재해 사례들을 분석하던 중, 사망 또는 중상 등 중대재해 1건이 발생했다면 그 이전에 같은 문제로 29건의 경상해가 발생하며, 상해가 발생할 뻔 했던 것이 300건 정도 존재한다는 것을 밝혔다. 이를 하인리히의 '1:29:300법칙'이라고 한다. 하인리히는 이 결과를 바탕으로 큰 재해가 우연히 또는 어느 순간 갑작스럽게 발생하는 것이 아니라 그 이전에 반드시 경미한 사고들이 반복되는 과정 속에서 발생한다는 것을 실증적으로 밝혀낸 것이다. 여기의 그가 특히 주장하는 것은 작업자의 인적 결함보다도 시설 장비의 결함이나 작업 공정에서 발생하는 사소한 문제 해결의 중요성을 강조하고 있다. 따라서 사소한 문제를 그냥 방치할 경우 대형 사고로 이어질 수 있다는 점을 강조한 것으로 산업 재해 예방을 위해 중요하게 여겨지는 개념이다. 또한 비슷한 연구를 한 사람으로 버드(Frank E.Bird.Jr)가 있다. 그는 재해를 중상, 경상, 재산손실, 무손실로 분류하고 재해사고의 비율을 나누고 있다. 그의 발표에 의하면 한 건의 중상해가 발생하면, 그 이전에 비슷한 사유로 10건의 경상해와 물적 손해만 생기는 30건의 무상해 그리고 상해도 손해도 없는 사고가 600건이 발생한다는 것이다. 그 또한 상해도 손해도 없는 사고에 관심을 기울여야 함을 강조하고 있다.

나. 하인리히의 도미노 이론

재해발생의 대표적인 이론으로 하인리히의 도미노 이론이 있다. 하인리히는 사고발생의 연쇄성을 강조하였는데, 그의 이론에 따르면 산업재해의 발생은 항상 사고요인의 연쇄반응 결과로 초래되며, 사고발생은 불안전 행동과 불안전 상태에 기인된다. 그리고 그 대부분의 책임은 인간의 불안전한 행동에 의한 것으로 재해를 수반하는 사고의 대부분은 예방이 가능하다는 것이다. 하인리히는 재해사고의 원인에서 발생에 이르는 과정을 5단계의 골패에 비유하여 각 요소는 상호 밀접한 관련을 가지고 일렬로 나란히 서기 때문에 한 쪽에서 쓰러지면 연속적으로 모두 쓰러지는 것과 같이 사고발생은 선행요인에 의해서 일어나고 이들 요인이 겹쳐서 연쇄적으로 생기게 된다는 이론을 제시한 것이다. 따라서 도미노 이론은 도미노 하나가 연쇄적으로 넘어지려고 할 때, 어느 한 도미노를 없애면 연쇄성이 중단되기 때문에 재해나 상해가 발생하기 이전에 작업장의 불안전한 상태나 인간의 불안전한 행동요소를 제거하면 예방할 수 있다는 것이다.

《하인리히의 도미노이론》134)

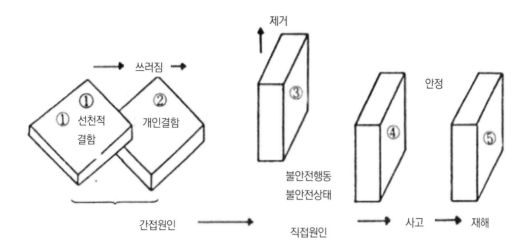

다. 스위즈 치즈 모델 (The Swiss Cheese Model)

1997년 영국의 심리학자 제임스 리즌(J.Reason)은 안전관리에 '스위스 치즈 모델'을 제시했다. 다른 치즈와 달리 여기 저기 구멍이 나 있는 스위스 치즈를 빗대 사고 발생 원인을 설명한 이론이다. 불규칙한 구멍이 나있는 스위스 치즈도 여러 장을 겹쳐 놓으면 구멍이 메워지듯, 위기에 대응할 여러 장치 중 한가지만이라도 제대로 작동했다면 사고가 발생하지 않거나 또는 사고가 발생해도 확대되지 않는다는 것이다.

134) 산업안전대사전

《J.Reason의 스위스 치즈 모델》135)

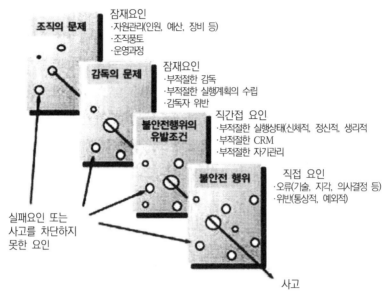

이를 철도에 적용하면, 그림에서와 같이 열차 운행을 위해 준비되는 각 시스템 상에서 존재하는 사항들, 즉, 종사자, 운전, 차량, 선로 및 전기설비 등등에 나름대로 안전 대책과 같은 방호벽이 있는데, 그 중 어느 한 곳의 고장이나 실수로 방호벽에 고장이 났을 경우 다른 어느 한 곳에서도 제대로 막아주지 못하면 각각의 취약점들이 하나로 연결되어 사고로 이어질 수 있다는 것이다. 따라서 다양한 위험 요인들을 밝혀내어 이를 사전에 조치함으로서 사고를 예방할 수 있다고 보는 것이다. 이와 같은 사고들은 사업장이나 어느 작업 공정 과정에서 잠재적인 위험요인들이 있었음에도 도중에 차단되지 않고 큰 사고로 연결되는 사례로 많은 철도사고 현장에서도 나타나고 있다.

---

135) 이용상 외, 한국철도의 역사와 발전Ⅲ, 북갤러리, 2015. p.239

제2절

철도사고의 특징 및 분류

1. 철도사고의 특징

열차는 차량의 중량과 속도간의 함수관계에 의하여 제동거리의 변화가 심하고 복잡하여 다른 도로교통 사고와는 다르게 제동거리가 길어지는 등 특이한 성질을 가지고 있다. 이처럼 철도수송의 특성에 따라 열차운행 중 발생하는 사고의 특징을 살펴보면 다음과 같다.

가. 사고의 원인이 순간적으로 노출된다.

열차를 운행시키기 위한 모든 기기가 정상적으로 작동하다가도 순간적으로 기능이 정지되어 이를 정상으로 취급하는 과정에서 사고요인이 많이 발생한다.

나. 사고의 진행이 급속하다.

열차 운행 중에 어떤 사고가 발생했을 경우 고속으로 달리는 열차의 속도 특성 상 순식간에 충돌·탈선 등 중대한 결과를 가져오기 때문에 이를 지연시킬 만한 시간적 여유가 허용되지 않는다.

다. 사고의 규모와 피해가 크다.

열차는 항시 중량과 속도에 의한 운동에너지가 크기 때문에 이에 비례하여 충격량이 커서 사고가 발생하였을 경우 피해가 매우 크고, 이로 인해 인명과 화물의 피해는 물론 열차 운행에 미치는 영향 또한 크다.

라. 병발사고의 위험이 크다.

열차 운행에는 여러 가지 제한조건을 부여하고 있기 때문에 일단 사고 발생시 타 열차에 지장을 주거나, 복구 과정에서 병발 사고가 발생 할 가능성이 있다.

마. 사고의 관련자가 많다.

열차를 운행하기 위해서는 기관사, 차장, 역장, 관제사, 시설·차량·전기·신호·통신·건축 관계자 등 각 분야별로 업무를 담당하는 사람들이 많다. 또한 사고 원인이 여러 분야가 경합되는 경우가 많기 때문에 사고 원인을 조사하면 그 책임이 여러 분야에 걸쳐 관련자가 있게 된다.

2. 철도사고의 정의 및 분류

가. 철도사고의 정의

'철도안전법'(제2조)에서 "철도사고란 철도운영 또는 철도시설관리와 관련하여 사람이 죽거나 다치거나 물건이 파손되는 사고"로 정의한다. 또한 '항공·철도사고조사에 관한 법률'136)(제2조)에서는 "철도사고란 철도(도시철도를 포함한다. 이하 같다)에서 철도차량 또는 열차의 운행 중에 사람의 사상이나 물자의 파손이 발생한 사고로서 다음 각 호의 어느 하나에 해당하는 사고"를 말한다.

1) 열차의 충돌 또는 탈선사고
2) 철도차량 또는 열차에서 화재가 발생하여 운행을 중지시킨 사고
3) 철도차량 또는 열차의 운행과 관련하여 3명 이상의 사상자가 발생한 사고
4) 철도차량 또는 열차의 운행과 관련하여 5천만 원 이상의 재산피해가 발생한 사고로 정의한다. 그러나 항공·철도사고조사위원회에서 정한 철도사고는 동 위원회에서 조사를 담당하는 사고를 말한다.

---

136) 항공철도사고조사에관한 법률, 법률 제 7692호, 제정 2005. 11. 8

나. 철도사고의 분류

철도사고의 분류는 다음과 같다[137]

1) 철도교통사고

가) 열차사고

① 열차충돌사고 : 열차가 다른 열차(철도차량) 또는 장애물과 충돌하거나 접촉하여 운행을 중지한
사고

② 열차탈선사고 : 열차를 구성하는 철도차량의 차륜이 궤도를 이탈하여 탈선한 사고

③ 열차화재사고 : 열차에서 화재가 발생하여 사상자가 발생하거나 열차의 운행을 중지한 사고

④ 기타열차사고 : 열차에서 위험물(「철도안전법」 시행령 제45조에 따른 위험물을 말한다. 이하 같
다) 또는 위해물품(「철도안전법」 시행규칙 제78조제1항에 따른 위해물품을 말한다. 이하 같다)
이 누출되거나 폭발하는 등으로 사상자 또는 재산피해가 발생한 사고

나) 건널목사고

「건널목개량촉진법」 제2조에 따른 건널목에서 열차 또는 철도차량과 도로를 통행하는
차마(「도로교통법」 제2조제17호에 따른 차마를 말한다), 사람 또는 기타 이동 수단으
로 사용하는 기계기구와 충돌하거나 접촉한 사고건널목에서 열차 또는 철도차량과 도
로를 통행하는 자동차(동력을 가진 모든 차량을 포함한다)와 충돌하거나 접촉한 사고

다) 철도교통사상사고

위 열차사고를 동반하지 않고 열차 또는 철도차량의 운행으로 여객(이하 철도를 이용하
여 여행할 목적으로 역구내에 들어온 사람이나 열차를 이용 중인 사람을 말한다.), 공
중(公衆), 직원(이하 계약을 체결하여 철도운영자등의 업무를 수행하는 사람을 포함한
다.)이 사망하거나 부상을 당한 사고

---

137) 철도사고등의 보고에 관한지침, 국토교통부고시, 제2012-517호, 2012. 8.10, 일부개정 2019. 1.28

2) 철도안전사고

철도교통사고 및 '재난'을 동반하지 않고 철도운영 및 철도시설관리와 관련하여 인명의 사상이나 물건의 손괴가 발생한 다음 각 목의 사고를 말한다.

　　가) 철도화재사고 : 역사, 기계실 등 철도시설 또는 철도차량에서 발생한 화재

　　나) 철도시설파손사고 : 교량, 터널, 선로 또는 신호, 전기 및 통신 설비 등 철도시설이 손괴된 사고

　　다) 철도안전사상사고 : 위 '가)'목과 '나)'목의 사고를 동반하지 않고 대합실, 승강장, 선로 등 철도시설에서 추락, 감전, 충격 등으로 여객, 공중(公衆), 직원이 사망하거나 부상을 당한 사고

　　라) 기타철도안전사고 : 위 각 목의 사고에 해당되지 않는 사고

《철도사고의 분류》

철도사고	철도교통사고	열 차 사 고	열차충돌사고
			열차탈선사고
			열차화재사고
			기타열차사고
		건 널 목 사 고	
		철도교통사상사고	여객
			공중
			직원
	철도안전사고	철도화재사고	
		철도시설파손사고	
		철도안전사상사고	여객
			공중
			직원
		기타철도안전사고	

그리고 '철도안전법'(제2조)에서 "운행장애란 철도차량의 운행에 지장을 주는 것으로서 철도사고에 해당되지 아니하는 것을 말한다"로 정의하고 있다. 또한 국토교통부 고시 '철도사고 등의 보고에 관한지침'에서 '운행장애'는 위험사건과 지연운행으로 다음과 같이 분류하고 있다.

다. 운행장애

1) 위험사건

철도사고로 발전될 가능성이 높은 다음 각 목의 경우를 말한다.

> 가) 운행허가를 받지 않은 구간을 운행할 목적으로 열차가 주행한 경우
>
> 나) 열차가 운행하고자 하는 진로에 지장이 있음에도 불구하고 당해 열차에 진행을 지시하는 신호가 현시된 경우
>
> 다) 열차가 정지신호를 지나쳐 다른 열차 또는 철도차량의 진로를 지장한 경우
>
> 라) 열차 또는 철도차량이 역과 역사이로 굴러간 경우
>
> 마) 열차운행을 중지하고 공사 또는 보수작업을 시행하는 구간으로 열차가 주행한 경우
>
> 바) 측선에서 탈선한 철도차량이 본선을 지장하는 경우
>
> 사) 열차의 안전운행에 지장을 초래하는 선로, 신호장치 등 철도시설의 고장, 파손 등이 발생한 경우
>
> 아) 열차의 안전운행에 지장을 미치는 주행장치, 제동장치 등 철도차량의 고장, 파손 등이 발생한 경우
>
> 자) 열차 또는 철도차량에서 화약류 등 위험물이 누출된 경우
>
> 차) 위 각 목에 준하는 경우

2) 지연운행

출발역, 정차역 또는 종착역에서 계획시간표보다 지연된 경우로서 고속열차 및 전동열차는 10분 이상, 일반여객열차는 20분 이상, 화물열차 및 기타열차는 40분 이상 지연된 경우를 말한다. 다만, 관제업무종사자가 철도사고 또는 운행장애가 발생한 열차의 운전정리로 지장 받은 열차의 지연시간은 제외한다.

라. 재난

"재난"이란 「재난 및 안전관리 기본법[138]」제3조제1호에 따른 재난으로 철도시설 또는 철도차량에 피해를 준 것을 말한다.

---

138) 재난 및 안전관리기본법, 법률 제7188호, 2004. 6. 1, 일부개정 2019.12. 3

《재난 및 안전관리 기본법 제3조 제1호》

1. "재난"이란 국민의 생명·신체·재산과 국가에 피해를 주거나 줄 수 있는 것으로서 다음 각 목의 것을 말한다.

　　가. 자연재난 : 태풍, 홍수, 호우(豪雨), 강풍, 풍랑, 해일(海溢), 대설, 한파, 낙뢰, 가뭄, 폭염, 지진, 황사(黃砂), 조류(藻類) 대발생, 조수(潮水), 화산활동, 소행성·유성체 등 자연 우주 물체의 추락·충돌, 그 밖에 이에 준하는 자연현상으로 인하여 발생하는 재해

　　나. 사회재난 : 화재·붕괴·폭발·교통사고(항공사고 및 해상사고를 포함한다)·화생방사고·환경오염사고 등으로 인하여 발생하는 대통령령으로 정하는 규모 이상의 피해와 에너지·통신·교통·금융·의료·수도 등 국가기반체계(이하 "국가기반체계"라 한다)의 마비, 「감염병의 예방 및 관리에 관한 법률」에 따른 감염병 또는 「가축전염병예방법」에 따른 가축전염병의 확산, 「미세먼지 저감 및 관리에 관한 특별법」에 따른 미세먼지 등으로 인한 피해

마. 사상자 분류

이 지침에서 사용하는 "사상자"라 함은 다음 각 호의 인명피해를 말한다.

　1) 사망자 : 사고로 즉시 사망하거나 30일 이내에 사망한 사람

　2) 부상자 : 사고로 24시간 이상 입원 치료한 사람

3. 철도사고등의 보고

가. 철도사고 등 보고[139)

　1) 철도운영자등은 사상자가 많은 사고 등 대통령령으로 정하는 철도사고등이 발생하였을 때에는 국토교통부령으로 정하는 바에 따라 즉시 국토교통부장관에게 보고하여야 한다.

　2) 철도운영자등은 위 항에 따른 철도사고등을 제외한 철도사고등이 발생하였을 때에는 국토교통부령으로 정하는 바에 따라 사고 내용을 조사하여 그 결과를 국토교통부장관에게 보고하여야 한다.

---

139) 철도안전법 제61조(철도사고등의 보고), 철도안전법시행규칙 제86조(철도사고등의 보고)

《철도안전법 시행규칙》

제86조(철도사고등의 보고)

① 철도운영자등은 법 제61조제1항에 따른 철도사고등이 발생한 때에는 다음 각 호의 사항을 국토교통부장관에게 즉시 보고하여야 한다.

  1. 사고 발생 일시 및 장소

  2. 사상자 등 피해사항

  3. 사고 발생 경위

  4. 사고 수습 및 복구 계획 등

② 철도운영자등은 법 제61조제2항에 따른 철도사고등이 발생한 때에는 다음 각 호의 구분에 따라 국토교통부장관에게 이를 보고하여야 한다.〈개정 2013. 3. 23.〉

  1. 초기보고: 사고발생현황 등

  2. 중간보고: 사고수습·복구상황 등

  3. 종결보고: 사고수습·복구결과 등

③ 제1항 및 제2항에 따른 보고의 절차 및 방법 등에 관한 세부적인 사항은 국토교통부장관이 정하여 고시한다.

나. 철도사고등의 즉시 보고140)

1) 철도운영자등(「철도안전법」에 따른 철도운영자 및 철도시설관리자를 말한다. 전용철도의 운영자는 제외한다.)이 「철도안전법 시행규칙」(이하 "규칙"이라 한다) 제86조제1항의 즉시보고를 할 때에는 별표 1의 보고계통에 따라 전화 등 가능한 통신수단을 이용하여 구두로 다음 각 호와 같이 보고하여야 한다.

  가) 일과시간 : 국토교통부(관련과) 및 항공·철도사고조사위원회

  나) 일과시간 이외 : 국토교통부 당직실

2) 즉시보고는 사고발생 후 30분 이내에 하여야 한다.

3) 즉시보고를 접수한 때에는 지체 없이 사고관련 부서(팀) 및 항공·철도사고조사위원회에 그 사실을 통보하여야 한다.

4) 철도운영자등은 사고보고 후 중간보고 및 종결보고를 국토교통부장관에게 보고하여야

---

140) 철도사고등의 보고에 관한지침, 국토교통부고시, 제2012-517호, 2012. 8.10, 일부개정 2019. 1.28

한다.

5) 종결보고는 철도안전정보관리시스템을 통하여 보고할 수 있다.

6) 철도운영자등은 즉시보고를 신속하게 할 수 있도록 비상연락망을 비치하여야 한다.

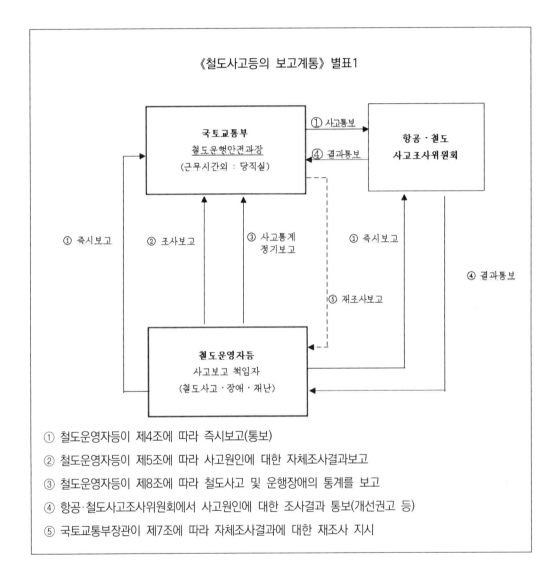

《철도사고등의 보고계통》 별표1

① 철도운영자등이 제4조에 따라 즉시보고(통보)

② 철도운영자등이 제5조에 따라 사고원인에 대한 자체조사결과보고

③ 철도운영자등이 제8조에 따라 철도사고 및 운행장애의 통계를 보고

④ 항공·철도사고조사위원회에서 사고원인에 대한 조사결과 통보(개선권고 등)

⑤ 국토교통부장관이 제7조에 따라 자체조사결과에 대한 재조사 지시

4. 철도사고등의 조사보고

가. 철도운영자등은 조사보고 대상 가운데 다음 각 호의 사항에 대한 초기보고는 철도사고 등이 발생한 후 또는 사고발생 신고(여객 또는 공중(公衆)이 사고발생 신고를 하여야 알 수 있는 열차와 승강장 사이 발빠짐, 승하차 시 넘어짐, 대합실에서 추락·넘어짐 등의 사고를 말한다)를 접수한 후 1시간 이내에 사고발생 현황을 별표 1의 보고계통에 따라 전화 등 가능한 통신수단을 이용하여 국토교통부(관련과)에 보고하여야 한다.

　1) 영 제57조에 따른 철도사고등을 제외한 철도사고

《철도안전법 시행령 제57조 (국토교통부장관에게 즉시 보고하여야 하는 철도사고등)》

법 제61조제1항에서 "사상자가 많은 사고 등 대통령령으로 정하는 철도사고등"이란 다음 각 호의 어느 하나에 해당하는 사고를 말한다.

　1. 열차의 충돌이나 탈선사고

　2. 철도차량이나 열차에서 화재가 발생하여 운행을 중지시킨 사고

　3. 철도차량이나 열차의 운행과 관련하여 3명 이상 사상자가 발생한 사고

　4. 철도차량이나 열차의 운행과 관련하여 5천만원 이상의 재산피해가 발생한 사고

---

　2) 운행장애의 위험사건

　3) 운행장애의 지연운행으로 인하여 열차운행이 고속열차 및 전동열차는 30분, 일반여객 열차는 1시간 이상 지연이 예상되는 사건

　4) 그 밖에 언론보도가 예상되는 등 사회적 파장이 큰 사건

나. 철도운영자등은 조사보고 대상에 대하여는 철도사고등이 발생한 후 또는 사고발생 신고를 접수한 후 72시간 이내(해당 기간에 포함된 토요일 및 법정공휴일에 해당하는 시간은 제외한다)에 초기보고를 별표 1의 보고계통에 따라 전화 등 가능한 통신수단을 이용하여 국토교통부(관련과)에 보고하여야 한다.

다. 철도운영자등은 위 보고 후에 중간보고 및 종결보고를 다음 각 호와 같이 하여야 한다.

　1) 중간보고는 철도사고등이 발생한 후 철도사고보고서에 사고수습 및 복구사항 등을 작

성하여 사고수습·복구기간 중에 1일 2회 또는 수습상황 변동시 등 수시로 보고할 것. (다만 사고수습 및 복구상황의 신속한 보고를 위해 필요한 경우에는 전화 등 가능한 통신수단으로 보고 가능)

　2) 종결보고는 발생한 철도사고등의 수습·복구(임시복구 포함)가 끝나 열차가 정상 운행하는 경우에 다음 각 목의 사항이 포함된 조사결과 보고서와 사고현장상황 및 사고발생원인 조사표를 작성하여 보고 할 것.

　　가) 철도사고등의 조사 경위

　　나) 철도사고등과 관련하여 확인된 사실

　　다) 철도사고등의 원인 분석

　　라) 철도사고등에 대한 대책 등

　라. 국토교통부장관은 철도운영자등이 보고한 철도사고보고서의 내용이 미흡하다고 인정되는 경우에는 당해 내용을 보완 할 것을 지시하거나 철도안전감독관 등 관계전문가로 하여금 미흡한 내용을 조사토록 할 수 있다.

5. 철도사고 발생 현황[141]

가. 유형별 철도교통사고[142] 발생 현황

철도교통사고를 유형별로 분석해 보면, 2018년에 발생한 열차사고는 전년도와 같은 4건이 발생하였고 사고종류는 모두 열차탈선였다. 최근 10년간은 총 50건이 발생하였으며, 사고종별로는 열차탈선사고 41건, 열차충돌사고 6건, 열차화재사고 3건 순으로 발생했다.

건널목사고는 2009년 20건 발생하였고 2018년에는 8건이 발생하여 2009년 대비 60%의 감소율을 나타내고 있으나, 최근 5년간은 등락을 반복하고 있다.

철도교통사상사고는 2009년 238건에서 2018년 58건이 발생하여 대폭적인 감소 추세를 이어가고 있다. 즉 2009년 대비 75.6%가 감소하여 철도사고 중 가장 높은 감소율을 보이고 있다.

---

141) 2019년도 교통안전연차보고서, 국토교통부. 2019. 8
142) 철도사고는 철도교통사고, 철도안전사고로 구분되며, 철도교통사고는 열차 또는 차량의 운행으로 사람의 사상 또는 물건의 손괴가 발생한 사고임.

《유형별 철도교통사고 발생현황》

(단위 : 건)

구 분		2009	2010	2011	2012	2013	2014	2015	2016	2017	2018	계
철도교통사고	열차사고	열차충돌사고				1	1	2	1		1		6
		열차탈선사고	3	4	2	4	5	6	3	8	2	4	41
		열차화재사고				1		1			1		3
		기타열차사고											0
		소계	3	4	2	6	6	9	4	8	4	4	50
	교통사상사고	건널목사고	20	17	14	10	13	7	12	9	11	8	121
		여객	128	110	68	73	61	59	44	42	42	20	647
		공중	97	78	93	62	58	51	46	33	23	35	576
		직원	13	16	9	15	9	10	10	4	7	3	96
		소계	238	204	170	150	128	120	100	79	72	58	1,319
소계			261	225	186	166	147	136	116	96	87	70	1,490

나. 연도별 철도 교통사상사고 발생 현황

철도교통사상사고의 2009년부터 2018년까지 10년간 발생 추이를 분석해 보면 2009년에 철도교통사상사고 261건 발생에 사망 156명, 부상 108명이 발생하였으나, 2018년에는 철도교통사상사고 70건에 사망 40명, 부상 27명 발생하였다. 이는 연 평균 사고건수가 13.6%, 사망자는 14%, 부상자는 14.3%가 감소하여 꾸준히 사고 발생 건수의 감소 추이를 이어가고 있다.

《철도교통사상사고 발생 현황》

(단위 : 건, 명, %, △감소)

구분	사고건수(건)			사망자(명)			부상자(명)		
	전체	자살 제외	자살·직무 사고제외	전체	자살 제외	자살·직무 사고제외	전체	자살 제외	자살·직무 사고제외
2009	261	133	120	156	58	56	108	77	65
2010	225	118	102	130	54	47	88	55	46
2011	186	112	103	118	57	51	70	57	49
2012	166	94	79	106	49	42	105	90	82
2013	147	74	65	93	34	29	48	34	28
2014	136	70	60	78	29	21	538	521	518
2015	116	60	50	74	37	21	42	30	24
2016	96	55	51	58	24	21	39	32	30
2017	87	46	29	51	18	13	30	22	20
2018	70	50	47	40	23	23	27	24	20
연평균 증감률	▽13.6	▽10.3	▽9.9	▽14.0	▽9.8	▽9.4	▽14.3	▽12.1	▽12.3

※ 2014. 5. 2, 서울매트로 상왕십리역 열차 추돌사고 : 부상자 477명 발생

다. 철도 종류별 사고 발생 현황

1) 철도 종류별 철도교통사고 발생 추이

2009년도 이후 발생한 철도교통사고 발생건수를 철도종류별로 살펴보면, 일반철도가 769건(51.6%), 도시철도 638건(42.8%), 고속철도 83건(5.6%)순으로 발생하였다.

전체 발생건수를 연도별로 보면 2009년 261건에서 2018년 70건 발생으로 약 73% 정도의 대폭 감소율을 나타내고 있다.

《철도교통사고 발생 현황》

(단위 : 건)

구 분	2009	2010	2011	2012	2013	2014	2015	2016	2017	2018	계
계	261	225	186	166	147	136	116	96	87	70	1,490
고속철도	0	10	15	7	10	8	8	6	7	12	83
일반철도	135	112	101	74	82	74	63	49	39	40	769
도시철도	126	103	70	85	55	54	45	41	41	18	638

2) 일반철도 철도교통사고 발생현황

일반철도 교통사고는 2009년 이후 총 769건이 발생하여 연평균 76.9건이 발생하고 있다. 2018년도에는 열차사고는 화물열 차탈선사고 2건, 건널목사고 8건, 교통사상사고 30건이 발생하였다. 교통사상사고 중 여객사상사고는 전년대비 4건이 감소했으나 선로 불법침입에 의한 사상사고는 크게 증가하여 전년대비 60%가 증가한 24건의 공중사상사고가 발생하였다.

《철도교통사상사고 발생 현황》

(단위 : 건)

구 분		2009	2010	2011	2012	2013	2014	2015	2016	2017	2018	계
철도교통사고	열차사고	열차충돌사고					1	1			1		3
		열차탈선사고	3	2		3	5	4	2	5	2	2	28
		열차화재사고											
		기타열차사고											
		소계	3	2		3	6	5	2	5	3	2	31
	건널목사고		19	17	13	9	12	7	12	9	10	8	116
	교통사상사고	여객	24	20	15	10	14	13	12	10	8	4	130
		공중	79	64	66	43	43	41	30	24	15	24	429
		직원	10	9	7	9	7	8	7	1	3	2	63
		소계	113	93	88	62	64	62	49	35	26	30	622
합 계			135	112	101	74	82	74	63	49	39	40	769

3) 고속철도 철도교통사고 발생 현황

고속철도 철도교통사고는 2009 이후 총 83이 발생하여 연 평균 8.3건이 발생하고 있다. 열차사고는 2015년 열차충돌사고가 1건, 2011년과 2016년에 열차탈선사고가 각 1건 발생했고, 2018년에는 강릉선 KTX 탈선사고가 발생했다.

철도교통사상사고는 78건이 발생하였고, 이중 여객사상사고는 28건, 공중사상사고는 11건, 직원사상사고는 9건으로 각각 32.5%, 57.5%, 10%를 차지하는 것으로 나타나고 있다. 2018년은 공중교통사상사고의 증가로 전년대비 5건이 증가한 12건이 발생하였다.

《고속철도 철도교통사고 발생 현황》

(단위 : 건)

구분			2009	2010	2011	2012	2013	2014	2015	2016	2017	2018	계
철도교통사고	열차사고	열차충돌사고							1				1
		열차탈선사고		1				1				1	3
		열차화재사고											
		기타열차사고											
		소계		1				1	1			1	4
		건널목사고		1									1
	교통사상사고	여객	4	4	2	4	2	1	1	5		5	28
		공중	4	9	3	6	4	5	3	2		5	41
		직원	2		2		2	1	1			1	9
		소계	10	13	7	10	8	7	5	7		11	78
소계			10	15	7	10	8	8	6	7		12	83

4) 도시철도 철도교통사고 발생 현황

도시철도 철도교통사고 또한 매년 감소추세에 있으며, 2018년은 18건이 발생하여 2009년 대비 86.5%의 대폭 감소 추세를 나타내고 있다. 열차탈선사고는 2018년에 1건이 발생했으며, 연평균 1.5건의 열차사고가 발생하고 있다. 2018년도 교통사상사고는 스크린 도어 확충 등에 따른 여객사상사고의 감소로 전년 대비 56.4%로 크게 감소한 17건이 발생했다.

《도시철도 철도교통사고 발생 현황》

(단위 : 건)

구분			2009	2010	2011	2012	2013	2014	2015	2016	2017	2018	계
철도교통사고	열차사고	열차충돌사고				1		1					2
		열차탈선사고		2	1	1		2	1	2		1	10
		열차화재사고				1		1			1		3
		기타열차사고											
		소계		2	1	3	0	4	1	2	1	1	15
		건널목사고	1			1	1	0			1		4
	교통사상사고	여객	104	86	49	61	43	44	31	31	29	11	489
		공중	18	10	18	16	9	6	11	6	6	6	106
		직원	3	5	2	4	2	0	2	2	4		24
		소계	125	101	69	81	54	50	44	39	39	17	619
합계			126	103	70	85	55	54	45	41	41	18	638

철도사고 예방

제3절

모든 사업장에서는 나름대로 축적된 여러 가지 안전 활동을 하고 있다. 사업장의 안전 활동은 관리감독자 등 일부만 하는 것이 아니고 최고경영자부터 현업의 최일선의 종사자에 이르기까지 적극적으로 참여하지 않으면 안 된다. 철도사업장 또한 예외가 아니다. 사업장의 안전 활동은 워낙 다양한 기법이 있으므로 각 사업장별로 맞는 것을 선택하거나 새로 발굴하여 시행하는 것이 바람직하다. 사업장에서 활용되는 안전 활동 즉 무재해 추진 기법도 좋은 예가 될 것이다. 다음에서는 철도사고 예방으로 안전교육, 안전점검, 지적확인환호응답, 무재해운동 그리고 철도보호지구 안전관리와 고속철도안전설비 등에 대하여 알아보고자 한다.

1. 안전 교육

가. 안전교육의 목적

사업장에서 시행하는 안전교육의 목적은 작업자의 안전관리 향상을 위한 직무 교육과 작업장의 환경 및 기계기구 설비의 안전화를 이룩하여 사업장에서 무재해를 달성하는데 있다. 안전교육의 목적은 다음과 같이 정리할 수 있다.

1) 작업자를 산업재해로부터 보호한다.
2) 재해 발생으로 인한 직접적 및 간접적인 경제적 손실을 방지한다.
3) 안전확보를 위한 지식·기능 및 태도를 육성하고 생산을 위한 작업방법의 개선·향상을 지향한다.

4) 작업자에게 작업 안전에 대한 안심감을 부여하고, 기업에 대한 신뢰감을 높인다.

5) 생산성 및 품질 향상에 기여하는 목적이 있다.

따라서 사업장 안전교육은 ① 안전지식의 교육 ② 안전기능의 교육 ③ 안전태도의 교육이 강조된다. 특히 철도관련 사업장은 열차가 고속으로 운행하고 있고, 넓은 작업장과 각 분야별 업무가 체계적으로 이뤄져야 정상적인 업무가 수행되는 복잡한 구조이므로 각 분야별로 담당 업무는 물론 협업 부분에 대한 더욱 엄격한 안전교육이 필요하다고 할 것이다.

나. 안전교육의 효과

근로자에게 안전교육을 실시하여 잠재위험요소를 발견하는 능력이 향상되도록 한다. 또한 사고 발생 시 비상 대응책을 강구할 수 있으며, 사고발생의 가능성을 예측할 수 있다. 근로자 에게 교육을 실시한 후 교육효과를 분석하여 보면 다음과 같은 효과가 있음을 알게 된다.

1) 잠재하는 위험을 미리 발견할 수 있는 능력을 향상시킨다.

2) 사고의 발생 가능성을 예측하게 한다.

3) 사고예방 대책의 기술을 습득시킨다.

4) 사고 발생 시 사고조사와 비상 대응능력을 향상시킨다.

다. 산업안전법에 따른 사업장 안전보건교육

사업장 안전보건교육에 관한 규정은 산업안전법에 따른 사업장내 안전보건교육과 관리책임 자 등에 대한 교육으로 나뉘어 실시한다.

《산업안전 · 보건 관련 교육과정별 교육시간》[143]

교육 과정	교육 대상		교육 시간
1) 정기교육	사무직 종사 근로자		매분기 3시간 이상
	사무직 종사 근로자 외의 근로자	판매업무에 직접 종사하는 근로자	매분기 3시간 이상
		판매업무에 직접 종사하는 근로자 외의 근로자	매분기 6시간 이상
2) 채용시 교육	일용 근로자		연간 16시간 이상
	일용 근로자를 제외한 근로자		8시간 이상1
3) 작업내용 변경시 교육	일용 근로자		1시간 이상
	일용 근로자를 제외한 근로자		2시간 이상
4) 특별 교육	산업안전보건법 시행규칙 별표5 제1호 라목 각호(제40호 제외)의 어느 하나에 해당하는 작업의 일용근로자		2시간 이상
	위 항목 해당 근로자를 제외한 일용근로자		- 16시간 이상 - 단기 혹은 간헐적 작업의 경우 2시간 이상
5) 건설업 기초 건설 안전·보건교육	건설 일용 근로자		4시간 이상

《관리보건관리책임자 등에 대한 교육》

교육 대상	교육 시간	
	신규 교육	보수 교육
가. 안전보건관리책임자	6시간 이상	6시간 이상
나. 안전관리자, 안전관리전문기관의 종사자	34시간 이상	24시간 이상
다. 보건관리자, 보건관리전문기관의 종사자	34시간 이상	24시간 이상
라. 건설재해예방전문지도기관의 종사자	34시간 이상	24시간 이상
마. 석면조사기관의 종사자	34시간 이상	24시간 이상
바. 안전보건관리담당자	-	8시간 이상
사. 안전검사기관, 자율안전검사기관의 종사자	34시간 이상	24시간 이상

---

143) 산업안전보건법 시행규칙, 제26조 1항 (별표4)

라. 철도안전법에 의한 철도종사자 안전교육[144]

1) 철도종사자에 대한 안전교육 대상 등

　가) 철도차량의 운전업무에 종사하는 사람(이하 "운전업무종사자"라 한다)

　나) 철도차량의 운행을 집중 제어·통제·감시하는 업무(이하 "관제업무"라 한다)에 종사하는 사람

　다) 여객에게 승무(乘務) 서비스를 제공하는 사람(이하 "여객승무원"이라 한다)

　라) 여객에게 역무(驛務) 서비스를 제공하는 사람(이하 "여객역무원"이라 한다)

　마) 철도차량의 운행선로 또는 그 인근에서 철도시설의 건설 또는 관리와 관련된 작업의 현장감독업무를 수행하는 사람

　바) 철도시설 또는 철도차량을 보호하기 위한 순회점검업무 또는 경비업무를 수행하는 사람

　사) 정거장에서 철도신호기·선로전환기 또는 조작판 등을 취급하거나 열차의 조성업무를 수행하는 사람

　아) 철도에 공급되는 전력의 원격제어장치를 운영하는 사람

　자) 철도차량 및 철도시설의 점검·정비 업무에 종사하는 사람

2) 철도운영자등은 철도안전교육을 강의 및 실습의 방법으로 매 분기마다 6시간 이상 실시하여야 한다. 다만, 다른 법령에 따라 시행하는 교육에서 철도종사자에 대한 안전교육 내용을 받은 경우 그 교육시간은 철도안전교육을 받은 것으로 본다.

3) 철도종사자에 대한 안전교육 내용[145]

교육내용	교육방법
· 철도안전법령 및 안전관련 규정 · 철도운전 및 관제이론 등 분야별 안전업무수행 관련 사항 · 철도사고 사례 및 사고예방대책 · 철도사고 및 운행장애 등 비상 시 응급조치 및 수습복구대책 · 안전관리의 중요성 등 정신교육 · 근로자의 건강관리 등 안전·보건관리에 관한 사항 · 철도안전관리체계 및 철도안전관리시스템(Safety Management System) · 위기대응체계 및 위기대응 매뉴얼 등	강의 및 실습

---

144) 철도안전법 제24조(철도종사자에 대한 안전교육)
145) 철도안전법 시행규칙, 제41조의 2 (별표 13의2)

《한국철도공사 교육대상자별 안전보건교육 내용, 대상 및 시간》[146]

1. 교육내용

교육내용	교육방법
· 철도안전법령 및안전 관련 모든 규정 · 철도안전관리체계 및 철도안전관리시스템(SMS) · 철도운전 및 관제이론 등 분야별 안전업무수행 관련 사항 · 철도사고사례 및 사고예방대책 · 철도사고 및 운행장애 등 비상시 응급조치 및 수습복구대책 · 안전관리의 중요성 등 정신교육 · 위기대응체계 및 위기대응 매뉴얼 등 · 산업안전 및 사고예방에 관한 사항 · 산업보건 및 직업병 예방에 관한 사항 · 건강증진 및 질병예방에 관한 사항 · 유해·위험 작업환경 관리에 관한 사항 · 산업재해보상보험 제도에 관한 사항 · 그 밖에 안전 및 보건관리에 필요한 사항 등	강의 및 실습 자기주도형 학습 (사이버교육 등) 외부전문교육 포함

2. 대상 및 시간

대상	시간
· 철도종사자(소속기관의 직원)	분기별 6시간
· 산업안전보건법령에 따른 관리감독자	연16시간
· 그 외 안전업무수행자	분기별 3시간

* 산업안전보건법령에 따른 관리감독자는 연 16시간 중 8시간 이상을 집체교육 또는 현장교육으로 한다.

※ 산업안전보건법 시행규칙 제33조의2(안전보건교육의 면제)에 따른 제외

마. 안전교육의 형태

안전교육의 형태는 사업장별로 다양하게 이뤄지고 있으나, 대별하면 집합교육, 소규모 팀 또는 개인교육, 자기계발 또는 상호계발을 위한 교육지원활동 등으로 나눌 수 있다.

가) Off JT(Off the Job Training) : 집합교육

계층별 또는 직능별이라고 하는 것과 같이 공통된 교육대상자를 모아서 현장 이외

---

146) 철도안전보건관리규정(31조), 한국철도공사, 2019.12. 5

의 장소 등에서 집합교육을 하는 경우를 말한다. Off JT는 체계적이기는 하나 구체성을 결여하는 단점이 있다.

나) OJT(On the Job Training) : 현장교육

직능별 교육에 있어서 현장에서 실시하는 교육을 말한다. 이는 직능이 전문적이거나 개별적인 경우가 많기 때문이다. 직속상사가 직장에서 업무상의 개별교육이나 지도를 하는 경우를 OJT(현장교육)라고 한다. OJT는 구체적이기는 하나 때로는 교육자에 따라 현장의 입장에만 흐르는 단점이 있다.

다) 교육지원 활동

이는 자기계발 또는 상호계발의 방법으로서 시간적 편의의 공여 외에 통신교육, 강습회, 외부강사의 초빙 등을 들 수 있다.

2. 안전 점검

가. 안전점검의 개념 및 의의

안전점검(Safety Checking)은 안전을 확보하기 위하여 실태를 파악하고, 설비의 불안전한 상태나 사람의 불안전한 행동에서 생기는 결함을 발견하고 안전대책의 상태를 확인하는 행동이다. 철도의 시설과 장비는 설계, 제작, 운전, 보전, 수리 등의 각 과정에 있어서 인간의 착오에 대한 위험요인이 잠재하고 또 운전 중의 기계설비나 작업환경도 언제나 변화하고 있는 상황으로 보아 이러한 것을 체크하는 안전점검은 효과적인 안전 활동의 하나다. 즉 시설장비의 상태를 일정기간마다 체크하고, 손상, 마모 기타의 이상을 조기에 발견하여 온전하게 유지하는 것이 필요하다. 따라서 안전점검은 안전교육과 함께 기업의 안전 활동을 뒷받침하는 두 개의 기둥이라고 할 수 있다. 안전점검은 작업장에서 기계, 설비 등에 불안전한 상태가 없는가? 체크하는 일이므로, 그 기계설비의 구조나 기능에 대하여 정통하고 불안전한 상태를 시정하는 역할을 담당하는 라인 각 층의 관리감독자, 안전관리자 및 작업자 자신에 의해서 행해지는 것이 바람직하다. 동시에 점검이 한사람으로만 치우치지 않게, 안전스텝 전 부분으로부터 적절

한 권유나 외부 전문가의 체크를 받는 것도 필요하다. 각 라인에서 안전점검이 정상적으로 행해지기 위해서는 먼저 경영 수뇌자가 안전점검의 중요성을 인식하고, 이것을 주요한 시책으로서 기본방침에 반영하는 것이 요망된다. 그리고 이 기본방침에 따라 안전점검계획을 수립하고, 누가 무엇을 언제 점검하는가? 점검의 기법이나 기준도 명확하게 나타내야 한다.

정부에서는 매월 4일을 '안전점검의 날'로 정하여, 철도뿐만 아니라 전국의 모든 사업장에서 안전점검을 하여 사고를 예방하도록 하고 있다. 1995년도에 삼풍백화점 붕괴사고, 대구지하철 가스폭발사고 등 대형사고 발생을 계기로 사회 전반에 걸쳐 재난 발생 가능성이 있는 위험요소를 제거하여 재난을 사전에 방지하고자 정부에서는 월 1회라도 국민 스스로 분야별(가정·학교·공공·교통·산업)로 안전점검에 참여하도록 1996년 4월 4일을 제1차 안전점검의 날로 정하고 행사를 시행하여 오고 있다. 이후 2004년 6월에 '재난 및 안전관리기본법'에 근거해 법적 행사가 되었다.

나. 안전점검의 효과 및 필요성

1) 직원들의 안전의식을 보다 고취시킬 수 있다.

정기적으로 안전에 대한 주의를 환기시키기 때문에 안전의식을 연속성 있게 지속시킨다. 안전점검을 권위 있고 올바르게 실시한다면 소속장은 물론 직원들이 안전에 대한 열의와 관심을 갖게 하는데도 커다란 작용을 할 뿐만 아니라 일상점검 및 담당업무에 있어서도 철저를 기할 수 있는 효과가 있다.

2) 불안전한 행동 및 조건의 시정으로 각종사고를 예방한다.

불안전한 행동이나 조건을 발견하였을 때, 즉시 시정조치 함으로써, 사고를 미연에 방지함은 물론 안전의 중요도와 안전에 대한 경각심을 유발시켜 불안전한 행동을 하지 않도록 습관화시키는 데 커다란 효과를 거둘 수 있다.

3) 기계 · 기구 및 각종 설비의 문제점을 사전에 발견하여 조치한다.

사업장의 각종 기계·기구 및 설비를 사전에 점검하여 위험요인 도출로 사고 요인을 미리 조치한다,

4) 사업장의 특이사항 등 작업 조건을 숙지한다.

주기적으로 사업장 구석구석을 점검함으로써 특이사항이나 작업조건을 확인하고 작업자들이 이를 숙지하여 안전한 작업을 하도록 한다.

다. 안전점검 결과 조치

1) 문제점 분석

점검 시 적출된 결함은 사고와 직결되므로, 불안전상태와 불안전 행동으로 분류하여 그 발생 원인에 대하여 추적 분석한다.

2) 분석결과 처리

단순결함에 대하여는 현지시정 및 담당자와 차상감독자 교육 조치한다.

지적된 결함에 대하여는 일괄 시정지시서를 발부하고, 장시간 소요되는 결함은 조치계획서를 수립하여 단계별로 조치한다.

3) 시정조치 결과 확인

적출된 결함에 대하여는 조치결과를 반드시 확인한다. 그리고 다음 점검계획서에 반영하여 문제점이 다른 데에 남아 있지 않은 지를 확인한다.

4) 점검결과의 활용

지적된 사항은 주기적으로 이를 분석하여 경향을 파악 자체 안전계획 및 안전교육 등 안전 활동에 반영하여 재발이 되지 않도록 관리한다. 특히 점검결과 어느 소속에서 문제점이 나타나면 이를 전 소속에 전파시켜 자체적으로 동종 사례를 도출하고 해결해 나가도록 한다.

라. 한국철도공사 안전점검 시행 기준종류[147]

점검 종류	점검책임자	점검 시기	점 검 방 법	비고
일일 점검	담당자, 시설·장비취급자	매일	작업 장소, 설비 및 장비 상태점검	○이상이 있는 경우에 한하여 업무일지에 기록
월별 점검	관리역장, 사업소장, 현장을 관리하는 사업 소가 없는 부속기관의 경우에는 각 팀장	매월	철도시설·장비 점검 각종 안전이행상태 점검 불안전요인 발굴·조치	○안전점검의 날에 시행 (필요시 관련분야와 합동 점검)
계절 별 점검	소속기관의 장	매 계절	소속(작업·공사현장 포함)의 안전 관리실태 점검 및 계절별 취약요인 점검	○교통안전점검·평가지침(국토 교통부훈령 제967호)에 의한 계 절별점검
특별 점검	사장 (소속기관의 장)	수시	특별히 지시한 사항	○특별지시가 있을 때
종합 안전 심사	사장 (안전경영본부장)	년 1회	소속(작업·공사현장 포함)의 안전 관리실태 종합심사	○소속의 안전성적평가와 병행 시행

3. 지적확인환호응답

지적확인환호응답은 약 100년 전 일본 철도역의 승강장에서 역무원이 전차의 진입과 정차 후 발차 시에 안전운행을 확인하기 위하여 실시한 것이 그 효시로 알려져 있다. 그러나 지적확인환호응답은 1960년대 초 미국의 NASA에서 아폴로 우주선을 발사하기 전에 각 분야 전문가들이 결함을 사전에 체크하는 ZD(Zero Defect, 무결점)운동과 PP(Perfect Performance, 완전무결)운동을 전개하면서 부품 하나하나에 대하여 5감을 통한 이상여부를 확인하면서 그 효과가 나타나 이후 체계적으로 발전된 것이라고도 한다. 또한 일본의 스미모토 중금속회사에서 작업자의 재해를 방지하기 위하여 위험예지훈련을 개발하여 실시한 결과 사고방지에 현저한 효과를 얻게 되자 JNR(일본국유철도)에서 1960년대 말 지적확인요령이란 명칭으로 이 방식을 도입하여 많은 효과를 보았다고 한다. 우리나라 철도에서도 일제강점기 때부터 '환호응답'은 시행하고 있었으나, 현재와 같은 행동, 즉 '지적(指摘)'은 하지 않았었다. 이후 철도청에서 1970년도에 '지적확인환호응답' 제도를 도입하여 시범으로 실시하기 시작하다가, 1976년도에 '지적확인환

---

147) 철도안전점검 및 심사·평가 시행세칙, 한국철도공사, 2019.12. 4

호응답 요령'이란 규정을 제정하여 본격적으로 시행하면서 현재에 이르고 있다.

가. 지적확인환호응답 목적 및 용어

1) 목적

열차 또는 차량을 운전취급 할 때나 차량·시설물을 보수할 때, 그 대상물을 눈으로 찾아 손 가락으로 확인하며 동시에 대상물의 명칭과 상태를 명확하게 환호응답함으로써 결국 취급과 보수를 정확히 하게 되어 잘못으로 인한 각종사고를 방지하는데 있다.

2) 용어

가) 지적확인 : 확인하고자 하는 대상물을 손가락(검지)으로 가리키며 눈으로 확인하는 것

나) 환호 : 지적한 대상물의 명칭이나 현재의 상태에 대한 인식을 강화하기 위하여 소리 를 내어 확인하는 것

다) 지적확인 환호응답 : 2명 이상의 직원이 함께 업무를 수행하는 경우 먼저 업무를 취 급하거나 대상물을 발견한 직원이 지적확인 및 환호를 하고 나면, 다른 직원이 같은 요령으로 이를 확인하고 응답하는 것

라) 지적확인 단독환호 : 단독으로 업무를 수행하는 경우 혼자서 지적확인 환호를 하는 것

마) 대상물 : 지적확인을 하여야 하는 대상의 주체로서 신호, 전호, 표지, 열차, 시설, 장 비 및 기기 등을 말함.

나. 지적확인환호응답 방법

1) 기본 동작

지적확인 환호응답의 기본동작 및 순서는 다음과 같다.

가) 먼저 취급 또는 확인할 대상물을 찾는다.

나) 팔을 곧게 펴고 검지로 대상물을 정확히 지적한다.

다) 대상물의 명칭과 상태를 명확하게 환호하고 응답한다.

2) 기본요령

가) 지적확인 환호 : 단독으로 업무를 수행할 때 시행

나) 지적확인 환호응답 : 보조자나 상대자가 있는 경우 시행

다) 신호기 : 해당 선명, 신호기, 신호현시상태, 진입 및 진출선 순으로 한다.

라) 취급자와 보조자간 : 취급자가 먼저 지적확인 환호, 보조자가 동일한 방법으로 지적 확인 환호 응답

다. 지적확인환호응답의 주의력 강화 과정

지적확인환호응답은 인간의 오감을 모두 동원하여 상황을 정확히 인지하고 또한 정확히 판단을 하게 하는 방법이다.

1) '지적환호'는 시(視)·청(聽)·운동감각(運動感覺)을 통한 3중의 확인과정으로 '지적'은 보고자 하는 대상에 자기의 주의 결합도를 높이는 수단으로 인지의 정확도를 높인다. 이때 시각의 초점은 지적된 대상에 결합되어 개인의 시력기능은 동체시력을 방지하고 정체시력을 유지토록 된다.

2) '지적·환호'는 대상의 상태를 파악함에 있어서 시(視) 지각뿐만 아니라 기타의 지각기관까지 동원하여 인지의 정확도를 높이는 것으로, '지적'할 때 손과 팔을 움직임으로써 수반되는 근육운동은 시각에 의해 1차적으로 인지된 의식에 자극을 줌으로써 인지(認知)를 강화시키며, '환호'의 성대 근육운동도 역시 지적의 팔운동과 함께 의식에 자극을 줄 뿐만 아니라 환호된 음성은 청(聽)지각을 통해 다시 한 번 의식을 강화시킨다.

3) 따라서 '지적환호'는 시 지각을 통하여 1차적으로 지각된 대상을 손으로 지적함으로서 지적되는 대상에 주의를 환기·집중시켜 주고, 손과 성대의 근육운동으로는 대뇌의 집중운동신경을 자극하여 의식을 다시 한 번 강화시켜 주며, 환호된 음성은 청 지각을 통해 지각된 대상의 의식을 재 강화시켜 주는 3중 확인과정이 된다.

4) '지적·환호와 지적·응답'은 지적환호의 인지과정을 두 사람이 동시에 반복 확인하는 효과를 얻을 수 있는 방법이다.

라. 지적확인환호응답의 효과

지적확인환호응답은 작업 중 작업자가 갖가지 잡념 발생으로 업무에 지장을 줄 우려가 있거나 또는 착오가 있을 때 오감을 통하여 확인함으로서 잘못된 취급을 예방할 수 있는 것이다. 한 연구결과는 실제로 눈으로만 확인하였을 때 보다 지적확인환호응답을 하였을 때 훨씬 착오가 적고 확인시간도 단축된다는 한다. 즉 지적확인환호응답은 눈으로만 확인하는 방법에 비해 착오율이 1/3.5 정도이고, 소요 시간도 1/1.5정도로써 가장 정확하고 신속하게 인간의 의식을 강화시켜 주는 효과적인 방법이라고 할 수 있겠다.

구 분	아무것도 하지 않는 경우	손가락으로 가르키는 경우	환호만 하는 경우	손가락으로 가르키고 환호 (지적확인환호)
착오율(%)	2.85	1.50	1.25	0.80
확인소요 시간(초)	1.15	0.90	0.95	0.75

※ 일본 국철 노동과학연구소의 실험적 분석 결과

마. 의식(意識)의 불완전 특성[148]

인간의 의식은 정상적인 생각, 판단 및 행동을 하게 하는 것으로서 여러 가지 요인에 의해 영향을 받기 때문에 의식이 있다고만 하여 만족스러운 상태는 아니다. 특히 운전취급을 하는 작업현장에서는 의식이 적당한 수준으로 긴장이 되어 있어야 하며 그러지 못 할 경우에는 불안전한 상태에 빠질 수 있다. 다음에서는 지적확인환호응답의 이론적 근거로 의식의 불완전 특성 몇 가지를 소개한다. 즉 철도 작업현장에서 작업자가 의식의 불완전 상태에 빠질 경우 이를 되돌리기 위해 지적확인환호응답은 큰 효과가 있을 것이다.

1) 의식의 파동(波動)

작업자가 작업을 할 때 특히 위험한 작업을 할 때는 의식을 긴장시켜 주의를 계속적으로 집중시킬 필요가 있다. 의식은 주의를 긴장시킨 채 장시간 유지한다는 것은 불가능하며 일정한

---

148) 심흥섭, 인간의 불완전특성과 안전대책. 교통공무원교육원. 1980

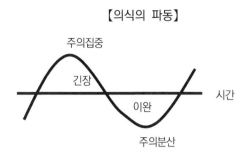

【의식의 파동】

시간이 경과하면 긴장되었던 의식은 점차 이완되게 되었고 따라서 주의력은 약화 분산된다. 이와 같이 의식수준은 긴장과 이완을 반복하며 주의력도 집중과 분산의 파동을 일으킨다. 주의 집중 결여현상을 일으키는 긴장 이완의 현상은 신체적인 피로나 정신적인 부담이 지나쳤을 때 더욱 나타난다. 한 예로 근무 교대시간 직전에는 작업으로 지친 피로와 아울러 사업이 거의 끝나간다는 달성감에서 긴장이 풀리며 주의가 산만해진다. 이와 같은 경우 긴장의 이완을 예방하기 위하여 주의를 집중시키는 방법으로 지적확인환호응답이 요구된다.

2) 의식의 우회 (迂廻)

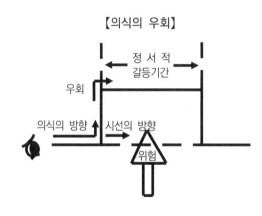

【의식의 우회】

작업 중에 작업의 진행내용에 집중되어 있어야 효과적으로 작업을 수행할 수 있으나, 일을 하면서 정신을 다른 곳으로 팔다 보면 일은 엉망으로 되는 경우가 있다. 이때 의식은 작업내용과는 무관한 다른 방향으로 향하게 되는 데 이것이 바로 '의식의 우회'이다. 작업자가 개인적인 고민 등으로 정서적 갈등을 겪고 있거나 공상을 하고 있을 때, 눈으로는 작업내용을 보고 있으며 손과 발로는 습관적으로 작업을 하고 있지만 머리속에는 고민이나 공상으로 가득차 있어 이것에 몰두하다 보면 작업을 하는 데 필요한 의식은 없어져서 눈으로 보고 있는 작업상황이 의식에 전달되지 않는다. 근래에 휴대폰을 보면서 횡단보도를 건너다 차량과 접촉하여 부상을 입었다는 뉴스가 있었는데 이런 것이 한 예이다. 철도의 운전취급 업무와 같이 한 순간이라도 방심할 수 없는 업무를 수행하여야 하는 사람들은 업무 이외에 다른 일에 신경을 쓰는 것은 매우 위험한 일이 아닐 수 없는 것이다. 그러므로 이런 경우 지적확인은 우회하는 의식을 바로 잡는 데 가장 좋은 방법인 것이다.

3) 의식의 단절 (斷切)

【의식의 단절】

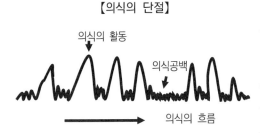

의식의 활동

의식공백

의식의 흐름

사람의 목숨이 유지되는 한 뇌의 활동은 멈추지 않고 활동한다. 뇌파(腦波)로 나타나는 뇌의 활동은 깨어 있을 때나 잠 잘 때나 쉬지 않으나, 대뇌에 기질적 장애가 있을 때는 보고 듣고 느끼고 판단하고 활동하게 하는 기능의 통제가 되지 않아 의식의 공백상태에 놓이게 된다. 의식단절 상태의 극단적인 경우는 간질

환자의 발작기간에 나타나는 것처럼 의식의 완전한 단절상태로 이어지나, 의식공백의 가벼운 상태는 보통사람에게도 자주 나타나곤 한다. 예로 누구와 대화중에 어떤 뚜렷한 생각을 하지 않았는데도 한 순간 무슨 이야기를 들었는지 알 수가 없는 순간이 있음을 경험한다. 일반적인 사람들은 이러한 짧은 순간의 의식공백 현상을 본인도 모르게 넘어가기도 하지만 운전취급자의 경우 이러한 순간의 위험조건이 겹치게 되면 사고는 피할 수 없게 된다. 예를 들어 300km/h 속도로 운전하는 고속열차 기장이 약 10초가량 졸았다거나 기질적 장애로 인한 의식의 일시적 단절상태가 있었다고 가정한다면 열차의 속도는 초당 약 83m가 되므로 열차는 무려 830m를 지나게 될 것이다. 이와 같은 동안 아무 이상이 없었다면 괜찮겠지만 사고발생 요인, 즉 장애물이 선로에 있었다면 사고는 피할 수 없는 것이 된다. 따라서 이러한 의식의 순간적인 단절현상이 나타난다 하여도 운전취급 시 지적확인환호응답을 적절히 한다면 정상적으로 극복하게 되는 것으로 지적확인환호응답의 중요성을 충분히 인식하고도 남을 것이다.

바. 지적확인환호응답 사례[149]

《공통 분야》

지적확인 및 환호시기	환호용어	비고
선로에 진입 또는 횡단, 순회점검 및 보수, 각종 작업 등을 할 때 선로 좌우측을 확인하고 열차 접근여부 지적확인	열차 접근 또는 없음	선로 또는 선로인접구간에서 작업 등을 할 때 부득이한 경우 열차접근 여부를 지속적으로 확인 (시야가 완전히 확보되는 구간에서 선로를 한번에 횡단 할 경우 좌우를 살피면서 "열차 접근 또는 없음"을 한번만 시행 할 수 있음)
역구내 또는 선로변에 각종 재료를 적치한 후	건축한계 양호	

4. 무재해 운동

가. 무재해 운동의 의의

무재해(無災害)란 근로자가 상해를 입지 않을 뿐만 아니라 상해를 입을 수 있는 위험요소가 없는 상태를 말한다. 따라서 무재해 운동은 인간존중을 기반으로 한다. 우리나라의 무재해 운동은 1982년 노동부에서 '사업장 무재해 운동 시행요령'(노동부 예규 54호, 1982. 2. 1)을 제정하여 추진하여 왔다. 이후 산업안전보건법에서 (4조1항6호) '안전·보건의식을 북돋우기 위한 홍보·교육 및 무재해 운동 등 안전문화 운동 추진'을 정부의 책무로 규정하고 법제화함으로써 고용노동부장관에게 이를 효율적으로 주진하고 하고 있다. 즉 ① 사업장 무재해 운동의 확산과 그 추진기법의 보급에 관한 사항 ② 무재해 목표를 달성한 사업장에 대한 지원 등 무재해 운동의 활성화에 관한 사항 ③ 사업장의 자율적인 안전·보건관리수준의 향상을 위한 평가 및 지원 등에 관한 사항 등의 시책을 강구하도록 하고 있다.

---

149) 철도안전관리시행세칙, 한국철도공사, 2019.12. 5

나. 무재해 운동의 기본 이념

무재해 운동은 무의 원칙, 선취 해결의 원칙, 전원 참가의 원칙을 그 기본으로 한다.

1) 무의 원칙

무재해란 단순히 사망 또는 휴업재해만 없으면 된다는 소극적인 생각이 아니라 재해는 물론 직장 내 일체의 잠재 위험요인을 발견하여 파악하고 해결함으로써 밑바닥부터 산업재해를 없 앤다는 적극적인 발상에서 시작된다. 즉, 최고경영자부터 현장 작업자 어느 누구도 절대 무재 해를 달성하겠다는 결의를 갖는 것이 무재해 운동의 출발점이 있다. 이는 반드시 근로자의 무 재해·무질병이라는 인간 존중 이념을 중시하여야 하는 것이다.

2) 선취 해결의 원칙

무재해 운동에 있어서 선취란 궁극의 목표인 무재해, 무질병의 사업장을 실현하기 위해 안 전보건을 저해하는 모든 문제를 사전에 해결하고, 사업장의 모든 위험요인을 행동하기에 앞서 발견하고 배제하여 재해 발생을 예방하는 것이다. 따라서 사망사고나 무상해 사고나 근본적인 잠재적 위험요인에서 비롯되는 것이므로, 아무리 무상해 사고라도 이를 숨기거나 속이지 않고 적극 노출시켜 적극적으로 해결방안을 발견하고 파악하여 해결하는 직장 풍토를 만들어나가 는 것이 무재해 운동이다.

3) 참가의 원칙

무재해 원칙에서 참가란 사업장 내 잠재적 위험요인을 발굴하고 해결해 나가는 데 전원이 참가하여 스스로의 책무를 다하는 것을 말한다. 여기서 전원이란 최고경영자를 포함하여 현장 근로자까지 사업장 전원의 참가를 의미하며, 하청회사나 용역회사를 불문하고 해당 사업장에 관련 있는 모든 사람들을 말한다.

다. 무재해운동 추진기법

사업장에서 활용되는 안전 활동 즉 무재해 추진 기법은 실제 사업장에서 다양하게 이뤄지고 있으며, 그 에로 다음과 같은 것을 들 수 있다.

위험예지 훈련 4R기법, 원 포인트 위험예지 훈련, 단시간 위험예지 훈련, 위험예지활동 경연대회, 자문자답 카드기법, 문제해결 기법, 소집단활동 기법, 5C 운동(복장단정, 정리정돈, 청소 청결, 점검 확인, 전심전력), 안전패트롤, 앗차사고 사례발표, 안전제안 제도, 안전조회, 안전계몽 방송, 터치 앤드 콜, 안전보건 신문 발행, 재해 체험사례 발표, 재해 사례집 발간, 무재해 직장체조, 산재예방 가정통신문, 안전의 달 행사, 안전기원제, 안전 캠페인, 합동 안전진단, 안전 카렌다 제작, 안전 영화제작, 안전수칙 벌점제도, 안전보건 홍보방송, 안전퀴즈 대회, 안전 3분 스피치, 잠재위험요인 발굴 활동, 안전목표 관리제도, 안전회보 발행, 건강관리 전산화, 자율안전 당직제도, 노·사 합동 정기 점검제도, 안전전문위원 제도, 안전 활동 관리감독자 회의 등이 있다. 따라서 각 철도에서도 사업장에 맞는 안전관리 기법을 활용하여 철도사고 예방에 노력해야 할 것이다.

5. 철도보호지구 안전관리

열차 운행 선로변에서 벌어지는 각종 행위로 인한 철도사고를 예방하기 위하여 철도안전법에서는 철도보호지구를 정하여 엄격히 관리하고 있다. 철도보호지구는 '철도경계선(가장 바깥쪽 궤도의 끝선을 말한다)으로부터 30미터 이내(도시철도법 제2조제2호에 따른 도시철도 중 노면전차의 경우에는 10미터 이내)의 지역'을 말한다.150)

가. 철도보호지구 안에서의 행위제한

철도보호지구에서는 다음 각 호의 어느 하나에 해당하는 행위를 하려는 자는 국토교통부장관 또는 시·도지사에게 신고하여야 한다.

1) 토지의 형질변경 및 굴착(掘鑿)
2) 토석, 자갈 및 모래의 채취
3) 건축물의 신축·개축(改築)·증축 또는 인공구조물의 설치
4) 나무의 식재(대통령령으로 정한 경우에만 해당된다)

---

150) 철도안전법 제45조

> * 철도안전법 시행령 제47조 :"대통령령으로 정하는 경우"란 다음 각 호의 어느 하나에 해당하는 경우를 말한다.
>   1. 철도차량 운전자의 전방 시야 확보에 지장을 주는 경우
>   2. 나뭇가지가 전차선이나 신호기 등을 침범하거나 침범할 우려가 있는 경우
>   3. 호우나 태풍 등으로 나무가 쓰러져 철도시설물을 훼손시키거나 열차의 운행에 지장을 줄 우려가 있는 경우

　　5) 그 밖에 철도시설을 파손하거나 철도차량의 안전운행을 방해할 우려가 있는 행위로서 대통령령으로 정하는 행위

> * 철도안전법 시행령 제48조 : 철도보호지구에서의 안전운행 저해행위 등에서 "대통령령으로 정하는 행위"란 다음 각 호의 어느 하나에 해당하는 행위를 말한다.
>   1. 폭발물이나 인화물질 등 위험물을 제조·저장하거나 전시하는 행위
>   2. 철도차량 운전자 등이 선로나 신호기를 확인하는 데 지장을 주거나 줄 우려가 있는 시설이나 설비를 설치하는 행위
>   3. 철도신호등(鐵道信號燈)으로 오인할 우려가 있는 시설물이나 조명 설비를 설치하는 행위
>   4. 전차선로에 의하여 감전될 우려가 있는 시설이나 설비를 설치하는 행위
>   5. 시설 또는 설비가 선로의 위나 밑으로 횡단하거나 선로와 나란히 되도록 설치하는 행위
>   6. 그 밖에 열차의 안전운행과 철도 보호를 위하여 필요하다고 인정하여 국토교통부장관이 정하여 고시하는 행위

나. 철도보호지구 안에서의 행위 신고[151]

　　철도보호지구에서의 행위를 신고하거나 신고한 내용을 변경하고자 하는 자는 별지 서식의 철도보호지구에서의 행위신고서(이하 "신고서"라 한다)에 다음 각 호의 서류를 첨부하여 철도보호지구관리자(한국철도시설공단)에게 제출하여야 한다.
　　1) 건축허가 신청서 또는 실시계획승인 신청서(해당되는 경우에 한한다)
　　2) 다음 각 목의 사항이 포함된 설계도(해당되는 경우에 한한다)
　　　가) 철도와 공사예정지 상황을 표현한 배치도
　　　나) 설치시설의 평면도

---

151) 철도보호지구안에서의 행위제한에 관한 업무지침, 국토교통부, 2018. 6. 7

다) 철도와 시설물 사이의 표고차가 표시된 종·횡단면도

라) 그 밖에 안전성 검토에 필요한 사항

3) 신고된 행위가 다음 각 호의 어느 하나에 해당하는 경우에는 별표 3에 따른 철도보호지구 안전관리계획서(단, 사호에 해당하는 행위의 경우에는 신고서를 제출한 이후 첨부할 수 있다)

가) 주유소, LPG 충전소 등 폭발물 또는 인화물질을 제조·저장·전시하는 행위 또는 제조·저장·전시하는 시설을 설치하는 행위

나) 3층 이상 건축물의 신축·증축·개축 또는 공작물의 설치 행위

다) 선로 및 노반의 침하가 우려되는 굴착 또는 자갈·모래 등의 채취 행위

라) 타워크레인 설치 또는 파일 항타(杭打)·천공 등 대형건설장비를 이용하는 작업이 예정되어 있는 행위

마) 가공전선로(架空電線路) 또는 전신주 설치 등 전차선로와 접촉될 우려가 있는 작업이 예정되어 있는 행위

바) 열차운행에 지장을 줄 우려가 있는 수목의 식재 행위

사) 그 밖에 철도차량의 안전운행 및 철도시설의 보호를 저해할 우려가 있다고 철도보호지구관리자가 판단되는 행위

다. 철도보호지구관리자의 검토·조치

1) 철도보호지구 안에서 행위 신고서가 접수 시 검토 사항

가) 행위의 금지 또는 제한명령의 필요성

나) 안전조치의 필요성

다) 현장 확인결과 안전조치가 필요한 사항

라) 그 밖에 알림판 설치·안전원 배치·위험물 보관 등 철도시설의 보호 또는 철도차량의 안전운행을 위하여 필요한 사항

마) 철도 이용자들의 정거장 진·출입 지장여부

2) 철도보호지구관리자는 철도보호지구 안에서 지켜야 할 안전수칙 등을 포함한 안전교

육 매뉴얼을 마련하여 신고인이 작업자 안전교육에 사용할 수 있도록 신고인에게 안전교육 매뉴얼을 배포

3) 철도보호지구 안에서의 안전점검을 마련하여야 하며, 안전점검을 할 때에는 안전점검 매뉴얼에 따라 시행

4) 안전점검을 시행한 결과, 철도시설의 보호 및 철도차량의 안전운행을 위하여 필요한 경우 신고인에게 그 사유를 설명하고 안전조치 등을 요구하여야 하며, 안전교육을 실시

5) 철도운영자는 안전점검을 시행해야 하며 안전점검 시 철도차량의 안전운행 및 철도시설의 보호에 지장이 우려되는 행위를 발견하였을 때에는 신고인에게 안전조치 등을 요구 후 철도보호지구관리자에게 해당 행위의 금지제한 또는 필요한 조치를 명할 것을 요청하고 그 내용을 철도시설관리자에게 통보

6) 매년 2월 철도보호지구 관리실태에 대한 특별안전점검계획을 수립하여 매분기마다 특별안전점검을 실시하고 그 결과를 국토교통부장관에게 보고

7) 안전조치를 위해 긴급상황 발생 등 비상시에 즉각 대응할 수 있도록 철도운영자, 관제업무종사자, 철도시설관리자, 철도보호지구관리자, 인접역, 신고인 간 비상연락체계를 구성

8) 철도보호지구관리자는 철도종사자 입회 또는 열차감시인을 배치한 때에는 그 사실을 관제업무종사자에게 통보하여 상호 정보교류를 할 수 있도록 하여야 한다.

9) 신고인은 건설장비 전도(顚倒) 등 열차 운행에 위험을 초래할 긴급상황이 발생하였을 때에는 즉시 가까운 역에 열차운행 중지를 요청함과 동시에 철도보호지구관리자, 철도운영자 및 관제업무종사자에게 그 사실을 알려야 한다.

10) 위 연락을 받은 철도보호지구관리자, 철도운영자 또는 관제업무종사자는 비상연락망 체계에 따라 상황을 전파하고 열차운행계획 변경 및 서행운전 등 방호조치, 긴급복구 작업시행 및 승인 등 필요한 소관업무를 협의 조치하여야 한다.

11) 신고인으로부터 행위완료의 통보를 받은 철도보호지구관리자는 철도시설관리자에게 통보하여 철도시설의 보호 및 철도차량의 안전운행에 대한 지장여부를 현장점검을 통하여 확인하여야 한다.

12) 철도시설관리자는 위 항에 따른 현장 점검결과, 철도시설의 보호 및 철도차량의 안전운행에 지장이 예상될 경우에는 신고인에게 지장이 예상되는 행위 또는 시설에 대하여 보완을 요구할 수 있으며, 그 내용을 철도보호지구관리자에게 통보하여야 한다.

13) 철도보호지구관리자는 신고된 행위가 완료되면 철도운영자에게 통보하여야 한다.

《철도보호지구 안전관리계획서 작성기준》[152]

주요내용	세부내용	비고
가. 공사의 개요	- 공사현장 위치도 - 공사개요 - 공정표	
나. 안전관리조직	- 안전관리 조직	안전관리자, 안전보건총괄책임자, 분야별안전관리책임자, 안전관리 담당자 배치 및 업무분장
다. 철도보호지구내 공정별 안전점검 계획	- 자체점검 - 특별점검 - 정밀안전점검	일일, 주간, 월간, 연간 안전점검 표 및 자체안전점검계획
라. 철도보호지구내 공사장 주변 안전 안전관리계획	- 공사중 인접매설물 방호 - 인접 시설물보호	위험발생 우려개소
	- 공사 알림판 설치 (열차접근방향 200m와 500m지점)	철도에 직접 접촉하여 철도안전에 직접 영향을 줄 수 있는 작업에 해당할 경우
마. 안전교육계획	- 안전교육 계획표 - 교육종류, 내용 - 교육(기록)관리 사항	
바. 비상시 긴급조치계획	- 비상연락망 - 비상동원조직 - 응급조치 및 복구계획	
사. 열차운행선 지장 공사 안전관리계획	- 운행선 안전관리원 배치 - 열차운행선 보호대책 - 열차운행선 지장공사 계획수립 - 차단공사 협의 업무담당자 지정	해당시 작성
아. 철도보호지구내 취약개소 안전관리	- 취약개소 지정 및 등록 관리	
자. 위험공종 안전관리	- 굴착, 발파, 성토, 절토 공사 안전관리	해당시 작성
차. 가시설물 안전관리 계획	- 안전설계 검토서 - 가시설 변위측정계획	해당시 작성
카. 대형 건설장비 안전관리	- 작업반경의 철도침범 방지계획 - 투입장비의 적정성 검토서 - 관련법에 의한 점검계획 - 장비운전원, 교육계획 - 장비 신호수 배치계획	해당시 작성
타. 사고보고 및 처리계획	- 사고보고 계획 - 응급조치 및 대응교육	- 사고발생 즉시 초기보고 계획 - 사상자 구호등 응급조치

---

152) 철도보호지구안에서의 행위제한에 관한 업무지침, 국토교통부, 2018. 6. 7

6. 고속철도 안전 설비

가. 열차자동제어 장치

고속열차는 1.5km마다 구간을 정하여 정해진 속도가 있어 제한속도 이하로 운전토록하게 하는 장치로, 기장이 제한속도를 초과하면 강제로 열차를 정차시킨다.

나. 끌림물 검지 장치

우리나라 고속열차는 기존선과 같이 운행하고 있으므로, 기존선이나 기지에서 고속선으로 진입하는 개소에 설치하여 차량 차체 하부 부속품 등에 장애물이 끌려오는지 여부를 검지하는 장치이다.

다. 차축온도 검지 장치

운행중인 열차 차량의 차축 온도를 측정, 운행열차의 정보(장소, 열차번호, 차축번호, 온도)를 관제실에 전송하는 장치이다.

라. 레일 온도 검지 장치

여름철에 레일 온도가 급상승되면 레일이 굴곡되어 탈선될 우려가 있으므로, 레일에 접촉식 센서를 부착해 놓고 항상 레일 온도를 측정할 수 있는 장치이다.

마. 지장물 검지 장치

낙석, 자동차, 토사 등이 선로내로 떨어졌을 때 미리 검지하여 열차 보호하는 장치이다.

바. 지진, 기상검지 장치

지진을 비롯하여 강우량, 강설량, 강풍량 등을 검지하여 실시간으로 관제실로 전송하여 상황에 맞는 조치를 신속하게 할 수 있도록 된 설비이다.

사. 열감지 장치

제어장치가 과열되면 전자, 전기회로에 오동작 발생될 수 있어 센서를 부착하여 센서 온도가 일정온도 이상 되면 기장에게 경보 및 자동으로 동력을 차단한다.

아. 운전자 경계장치

기장의 갑작스런 신체이상 등으로 열차를 정상운전 할 수 없을 때 자동으로 정차시키는 시스템이다.

자. 기타

외부인, 동물 등의 선로 침입을 사전에 감시하여 예방하는 영상감시장치, 인접선로 지장 시 주변열차를 보호하는 열차방호장치, 전차선의 전기공급을 상시 통제하는 전철전력원격제어장치, 작업자의 안실전을 위해 열차접근을 알려주는 작업자보호장치 등 첨단 안전장치가 설비되어 있다.

비상대응 조치

1. 철도 비상대응계획 수립

가. 용어의 정의[153]

1) 철도비상사태 : 열차충돌, 탈선, 화재, 폭발, 자연재해 및 테러 등의 중대한 사고 발생으로 열차 운행이 중단되거나 인적 및 물적 피해가 발생되는 상황을 말한다.

2) 비상대응 : 철도비상사태가 발생하였을 경우에 열차의 조속한 정상운행과 인적 및 물적 피해를 최소화하기 위한 활동을 말한다.

3) 비상대응 시나리오 : 신속하고 효율적인 비상대응을 위해 발생 가능한 철도비상사태의 유형별로 비상상황 발생 시점부터 복구완료 및 열차 정상운행이 될 때까지 비상대응인력이 조치할 행동요령을 시간의 순서대로 전개한 것을 말한다.

4) 비상대응 유관기관 : 철도비상사태가 발생하였을 경우에 철도운영자 및 철도시설관리자 (이하 "철도운영자등"이라 한다)의 비상대응 활동을 협력하고 지원하는 기관을 말하며, 중앙행정기관, 지방자치단체, 소방서, 경찰서, 응급의료기관 및 협력업체 등을 말한다.

5) 표준운영절차 : 철도비상사태가 발생하였을 경우에 비상대응인력 및 유관기관의 기능과 역할을 유형화한 절차 또는 비상대응의 기준이 되는 표준적인 절차를 말한다.

6) 현장조치매뉴얼 : 표준운영절차를 바탕으로 철도비상사태가 발생하였을 경우에 비상대응인력 및 유관기관이 현장에서 실제 적용하고 시행해야 할 구체적인 조치사항과 절차 등을 수록한 문서를 말한다.

---

153) 철도안전관리체계 기술기준, 국토교통부 고시 제2014-132호, 2014. 5.26

7) 긴급구조 : 자연재해 또는 철도비상사태 등의 재난이 발생할 우려가 있거나 발생되었을 때에 인적 및 물적 피해를 최소화하기 위하여 긴급구조기관에 의한 인명구조, 응급처치 및 그 밖에 필요한 모든 조치를 말한다.

8) 비상대응 연습·훈련 : 철도비상사태 발생에 대비하여 비상대응 능력 함양 및 유관기관 협력체계 강화 등을 위해 실시하는 연습·훈련을 말하며, 종합연습·훈련과 부분연습·훈련으로 구분한다.

9) 종합연습·훈련 : 특정 유형의 비상대응계획이 적합한지를 평가하기 위해 실시하는 종합적인 가상 연습·훈련을 말한다.

10) 부분연습·훈련 : 비상대응 능력 함양을 위해 분야별로 실시하는 가상 연습·훈련을 말한다.

11) 철도 사이버테러 : 해킹·바이러스 등 전자적 수단으로 철도운행제어시스템에 불법적으로 침입하여 철도 운영과 관련된 주요 정보의 유출, 위조, 변조, 훼손, 파괴하는 등 철도의 기능을 마비시키는 행위를 말한다.

나. 비상대응계획 수립

1) 철도운영자등은 비상대응 시나리오에 따른 비상대응 절차, 유관기관의 협력 및 지원 체계, 시설 및 장비의 효율적인 투입 등을 위한 문서화된 비상대응계획을 수립, 실행 및 유지하여야 하며, 비상대응계획에는 다음 사항을 포함하여야 한다.

   가) 비상대응계획 작성에 관한 기본계획(목적, 적용범위, 기본방침, 수립절차 등)

   나) 비상대응 표준운영절차 작성

   다) 비상대응 협력 및 지원 체계

   라) 비상대응 연습·훈련 절차 및 방법

   마) 비상대응 사이버테러 대책

   바) 비상대응계획 수정·보완에 관한 이력사항 등

2) 철도운영자등은 발생 가능한 철도비상사태의 유형별, 역, 터널, 교량 등의 사고 위치별 및 여객열차, 화물열차, 위험물 운송열차, 건물 등의 사고 대상별로 비상대응 시나리오를 개발하여야 한다.

다. 표준운영절차 수립

철도운영자등은 표준운영절차를 수립하여야 하며, 표준운영절차에는 다음 사항을 고려하여야 한다.

    1) 비상대응 시나리오에 따른 비상대응절차

    2) 비상대응절차도(유관기관의 협력 및 지원 절차 포함)

    3) 비상대응절차에 따른 담당업무별 역할과 책임(유관기관 포함)

    4) 철도비상사태에 대한 지휘체계(분야별 포함)

    5) 승객 긴급 신고요령 안내

    6) 승객 긴급 대피요령 안내

    7) 승객 긴급 구조체계

    8) 화재발생에 따른 연기확산 억제 및 배연 대책

    9) 비상대응 통신망 및 안내방송체계

    10) 비상연락체계 및 비상연락망(유관기관 포함)

라. 비상대응 협력 및 지원 체계

    1) 철도운영자등은 다음 사항이 포함된 비상대응 협력 및 지원 체계를 구축하여야 한다.

      가) 유관기관별 역할과 책임(도시철도는 해당 지방자치단체 포함)

      나) 지휘 및 보고 체계

      ① 철도비상사태 유형별 지휘 및 보고 체계(유관기관 포함)

      ② 직원 또는 사무실 명칭과 전화번호(상시 연락가능 무전 주파수와 호출 번호)

      ③ 화재, 테러 등에 대비한 긴급방재대책

      ④ 현장 접근통제 및 질서유지 대책

      ⑤ 비상대응지도 구축

    2) 철도운영자등은 비상대응 협력 및 지원 체계의 적정성을 확보하기 위하여 주기적으로 유관기관과 협의하여야 하며, 협의 내용에는 다음 사항을 포함하여야 한다.

      가) 유관기관별 세부 대응절차 수립방안

      나) 비상대응 협력 및 지원 체계의 적정성

다) 비상대응 투입 인원과 시설 및 장비 등의 지원 능력

라) 유관기관별 관련 문서의 변경, 개정 등에 따른 협의 절차 등

마. 비상대응 연습·훈련 계획 수립

철도운영자등은 매년 비상대응 연습·훈련 계획을 수립하여야 하며, 비상대응 연습·훈련 계획에는 다음 사항을 포함하여야 한다.

1) 비상대응 연습·훈련의 목표

2) 비상대응 연습·훈련의 시기, 방법, 규모 및 장소

3) 연습·훈련 내용에 적절한 비상대응 시나리오

4) 비상대응 연습·훈련의 열차 및 장비의 사용 여부

5) 비상대응 연습·훈련의 평가 방법

6) 비상대응 연습·훈련 결과에 대한 개선사항 조치계획 등

바. 비상대응 연습·훈련 시나리오 선정

철도운영자등은 다음 절차에 따라 비상대응 연습·훈련 시나리오를 선정하여야 한다.

1) 연습·훈련 대비 철도비상사태의 유형 선정

2) 비상대응 연습·훈련 시나리오의 작성

3) 표준운영절차에 따른 비상대응 연습·훈련 절차 작성

4) 비상대응 연습·훈련 지휘체계 구성

5) 승객 긴급구조 및 비상대응 통신 대책 수립

6) 비상대응 협력 및 지원 체계 구성

7) 비상연락체계 및 비상연락망(유관기관 포함) 구성

사. 비상대응 연습·훈련 시행

철도운영자등은 다음과 같은 비상대응 연습·훈련을 시행하고, 연습·훈련 결과에 따라 적절한 조치를 취하여야 한다.

1) 종합연습 · 훈련 : 유관기관과 함께 반기별 1회 이상 실시한다. 단, 「재난 및 안전관리

기본법」에 따른 재난대비 연습·훈련이 "3. 표준운영절차 수립"에 따른 철도비상사태 유형을 대상으로 시행한 경우에는 종합연습·훈련을 시행한 것으로 본다.

2) 부분연습·훈련 : 분야별로 분기별 1회 이상 실시한다. 부분연습·훈련은 관련된 분야별로 통합하여 실시하거나 가상모의 연습·훈련프로그램을 활용하여 실시할 수 있다.

아. 비상대응 연습·훈련 평가

1) 철도운영자등은 비상대응 연습·훈련에 대하여 다음 사항을 점검하고 그 결과를 평가하여야 하며, 미비점과 취약점에 대하여는 이를 시정·보완하여야 한다.

가) 비상대응 연습·훈련 목표의 적정성

나) 비상대응계획 및 현장조치매뉴얼의 적합성

다) 승객 긴급구조 및 비상대응 통신대책의 적정성

라) 비상대응 직원의 임무 수행에 관한 사항

마) 비상대응 협력 및 지원 체계의 적정성

바) 비상대응 연습·훈련 지휘체계의 적정성

2) 철도운영자등은 비상대응 연습·훈련 및 평가에 대한 해당 연도 시행계획은 전년도 11월 말까지, 전년도 추진실적은 매년 2월 말까지 국토교통부장관에게 제출하여야 한다.

자. 비상대응 연습·훈련 참관 등

철도운영자등은 비상대응 연습·훈련에 다른 철도운영자등과 유관기관(교통안전공단 포함)이 참관할 수 있도록 협의하고, 비상대응에 필요한 각종 정보와 의견, 연습·훈련 평가결과 등을 공개하거나 제공하여야 한다.

차. 사이버테러 대응계획

철도운영자등은 사이버테러에 대비하여 철도선로제어설비, 철도신호제어설비, 송변전설비, 전철전력설비, 통신설비 등 철도운전제어시스템에 대한 사이버테러 대응계획을 수립, 실행 및 유지하여야 하며, 사이버테러 대응계획에는 다음 사항을 포함하여야 한다.

1) 사이버테러 대책의 수립·이행 및 지속적인 유지를 위하여 책임과 권한이 부여된 책임자 지정

2) 사이버테러 대응조직의 구성

3) 사이버테러로부터 보호되어야 하는 기기, 컴퓨터 또는 통신 등의 구성요소에 대한 식별

4) 사이버테러의 예방·탐지·대응 및 복구를 위한 기술적·관리적 조치의 마련 및 시행

5) 사이버테러 대응 교육훈련에 관한 사항

6) 사이버테러 대응체계에 관한 사항

7) 주기적 취약점 분석·평가 방법에 관한 사항

카. 사이버테러 보완대책

철도운영자등은 철도시스템을 안정적으로 운용하기 위하여 사이버테러에 대비한 보안대책을 마련하여야 하며, 보안대책에는 다음 사항을 포함하여야 한다.

1) 안전한 철도시스템 네트워크 구성방안 (유·무선 포함)

2) 철도 네트워크 연계구간 보호대책

3) 안전한 철도 감시정보 수집 및 제어 보안대책

4) 철도시스템(PC, 서버 등) 보안대책

5) 철도 응용프로그램 보안대책

6) 철도 제어기기 보안대책

7) 제어시스템 패치/백신 업데이트 대책

8) USB 등 이동형 저장장치 보안관리 대책

9) 유지보수 인력 보안관리 대책

2. 비상대응 시나리오 사례

철도운영회사에서는 각 사고별로 역 또는 사업소별 소속 특성에 맞는 시나리오를 작성하여 비상시 대응토록 해야 한다. 다음은 지하역에서 화재발생 시 초동조치 시나리오 사례다. 이와 같은 내용을 중심으로 자기 소속에 맞는 시나리오를 작성하여 전 직원의 공유 및 주기적인 훈련을 통하여 실제상황 발생 시 신속하고 효율적인 대응이 이뤄질 수 있도록 해야 한다.

《지하 역에서 화재발생 시 초등 대응 시나리오 구성 예》

구분	주요조치	세부 조치내용
해당 역	즉시 보고	소방서, 관제소, 경찰서, 인근역 등
	현장 출동	화재 지점 및 상황파악 무전기, 발광 유도등, 소화기 휴대, 필요시 공기호흡기 착용 등
	안내 방송	화재 알림 및 여객대피 안내 방송 계속 시행
	여객 대피	게이트 비상모드 전환, 안전한 대피로 안내
	사상자 구호	사상자 발생 시 구호조치 안전한 곳으로 이송 등
	화재 진화	초기 진화시도(자체소방대) 소방차 진입로 안내 등
	시설물 확인	제연설비 동작여부 확인 PSD 개폐확인 구호용품 개방 등
관제실 (관제센터)	즉시 상황 신고, 전파	상황수보 후 즉시 소방서, 경찰서 등 신고, 유관부서 지원요청 신속하고 정확한 현장 상황 파악 인근역 및 유관기관 상황 통보 등
	열차운행 통제	전 열차 상황통보 및 운행 통제 특히 후속열차 및 인접선 열차 우선 통제 조치 현장 상황에 따라 역 무정차 통과 조치 등
	안내 방송 등	화재 안내 방송 계속 시행 소방서 출동여부 확인 제연모드 정상작동 등 관련시설물 정상여부 확인 등
기관사	관제실 지시에 따른 운전취급	관제실 지시에 따라 열차 운전취급 화재발생 역 인접역 도착 시 승객하차 및 대피 조치 역 진입 시 화재발생 인지했을 경우 비상정차, 확인후 진입
	안내 방송 등	승객이 동요하지 않도록 안내방송 실시

Part 7

환경 경영

환경경영 일반

1. 환경경영의 필요성 및 도입배경

기업은 새로운 환경 법률과 규제에 순응하고 동시에 환경오염을 최소화하고, 환경적인 차원에서의 공공이미지를 강화하는 쪽으로 경영을 하여야 할 필요성이 높아지고 있다. 따라서 환경경영이란 기존의 경영분야에 환경이라는 분야를 추가하여 경영적 개념을 도입한 것을 말한다. 따라서 환경경영을 '기업의 고유한 생산 활동에 의해서 필연적으로 파생되는 환경적 훼손을 최소화하면서, 환경적으로는 건전하고 지속적인 발전을 도모하고자 하는 활동'으로 정의된다.[154] 또한 환경경영의 필요성은 환경 여건의 변화가 기업 활동에 미치는 영향이 매우 커서 의사결정의 주된 대상이 되기 때문이라고 하며, 기업 활동에 결정적 영향을 미치고 있는 환경적 여건의 변화를 다음과 같다.[155]

첫째, 각종 지구의 환경문제에 대한 과학적 근거가 점차 구체화되고 있다. 특히 오존층 파괴에 따른 생태계의 교란, 지구온난화에 따른 기후변화와 해수면 상승, 생물종 다양성 감소, 해양 및 하천 오염 등으로 인한 피해가 인류의 생존에 위협이 되고 있다. 그 주된 원인 가운데 하나가 기업 활동이라는 점이 밝혀지고 있다.

둘째, 나라 안팎 환경법규의 강화와 국제 환경협약 및 표준의 제정이 가속되어 이에 대한 기업의 적절한 대응이 기업 활동 계속 여부를 결정하는 핵심요인으로 등장하고 있다.

셋째, 소비자, 지역사회, 정부 및 지방자치단체, 환경단체, 언론 등 다양한 이해관계자들이 기업에게 환경문제에 대한 책임을 강력히 요구함에 따라 전통적인 기업 활동으로는 이들의 다양한 욕구를 충족시키기에는 많은 한계를 가질 수밖에 없게 되었다.

---

154) 정헌배, 환경경영전략, 규장각, 2001
155) 이병욱, 환경경영론, 비봉출판사, 1997

넷째, 환경경영체제의 도입과 강화로 법적규제 준수와 같은 기업의 환경대응은 상당한 인적·물적 자원을 투입할 필요가 있으므로, 환경에 대한 가치평가가 제대로 반영되지 않은 기존의 의사결정 기준을 그대로 적용하기는 어려운 실정이다.

특히 근래에 세계적인 화두 중 하나는 '지구 온난화에 따른 기후변화'를 들 수 있을 것이다. 프랑스 파리에서 개최된 제21차 유엔기후변화협약 당사국총회(COP21)는 2015년 12월 세계 195개 참가국의 만장일치로 온실가스 감축에 합의한 '파리 협정(Paris Agreement)'을 채택하였다. 파리협정은 국제사회 공동의 장기 목표로 "산업화 이전 대비 지구 기온의 상승폭(2100년 기준)을 섭씨 2도보다 훨씬 낮게 유지하고, 더 나아가 온도 상승을 1.5℃ 이하로 제한하기 위한 노력을 추구한다."고 합의했다. 특히 우리나라는 2030년까지 온실가스 배출을 37% 감축하겠다는 목표를 제시했다.

이와 같은 의미에서 교통수단 중에서 철도가 갖는 최대의 장점은 친환경적이라는 것이다. 철도는 화물차 대비 에너지 소비량이 1/14, 탄소 배출량이 1/13에 불과한 고효율 친환경 운송수단이다. 여기에 더해 철도는 타 운송 분야에 비해 생산 및 고용 유발 효과가 가장 높은 것으로 알려져 있다. 구체적으로 친환경 철도에 대한 내용을 살펴보면 다음과 같다[156].

첫째, 오염물질을 거의 발생시키지 않는 전기철도가 상용화되고 있다. 환경친화적 교통 체계로의 개편에 더욱 무게가 실리는 상황에서 환경친화성을 갖추고 수송효율성까지 높은 전기철도는 미래교통의 대안이라 할 수 있다.

둘째, 철도는 자력을 이용한 자기부상 방식이라는 대체 동력도 찾아냈다. 자기부상열차는 500km/h이상의 시험 주행에 성공했고, 우리나라에서도 도시형자기부상열차가 개통되어 운행 중에 있다.

셋째, 최근에는 G7 국가를 필두로 철도투자가 확대되고 있다. 예컨대 선진국들은 모든 철도기술에 환경을 적극 고려함은 물론 교통정책도 철도 중심으로 전환, 교통과 환경문제를 동시에 해결하려 하고 있다. 철도에는 녹색물류(green logistics)라는 환경개념이 도입되는 등 타 교통수단과 비교할 수 없이 빠르게 환경과 조화를 이뤄 나가고 있다.

그러므로 철도에서도 환경 경영을 적극 추진하여 온실가스를 배출하는 이산화탄소의 저감대책은 물론 환경보전 및 보존활동, 공기질·소음·진동·토양·수질 등에 대한 환경 친화적인 활동을 더 강화할 필요가 있다. 따라서 다음에서는 관련 법령은 물론 이와 같은 환경문제를 알아보고, 특히 한국철도공사의 사례를 중점 소개하고자 한다.

---

156) 이성근 외, 녹색경영론, 법문사, 2016. p.198

2. 환경 경영시스템

가. 환경 경영시스템의 정의

기업의 전반적인 활동이 환경에 미치는 부정적 영향을 최소화하기 위하여 환경 활동을 체계적으로 관리하는 시스템으로, 환경성과를 달성하기 위해 환경경영기법을 도입한 것이 환경경영시스템(EMS, Environmental Management System)이다. 이는 기업이 기업 활동이나 제품 및 서비스가 환경에 미치는 영향을 분석하고, 이를 바탕으로 환경 방침과 목표를 설정하고 이행하여 기업의 환경성과를 개선하는 환경 경영의 체계적인 접근 방법을 말한다.

나. 환경경영시스템의 기본요건[157]

환경경영시스템의 기본요건은 이 시스템을 성공적으로 도입하고 실행하기 위해서 검토해야 할 사항들이다. 이 요건은 각 기업의 비전, 자원, 조직문화, 커뮤니케이션 체계 등 기업의 경영환경에 맞게 수행되어야 한다. 환경경영시스템의 국제규격인 ISO14001에 명시된 기본 요건은 다음과 같다.

1) 환경경영에 대한 최고경영자의 의지와 지원

환경경영시스템이 성공하기 위해서는 최고경영자의 지원이 필수적이다. 환경경영에 대한 최고경영자의 지원은 지속적이고 정기적으로 이루어져야 하고, 환경경영 및 그에 대한 지원 의지를 환경 방침에 담아 공표함으로써 모든 구성원에게 환경 개선에 대한 책임 의식을 심어 줘야 한다.

2) 환경 방침

환경 방침은 최고경영자에 의해 공식적으로 제시된 환경성과와 관련된 기업의 전반적인 의도와 방향을 나타낸 문서이다. 환경 영향을 지속적으로 개선하겠다는 의지와 법규를 준수하고 환경오염을 예방하겠다는 의지 표명이 무엇보다 중요하다.

---

157) 전영승, 기후변화시대의 환경경영, 비앤엠북스, 2014. p.62

3) 초기 환경성 검토

초기 환경성 검토의 목적은 환경경영시스템 도입을 위한 기업의 제반 여건 분석, 환경적으로 우선 개선해야 할 영역의 파악, 잠재적 환경위험에 대한 전체 구성원의 인식을 제고하고 환경위험을 미연에 방지하기 위한 지식과 정보의 제공, 현재와 미래의 법 기준을 파악하고 이를 전체 구성원에게 주지시키기 위함이다.

4) 교육

환경 방침을 실행하는 과정에서 가장 먼저 해야 할 일은 전 직원에 대한 환경교육이다. 교육의 목적은 전체 구성원으로 하여금 환경문제 대한 중요성을 깨닫게 하고 환경개선 과정에서 각자의 임무와 역할에 대하여 이해를 증진시키는데 있다.

5) 책임의 배분

수립된 환경 방침을 효과적으로 실행하기 위해 모든 직원의 권한과 책임 소재를 명확히 하는 것으로, 직급이나 역할에 맞게 이루어져야 한다. 책임 배분의 기본 방향은, 환경 관련 부서장을 중심으로 환경 경영의 책임을 맡기고, 가급적 전 직원에게 업무를 골고루 할당하여 모두가 환경 활동에 동참할 수 있게 하는 것이다.

6) 환경목표 및 세부목표 설정

환경목표나 세부목표는 현실성이 있고 구체적인 수치로 제시하되 가급적 일정까지 정하는 것이 바람직하다. 실천 계획은 환경방침의 내용이 기업에서 정한 적절한 기준이 반영되어야 한다.

3. 저탄소 녹색성장[158]

가. 법률 제정 목적

저탄소녹색성장기본법'은 경제와 환경의 조화로운 발전을 위하여 저탄소(低炭素) 녹색성장에 필요한 기반을 조성하고 녹색기술과 녹색산업을 새로운 성장동력으로 활용함으로써 국민경제의 발전을 도모하며 저탄소 사회 구현을 통하여 국민의 삶의 질을 높이고 국제사회에서 책임을 다하는 성숙한 선진 일류국가로 도약하는 데 이바지함을 목적으로 한다.

나. 용어의 정의

1) 저탄소 : 화석연료(化石燃料)에 대한 의존도를 낮추고 청정에너지의 사용 및 보급을 확대하며 녹색기술 연구개발, 탄소흡수원 확충 등을 통하여 온실가스를 적정수준 이하로 줄이는 것을 말한다.

2) 녹색성장 : 에너지와 자원을 절약하고 효율적으로 사용하여 기후변화와 환경훼손을 줄이고 청정에너지와 녹색기술의 연구개발을 통하여 새로운 성장동력을 확보하며 새로운 일자리를 창출해 나가는 등 경제와 환경이 조화를 이루는 성장을 말한다.

3) 녹색경영 : 기업이 경영활동에서 자원과 에너지를 절약하고 효율적으로 이용하며 온실가스 배출 및 환경오염의 발생을 최소화하면서 사회적, 윤리적 책임을 다하는 경영을 말한다.

4) 온실가스 : 이산화탄소(CO_2), 메탄(CH_4), 아산화질소(N_2O), 수소불화탄소(HFCs), 과불화탄소(PFCs), 육불화황(SF_6) 및 그 밖에 대통령령으로 정하는 것으로 적외선 복사열을 흡수하거나 재방출하여 온실효과를 유발하는 대기 중의 가스 상태의 물질을 말한다.

5) 온실가스 배출 : 사람의 활동에 수반하여 발생하는 온실가스를 대기 중에 배출·방출 또는 누출시키는 직접배출과 다른 사람으로부터 공급된 전기 또는 열(연료 또는 전기를 열원으로 하는 것만 해당한다)을 사용함으로써 온실가스가 배출되도록 하는 간접배출을 말한다.

6) 지구온난화 :사람의 활동에 수반하여 발생하는 온실가스가 대기 중에 축적되어 온실가스 농도를 증가시킴으로써 지구 전체적으로 지표 및 대기의 온도가 추가적으로 상승하

---

158) 저탄소녹색성장기본법, 법률 제 9931호, 제정, 2010. 1. 13, 일부개정 2018.12.31

는 현상을 말한다.

7) 기후변화 : 사람의 활동으로 인하여 온실가스의 농도가 변함으로써 상당 기간 관찰되어 온 자연적인 기후변동에 추가적으로 일어나는 기후체계의 변화를 말한다.

다. 주요 내용

1) 사업자의 책무

사업자는 녹색경영을 선도하여야 하며 기업활동의 전 과정에서 온실가스와 오염물질의 배출을 줄이고 녹색기술 연구개발과 녹색산업에 대한 투자 및 고용을 확대하는 등 환경에 관한 사회적·윤리적 책임을 다하여야 한다. 사업자는 정부와 지방자치단체가 실시하는 저탄소 녹색성장에 관한 정책에 적극 참여하고 협력하여야 한다.

2) 녹색경제·녹색산업의 육성·지원

가) 정부는 녹색경제를 구현함으로써 국가경제의 건전성과 경쟁력을 강화하고 성장잠재력이 큰 새로운 녹색산업을 발굴·육성하는 등 녹색경제·녹색산업의 육성·지원 시책을 마련하여야 한다.

나) 위 항에 따른 녹색경제·녹색산업의 육성·지원 시책에는 다음 각 호의 사항이 포함되어야 한다.

(1) 국내외 경제여건 및 전망에 관한 사항

(2) 기존 산업의 녹색산업 구조로의 단계적 전환에 관한 사항

(3) 녹색산업을 촉진하기 위한 중장기·단계별 목표, 추진전략에 관한 사항

(4) 녹색산업의 신성장동력으로의 육성·지원에 관한 사항

(5) 전기·정보통신·교통시설 등 기존 국가기반시설의 친환경 구조로의 전환에 관한 사항

(6) 녹색경영을 위한 자문서비스 산업의 육성에 관한 사항

(7) 녹색산업 인력 양성 및 일자리 창출에 관한 사항

(8) 그 밖에 녹색경제·녹색산업의 촉진에 관한 사항

3) 저탄소 교통체계의 구축

가) 정부는 교통부문의 온실가스 감축을 위한 환경을 조성하고 온실가스 배출 및 에너지의 효율적인 관리를 위하여 대통령령으로 정하는 바에 따라 온실가스 감축목표 등을 설정·관리하여야 한다.

나) 정부는 에너지소비량과 온실가스 배출량을 최소화하는 저탄소 교통체계를 구축하기 위하여 대중교통분담률, 철도수송분담률 등에 대한 중장기 및 단계별 목표를 설정·관리하여야 한다.

다) 정부는 철도가 국가기간교통망의 근간이 되도록 철도에 대한 투자를 지속적으로 확대하고 버스·지하철·경전철 등 대중교통수단을 확대하며, 자전거 등의 이용 및 연안 해운을 활성화하여야 한다.

라) 정부는 온실가스와 대기오염을 최소화하고 교통체증으로 인한 사회적 비용을 획기적으로 줄이며 대도시·수도권 등에서의 교통체증을 근본적으로 해결하기 위하여 교통 수요관리대책을 마련하여야 한다.

4) 교통부문의 온실가스 감축 목표

국토교통부장관은 법 제53조제1항에 따라 다음 각 호의 사항을 포함하는 교통부문의 온실 가스 감축, 에너지 절약 및 에너지 이용효율 목표를 관계 중앙행정기관의 장과의 협의 및 위원 회의 심의를 거쳐 수립·시행하여야 한다.

가) 자동차, 기차, 항공기, 선박 등 교통수단별 온실가스 배출 현황 및 에너지 소비율

나) 에너지 종류별 온실가스 배출 현황

다) 5년 단위의 온실가스 감축, 에너지 절약 및 에너지 이용효율 목표와 그 이행계획

라) 연차별 온실가스 감축, 에너지 절약 및 에너지 이용효율 목표와 그 이행계획

성과평가 및 환경보고서

1. 환경성과 평가

환경부가 발표한 '2006 환경성과 평가 가이드라인'에는 "환경성과 평가(EPE, Environmental Performance Evaluation)는 기업의 과거 및 현재의 환경성과를 기업이 설정한 환경성과 기준과 비교한 정보를 제공하기 위하여 지표들을 사용하는 내부관리 절차 및 수단"이라고 정의하고 있고, ISO14031 규격에는 "환경성과 평가는 현재 및 일정기간의 환경성과를 평가하기 위해 필요한 자료와 정보를 수집 및 분석하는 지속적인 절차"라고 정의하고 있다. 환경성과 평가는 신뢰할 수 있고 검증 가능성 있는 정보를 경영자에게 제공하여 환경활동에 관련된 의사결정을 지원한다.

가. 환경성과 평가의 주요 영역

환경부의 환경성과 평가의주요 영역은 다음 표와 같다.

영역	경영 부문	운영 부문	여건 부문
주요 내용	- 기업경영에 대한 전반적인 내용 포함 - 환경과 관련된 의사결정 및 행동지침에대한 협력방안 제공	- 시설 및 설비의 설계·운영·보수 포함 - 부서간 업무관계 및 협력방안 제공	- 주변 생태계에 관한 정보 교류 - 지역사회, 주민과의 협력관계
관련 지표	경영성과 지표	운영성과 지표	환경여건 지표

(자료 : 이남주 외, 2008, p.285)[159].

---

159) 전영승, 기후변화시대의 환경경영, 비앤엠북스, 2014. p.211

나. 환경성과 평가의 절차

환경성과 평가는 계획 단계, 실행단계, 점검 및 조치단계로 나누어 평가대상을 구체화하고 적정한 환경성과지표의 선정과 지표별 세부 목표를 선정한 후 이에 대한 평가를 실시한다. 아울러 새롭거나 보다 유용한 환경지표를 개발하기 위해 환경성과 평가에 대한 검토와 개선의 과정이 필요하다.

2. 환경보고서

환경보고서(environmental report)란 기업이 경영 활동 전 과정에서 발생하는 환경 영향을 인식하고 이에 대한 기업의 방침과 전략, 활동 및 경영 성과가 무엇인지를 이해관계자에게 정기적으로 제공하기 위한 보고서이다. 이러한 필요성에 따라 발간되기 시작한 환경보고서가 초기에는 기업의 홍보 성격의 서술적인 형태였다가 근래에는 효과적인 환경 경영의 커뮤니케이션 수단으로 각광받기 시작하여 산업계에 널리 확산되었다. 국내외 기업들이 환경보고서를 발간하게 된 이유는 일차적으로 기업의 환경활동과 그 성과에 대한 외부의 정보 요구가 증대했기 때문이다.

가. 환경보고서 가이드라인

환경보고서 가이드라인 가운데 가장 대표적인 것은 GRI(Global Reporting Initiative)의 '지속가능성보고서 가이드라인'이다. GRI는 1997년 유엔환경계획(UNEP)과 세리즈(CERES)[160] 등을 중심으로 창설된 기구로, 전 세계 여러 이해관계자들의 참여를 통해 표준화된 기업 지속가능성보고서 가이드라인을 개발·보급하려는 취지로 출발했다. 이후 글로벌 기업들이 GRI의 가이드라인을 기준 삼아 보고서를 발간하기 시작하면서 GRI의 가이드라인이 지속가능보고서의 국제적 표준으로 자리 잡아 가고 있다.

---

160) CERES : 글로벌 친환경 및 유기/환경농업 표준 마크

1) 환경보고서 작성

환경보고서의 목적을 달성하기 위해서는 일반적인 재무회계의 기본원칙이 환경보고서에도 그대로 준용되어야 하며, 환경에 대한 전문적인 지식이 없는 일반 대중이 이해하는 데 어려움이 없도록 작성해야 하며, 작성 원칙은 다음과 같다.

　　가) 목적 : 투명성, 지속가능성 책임 완수, 입증 가능성, 지속가능성 추구
　　나) 일반 원칙 : 정확성, 명료성, 계속성, 비교 가능성, 명확한 분석 방법 및 대상 영역
　　다) 의사소통 원칙 : 대화 지향성, 신뢰성 제고, 목표 대상의 적합성, 일반적 의사소통과
　　　 의 통합
　　라) 작성 조건 : 타당성, 효용성

2) 한국철도공사 환경경영보고서

한국철도공사에서도 매년 환경경영보고서를 작성하여 공개하고 있다. 보고서 작성기준은 한국철도공사의 보고서 작성 프로세스를 기반으로 1) 환경부 '2007 환경보고서 가이드라인' 2) 온실가스·에너지 목표관리 운영 등에 관한 지침 3) GRI(Global Reporting Initiative) G4 가이드라인의 환경범주 등 국내 지침 및 국제 가이드라인을 참고하여 작성하고 있다.

철도 환경관리

　근래 기후변화의 대비 등 환경관리는 지구촌의 공통 관심사로 떠오르고 있는 실정이다. 따라서 각 국가는 물론 기업에서도 이에 맞춰 친환경정책을 추진하고 있는 실정에서 철도운영기관이나 회사 또한 환경경영에 적극적인 노력을 기울이지 않을 수 없는 상황이다. 그러므로 본 장에서는 철도경영 측면에서 환경관리를 다루고 특히 한국철도공사의 예를 중점으로 알아본다. 한국철도공사는 철도운송의 탁월한 에너지 효율성을 활용하여 온실가스 감축정책에 기여하며, 환경보전과 환경유해요인 배출을 최소화하기 위한 환경오염 방지시설의 설치 및 개량사업에도 적극 투자하고 있다. 따라서 정부규제 기준보다 강화된 수준으로 환경을 관리하여 환경오염 영향 최소화에 노력하고 있다.

1. 한국철도공사의 환경경영

가. 환경경영 운영방침161)

　　1) 배출 오염물질 최소화를 위한 전사적인 환경관리 노력

　　　가) 각종 오염 배출 규제 강화 및 자원 재활용 극대화

　　　나) 사전적 예방적 관리를 통한 Risk관리

　　2) 환경경영시스템을 구축하여 수송산업의 친환경성 향상에 노력

---

161) 한국철도공사 홈페이지, 환경경영, 2020. 1

가) 녹색제품 사용으로 사회적·환경적 편익 창출에 기여

나) 탄소성적표지 인증을 통해 친환경 교통수단 홍보 강화

다) 직원에 대한 환경교육 활성화로 환경 신뢰도를 높여 기업이미지 향상

3) 국제기후협약에 따른 환경규제에 항상 만전의 준비

가) 국제동향 및 기후변화 이슈를 위한 대·내외 활동 활성화

나) 온실가스 저감을 위한 지속적인 기술 개발

다) 친환경 철도시스템 구축사업 추진으로 기업의 경쟁력 강화

4) 적극적인 환경보호활동을 통해 기업의 사회적 책임 완수

가) NGO 및 지자체외의 환경 커뮤니케이션 강화로 기업의 환경 신뢰도 향상

나) 지역사회 환경보전활동 및 각종 행사를 지속적으로 전개

나. 환경경영 비전 및 전략

《환경경영 추진 비전 및 전략》[162]

비전	친환경 녹색 철도 구현
목표	新 기후체제 대응 강화 및 환경경영 고도화

3대 전략	新 기후체제 종합대응	환경운영관리 통합관리체계 구축	친환경 공감활동
12대 과제	온실가스 목표관리 체계 강화	폐기물 적법 관리 및 자원의 재활용 강화	자율적 친환경관리체계 확대
	新 기후체제 종합대책 마련	철도 토양관리 프로그램의 효율적 운영	좋은 실내공기질 관리 강화
	탄소배출권 대응을 위한 공인인증 추진	신뢰성 관리를 통한 수질오염 방지체계 구축	철도환경문화 정착 활동
	전사 에너지 절약활동 및 관리강화	소음관리 강화 및 新 환경규제의 효과적 대응	열린 환경경영을 위한 소통강화

---

162) 한국철도공사 홈페이지, 환경경영, 2020. 1

다. 환경사고 예방과 대응

1) 환경사고 예방과 대응

환경오염사고 발생 시 신속한 초기 대응과 피해확산 방지를 위하여 환경사고 예방·비상대응 체계 마련 및 유관기관과의 연계체계 구축, 환경사고 비상대응 매뉴얼 제작, 비상대응 훈련 시행 및 사고사례 교육 등을 통한 환경사고 예방대책을 전사적으로 시행하고 있다.

2) 환경사고 예방체계

가) 환경사고 비상대응 매뉴얼 정비

나) 비상 방재용품 적재적소 비치

다) 환경교육 및 사고사례 전파

라) 예방활동 우수사례 발굴 전파

마) 환경담당자 외부 위탁 교육 시행

바) 환경오염 예방활동 실행력 강화를 위한 환경성과 평가 시행

3) 환경오염 예방활동

가) 환경관리사 지정 및 환경점검 시행

나) One-Stpo 환경지도 · 컨설팅 추진

다) 소속간 환경담당자 교차 점검 시행

4) 환경관리사 활동

가) 현업소속 취약개소 맞춤형 멘토링제 운영

나) 소속별 자체 점검활동 계획 수립

다) 환경 불안전요인 제거 등을 통한 환경 오염사고 예방

5) 비상대응 체계 구축

가) 소방서 및 관할 지자체(시·도)등과 비상연락체계 구축

나) 분야별(영업, 차량, 시설, 전기, 건축 등) 사고복구책임자 지정

라) 관서합동 비상대응훈련 주기적 시행

마) 관할 지역내 환경사고 발생 시 환경오염 방제용품 지원체계 구축

6) 환경시설 투자

한국철도공사는 역 및 사업소 등의 환경인프라 구축을 위해 폐기물, 수질, 토양, 대기, 실내 공기질, 소음·진동 등의 환경오염물질 배출 방지시설 설치와 개량사업에 2018년도 약 17억 원 이상을 투자하였고, 환경시설의 신설 및 개량 공사 56건을 시행하였다.

《환경시설 신설 및 개량공사 현황》[163]

(단위 : 건)

구분	2016		2017		2018	
	신설	개량	신설	개량	신설	개량
수질	1	25	-	23	1	23
대기	-	3	-	7	-	15
토양	-	5	-	7	-	9
폐기물	1	3	-	5	3	9
합계	2	36	-	42	4	56

라. 자연생태계 보존 활동 등

1) 자연환경 보전 활동

한국철도공사는 1999년부터 '철도환경 특별주간'을 지정하고 철도역과 선로변, 인근 산과 하천 등의 폐기물 투기장소에 대한 집중적인 정화활동을 실시하고 있다. 특히 설, 추석 등 명 절과 여객의 이동이 많은 휴가철에 '친환경 휴가 지내기' 홍보 및 인근 산, 강, 바다의 환경정 화활동을 지역별로 집중적으로 실시하고 있다. 이를 통해 철도망이 구축된 지역사회의 지속가 능한 환경발전을 선도하고 국민의 삶의 가치를 높이기 위해 국민 참여와 소통을 통해 청결한 환경을 조성하는 지속적 실질적 자연환경 보존활동을 전개하고 있다.

---

163) 2018년 환경경영보고서, 한국철도공사, 2019

《 한국철도공사 철도환경행사 현황》[164]

구분	2016		2017		2018	
	인원(명)	수거량(톤)	인원(명)	수거량(톤)	인원(명)	수거량(톤)
철도환경행사	3,383	7.4	3,779	21.8	5,642	23.1
설, 추석연휴, 휴가철 쓰레기 수거활동	20,330	384.7	20,362	504.6	17,580	245.9

2) 지역사회 파트너십

산림청, 기상청, 지자체, 녹색시민사회 네트워크 및 지역주민들과 연계하여 단체숲 가꾸기 정화활동, 하천 환경정화 활동, 시민공유 꽃단지 조성, 1사1산1강 가꾸기 운동, 재활용 물품 기증 및 지원, 녹색명절 만들기 캠페인, 주민과 함께하는 나무심기 등 다양한 활동을 하고 있다.

3) 철도 녹화사업

국민생활권에 인접한 철도시설에 방음림 조성 사업, 철도변 경관개선 사업 등을 통한 녹색공간 조성 및 철도유휴부지 식목사업 등으로 지구온난화 예방 및 쾌적한 여행환경 조성 등을 하고 있다.

2. 소음·진동 관리

열차 운행 시 선로변의 소음은 예전부터 많이 발생했으나 근래에는 변화된 환경에 따라 근래에 여러 문제점이 나타나 법적으로 이를 제한하고 있다.

---

164) 2018년 환경경영보고서. 한국철도공사, 2019

가. 소음·진동 관리 기준165) 중 '철도 부문"

대상지역	구분	한도	
		주간 (06:00~ 22:00)	야간 (22:00~ 06:00)
주거지역, 녹지지역, 관리지역 중 취락지구 ·주거개발진흥지구 및 관광·휴양개발진흥지구, 자연환경보전지역, 학교·병원·공공도서관 및 입소규모 100명 이상의 노인의료복지시설·영유아보육시설의 부지 경계선으로부터 50미터 이내 지역	소음 (LeqdB(A))	70	60
	진동 (dB(V))	65	60
상업지역, 공업지역, 농림지역, 관리지역 중 산업·유통개발진흥지구 및 관리지역 중 가목에 포함되지 않는 그 밖의 지역, 미고시 지역	소음 (LeqdB(A))	75	65
	진동 (dB(V))	70	65

※ 비고
1) 대상 지역의 구분은 「국토의 계획 및 이용에 관한 법률」에 따른다.
2) 대상 지역은 교통소음·진동의 영향을 받는 지역을 말한다.
3) 정거장은 적용하지 아니한다.

나. 철도소음 측정망 운영166)

1) 측정지점 선정기준

　　가) 철도소음으로 인한 민원이 야기되는 지역이거나 국민의 정온한 생활유지에 철도소음의 영향이 큰 지역부터 선정

　　나) 도시내 용도지역의 구분없이 일정구간 노선의 철도소음도를 대표할 수 있다고 판단되는 지점

　　다) 역으로부터의 1km 이상 떨어져 가급적 가·감속의 영향을 적게 받는 지점

　　라) 철도로부터 50m이내 지점

2) 측정지점 선정방법

　　가) 측정지역의 철도소음를 대표할 수 있으며 소음문제를 일으킬 우려가 있는 지점을 선정, 철도노선 당 1개 이상의 지점 선정(같은 노선이라도 궤도수가 달라지는 구간별로 1개 이상의 지점 선정)

---

165) 소음·진동 관리법 시행규칙, 총리령 제378호, 1991. 2. 3, 일부개정 2019.12.31
166) 환경부 국가소음정보시스템, 2020. 1

나) 선정된 측정지점은 TM좌표로 확정

다) 공장소음, 사업장·건설공사장 등의 생활소음, 비행기소음 등 철도 소음평가에 현저한 영향을 미칠 것으로 예상되는 다음의 소음원은 가급적 피할 것

3) 측정방법

가) 측정위치

옥외측정을 원칙으로 하며, 그 지역의 철도소음을 대표할 수 있는 장소나 철도소음으로 인하여 문제를 일으킬 우려가 있는 2층 이상의 건물 등의 장소로서 지면 위 1.2~1.5m 지점과 소음도가 가장 높게 예상되는 지점(층)에서 동시측정

(1) 지면위 지점

지면 위 지점은 건축물로부터 철도방향으로 1m 떨어진 곳에서 측정

(2) 소음도가 가장 높게 예상되는 지점

소음도가 가장 높게 예상되는 지점(층)은 철도방향으로 창문·출입문 또는 건물벽 밖의 0.5~1m 떨어진 곳에서 측정

나) 측정시간대별 측정회수 및 측정시간

구분	측정횟수	측정시각
낮시간대(06:00 ~ 22:00)	2시간 이상 간격 2회	11:00 18:00
밤시간대(22:00 ~ 06:00)	1회	22:00

다) 측정방법 : 샘플주기를 1초 이내에서 결정하고 1시간 동안 측정

라) 측정주기 : 매년 2회 이상 측정

매년 5월 및 11월중 요일별로 소음변동 폭이 작은 평일(월요일부터 금요일 사이)에 측정함을 원칙으로 한다.

4) 측정망 현황

가) 도심지역중 철도소음을 대표할 수 있는 35개 지점을 선정하여 측정

나) 지역별 측정망 설치현황 : 5개지역 35개지점

《권역별 지점 현황》

구분	계	수도권	영남지역	호남지역	대전지역	강원지역
측정지점수	35	9	9	8	5	4

《노선별 지점 현황》

노선 계	혼합선 (수도권)	경의선	경부선	동해남부선	대구중앙선	호남선	전라선	광주선	중앙선	경전선	군산선	경춘선	태백선	영동선	KTX전용 (경부)
35	7	1	8	1	1	4	2	1	2	2	1	1	1	1	2

2) 측정방법

가) 측정위치

철도주변 2층 이상의 건물을 대상으로 지면위 1.2~1.5 m 지점과 소음도가 가장 높게 예상되는 층(최고치예상 층)에서 동시 측정한다.

나) 측정회수 및 시각

① 낮 시간대(06:00~22:00) : 2회(주로 11:00, 18:00)

② 밤 시간대(22:00~06:00) : 1회(주로 22:00)

다) 측정방법 등

샘플주기를 1초 이내로 하여 1시간동안 측정한 등가소음도(Leq,1h)

다. 철도차량 소음권고 기준[167]

1) 정차소음

(단위 : $L_{eq} dB(A)$)

구분	전기동차(EMU)	기관차	디젤동차(DMU)
기 준 값	68	75	78

---

167) 철도차량의 소음권고기준 및 검사방법등에관한 규정, 환경부고시. 2013. 6.28. 일부개정 2019.10.17

2) 주행소음

(단위 : $L_{eq,\,T_p}\,dB(A)$)

구분	전기동차 (EMU)	기관차	디젤동차 (DMU)	객차	화차	고속철도차량
기 준 값	81	85	82	80	82~87	92

철도 소음은 열차의 추진장치에 의한 기계소음, 레일 구름에 의한 전동소음, 열차 전두부 및 팬터그래프에 의한 공력소음, 기타 운행 시 발생되는 소음(기적취명, 경보음 등)으로 구분된다. 따라서 한국철도공사에서는 소음원에 대한 저감 방안으로 철도차량의 제작 단계에서부터 저소음 차량을 도입하고 [기계소음이 큰 디젤기관차를 저소음차량(EMU, 전기동차)으로 교체], 레일의 장대화 및 공력소음 대책 설계 등을 통해 철도소음을 줄이고 있다.

3. 실내 공기질 관리[168]

가. 실내 공기질 유지기준

오염물질 항목 다중이용시설	미세먼지 (PM-10) ($\mu g/\text{m}^3$)	미세먼지 (PM-25) ($\mu g/\text{m}^3$)	이산화탄소 (ppm)	폼알데하이드 ($\mu g/\text{m}^3$)	총부유세균 (CFU/㎥)	일산화탄소 (ppm)
지하역사, 지하도상가, 철도역사의 대합실 여객자동차터미널 · 항만시설의 대합실, 공항시설의 여객터미널, 도서관, 박물관, 미술관, 장례식장, 영화상영관, 학원 등등	100 이하	50 이하	1,000 이하	100 이하	-	10 이하

---

168) 실내 공기질 관리법, 시행규칙, 환경부령 제36호, 제정 1998. 1.26, 일부개정 2020. 1. 1

나. 실내 공기질 권고기준

오염물질 항목 다중이용시설	이산화질소 (ppm)	라돈 (Bq/m3)	총휘발성유기 화합물 (㎍/㎥)	곰팡이 (CFU/㎥)
지하역사, 지하도상가, 철도역사의 대합실 여객자동차터미널 · 항만시설의 대합실, 공항시설의 여객터미널, 도서관, 박물관, 미술관, 장례식장, 영화상영관, 학원 등등	0.1 이하	148 이하	500 이하	0.06 이하

《철도역사 내 실내공기질 측정 결과 (2015~2017)》[169]

구분	측정항목	기준치	측정결과 (평균)					
			2015		2016		2017	
			지하	지상	지하	지상	지하	지상
유지기능	미세먼지(㎍/㎥)	150이하	76	43	68	56	69	61
	이산화탄소(ppm)	1,000이하	501	469	507	493	523	488
	폼알데하이드(㎍/㎥)	100이하	21	14	11	10	9	12
	일산화탄소(ppm)	10이하	1	1	1	1	1	1

다. 대중교통 수단의 실내 공기질 권고 기준[170]

대중교통수단의 공기질을 평가하기 위한 지표오염물질은 이산화탄소(CO_2)와 직경 10㎛이하의 미세먼지(PM10)로 한다. 단, 이산화탄소는 차량 내 환기가 적절하게 이루어지는지 여부의 판단지표로 활용한다. 대중교통차량에 권장되는 공기질 권고기준은 다음과 같다.

169) 한국철도공사 홈페이지. 2020. 1
170) 대중교통수단 실내공기질 관리 가이드라인. 환경부. 2006.12

1) 이산화탄소

가) 도시철도

구 분	Level 1	Level 2
노선 1회 운행시 평균값 기준	2,500ppm 이하	3,500ppm 이하

비고 1. '노선 1회 운행시 평균값' 이란 해당 대중교통수단 운영주체별 소속차량의 각 노선의 출발지에서 도착지까지 연속 측정한 값의 평균값을 말한다. 이하 같다.

2. 평상시에는 Level 1 기준 이내로 관리하고, 혼잡시에도 Level 2 기준을 초과하지 않도록 관리할 것을 권장한다. 이하 같다.

나) 열차, 버스

구 분	Level 1	Level 2
노선 1회 운행시 평균값 기준	2,000ppm 이하	3,000ppm 이하

비고 1. 입석이 정원의 50%이상으로 운영되는 경우는 도시철도에 적용되는 기준을 따른다.이 경우 혼잡시는 주말이나 휴일 또는 성수기로 평상시는 주중 또는 비수기로 본다.

2) 미세먼지

가) 도시철도

구 분	Level 1	Level 2
노선 1회 운행시 평균값 기준	$200\mu g/\text{m}^3$ 이하	$250\mu g/\text{m}^3$ 이하

나) 열차, 버스

구 분	Level 1	Level 2
노선 1회 운행시 평균값 기준	$150\mu g/\text{m}^3$ 이하	$200\mu g/\text{m}^3$ 이하

《한국철도공사 철도차량 실내 공기질 측정결과》[171]

측정항목	권고 기준치			측정결과 (평균치)		
				2014	2015	2016
미세먼지 ($\mu g/m^3$)	광역철도		200 이하	73	59	123
	일반철도		150 이하	45	64	101
이산화탄소 (ppm)	광역철도	혼잡	3,500 이하	1,611	1,196	1,284
		평상	2,500 이하	1,147	1,011	1,020
	일반철도	혼잡	3,000 이하	1,380	1,172	1,325
		평상	2,000 이하	1,107	1,013	1,148

4. 에너지 관리

철도는 각종 교통수단 중에서 에너지 효율이 높은 수송수단이다. 특히 동력차의 변천은 에너지 효율화의 지표가 된다고도 할 수 있다. 즉, 초기의 증기기관차에서 디젤전기기관차로 운행되며 에너지원이 석탄에서 경유로 바뀌었다. 물론 현재도 디젤전기기관차가 운행되고 있지만 근래에는 전기철도 건설이 증대됨에 따라 고속열차와 도시철도 등 대부분이 전기차로 운행되고 있어 에너지의 효율적인 소비는 물론 온실가스 감축 등 환경면에서도 타 교통수단에 비해 앞서고 있다.

한편 한국철도공사의 에너지 사용은 동력차 운행이 가장 많은 비중을 차지하고 있다. 따라서 동력차의 부하 운전시간 단축, 동력차의 장시간 정차 시 기관정지, 회송열차의 냉난방 및 전등 소등 등으로 에너지 비용을 줄여나가야 한다. 한국철도공사의 전력 및 경유 사용량은 다음과 같다.

---

171) 2016 환경경영보고서, 한국철도공사. 2017

가. 에너지 사용실적 현황172)

| 구분 | 철도 운전용 | | | 생활용 | | | | 합계 |
	경유	전력	소계	전력	냉난방	자동차	소계	
2015	4,956	22,061	26,972	3,584	371	64	4,019	30,991
2016	4,351	22,187	26,538	3,796	284	68	4,148	30,686
2017	4,223	21,908	26,131	4,012	278	60	4,350	30.481

나. 전기철도차량 전력사용량

구분	2015	2016	2017
전력사용량 (Mwh)	2,293,292	2,311,103	2,282,063
에너지소비량(Tj)	22,016	22,187	21,908
전기주행거리(천km)	1,421,223	1,430,309	1,486,813
단위운행당 전기사용량(MW/천km)	1.614	1.615	1535

다. 디젤철도차량 운전용 연료사용량

구분	2015	2016	2017
경유사용량 (L)	131,455	115,409	112,008
에너지소비량(TJ)	4,956	4,361	4,223
디젤주행거리(천km)	380,311	337,220	321,005
단위운행당 경유사용량(L/천km)	0.346	0.342	0.349

172) 한국철도공사 홈페이지. 2020. 1

5. 토양 관리

가. 토양관리

토양오염 개연성이 있는 지점에 대하여 토양오염도 조사를 실시하고, 오염이 발견된 지점은 정화사업을 실시하여야 한다. 이를 통해 토양의 가치제고 뿐만 아니라 토양오염으로 인한 국민건강 및 환경상 위해(危害)를 예방하여 모든 국민이 건강하고 쾌적한 삶을 유지할 수 있도록 해야 한다.

나. 토양측정망(철도용지 관리)

환경부에서 철도용지 토양오염 추세를 파악하기 위하여 철도역사 등 총 21개 지점을 토양측정망으로 선정하고, 연도별 토양 오염도를 측정하여 오염도 변화 추이를 모니터링하고 있다.

《지역별 토양 측정망 현황》

계	서울	수도권서부	수도권동부	강원	충북	대전	전북	광주	전남	경북	대구	부산
21	0	2	1	0	1	4	1	4	1	3	3	1

다. 토양오염 실태조사

각 지자체에서는 관할구역 중 토양오염이 우려되는 지역에 대하여 토양 오염원 및 토지사용 이력 등을 고려하여 토양오염 개연성이 높은 개소에 대하여 토양오염실태를 조사하고, 실태조사 결과 우려기준을 초과하는 지역에 대하여 토양정밀조사 명령 등 행정처분을 실시한다. 특히, 2015년 이후 철도 목침목 보관 및 사용지역에 대한 실태조사 지점수가 대폭 확대되었다.

6. 수질 관리

철도망은 전 국토에 건설되어 있고 많은 건물과 차량세척 설비, 특히 기름 오염 등으로 인한 수질 문제의 우려가 상존하고 있다. 따라서 폐수 배출시설 등에 따른 수질오염으로 인한 국민 건강 및 환경상 위해를 예방하고, 하천 등 공공수역의 수질 및 수생태계를 보전하기 위하여 수질오염방지 시설 등으로 적절하게 운영하여 한다.

《오 · 폐수 처리 현황》

(단위 : ㎥)

구분	2015	2016	2017
폐수 처리량	230,411	281,911	189,041
객차 오수량	82,692	79,171	82,058
합 계	313,103	361,082	271,099

7. 폐기물 관리[173]

폐기물의 적법한 처리는 폐기물관리법과 자원순환기본법에서 정하고 있다. 한국철도공사는 자원을 효율적으로 이용하고, 폐기물의 발생 억제 및 순환이용의 촉진을 통해 지속가능한 사업 활동을 지향하고 있다. 열차와 역 등에서 발생되는 폐기물의 적정 처리를 위해 모든 사업장에 폐기물 분리·보관장을 설치 운영하고 있으며 소속별로 폐기물 감량·재활용 목표를 설정하여 폐기물 발생을 감소시키고 사업장 일반폐기물과 지정폐기물의 적법한 처리를 위해 관리책임자 지정, 폐기물 배출실명제 시행, 적법처리를 위한 폐기물 위탁처리업체 선정, 환경부의 올바로시스템 활용 등 폐기물 수거와 보관 및 처리에 만전을 기하고 있다. 다음은 한국철도공사에서 시행하고 있는 '1회용품(플라스틱) 줄이기 추진계획'을 소개한다.

---

173) 2016 환경경영보고서, 한국철도공사. 2019

《1회용품(플라스틱) 줄이기 추진계획》

가. 목표

1회용품 절감에 앞장서는 친환경 녹색철도
  - 2030년까지 폐플라스틱 발생량 50% 감축
  - 2022년까지 1회용품 35% 줄이기

나. 분야별 세부추진 과제

1) 제도 변경

  가) 임대매장(코레일 유통, 전문점) 동참 유도

  나) 1회용품 구매하지 않기(구매부서)

  다) 폐기물 재활용 철저

2) 임대매장 협업(자발적 참여유도)

  가) 비닐봉투 사용억제

  나) 플래스틱 빨대 사용억제(재질변경 및 사용억제)

  다) 매장내 1회용품 사용금지

3) 열차 플라스틱 줄이기

  가) 열차내 증정품 포장재질 변경(무료증정품 포장지 변경, 비닐→종이)

  나) 생수병 비닐커버 재질변경

  다) 고객을 상대로 한 홍보 시행(영상표출, 방송 등)

4) 전직원 동참(1회용품 줄이기 운동)

  가) 개인컵 및 손수건 갖기 운동

  나) 회의 시 다회용품 적극 사용

다) 우산 빗물제기기 설치 확대

라) 행사 기념품 재활용품 선물 증정

《2018년 폐기물 재활용 처리 실적》

(단위 : kg/연)

구분	역사	열차	합계
종이류	761,924	47,751	809,675
플라스틱	340,910	28,464	369,374
캔류	108,699	5,259	113,958
병류	248,651	23,418	272,069
합계	1,460,184	104,892	1,565,076

Part 8

자산(사업) 관리

철도 부대사업과 자산 구분

1. 부대사업 일반

철도는 기본적으로 여객과 화물을 운송하고 그 운임을 주 수입원으로 한다. 그러나 수익성보다는 오히려 공공성을 강조하는 현재의 공기업 체제에서는 자체 운임 수입만으로는 한계가 있기 때문에 자산(사업)개발을 포함한 부대사업(附帶事業)174)이 매우 중요하다 할 것이다. 하지만 일본 등 외국에 비해 우리나라 철도의 부대수입은 제도적인 한계가 있으므로 극히 미미한 실정으로 앞으로 부대수입의 향상이 철도 경영 흑자에 주요한 역할을 할 것이라고 본다. 한국철도공사의 부대사업(다원사업)은 철도역의 다양한 생활서비스 사업으로 철도와 연계한 자산개발, 관광 및 해외사업을 포함하며 역사 내 유휴공간을 활용한 중소기업 제품 및 지역 특산물 판매, 회의실 운영 등 다양한 서비스를 제공하고 있다. 아울러 복합역사개발을 통해 고객편의시설 개선 및 수익증대에 기여하고 있으며, 지역 맛집처럼 역사 내 차별화된 상업공간을 개발하여 유통사업을 확대하고 있다. 해외사업에서는 기존 중고차량 수출 위주에서 컨설팅, 철도 운영유지보수(O&M) 등으로 사업영역을 확대하여 수익 다각화를 추구하고 있다.

2. 철도자산 구분

우리나라의 철도관련 체계는 국토교통부가 정책 기능을 담당하고 있고, 철도시설공단은 건

---

174) 부대사업(附帶事業)은 이름 그대로 '주가 되는 사업에 덧붙여 하는 사업'으로 철도에서는 여객 및 화물 운송사업 이외의 사업을 말한다. 현재 한국철도공사에서는 '부대사업' 대신에 '다원사업(多元事業)'이라는 용어를 사용하고 있다.

설과 시설관리 업무를 담당하고 있다. 아울러 한국철도공사는 여객과 화물수송을 담당하면서 관제업무와 시설 유지보수 업무를 위탁형태로 수행하고 있다. 한편 '철도산업발전기본법 제22조'에 철도자산의 구분이 명시되어 있다. 이에 의하면 국토교통부장관은 철도산업의 구조개혁을 추진함에 있어서 철도청(현재의 한국철도공사)과 고속철도건설공단(현재의 한국철도시설공단)의 철도자산을 구분하도록 하고, 철도자산을 구분하는 때에는 기획재정부장관과 미리 협의하도록 법으로 명시하고 있다. 이에 따른 구분 기준은 다음과 같다.

가. 운영자산 : 철도청과 고속철도건설공단이 철도운영 등을 주된 목적으로 취득하였거나 관련 법령 및 계약 등에 의하여 취득하기로 한 재산·시설 및 그에 관한 권리

나. 시설자산 : 철도청과 고속철도건설공단이 철도의 기반이 되는 시설의 건설 및 관리를 주된 목적으로 취득하였거나 관련 법령 및 계약 등에 의하여 취득하기로 한 재산·시설 및 그에 관한 권리

다. 기타자산 : 위의 철도자산을 제외한 자산

《한국철도시설공단 자산과 한국철도공사의 자산 구분》[175]

구분	운영 자산(철도공사)	시설 자산(철도시설공단)	기타 자산
역	역사, 광장, 화물창고, 양회 싸이로 등	선로, 승강장, 홈 지붕, 지하도 등	
사무소	본사, 현업, 건축·전자통신 사무소	건설, 시설관리, 시설장비, 전기·제어사무소	
철도차량	시설 자산 외	건설사업 관련 차량	
차량정비창 및 차량기지	차량정비창, 차량기지 정비시설	차량기지 유치시설	
전기설비	철도차량 내 설비 건물 내 설비 등	운영 자산 외	
기계설비	시설 자산 외	건설사업 관련 기계설비	
투자자산 및 기타자산	출자 주식 (민자 역사, 철도 관련 사업 등)		
기타	주택, 연수원, 박물관, 부대사업 개발 부지	안전성능 센터, 철도대학	잡종 재산

---

175) 철도투자 여건변화에 따른 위탁기관의 중장기 역할 정립방안 연구, 국토교통부, 2014

역세권 개발

1. 역세권의 정의

가. 역세권 관련 용어의 정의[176]

1) "역세권"이란 「철도의 건설 및 철도시설 유지관리에 관한 법률」, 「철도산업발전 기본법」 및 「도시철도법」에 따라 건설·운영되는 철도역과 인근의 다음 각 목의 철도시설 (이하 "철도역 등 철도시설"이라 한다) 및 그 주변지역 중 국토교통부장관이 필요하다고 인정하여 지정한 지역을 말한다.

   가) 철도운영을 위한 건축물·건축설비

   나) 철도차량 및 선로를 보수·정비하기 위한 선로보수기지, 차량정비기지, 차량유치시설

   다) 철도역 등 철도시설의 개발에 따라 설치·이전·폐지가 필요한 철도의 선로 및 선로에 부대되는 시설

2) "역세권개발사업"이란 역세권개발구역에서 철도역 등 철도시설 및 주거·교육·보건·복지·관광·문화·상업·체육 등의 기능을 가지는 단지조성 및 시설설치를 위하여 시행하는 사업을 말한다.

3) "역세권개발구역"이란 역세권개발사업을 시행하기 위하여 제4조 및 제9조에 따라 지정·고시된 구역을 말한다.

---

176) 역세권의 개발 및 이용에 관한 법률, 법률제 201266호, 2010. 4.15 제정, 일부개정 2019. 6.19

○ 역세권의 개발 및 이용에 관한 법률

제4조(개발구역의 지정 등) ① 특별시장·광역시장 또는 도지사(이하 "시·도지사"라 한다)는 역세권 개발사업이 필요하다고 인정하는 경우에는 역세권개발구역(이하 "개발구역"이라 한다)을 지정할 수 있다. 다만, 다음 각 호의 어느 하나에 해당하는 경우에는 국토교통부장관이 개발구역을 지정할 수 있다.

  1. 철도역(「도시철도법」에 따라 지방자치단체가 건설·운영하는 역은 제외한다)이 신설되거나 대통령령으로 정하는 규모 이상으로 증축 또는 개량되는 경우

  2. 지정하고자 하는 개발구역이 대통령령으로 정하는 규모 이상인 경우

② 개발구역은 다음 각 호의 어느 하나에 해당하는 경우에 지정할 수 있다.

  1. 철도역이 신설되어 역세권의 체계적·계획적인 개발이 필요한 경우

  2. 철도역의 시설 노후화 등으로 철도역을 증축·개량할 필요가 있는 경우

  3. 노후·불량 건축물이 밀집한 역세권으로서 도시환경 개선을 위하여 철도역과 주변지역을 동시에 정비할 필요가 있는 경우

  4. 철도역으로 인한 주변지역의 단절 해소 등을 위하여 철도역과 주변지역을 연계하여 개발할 필요가 있는 경우

  5. 도시의 기능 회복을 위하여 역세권의 종합적인 개발이 필요한 경우

  6. 그 밖에 대통령령으로 정하는 경우

③ 국토교통부장관 또는 시·도지사(이하 "지정권자"라 한다)가 개발구역을 지정하려는 경우에는 미리 관계 중앙행정기관의 장 및 해당 지방자치단체의 장과 협의한 후 「국토의 계획 및 이용에 관한 법률」에 따른 도시계획위원회(이하 "도시계획위원회"라 한다)의 심의를 거쳐야 한다. 지정된 개발구역을 변경(대통령령으로 정하는 경미한 사항의 변경은 제외한다)하려는 경우에도 또한 같다.

④ 시장·군수·구청장(자치구의 구청장을 말한다. 이하 같다)은 대통령령으로 정하는 바에 따라 지정권자에게 개발구역의 지정 또는 변경을 요청할 수 있다.

제9조(개발구역 지정의 고시 등) ① 지정권자가 개발구역을 지정하거나 변경하는 경우에는 사업계획을 관보나 공보에 고시하고, 관계 서류의 사본을 관할 시·도지사(국토교통부장관이 지정권자인 경우에 한한다) 및 시장·군수·구청장에게 송부하여야 한다. 이 경우 관계 서류의 사본을 송부받은 시·도지사 및 시장·군수·구청장은 관할 지역의 주민이 이를 14일 이상 열람할 수 있도록 하여야 한다.

② 제1항에 따라 사업계획이 고시된 경우 그 고시된 내용 중 「국토의 계획 및 이용에 관한 법률」에 따라 도시·군관리계획(지구단위계획을 포함한다. 이하 같다)으로 결정하여야 하는 사항은 같은 법에 따른 도시·군관리계획이 결정되어 고시된 것으로 본다.

나. 역세권의 범위 및 개념

'역세권의 개발 및 이용에 관한 법률'에서 '역세권'을 정의하고 있지만, 역세권의 범위에 대하여는 연구자들에 따라 여러 가지 견해를 보이는데 다음에서는 이들의 여러 주장을 소개한다. 역세권은 통상 역을 중심으로 500m로 본다. 역세권은 직접역세권과 2차 영향권인 간접역세권으로 구분하여, 일반적으로 직접역세권은 보행 접근이 원활한 5~10분의 도보권으로서 역을 중심으로 400~800m 변경 범위를 설정할 수 있다. 역세권 개발 관점에서 볼 때도 개발 시설의 이용권은 대부분 반경 500m 이내에서 1차 세력권이 형성되고, 2차 세력권은 도보거리 10분 이상 또는 다른 교통수단을 이용하는 세력권이 약한 권역으로 구분된다.177) 그러나 역세권의 범위를 철도부지, 직접 역세권, 간접 역세권으로 등으로 다음과 같이 구분하기도 한다.

구분	범위	도입 시설
철도 부지	철도역사	역광장, 역사 부대시설, 주차장 및 환승시설
간접 역세권	반경 200~500m 이내 (도보 5~10분 이내)	상업·업무·주거기능의 복합 용도
직접 역세권	반경 200~500m 이내 (도보 5~10분 이내)	타 교통수단을 활용하여 이용하는 권역 주거지역 중심, 위성도시

(정석희 외 1명, 2003, "철도역세권 개발제도의 도입방안에 관한 연구")178)

또한 김영진(2011)은 직접역세권, 간접역세권에 대하여 다음과 같이 정의하고 있다.

직접 역세권은 보행으로 역까지 5~10분 내에 접근이 가능한 지역으로 철도 이용을 목적으로 하는 사람들보다는 일반인들을 대상으로 하는 상업·업무·서비스 기능을 지면 상업 위주의 토지이용과 복합 용도의 고밀 주거 기능을 포함하고 있고, 간접 역세권은 보행으로 약 10분 이상 소요되거나 버스, 택시, 승용차 등의 1차 교통수단을 이용하여 역에 접근할 수 있는 지역으로 근린생활 시설의 일부가 입지하고 중밀도 주거지들이 산재한 지역이다.

따라서 역세권의 개념 또한 연구자의 목적·접근방법 또는 법 규정에 따라 다소 다르게 설명하고 있으나 최근까지 논의된 역세권 범위를 다음과 같이 볼 수 있다179).

---

177) 곽노상, 고속철도 역세권 전망과 개발방안, 2004
178) 김형민, '역세권개발 활성화방안 연구' 2014, 재인용
179) 국토연구원, '철도의 역세권 개발제도' 도입방안에 관한 공청회 자료 (2003)

1) 접근성 측면에서 보행자가 철도역을 도보로 접근할 수 있는 최대거리를 중심으로 설정하는 도보권역

2) 이용세력권 측면으로서 철도역을 이용하는 이용인구, 이용성격으로서 당해 역의 이용세력이 미치는 권역 또는 철도역을 이용하는 사람들의 권역.

3) 철도 역사를 중심으로 그 주변지역의 지상 및 지하의 연계개발이 가능한 지역.

4) 토지이용, 용적률, 건폐율 등의 공간적 특징으로서 철도역이 입주함으로써 지가(地價)나 주택가격 등 부동산 가치의 변화에 크게 영향을 받는 지역의 경계구역 내부공간.

5) 역사를 중심으로 한 공공영역, 시장영역, 환경적 도시영역 서비스가 미치는 공간적 범위로 철도역에 의해서 형성될 수 있는 토지이용의 영향권.

다. 역세권의 기능

철도역세권은 자연적 조건, 대중교통 수단의 양, 인근지역의 역과의 거리등을 고려함으로써 일반적으로 다음과 같은 기능을 수행한다.

1) 첫째는 교통 결절점 기능으로 철도역은 버스, 택시, 자가용 등 여러 교통수단들이 환승하는 지점일 뿐만 아니라 대규모 주차장 시설과 신 교통수단의 도입에 따라 다양한 방식으로 접근이 편리한 지점이다. 따라서 철도역세권 일대는 대규모의 인구가 집·분산하는 도시교통의 결절점으로서 역할을 수행하게 된다.

2) 도시중심지 기능으로 철도역 주변은 도시의 중심지역으로서 주요 서비스를 공급하는 중추적 기능을 담당하고 있다. 대부분의 고속철도 역세권지역에는 백화점, 대형슈퍼마켓 등과 같은 유통기능, 호텔, 여관 등과 같은 숙박기능, 사무실, 오피스텔 등과 같은 업무기능, 콘서트홀, 체육관 등과 같은 문화기능들이 집중적으로 입지해 있다. 이에 따라 역세권지역은 철도역사를 중심으로 도시공간구조의 변화를 유도할 수 있는 대규모 재개발 기회를 부여하고 있다.

3) 정보의 중심지 기능으로 철도역을 통해 사람과 물자가 끊임없이 드나들고 이에 수반하여 각종 정보가 쏟아져 들어온다. 따라서 철도역세권은 대규모 인텔리전트빌딩 건설을 통해 도시정보의 발신지이자 수신지로서의 정보중핵기능을 담당 할 수 있다.

라. 역세권 공간개발 유형과 특징180)

유 형	특 징	
철도부지 정비형	- 부지 이용상 미개발지가 있어 미개발지 개발 필요시 적용 - 기존 역사 및 역 광장 내에 대형 고층 빌딩 건축 - 동일 건물내에 역무시설, 호텔, 백화점, 문화시설, 주차장 공존	
	대형 단일 건물형	- 대형 고층 단일 건물
	최소 거리 밀집형	- 대단위 빌딩 다수를 최소거리내 건립
시가지 재개발형	- 역사 건물은 기본적으로 하고 주변 역세권을 개발하는 형태	
	지하 개발형	- 지하 콘코스 이용
	고가 개발형	- 고가보도 연결 - 고가보도와 지하 콘코스 효율적 이용
	혼합형	- 고가보도와 지하 콘코스 효율적 이용
시가지 정비형	- 역사 건물 및 역사로의 접근 · 환승 등 기반시설을 정비하여 역세권개발을 유도하는 형태	
	기반시설 정비형	- 공공(중앙정부 및 지자체) 주도 - 역사 주변지역과의 연계
	자력 개발형	- 주민 스스로의 자력에 의한 역세권 개발
신시가지 개발형	- 지역 특성을 최대한 반영	
	도시 정비형	- 도시규모에 알맞은 도시정비개념 도입
	베드 타운형	- 역세권에 쇼핑센터와 중소형 건물 유치 - 역세권 외곽에 아파트와 대형건물 유치
	부 도심형	- 오피스 전용의 부도심 개념 - 대형 오피스, 호텔, 백화점, 공원 및주거단지 등 유치

2. 역세권 개발의 기본방향

우리나라 고속철도 개통과 더불어 수도권과 지방간의 균형발전, 통행수요의 증가에 따른 상권 신장, 개발수요 증가 등을 반영하여 교통 결절점인 역세권 지역의 개발을 효율적으로 추진하는 지혜가 필요하다. 따라서 다음의 방향을 기본으로 설정해서 역세권을 개발하는 것이 효율적일 것이다.181)

---

180) 건설교통부, "철도역세권 개발제도의 도입방안에 관한 연구", 국토연구원, 2002
181) 곽노상, "고속철도 역세권 전망과 개발방안", 2004

가. 편리한 역사 및 종합 환승 시설 건설

철도 정거장은 많은 대중이 이동하는 중요한 공간일 뿐 아니라 지역 중심지 및 교류의 중심지 또는 도심의 핵으로서 지역 생활문화 공간의 기능도 한다. 그러므로 역사는 지역의 상징성을 부각하고, 주변환경과 조화되고, 역 광장을 주축으로 도시의 행정 공간, 문화 공간, 만남의 광장 역할을 갖는 활기차고 생동감 있도록 건설할 필요가 있다.

나. 편리한 교통체계 구축

역세권 개발시설의 이용도를 증대하고 접근성을 향상시키기 위해 보행환경 개선과 편리한 교통시설 계획을 하고, 보행자 전용공간 도입도 검토해야 한다. 아울러 환승 주차장, 역세권 주차장을 확보하여 교통난 해소 및 편리한 환승체계, 보행 편리도 제고, 자전거 이용체계 구축 등 경제적이고 편리한 대중교통 이용시스템을 구축해야 한다.

다. 철도로 단절된 역 후면 지역의 연결

철도는 역구내가 크고 범위가 방대하여 도시가 철도로 분절되는 문제점이 발생되어 왔다. 따라서 역세권 지역은 도심에 입지하여 개발 잠재력이 큰 부지임에도 역사의 전후면 연계가 되지 않아 개발 낙후, 환경 불량지역이 되었으나 지하와 공중권 개발을 통하여 단절된 지역을 상호 연결시켜 개발함으로서 효율적인 토지이용과 생활권을 통합시켜 도시기능이 원활해지고 지역개발에 활성화가 될 수 있도록 해야 한다.

라. 사업성 확보 및 도심의 개발 수요를 분산 배치

상업지구의 활용이 높은 역세권을 개발하여 도시기능에 순기능을 부여할 수 있고, 도시기능을 분산 수용함으로서 경쟁성 있는 시설이나 서비스 시설 등의 개발시설 도입이 가능하다. 도시개발 차원의 역세권 개발계획을 수립하여 적합한 상업시설, 업무시설을 적정밀도로 개발하여 무질서한 도시개발을 방지하고 주변지역과 연계하여 종합적으로 개발하여야 할 것이다.

마. 입체적인 토지이용 개발

철도 운행선의 철로, 철도 소음 등을 감안하여 지역간 상호연계와 토지의 효율적 활용을 위해 입체적인 개발이 필요하다. 지하공간, 공중권 활용, 고가 구조물 등으로 전후지역을 연계하여 통합 생활권을 구축하고 역의 편리한 이용과 안전성 확보를 위해 대중교통, 차량동선, 보행동선을 입체적으로 분리하여 공간이용을 극대화하여 쾌적한 도시환경을 조성한다.

바. 공공시설 등 도시기반 확보

대규모 인구가 이동하는 역의 특성상 다양한 교통접근 및 환승연계, 도시의 주요 서비스 기능, 정보 중심지 기능 등 역할을 담당하므로 역세권 역내 주변은 물론 세력권의 인구가 편리하게 접근이 가능하고 교통 요충지로서의 중심지 역할을 하게 계획한다.

사. 생활, 문화공간으로 조성

역세권 개발은 교통기능의 집약화 및 접근도 향상, 상업 및 숙박시설 등 사업성 시설 개발도 중요하지만 도시차원의 지역주민 생활권의 시설로서 주민의 삶의 질 향상에도 기여하도록 계획적인 고려가 필요하다.

아. 주변 시설과 연계성 강화

역세권 개발은 단위 개발시설 뿐만 아니라 도시개발 차원에서 접근이 필요하다. 역세권 개발과 주변 도시개발 또는 주변 지역의 변화와 연계된 개발이 조화롭게 이루어 질 수 있도록 계획한다.

한국철도공사 자산(사업)개발 사례[182]

1. 역세권 개발 사업

가. 역세권 개발

'역세권 개발사업'은 역세권 개발구역에서 철도역 및 주거·교육·보건·복지·관광·문화·상업·체육 등의 기능을 가지는 단지 조성 및 시설설치를 위하여 시행하는 사업을 말하는 것으로, 역 주변 나대지 또는 낙후·산재된 철도시설을 통폐합하여 현대화하고, 이로 인해 발생한 철도부지를 종합 단지화 하여 고밀도 입체·복합 개발하는 것을 말한다. 서울역 북부 및 대전역 등에서 역세권 개발 계획이 추진 중에 있다.

나. 민자·복합역사 개발

복합역사란 기능 및 공간, 그리고 사업주체가 복합되어 다양한 기능을 지니고 있는 역사를 의미하며, 철도역사 고유의 교통의 결절점으로서의 교통기능 및 이에 따른 부수적인 기능을 제외한 한 개 이상의 일정한 기능, 예를 들어 주거기능, 상업기능, 업무기능 등이 역사 내에서 동시에 이루어지는 시설을 일컫는다. 민자역사는 1984년 철도구조개혁(상·하 분리) 이전인 철도청이 존재하던 시절에 민간자본을 유치하여 현대식 종합역사를 건립한 데 반해, 복합역사는 그 이후에 역사 융·복합 개발을 통해 고객편의 시설 확충(역무 및 상업시설)으로 계획되고 추진되고 있다는 점에서 차이가 있으며, 한국철도공사의 지분율에 대한 제약이 없어 더욱 주도적인 개발이 가능하다.

---

182) 한국철도공사 홈페이지

1) 운영중인 민자역사(15개 역사)

영등포역, 동인천역, 서울역, 부평역, 부천역, 안양역, 수원역, 신촌역, 용산역, 대구역, 왕십리역, 평택역, 청량리역, 의정부역, 산본역

2) 개발 및 협의중인 민자역사(3개역)

창동역, 성북역, 중앙역

《민자역사㈜ 설립 및 출자현황183)》

(단위 : 억 원, %)

구분	회사명	역 명	설립일	점용기간	출자현황		
					자본금	공사 출자금	지분율
운영중	롯데역사㈜	영등포 대 구	'86.09.15	2017.12.31. 2033.2.12.	180.00	45.00	25.0
	동인천역사㈜	동인천	'86.12.11	1987. 6.16 ~2017.12.31	37.50	7.50	20.0
	한화역사㈜	(구 서울역) 서울통합 청량리	'87.09.14	2017.12.31. 2033.11.20. 2040. 8. 5.	327.50	98.47	30.07
	부평역사㈜	부 평	'89.12.26	2000.2.21. ~2030.2.20.	20.00	5.00	25.0
	부천역사㈜	부 천	'90.09.29	1999.1.28. ~2029.1.27.	20.00	5.00	25.0
	안양역사㈜	안 양	'92.12.30	2002.5.7. ~ 2032.5.6.	20.00	5.00	25.0
	수원애경역사㈜	수 원	'95.05.18	2003.2.11. ~2033.2.10.	550.00	61.40	11.16
	신촌역사㈜	신 촌	'97.01.08	2006.9.12. ~2036.9.11.	51.00	15.00	29.41
	㈜현대아이파크몰	용 산	'99.01.16	2004.9.22. ~2034.9.21.	1,819.05	180.00	9.90
	㈜비트플렉스	왕십리	'92.04.09	2008.9.3. ~ 2038.9.2.	204.45	48.62	23.78
	평택역사㈜	평 택	'97.10.17	2009.4.11. ~2039.4.10.	1,272.38	76.60	6.02
	신세계의정부역사㈜	의정부	'02.12.10	2012.4.10. ~ 2042.4.9.	40.00	10.00	25.0

183) 한국철도공사 자료, 2017.12

산본역사㈜	산본	'94.12.31	1997.11.28. 2027.11.27.	310.95	0.8	0.26
소계(13)	15	-	-	4,852.83	558.39	-
합계 13개사	15개역	-	-	4,980.83	588.39	-

다. 철도연변 부지개발(연변부지·폐선)

철도연변 부지개발은 역내 및 역 외방의 나대지나 철도운송과 직접적으로 관련이 없는 철도 유휴부지 또는 철도개량으로 인한 폐선 부지를 활용하여 개발하는 것을 말한다. 특히 도심에 있는 철도부지와 국·공유지 등에 공공 주택, 공공시설, 상업시설 등 복합개발로 도심재생 및 지역활성화를 위한 사업을 꼽을 수 있다. 경인선 오류동역 부근 등 수도권 철도부지를 활용한 행복주택 건설 추진 등이 그 사례라 할 수 있다.

라. 복합환승센터 개발

복합환승센터 개발은 지역별 주요 역세권내 복합환승센터를 구축하여 철도중심의 연계 교통체계 구축, 환승체계 개선으로 고객 편익 증진 및 신 교통수요를 창출할 목적으로 시행하는 사업이다. 그 사례로 서울역 버스 환승센터를 들 수 있다. 이곳은 국철 및 지하철 서울역과 연결된 곳에 버스정류장이 10여 곳에 흩어져 있어 시내버스에서 내린 후 기차나 지하철을 이용하려면 한참을 걸어가야 했고, 또한 횡단보도가 없어 지하보도를 이용해야 했는데 서울시에서 서울역 주변에 분산된 버스정류장을 서울역 앞 도로 중앙으로 통합하고, 이 버스정류장으로 지하철역 환승 통로 신설 및 서울역에서 건너편 대우빌딩으로 건너갈 수 있는 횡단보도를 설치하는 공원형 대중교통 환승센터를 2009년 7월 완공하였다.

2. 자산 임대[184]

현재 한국철도공사에서 시행하고 있는 자산임대 또는 자산매각은 다음과 같은 절차로 이뤄지고 있다.

---

184) 한국철도공사 홈페이지

가. 임대 절차

1) 임차인 결정 (한국철도공사 자산관리규정 제56조)

가) 공개 경쟁입찰(www.onbid.co.kr)에 의해 결정

나) 선정방법 : 2개 이상의 유호한 입찰이 있을 경우 최고가격 응찰자 선정

　다만, 다음의 경우는 예외적으로 수의 방법 가능

① 주거용, 실경작용인 경우

② 2회에 걸쳐 유효한 입찰이 성립되지 아니한 경우

③ 기타 자산의 위치, 형태, 용도 등으로 경쟁입찰이 곤란한 경우로서 자산심의위원회 결정이 있는 경우

2) 임대 기간

가) 임차기간은 5년 이내

나) 1회에 한해 자산심의회를 거쳐 3년을 초과하지 않는 범위내에서 갱신 가능

3) 임대료 산정

가) 임대료는 1년 단위로 산정하여 부과

나) 공개입찰의 경우 첫 해의 임대료는 최고 입찰가로 결정하고, 2년차 이상의 임대료는 (산출된 해당연도의 자산 가액)×(입찰에 의하여 결정된 첫 해의 임대료)-(입찰당시의 자산 가액)

다) 수의방법의 경우 : 자산 가액×임대 면적×임대료율

4) 임대료 납부

가) 선납 원칙 : 임대료는 임대 개시 전날까지 납부

나) 분납 예외 : 임대료가 500만원을 초과하는 경우에 한하여 연 4회 이내에서 분할 납부할 수 있으며, 이 경우 잔액에 대하여는 연 6%의 이자 부과

다) 보증금 : 임대료가 300만 원 이상인 경우 연간 임대료의 12개월분 이상에 상당하는 임대 보증금 보험증서, 보증금 또는 은행 지급보증서 제출

* 신청서 제출(방문/우편) → 접수(지역본부 또는 역) → 내부검토(현장확인, 사용계획 등) → 입찰공고(수의계약) → 계약체결(임대료 선납)

나. 유의 사항

1) 임대 가능 자산현황은 각 지역본부 자산 담당부서에서 정보를 제공
2) 관련 법률, 열차 안전운행 및 사용 목적 등에 따라 임대 제한 가능
3) 임대 승인을 받은 임차인은 당해 자산을 다른 사람에게 사용하게 하는 것 금지 등
4) 임대승인을 받은 임차인은 임대기간이 종료되거나 임대취소 또는 해지된 경우에는 당해 자산을 원상반환
5) 임대료를 납입고지일까지 미납입시 임대승인 취소

3. 자산 매각

가. 매각 절차

1) 매각대상 부동산

공사가 사용하지 않거나, 장차 사용할 계획이 없어 매각하기로 결정된 부동산

2) 매각자산의 예정가격결정

가) 대장가격이 3천만원 이상인 경우 : 감정평가업자 둘 이상의 평가액을 산술평균한 금액
나) 대장가격이 3천만원 미만인 경우나 국가·지방자치단체 또는 다른 공공기관에 처분하는 경우 : 하나의 감정평가업자의 평가액

3) 매각 방법

원칙은 공개경쟁입찰에 의한다. 다만, 아래의 경우에는 예외적으로 수의계약이 가능하다..
가) 2회에 걸쳐 유효한 입찰이 성립되지 아니한 경우

　　나) 자산의 위치, 형태, 용도, 등이나 계약의 목적, 성질 등으로 보아 경쟁에 붙이기 곤란
　　　　한 경우

　　다) 국가·지방자치단체 직접 사용할 자산을 처분하는 경우

　　라) 기타 법령 등에 의하여 수의계약이 불가피한 경우

나. 매각 입찰공고 및 대금의 납부

1) 매각 입찰공고

한국자산관리공사의 온비드를 통해 입찰공고 및 낙찰자 선정

2) 매각대금의 납부

(원칙) 매각대금은 계약 체결일부터 60일 이내에 전액 납부

(예외) 국가 · 지방자치단체 등은 5년이내 분할납부 가능

3) 소유권 이전

매각자산에 대한 소유권 이전은 매각대금 완납 후 이전

4. 해외 사업

1) 철도 전 분야에 대한 토털 솔루션 제공[185]

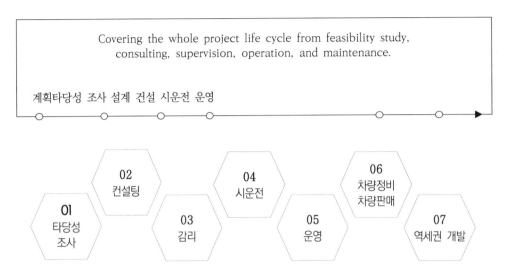

Covering the whole project life cycle from feasibility study, consulting, supervision, operation, and maintenance.

계획타당성 조사 설계 건설 시운전 운영

01 타당성 조사
02 컨설팅
03 감리
04 시운전
05 운영
06 차량정비 차량판매
07 역세권 개발

모든 인프라 사업 특히 철도사업은 100년간 해당 국가의 교통 및 경제에 영향을 주는 사업으로서, 처음 기획부터 철저한 분석하에 이루어져야 한다. 여러 관계자의 요구사항과 시설물의 장단점 등은 운영과 유지보수를 수행한 기업이 가장 잘 알고 있으므로 우리나라에서도 운영/유지보수 담당기관(한국철도공사)이 모든 철도사업의 기획부터 참여를 하고 있다.

　　가) 철도산업 전반에 대한 컨설팅 사업
　　　① 중장기 국가 철도망 구축 계획 수립
　　　② 철도건설, 개량 사업 등에 대한 타당성 조사
　　　③ 철도건설 및 개량 사업에 대한 기획, 설계자문(제품 사양 결정 포함), 감리, 품질인증, 교육 훈련, 종합 시운전, 운영 등 철도사업 전반에 대해 직접 참여 또는 컨설팅
　　　④ 마케팅 전략 및 열차 운행계획 수립, 고객 관계 관리 등

　　나) 고속, 급행, 메트로, 관광열차 및 화물열차 등 모든 종류의 열차 운영, 열차와 타 교

---

185) 한국철도공사 홈페이지, 2020. 1

통수단과의 연계 수송사업(렌터카, 리무진 등)

다) 관광 사업(여행, 관광숙박업 등), 광고사업, 정기 간행물 사업

라) 차량 분야

① 철도 차량 사양 결정 및 제작 감리

② 철도 차량 정비 및 임대, 중고차량 매각

③ 철도 장비와 철도 용품의 제작 판매 정비 및 임대

마) 선로, 구조물, 전력, 신호 등 철도시설물 유지 보수

바) 철도 운영 관련 IT시스템과 AFC 등 자동화 설비 개발, 운영

사) 철도역 및 역세권 개발, 근린생활 편의시설

아) 기타 철도 건설, 시설물 및 차량 개량 사업 등에 참여

자) 위 각 분야에 대한 교육 훈련, 컨설팅, 기술 이전 등

2) 주요 해외사업 수주 현황(2007년~2017년)[186]

국가	사업	국가	사업
말레이시아	EMU 기술협력 및 컨설팅 사업	리비아	철도건설 감리 기술 용역
방글라데시	기관차/객차 구매 F/S	이란	중고기관차 수출사업, 중고기관차 정비 컨설팅 사업 기관차용 중고부품 수출사업, 중고 보선 장비 수출사업
파키스탄	중고기관차 수출사업, 중고기관차 정비 컨설팅 사업	미얀마	만다레이-미찌나 철도개보수 F/S 사업
베트남	한-베 금융협력사업 (베트남 교통분야 개발 컨설팅)	탄자니아	중앙선 철도건설 감리 사업
필리핀	메트로 1호선 시설개량 사업, 메트로 3호선 선로유지보수 사업 메트로 7호선 설계 자문사업 사업, 시공자문 및 차량제작 감독 사업		
계	16개국 52개 사업, 695억 원 수주		

---

186) 한국철도공사 홈페이지, 2020. 1

3) 주요 해외사업 추진 현황 (2018년)

국가	사업
필리핀	7호선 O&M, 건설 자문사업
베트남	베트남 교통 분야 개발컨설팅(DEEP)사업
미얀마	객차 100량 구매 컨설팅 사업, 철도인프라 환경문제 개선 지원사업
방글라데시	기관차 구매 컨설팅 사업 다카 메트로(5호선) 프로젝트 예비타당성 조사
이란	중고기관차 (10 량 ,부품)수출 사업
탄자니아	중앙선 철도건설 감리사업

제4절 도시철도 부대사업

1. 도시철도 부대사업[187]

"도시철도 부대사업"이란 도시철도시설·도시철도차량·도시철도부지 등을 활용한 다음 각목의 어느 하나에 해당하는 사업을 말한다.

가. 도시철도와 다른 교통수단의 연계운송사업

나. 도시철도 차량·장비와 도시철도용품의 제작·판매·정비 및 임대사업

다. 도시철도시설의 유지·보수 등 국가·지방자치단체 또는 공공법인 등으로부터 위탁받은 사업

라. 역세권 및 도시철도시설·부지를 활용한 개발·운영 사업으로서 대통령령으로 정하는 사업

　1) 「역세권의 개발 및 이용에 관한 법률」 제2조제2호에 따른 역세권개발사업

　2) 도시철도 이용객을 위한 편의시설의 설치·운영사업

마. 「국가통합교통체계효율화법」 제2조제15호에 따른 복합환승센터의 개발사업을 말한다.

바. 「물류정책기본법 시행령」 제3조에 따른 물류사업 중 도시철도운영이나 도시철도와 다른 교통수단과의 연계수송을 위한 사업을 말한다.

사. 「관광진흥법」 제3조에서 정한 관광사업(카지노업은 제외한다)으로서 도시철도운영과 관련된 사업을 말한다.

---

187) 도시철도법, 법률 제3167호, 제정 1979. 4.17, 일부개정 2018.12.31

아. 「옥외광고물 등의 관리와 옥외광고산업 진흥에 관한 법률」제2조제3호에 따른 옥외광고 사업으로서 같은 법 시행령 제2조제1호다목에 따른 지하철역 또는 같은 조 제2호가목에 따른 도시철도차량에 광고물이나 게시시설을 제작·표시·설치하거나 옥외광고를 대행하는 사업을 말한다.

자. 가목부터 아목까지의 사업과 관련한 조사·연구, 정보화, 기술 개발 및 인력 양성에 관한 사업

차. 가목부터 자목까지의 사업에 딸린 사업으로서 대통령령으로 정하는 사업

　　1) 「엔지니어링산업 진흥법」 제2조제3호에 따른 엔지니어링사업 중 도시철도운영과 관련한 사업

　　2) 도시철도운영과 관련한 정기간행물 사업, 정보매체 사업

　　3) 그 밖에 도시철도운영의 전문성과 효율성을 높이기 위하여 필요한 사업

2. 서울교통공사 사례[188]

서울교통공사의 부대사업은 광고시설물, 편의시설물, 역구내 상가 등의 부대사업이 주류를 이루고 있다. 다음은 그 내용들을 살펴보기로 한다.

가. 광고 시설물

1) 광고 대행 운영

서울교통공사는 1~8호선 전동차 및 역구내(기타 편의시설광고 포함) 광고사업을 공사 홈페이지(http://www.seoulmetro.co.kr) 입찰공고를 통해 광고대행사를 선정하여 운영하고 있다. 광고 게재 방법은 1~8호선 전동차 및 역구내(기타 편의시설 광고 포함) 광고는 해당 광고대행사에 신청한 후, 서울교통공사 도안심의를 거쳐 게시한다.

---

188) 서울매트로 홈페이지, 2020. 1

2) 광고도안 심의기준

서울교통공사 광고관리규정, 옥외광고물 등의 관리와 옥외광고산업진흥에 관한 법률, 관련 법령 및 한국광고자율심의기구의 광고자율심의규정 등에 의거하여 광고도안 심의가 이루어지고 있다. 광고도안 심의절차 일반적인 상업광고의 경우, 내부 도안심의 위원이 2단계 체크리스트(색채, 문구, 미풍양속 등) 평가를 거쳐 승인여부를 결정하고 있으며 심의기간은 3~5일(주말 및 공휴일 제외)정도 소요되고 있다. 단, 필요에 따라 외부 광고심의 전문기관인 한국광고자율심의기구에 별도 심의요청 절차를 거칠 수 있으며, 외부기관 심의일정에 따라 최대 1개월 이상 소요될 수 있다.

개인 및 조직체의 의견을 진술하는 광고(의견광고)인 경우, 공사 광고분야 자문·의결기구인 광고심의위원회에서 의견광고의 적정성(혐오조장, 인권침해 여부 등)을 판단하여 승인여부를 결정하고 있으며, 위원회 일정에 따라 최대 1개월 이상 소요될 수 있다.

3) 광고 종별

서울교통공사의 광고로는 전동차 및 역구내 광고, 승강장 안전문 광고, 차내 행선안내기 광고, 역구내 공간활용 프로모션, 전동차내 음성광고, 기둥조명 광고, 승강장 안전문 디지털 광고, 디지털 보드 광고, 멀티비전 광고, 1~4호선 디지털 종합안내도 광고, 매립형 LCD광고, 2호선 전동차 및 역사내 실시간 정보제공 시스템, 게이트 비즈니스 모델 구축사업, 복합형 교통카드 시스템(충전&조회기) 구축사업, 터널 광고, 투척용 소화기함 광고, 비상유도 DID광고, 전동차행선안내 음성 및 문자 광고, 승강장 음성 광고, 스마트 정보 안내시스템 편의시설물 중 조례에 의한 것은 음료수자판기, 통합판매대가 있고, 일반 편의시설물로는 현금인출기, 위생용품자판기, 스낵자판기, 무인택배보관함 등 다양하게 있다.

나. 편의 시설물

편의시설물로 음료수 자판기, 통합판매대 조례시설물은 '서울특별시공공시설물내의 신문·복권판매대, 매점 및 식음료용 자동판매기설치계약에관한 조례'에 의거 장애인, 65세 이상 노인, 한 부모 가정, 독립유공자 유가족 중 국민기초생활보장법에 의한 수급자 등을 대상으로 공모추첨 방식으로 운영자를 선정하고 있다. 그리고 일반 편의시설물로는 위생용품자판기, 스낵

자판기, 무인 택배 보관함 등을 계약하여 부대사업을 하고 있다.

다. 역 구내 상가

서울교통공사가 운영 중인 각 선로 모든 역의 구내 상가를 임대하여 부대사업을 하고 있다.

3. 부산교통공사 덕천~숙동역간 지하도 상가 개발 사례[189]

가. 추진개요

도시철도 덕천~숙등역 간 지하도상가는 2호선의 덕천역과 지하에서 연결되어 있어 시민들의 통행이 잦은 곳이다. 본 사업은 2006년 11월에 사업제안 공모를 통해 민간사업자를 선정하였다. 사업자의 책임과 비용으로 시설물을 조성하여 부산교통공사에 기부채납하는 조건으로 20년간의 관리운영권을 부여받고 일정액의 사용료를 납부하는 BTO 방식의 사업이다.

나. 사업현황

전체면적 10,382㎡에 238개소의 지하도상가와 부속시설의 신규 조성과 역 구내에 있는 기존상가 7개소의 리모델링 및 주차장 170면 운영이다. 본 개발사업은 부산교통공사의 예산 투입 없이 민간 자본을 유치하여 부대수익을 증대하려고 추진한 최초의 사업이다. 처음 시도하는 사업이라 법적인 요건과 관련규정의 미비로 어려운 점은 많았지만, 현재에는 성공적인 개발 사업으로 정착되었다.

---

189) 김선길, 도시철도 상가개발사업의 개선방안에 관한 연구, 2015

다. 이 사업의 시사점

1) 영세한 사업자의 참여로 사업추진이 지연되었다. 우선협상대상자로 선정된 컨소시엄 구성원이 자금 사정으로 공사 기간을 연장하였다.

2) 무리한 분양이다. 분양을 통한 시설물 조성비용 충당에 차질을 빚자, 할인 분양 등 무리한 분양을 추진하였고, 직원들의 과열된 실적 경쟁 등의 악순환이 나중에 사건화 되어 상가 개장 후 몇 년간에 걸쳐 소송으로 정리되었다.

3) 기부채납 시의 부가가치세의 부담 주체가 없었다. 부가가치세법의 취지에 따르면 당연히 부산교통공사는 공급을 받는 자이므로 부가가치세를 부담하여야 하나, 본 BTO 사업의 취지나 현재 진행되는 상가개발사업의 추진과정을 보면 사업자가 부담하는 것이 합리적이다.

《준공 전·후의 지하도 모습》

한국철도공사 계열사 현황

    한국철도공사는 사업을 특화하여 전문성을 확보하기 위해 5개 계열사를 두고 있으며, 계열사 간 사업조정을 통해 경쟁력을 강화하여 그룹 경영의 시너지 효과를 창출하고 있다. 또한 본사는 계열사간의 수익기반을 강화하고 경영시스템을 고도화하여 지속가능한 성장을 지원하고 있다.

《한국철도공사 계열사 현황》[190]

회사명	사업내용	정원 (명)	자본금 (억 원)	매출액 (억 원)	한국철도공사 지분율(%)
코레일유통(주)	상업시설 및 광고매체 운영	488	60	2,705	100.0
코레일로지스(주)[191]	철도연계 물류사업	134	77	550	92.1
코레일관광개발(주)	관광레저, 유통·승무사업	1,403	40	551	51.0
코레일테크(주)	선로·전기 시설관리 등	5,008	19	781	97.3
코레일네트웍스(주)	역무관리, 고객센터운영 등	1,903	72	91.7	89.5

---

190) 공공기관경영정보시스템 취합, 2019년 3/4분기 기준
191) 정부의 정규직화에 따라 한국철도공사 자회사의 정원이 대부분 늘었다. 특히 차량기지 내 입환업무와 전호업무등을 담당하던 인력 약 600여 명이 2020년 1월부터 코레일로지스(주)에 편입되었으나 위 표는 2019년 3/4분기 기준이므로 이 표에는 반영되지 않았다.

1. 코레일 유통(주)[192]

코레일 유통(주)은 철도 역사 내 '스토리웨이'라는 편의점 등 많은 상업시설을 운영하고 있으며, 자원 유통 사업과 국내 최대 규모의 자동판매기 사업을 하고 있다. 주요 업무는 다음과 같다.

① 스토리웨이 편의점 사업 : 철도 이용객들의 편의를 위한 각종 상품을 판매하고 있는 주요 철도역의 편의점 사업

② 전문 매장 사업 : 생활 편의용품을 판매하는 편의점과는 달리 다양한 업종의 전문매장을 전국 주요 역에서 운영

③ 광고 사업 : KTX역사, 수도권 전철역 역사 및 차내 광고 매체를 운영하는 철도광고 전문기업으로서 광고 사업

④ 자원 유통사업 : 항만과 철도가 연결되어 운반되는 광물(철광석, 석회석, 유연탄, 백운석 등)의 선적 및 하화 업무 (묵호항 등)

⑤ 자동판매기 사업 : 첨단 무인매장시스템으로 커피, 멀티샵, 도서, 사진 등 다양한 자판기를 전국에 약 2,900여 대의 자판기 운영

⑥ PB 상품 : 코레일 유통(주)의 자체 브랜드(PB)[193] 코레버(KOREVER)로 스토리웨이 편의점 이용 고객이 많이 찾는 생수, 휴대용 티슈, 간식 등 생산 판매 사업

⑦ 본사 사옥 임대 : 서울시 영등포구 당산동에 소재한 본사 사옥의 임대 사업

⑧ 사후 면세점 운영[194] : 외국 관광객이 많이 찾는 서울역 외 12개 역사, 16개 매장의 사후면세점 서비스 운영

2. 코레일 로지스(주)[195]

코레일 로지스(주)는 철도물류 운송 서비스 역할 및 국제철도 화물운송 시스템 구축, 철도 화물 수송력 증대와 국가 물류시스템 장애 시 대응하는 등 국가물류 경쟁력 제고를 위해 설립

---

192) 코레일 유통(주) 홈페이지, 2010. 1
193) PB상품(Private Brandl prodects)fhwltm트 또는 편의점 등에서 자체개발한 상품으로 PL상품(Private Label products)으로도 불린다.
194) 사후 면세제도(Tax Refund Shop) : 외국인이 지정 판매장에서 3만원 이상 물건을 구매할 경우 물품대금에 포함된 부가가치세, 개별소비세를 출국 시 공항 내 환급창구에서 돌려받는 제도
195) 코레일 로지스(주) 홈페이지, 2010. 1

된 한국철도공사의 물류 자회사로서, 주요 업무는 다음과 같다.

가. 운송 사업

1) 철도운송

도로 교통체증 해소와 물류서비스 선진화로 사회간접비용 절감 등 국가물류정책 과제 수행을 위해 전국 거점(부산, 의왕, 구미, 광양, 여수, 삽교, 청주, 강릉 등) 철도 물류기지를 구축하여 기존의 도로운송 한계를 극복하고 대량화물을 정시로 안전하게 운송하는 서비스이다.

2) 육상운송

전국의 각 권역별(부산경남권, 전라권, 중부권, 경인권, 강원권 등) 철도 수송서비스를 기반으로 대량화물 및 중량화물을 신속하고 안전하게 화주(貨主) 공장까지 수송하고 있으며, 기존 권역별 육상 운송에서 업그레이드된 권역별내 근거리 셔틀개념의 도로운송 시스템으로 화주 서비스를 시행한다.

나. 하역 사업

부산진역, 부산신항 철송장 등 컨테이너 운영방식(운송사별 분할 운송체제)을 획기적으로 개선하여 24시간 상시 하역이 가능한 직영체제로 통합 운영하여 철송서비스 품질을 향상시키고 긴급화물처리 등 고객의 니드에 부응하여 고객의 물류비 절감은 물론 국가물류비 점감에도 기여하고 있다.(부산진 및 삽교CY 운영)

다. 포워딩 사업

1) 해운수출입

해운수출업은 중·대량으로 움직이는 화물 및 시간에 크게 구애받지 않는 화물에 대한 운송 수단으로 특대형 화물에 대해서는 bulk을 통해서 운송하며, 운반 보통화물은 규격화된 컨테이너를 이용하고 있다. 코레일로지스(주)는 선진화된 업무시스템 개발과 유수의 해외 파트

너와 계약을 통해 해외 네트워크를 구성하고 있디. 따라서 배를 일정기간 빌려서 운송하거나 재래 선박을 이용 운송(통상 bulk 화물 수출)하고, 현재 주종을 이루는 것은 컨테이너 화물 수출로 수출입 통관 등의 업무를 하고 있다.

2) 항공 수출입

항공수출입은 중·소량의 화물을 빠른 시일 내에 운송을 원하는 화물에 대한 수단으로 최근 비중이 늘어나는 추세다. 항공수출입은 여객기의 하단부와 화물전용기를 통한 운송으로 부피 및 무게의 제한을 많이 받는다. 코레일로지스(주)는 항공 수출 서비스, 즉 수출입 통관 등의 업무를 하고 있다.

3) RSR(한일RSR 서비스)

한일 국제물류 서비스(Rail-Sea-Rail), 항공운임의 30% 수준의 저렴한 운임으로 서울~동경 간 3일이면 문전배송이 가능한 Speedy Service이다. 소량, 다빈도, 고부가 가치 화물에 적합한 12FT 컨테이너를 이용한 운송서비스이다.

라. CFS(Container Freight Station) 사업

CFS는 컨테이너 1개를 채울 수 없는 소형화물(LCL, Less then Container Load)의 인수, 인도, 보관 또는 컨테이너에 적입하거나 끄집어내는 작업을 하는 장소를 말한다. 모든 LCL은 이 CFS를 거치지 않고는 컨테이너네 선적될 수 없다. CFS서비스로는 컨테이너 적축·적입 서비스, 화물 보관 서비스, 환적화물 입출고 서비스, 수출·수입 LCL콘솔 서비스, 일반화물 철도수송 서비스(부산↔경인지역 LCL화물 철도운송서비스)실시 등의 사업을 한다.

마. 3PL(3자 물류)서비스

3자물류란 물류부문에서의 아웃소싱은 기업의 비전문적인 물류업무를 외부의 전문업체에게 아웃소싱하고 내부적인 역량을 핵심부문에 집결할 수 있는 것으로, 물류분야의 아웃소싱을 실현하는 주체로 관심이 초점이 되었던 것 중의 하나가 바로 3PL(제3자 물류)이다. 제3자물류를 제공하기 위해서는 인적 및 물적에서 우수한 인프라를 갖추고 있는 업체만이 원활한 서비스를 제공할 수 있다. 코레일로지스(주)는 이러한 삼자물류 업무를 수행하고 있다.

바. 코레일 스토로지(storage) 사업

물품 보관 사업을 말한다. 일반가정 및 개인이 고가의 제품이지만 활용도가 매우 적거나 언제 사용할지 모르는 물건들로 집이 좁아 보관이 곤란한 물건이나, 일반회사 및 소매업소에서 사무실은 비좁은 데 장기간 보관해야 하는 서류들이 많은 사업체에서 이용할 수 있는 물품 보관사업을 하고 있다.

3. 코레일 관광개발(주)[196]

코레일 관광개발(주)은 서비스 전문기업으로 철도 인프라를 기반으로 관광여행상품을 만들고, 고품격 서비스를 제공하며, 지자체와 연계사업을 통하여 지역경제, 사회발전에 이바지하는 철도 서비스 전문 기타 공공기관이다. 주요 업무는 다음과 같다.

가. 관광여행 사업

관광여행 사업으로는 정부기관 및 지자체 연계 국내 여행, 관광여행 상품 운영, 여행상품 기획 및 제안, 해외 여행상품 운영, 레일크로즈 해랑 운영 등 철도를 이용한 여행사업을 진행하고 있다.

나. 승무 서비스

KTX 및 새마을호·관광열차의 승무 서비스 사업을 하고 있다. 즉, 열차내 승무원으로서 고객에 대한 승강장내 고객영접 인사, 열차내 순회안내. 특실 고객안내 등 특실 서비스, 해랑열차 등 관광열차 승무서비스를 담당하고 있다,

---

196) 코레일관광개발(주) 홈페이지

다. 유통 사업

유통사업으로는 서울역 등 주요역사 내 중소기업 명품마루 매장 운영, 서울역 선상 도시락 매장 운영 등을 하고 있다.

라. 테마파크 사업

테마파크 사업은 지자체와 연계하여 테마파크 개발 및 운영관리를 하는 사업으로, 정선 레일바이크, 곡성 섬진강 기차마을, 삼척 바다열차, 철도 레일바이크, 정동진 레일바이크를 운영하고 있다.

4. 코레일 테크(주)[197]

코레일 테크(주)는 예전의 코레일 트랙, 코레일 전기 및 코레일 엔지니어링 등 3개 기관이 통합되어 운영되는 기타 공공기관이다, 특히 한국철도공사의 위탁업체에서 시행하던 철도차량 정비업무 및 철도차량 청소 업무등을 담당했던 사람들을 2019년에 정규직으로 편입시키면서 약 4,400명 정도의 인원이 늘어났다. 주요 업무는 다음과 같다.

가. 인증면허

인증면허 사업으로 시설경비업, 건물(시설)관리용역업, 건물위생관리 · 소독, 금속구조물 · 창호공사업, 유독물판매업, 무역업, 전문감리업, 전문설계업, 철근콘크리트 공사업 등 많은 인증면허를 획득했지만 이에 따른 실제적인 사업실적은 미미한 실정이다.

나. 차량사업

철도차량의 원활하고 안전한 운행 및 성능 향상과 철도차량에 대한 청소를 효율적으로 시행하여 고객에게 청결하고 쾌적한 서비스를 제공하는 업무이다.

---

197) 코레일 테크(주), 홈 페이지

1) 철도차량 정비

철도차량(고속차량, 객차, 화차)의 정비체계를 구축하여 안전한 열차운행을 유지하도록 한다.

2) 철도차량 청소

여객열차의 내외부 청결유지를 위한 환경서비스 사업을 담당한다.

3) 객차비품 관리

여객열차를 운행할 때 여객의 편의를 위하여 필요한 물품(화장실 및 세면장 비품, 헤드레스트 커버)의 교체 및 보급을 담당한다.

다. 시설 사업

철도차량이 주행할 수 있도록 궤도를 설치하고 고객이 이용하는 역 시설물과 열차운행에 필요한 시설물을 관리하여 시설물 안전은 물론 철도 종사자들이 쾌적한 환경에서 근무할 수 있도록 하는 시설업무를 담당한다.

1) 궤도 공사

철도차량을 안전하게 주행시키기 위해 침목과 레일 도상 등 궤도구조물을 설치하는 사업을 수행한다.

2) 건축물 유지관리

전국의 철도 주요역 및 기타 시설물을 유지관리하는 사업이다.

3) 안전진단

구조물 안전진단을 통해 경년변화[198] 및 수명을 예측관리하여 주요 설비의 안전사고를 미

---

198) 경년변화((經年變化), 장기간의 세월이 경과하는 사이에 자연열화를 포함하여 부식, 마모, 물리적인 성질의 변화 등으로 성능이나 기능이 떨어지는 것을 말한다.

연에 방지하는 사업이다,, 영동선 솔안터널 및 경강선 진부터널의 환기 · 방재 · 계측 설비 · 분진 제거 등을 수행했거나 시행하고 있는 중이다.

라. 경비 사업

안전교육을 받은 경비원을 배치하여 열차 통과 시 열차가 안전하게 운행될 수 있도록 차량과 사람을 통제하고 철도운영의 주요시설물(철도차량정비단, 사옥 등)을 효율적으로 관리하는 사업을 말한다.

1) 철도 건널목

열차 통과 시 통행인과 차량을 통제하고 건널목 사고 발생 시 긴급 복구될 수 있도록 관계기관(한국철도공사, 경찰 등)에 연락하는 업무 등이 있다.

2) 철도차량정비단

수도권 · 대전 · 호남 · 부산 차량정비단 내 출입을 통제하는 경비사업을 담당한다.

3) 철도기관 사옥관리

철도기관 공동사옥, 서울 철도빌딩, 용산 철도회관 내 출입을 통제하고 사옥의 효율적인 유지관리를 담당한다.

마. 전기 사업

열차가 운행하기 위해서 꼭 필요한 전력공급과 관련된 시설물을 포함하여 열차안전운행에 필요한 전철전력, 정보통신, 신호설비 등의 유지 보수업무 및 전기 · 통신설비의 시공업무를 수행하고 있다.

1) 전철전력

열차의 전력공급에 필요한 송전선로, 변전설비, 전차선로와 이에 부속되는 설비의 현상유지 및 성능향상을 위한 점검보수를 한다.

2) 신호제어

열차의 출발 가부를 현시하는 신호기 장치, 열차의 운행방향을 변경하는 선로전환장치 등의 현상유지 및 성능향상을 위한 점검보수 업무를 담당한다.

3) 정보통신

열차의 안전운행을 위하여 열차운행에 필요한 통신시설(이동하는 열차와 지상과의 사이의 정보를 주고 받음)의 현상유지 및 성능향상을 위한 점검 보수를 담당한다.

4) 전기공사

다양한 철도분야의 전기건설을 수행하고 있으며, 특히 관공서 및 아파트 등의 건축물 일반 전기 공사 시공을 하고 있다.

5. 코레일네트웍스(주)[199]

코레일네트웍스(주)는 전국 철도역 부설주차장 운영, 주요 기차역 철도 승차권 판매, 역무 위탁사업, 철도고객센터 운영, KTX 특송사업 등을 시행하는 기타 공공기관으로, 주요업무는 다음과 같다.

가. 역무 서비스

역무서비스는 주로 한국철도공사 광역 전철역 운영 및 승차권 발매업무 등을 말한다. 광역전철역 위탁운영 106개 역, 서울역 등 11개 역 승차권 발매업무 및 매표창구 관리, 여객업무분담역 중 계룡역 등 6개역 관리 운영 및 승차권 발매업무 등을 수행하고 있다.

---

199) 코레일 네트웍스(주) 홈페이지

나. 주차 서비스

전문화된 주차장 운영서비스를 하는 것으로, 주요 철도역을 포함한 전국 125여 주차장은 안전하고 편리한 주차 서비스를 제공한다.

다. KTX셔틀 버스

철도연계 교통의 편의 제공을 위해 광명역~사당역간 직행좌석버스를 운행하여 강남권에서 광명역까지 접근성을 개선시키고 KTX 이용 편리성을 향상시키고 있다.

라. 도심공항 터미널

광명역 도심공항터미널 One-stop Service를 시행하고 있다.

1) 체크인 카운더(탑승 수속)

인천공항 전용 출국통로 이용으로 탑승수속, 수하물 위탁, 출국심사를 빠르게 할 수 있다.

2) KTX 공항버스

리무진 버스를 이용하여 KTX를 이용한 고객을 광명역에서 인천공항까지 논스톱으로 운행하여 다른 교통편보다 빠르게 이동토록 한다.

마. KTX 특송

KTX 열차를 이용한 소규모 화물과 서류 등을 신속히 배송 및 , KTX 퀵서비스를 통해 Door-to-Door 서비스를 제공한다.

바. RAIL+교통카드

1) 교통카드 정산 사업

교통카드 사용 및 충전, 거래 내역과 운임, 수수료에 대한 운송기관과 발생시간의 정산사업을 하고 있다.

2) 교통카드 사업

전국 호환 레일 플러스 카드의 제작, 판매 및 홍보, 1회권 교통카드 공급사업을 하고 있다.

3) VAN · 포인트 운영 사업

신용카드 거래 승인 중개업무, 포인트를 활용한 적립, 사용, 전환 등의 서비스를 제공한다.

사. 레일 포인트

레일 포인트를 보유한 '레일 포인트 회원'이 철도 승차권 구매, 스토리웨이 상품 결제, 여행 상품 이용 등 철도관련 가맹점에서 현금처럼 사용할 수 있는 서비스 사업을 하고 있다.

아. 철도고객센터 운영

철도이용 고객들의 불만관리와 민원처리를 위해 24시간 코레일 전화상담 서비스.(대표전화 1544-7788), 철도이용정보 안내, VOC 접수 및 처리, 철도여행상품 관련 관광열차 이용정보 안내 및 판매 등을 담당하고 있으며, 영어, 일본어, 중국어 등 외국어 전문상담도 하고 있다.

Part 9

노사관리

노사관계

1. 용어의 정의

노사관계(勞使關係)는 기업에서 노동조합과 사용자의 사회관계를 말한다. 그러나 근래에 일부 기업에서는 노사(勞使)라는 단어 대신 노경(勞經)이라 하여 노경관계(勞經關係)라는 표현을 쓰기도 한다. 즉 노동자와 사용자의 관계라기보다는 노동자와 경영자 사이라는 표현으로 서로가 경쟁관계가 아닌 동반자라는 의미에서 기업의 모든 구성원이 수평적 관계로 공동의 가치를 창출한다는 의미를 말한다는 것이다. '노동조합 및 노동관계조정법'에 따른 노사관계 용어를 정의하면 다음과 같다.

가. '근로자'라 함은 직업의 종류를 불문하고 임금·급료 기타 이에 준하는 수입에 의하여 생활하는 자를 말한다.

나. '사용자'라 함은 사업주, 사업의 경영담당자 또는 그 사업의 근로자에 관한 사항에 대하여 사업주를 위하여 행동하는 자를 말한다.

다. '사용자단체'라 함은 노동관계에 관하여 그 구성원인 사용자에 대하여 조정 또는 규제할 수 있는 권한을 가진 사용자의 단체를 말한다.

라. '노동조합'이라 함은 근로자가 주체가 되어 자주적으로 단결하여 근로조건의 유지·개선 기타 근로자의 경제적·사회적 지위의 향상을 도모함을 목적으로 조직하는 단체 또는 그 연합단체를 말한다. 다만, 다음 각목의 1에 해당하는 경우에는 노동조합으로 보지 아니한다.

1) 사용자 또는 항상 그의 이익을 대표하여 행동하는 자의 참가를 허용하는 경우

2) 경비의 주된 부분을 사용자로부터 원조 받는 경우

3) 공제·수양 기타 복리사업만을 목적으로 하는 경우

4) 근로자가 아닌 자의 가입을 허용하는 경우. 다만, 해고된 자가 노동위원회에 부당노동행위의 구제신청을 한 경우에는 중앙노동위원회의 재심판정이 있을 때까지는 근로자가 아닌 자로 해석하여서는 아니 된다.

5) 주로 정치운동을 목적으로 하는 경우

마. '노동쟁의'라 함은 노동조합과 사용자 또는 사용자단체(이하 "勞動關係 當事者"라 한다)간에 임금·근로시간·복지·해고 기타 대우 등 근로조건의 결정에 관한 주장의 불일치로 인하여 발생한 분쟁상태를 말한다. 이 경우 주장의 불일치라 함은 당사자 간에 합의를 위한 노력을 계속하여도 더이상 자주적 교섭에 의한 합의의 여지가 없는 경우를 말한다.

바. '쟁의행위'라 함은 파업·태업·직장폐쇄 기타 노동관계 당사자가 그 주장을 관철할 목적으로 행하는 행위와 이에 대항하는 행위로서 업무의 정상적인 운영을 저해하는 행위를 말한다.

2. 노동 3권

헌법 제33조에 "근로자는 근로조건의 향상을 위하여 자주적인 단결권·단체교섭권 및 단체행동권을 가진다."라고 명시되어 있다. 즉, 근로자가 사용자와 대등한 지위에 서서 근로조건의 개선, 기타 근로자의 경제적 지위의 향상을 도모하기 위하여 단체를 결성하는 권리인 '단결권', 근로자의 단체인 노동조합이 사용자와 근로조건에 관하여 교섭하고 단체협약을 체결하는 권리인 '단체교섭권', 노동쟁의가 발생한 경우에 근로자들이 주장을 관철하기 위하여 업무의 정상적인 운영을 저해하는 권리인 '단체행동권'을 노동 3권이라 한다.

가. 단결권

단결권이란 근로자가 근로조건의 향상을 위하여 자주적으로 노동조합 기타 단결체를 조직·가입하거나 그 단결체를 운영할 권리를 말한다. 근로자 개인의 단결권의 보장이라 함은, 근로자 개개인이 단체를 결성하고 이에 가입하여 단체행동을 할 때, 국가나 사용자가 부당하게 개입하거나 간섭을 해서는 안 된다는 의미이다. 따라서 단체에 불가입·탈퇴를 조건으로 하는 노동계약의 체결 등은 모두 위헌이다.

나. 단체교섭권

단체교섭권은 근로조건의 유지·개선과 경제적·사회적 지위향상을 위해서 사용자와 교섭하는 권리이며, 단체교섭의 주체는 원칙적으로 '노동조합'이 된다. 노동조합이 정당한 단체교섭을 요구할 때 사용자가 이에 응하지 않을 경우 근로자는 손해배상청구권을 행사할 수 있으며 부당노동행위가 성립되어 쟁의행위가 정당화된다. 단체교섭권을 행사하여도 제대로 목표를 달성할 수 없을 때, 노동조합은 유리한 조건으로 단체협약을 체결하고자 단체행동권을 행사하게 된다.

다. 단체행동권

단체행동권은 '쟁의권'이라고도 하며 동맹파업·태업·직장폐쇄권 등이다. 단 쟁의권행사에 있어 타인의 기본적 인권을 침해하는 행위, 사용자의 재산권까지 부정하는 쟁의행위는 인정될 수 없다. 또한 정치적 목적을 가진 정치동맹파업과 다른 사업장의 파업을 지원하기 위한 동정동맹파업(同情同盟罷業)은 불법파업으로 간주되고 있다.

우리나라에서는 단체행동권의 행사는 법률이 정하는 바에 따르게 되어 있어 제한을 받고 있으며 공무원인 근로자는 법률로 인정된 자를 제외하고는 노동 3권을 가질 수 없도록 되어있다.

제2절 노동조합

1. 노동조합의 설립 등

가. 노동조합의 설립

1) 노동조합의 설립 신고

가) 노동조합을 설립하고자 하는 자는 다음 각호의 사항을 기재한 신고서에 규정에 의한 규약을 첨부하여 연합단체인 노동조합과 2 이상의 특별시·광역시·특별자치시·도·특별자치도에 걸치는 단위노동조합은 고용노동부장관에게, 2 이상의 시·군·구(자치구를 말한다)에 걸치는 단위노동조합은 특별시장·광역시장·도지사에게, 그 외의 노동조합은 특별자치시장·특별자치도지사·시장·군수·구청장(자치구의 구청장을 말한다.

(1) 명칭

(2) 주된 사무소의 소재지

(3) 조합원수

(4) 임원의 성명과 주소

(5) 소속된 연합단체가 있는 경우에는 그 명칭

(6) 연합단체인 노동조합에 있어서는 그 구성노동단체의 명칭, 조합원수, 주된 사무소의 소재지 및 임원의 성명·주소

나) 위 규정에 의한 연합단체인 노동조합은 동종산업의 단위노동조합을 구성원으로 하

는 산업별 연합단체와 산업별 연합단체 또는 전국규모의 산업별 단위노동조합을 구성 원으로 하는 총연합단체를 말한다.

2) 노동조합의 규약에 기재하여야 할 사항

가) 명칭

나) 목적과 사업

다) 주된 사무소의 소재지

라) 조합원에 관한 사항(聯合團體인 勞動組合에 있어서는 그 構成團體에 관한 사항)

마) 소속된 연합단체가 있는 경우에는 그 명칭

바) 대의원회를 두는 경우에는 대의원회에 관한 사항

사) 회의에 관한 사항

아) 대표자와 임원에 관한 사항

자) 조합비 기타 회계에 관한 사항

차) 규약변경에 관한 사항

카) 해산에 관한 사항

타) 쟁의행위와 관련된 찬반투표 결과의 공개, 투표자 명부 및 투표용지 등의 보존·열 람에 관한 사항

파) 대표자와 임원의 규약위반에 대한 탄핵에 관한 사항

하). 임원 및 대의원의 선거절차에 관한 사항

거) 규율과 통제에 관한 사항

나. 노동조합의 유형

1) 노동조합의 유형

가) 직종별 조합

직종 또는 직업을 같이하는 근로자가 조직하는 노동조합으로 직업별 조합 또는 직능별 조합이라고 말한다. 역사적으로 가장 오래된 형태의 조합으로서 숙련 노동자(인쇄공, 제화공, 선반공, 목공, 선원 등)가 노동시장을 배타적으로 독점하기 위한 조직으로 근로

자가 소속하는 기업과는 관계없이 횡적인 관계에서 결합하는 노동조합이다. 그러나 기계의 발달과 새로운 생산시설의 등장으로 직종의 구분도 재편되어 새로운 조직형태인 산업별 조합이 발달하게 된다.

나) 산업별 노동조합

직종과 기업을 가리지 않고 동일산업(예, 운수산업, 섬유산업, 철강산업 등)에 종사하는 근로자가 횡적으로 조직하는 전국규모의 노동조합 형태를 말한다. 노동계 입장에서는 노조의 단체교섭권을 키워 고용자 측(사측)에 근로자들의 요구를 통일적이고 집중적으로 전달할 수 있다는 이점이 있다. 우리나라에서는 1997년 허용된 이래 금속노조와 보건의료노조, 대학노조, 운송하역노조 등이 속속 산별노조로 전환해 전국민주노총 소속 조합원의 다수가 소속되어 있다.

다) 기업별 노동조합

기업별 노동조합은 하나의 사업 또는 사업장 단위에 근무하는 종업원을 대상으로 조직하는 형태를 취한다. 현재 우리나라 노동조합의 일반적인 형태로, 기업 내 직종간 요구사항이 공평하게 처리가 어려운 점이 있다.

라) 일반 노동조합

직종이나 산업에 구애됨이 없이 조직되는 단일 노동조합을 말한다. 영국의 수송 및 일반노조, 상점노조, 유통업노조 등이 그 예지만, 오늘날에는 직종별 노동조합의 빈번한 통합으로 인하여 그 한계가 분명한 것은 아니다.(예, 철거민 연대, 00시장조합 등)
※ 산업별 노동조합 산하의 지부나 지회가 독립된 단체로서의 자격을 가졌다면 산별노조에서 탈퇴해 개별 기업노조로 전환할 수 있다.[200]

---

200) 대법원 판례, 제2012다96120호. 2016. 2.19

2) 단일조직과 연합체 조직

가) 단일 조직

근로자가 개인 가입의 형식을 취하는 조합으로서 지부·분회 등 하부 기구를 갖는 것을 통상' 단일조합 또는 단일조직'이라고 한다. 우리나라의 기업별 조합은 단일조직에 해당한다.

나) 연합체 조직

노동조합이 단체로서의 자격을 가지고 구성원이 되는 조직형태를 말한다. 우리나라의 연합체 조직은 기업별 조합을 회원으로 가지는 각 산별 조합과 그 위에 산별 조합을 구성원으로 가지는 총연합단체인 한국노총과 민주노총 등이 대표적이다.

3) 복수 노동조합

하나의 사업장 단위에 두 개 이상의 노동조합의 설립이 가능한 '복수노조'제도는 2011. 7. 1일부터 시행되었다. 하나의 사업 또는 사업장에서 조직형태에 관계없이 근로자가 설립하거나 가입한 노동조합이 2개 이상인 경우 노동조합은 교섭대표노동조합을 정하여 사용자에게 교섭을 요구하여야 한다.

《한국철도공사 복수노조 예》[201]

복수노조	조합명칭	조합원수	전임자수	상급단체	
				총연합단체	연합단체
제1노조	전국철도 노동조합	221,498	40	민주노총	전국공공운수 노동조합연맹
제2노조	한국철도공사 노동조합본부	2,408	3	한국노총	한국철도사회산업 노동조합
제3노조	철도공사 노동조합	203	0	미가입	미가입
제4노조	민주철도 노동조합	159	0	미가입	미가입
제5노조	코레일 노동조합	11	0	미가입	미가입

○ 노농조합 가입범위 : 다음 각 호에 해당되지 않는 자

 1) 2급(부장)이상 직원 및 현업의 팀장급 이상 (열차팀장 제외)

 2) 회계, 경리, 인사, 조직, 홍보, 급여, 후생복지, 노무관리, 비상계획(방호 포함)업무를 직접 담
   당하는 직원

 3) 관제사

 4) 감사, 안전 등 감찰조사업무 담당직원과 인재개발원 교수(강사)

 5) 임원 이상 귀빈의 수행업무를 담당하는 직원(특동, 비서 등)

 6) 법령에 의해 가입이 금지된 자

4) 복수노동조합 교섭창구 단일화 절차

가) 하나의 사업 또는 사업장에서 조직형태에 관계없이 근로자가 설립하거나 가입한 노동
  조합이 2개 이상인 경우 노동조합은 교섭대표노동조합(2개 이상의 노동조합 조합원을
  구성원으로 하는 교섭대표기구를 포함한다)을 정하여 교섭을 요구하여야 한다. 다만,
  교섭대표노동조합을 자율적으로 결정하는 기한 내에 사용자가 교섭창구 단일화 절차를
  거치지 아니하기로 동의한 경우에는 그러하지 아니하다.

나) 기한 내에 교섭대표노동조합을 정하지 못하고 앞의 단서에 따른 사용자의 동의를 얻
  지 못한 경우에는 교섭창구 단일화 절차에 참여한 노동조합의 전체 조합원 과반수로
  조직된 노동조합(2개 이상의 노동조합이 위임 또는 연합 등의 방법으로 교섭창구 단일

---

201) 한국철도공사 공공기관 공개정보시스템, 2020.1 (2019.12.31. 기준)

화 절차에 참여한 노동조합 전체 조합원의 과반수가 되는 경우를 포함한다)이 교섭대표 노동조합이 된다.

다) 앞의 사항에서도 교섭대표노동조합을 결정하지 못한 경우에는 교섭창구 단일화 절차에 참여한 모든 노동조합은 공동으로 교섭대표단(이하 이 조에서 "공동교섭대표단"이라 한다)을 구성하여 사용자와 교섭하여야 한다. 이 때 공동교섭대표단에 참여할 수 있는 노동조합은 그 조합원 수가 교섭창구 단일화 절차에 참여한 노동조합의 전체 조합원 100분의 10 이상인 노동조합으로 한다.

라) 공동교섭대표단의 구성에 합의하지 못할 경우에 노동위원회는 해당 노동조합의 신청에 따라 조합원 비율을 고려하여 이를 결정할 수 있다.

2. 노동조합 형태 등

가. 노동조합의 형태

1) 오픈 숍(Open Shop)

종업원 고용시 노동조합 가입 여부와 관계가 없다. 따라서 종업원의 노동조합 가입과 탈퇴가 자유롭다. 우리나라에서 가장 일반적인 형태로 사용자가 선호하는 제도라 할 수 있다.

2) 클로즈드 숍(Closed Shop)

오픈숍과는 반대 개념이다. 즉 노동조합에 가입된 사람만이 고용될 수 있다. 종업원이 고용된 후 노동조합에서 탈퇴하면 해고된다. 노동조합의 단결 및 사용자와 교섭력을 강화하여 유리한 노동조건을 얻으려는 의도에서 나온 제도로 노동자들이 선호하는 형태다. 우리나라에서는 부당노동행위로 금지하고 있는 제도지만, 항운노조만 예외가 인정되어 클로즈드 숍 제도로 운용된다.

3) 유니온 숍(Union Shop)

오픈숍과 클로즈드숍의 중간 형태로, 고용 시에는 노동조합에 가입여부와 상관없이 하고, 고용된 이후에는 일정기간, 수습기간이 지나고서는 노동조합에 가입해야 한다.

나. 노동조합의 전임자

1) 근로자는 단체협약으로 정하거나 사용자의 동의가 있는 경우에는 근로계약 소정의 근로를 제공하지 아니하고 노동조합의 업무에만 종사할 수 있다.

2) 노동조합의 업무에만 종사하는 자(이하 "전임자"라 한다)는 그 전임기간동안 사용자로부터 어떠한 급여도 지급받아서는 아니 된다. 사용자는 전임자의 정당한 노동조합 활동을 제한하여서는 아니 된다.

3) 단체협약으로 정하거나 사용자가 동의하는 경우에는 사업 또는 사업장별로 조합원 수 등을 고려하여 결정된 근로시간 면제 한도(이하 "근로시간 면제 한도"라 한다)를 초과하지 아니하는 범위에서 근로자는 임금의 손실 없이 사용자와의 협의·교섭, 고충처리, 산업안전 활동 등 이 법 또는 다른 법률에서 정하는 업무와 건전한 노사관계 발전을 위한 노동조합의 유지·관리업무를 할 수 있다.

4) 근로시간 면제 한도를 정하기 위하여 근로시간면제심의위원회를 고용노동부에 둔다.

다. 노동조합의 해산

노동조합은 다음 각호의 1에 해당하는 경우에는 해산한다.

1) 규약에서 정한 해산사유가 발생한 경우
2) 합병 또는 분할로 소멸한 경우
3) 총회 또는 대의원회의 해산 결의가 있는 경우
4) 노동조합의 임원이 없고 노동조합으로서의 활동을 1년 이상 하지 아니한 것으로 인정되는 경우로서 행정관청이 노동위원회의 의결을 얻은 경우

단체교섭과 단체협약

1. 단체교섭

가. 단체교섭의 의의

'단체교섭'은 노동조합 대표가 조합원의 근로조건 개선, 사회적 지위 향상을 목적으로 사용자와 교섭하는 것을 의미하며, 노동조합의 단체교섭권을 보장함으로서 실현된다. 이는 노동조합이 단결권, 단체행동권을 바탕으로 노동력의 거래조건(임금, 근로시간, 기타 근로조건 등)에 대한 협약체결을 위해 집단적 타협을 모색하고 체결된 협약을 관리 하는 절차와 행위를 말한다. 단체교섭을 경영이라는 현실에서 보면 사용자와 종업원이 경영 내에서 제기되는 문제들을 해결하기 위하여 끊임없이 대화하는 과정이라고 할 수 있다. 파업은 강력한 반대의사의 표현에 지나지 않으며, 새로운 합의점을 찾기 위한 노력이라고 할 수 있다. 사용자와 종업원간의 일상적인 의사소통 형태가 어떤 모습으로 변하건 경영 내에서는 문제해결을 위한 대화가 계속되어야 하는 것이다.

나. 단체교섭권의 법적 보호[202]

1) 노동조합이 그 목적을 달성하기 위하여 추진하는 단체교섭, 기타의 정당한 행위는 형사책임이 면제된다.

2) 노동조합이 단체교섭을 성취하기 위하여 하는 쟁의행위로 인하여 사용자가 경제적 손실을 받더라도 근로자나 노동조합에 대하여 손해배상을 청구할 수 없다.

---

202) 이규창 외, 신노사관계론, 법문사, 2001

3) 근로자는 단체교섭을 포함하는 정당한 노동조합활동에 참가한 것을 이유로 해고, 기타 불이익한 취급을 받지 아니한다. 사용자의 이러한 불이익취급은 부당노동행위로 금지된다.

4) 사용자는 노동조합의 단체교섭 요청을 정당한 이유 없이 거부하거나 해태할 수 없다. 만약 사용자가 노동조합과의 단체교섭을 정당한 이유 없이 거부하거나 해태하는 경우는 역시 부당노동행위로 규정된다.

2. 단체협약

가. 단체협약의 의미

단체협약은 단체교섭에 대한 합의로써 근로조건, 근로자의 대우에 관한 기준을 정하고 협약 당사자간 채권·채무를 성립시키는 문서화한 것으로, 서면으로 작성하고 쌍방서명 날인이 있어야 한다.

나. 단체협약의 효력

1) 규범적 효력

단체협약에는 마치 강행법규와 같이 근로자 개인의 근로조건을 규율(임금, 근로시간, 휴일, 휴가, 재해보상, 안전위생, 복지후생 등)하는 효력이 주어지는 데 이를 규범적 효력이라고 한다.

2) 채무적 효력

단체협약은 협약 당사자 간의 약속으로, 약속 위반 사항에 대하여는 계약의 일반 이론에 따라 채무 불이행에 따른 법률효과를 부여할 수 있게 된다.

3) 일반적 구속력

하나의 공장이나 사업장을 단위로 하여 동종 근로자의 반수 이상이 하나의 단체협약을 적용받게 될 때에는 나머지 동종 근로자에게도 자동적으로 단체협약이 적용된다.

다. 단체협약의 유효기간

단체협약에는 2년을 초과하는 유효기간을 정할 수 없다. 단체협약에 그 유효기간을 정하지 아니한 경우 또는 2년을 초과하는 유효기간을 정한 경우에 그 유효기간은 2년으로 한다. 단체협약의 유효기간이 만료되는 때를 전후하여 당사자 쌍방이 새로운 단체협약을 체결하고자 단체교섭을 계속하였음에도 불구하고 새로운 단체협약이 체결되지 아니한 경우에는 별도의 약정이 있는 경우를 제외하고는 종전의 단체협약은 그 효력만료일부터 3월까지 계속 효력을 갖는다. 다만, 단체협약에 그 유효기간이 경과한 후에도 새로운 단체협약이 체결되지 아니한 때에는 새로운 단체협약이 체결될 때까지 종전 단체협약의 효력을 존속시킨다는 취지의 별도의 약정이 있는 경우에는 그에 따르되, 당사자 일방은 해지하고자 하는 날의 6월전까지 상대방에게 통고함으로써 종전의 단체협약을 해지할 수 있다.

라. 단체협약의 해석

단체협약의 해석 또는 이행방법에 관하여 관계 당사자간에 의견의 불일치가 있는 때에는 당사자 쌍방 또는 단체협약에 정하는 바에 의하여 어느 일방이 노동위원회에 그 해석 또는 이행방법에 관한 견해의 제시를 요청할 수 있다. 노동위원회는 위 요청을 받은 때에는 그 날부터 30일 이내에 명확한 견해를 제시하여야 한다. 이 경우 노동위원회가 제시한 해석 또는 이행방법에 관한 견해는 중재재정과 동일한 효력을 가진다.

노동쟁의 및 조정

1. 노동쟁의 및 쟁의행위[203]

가. 노동쟁의

노동쟁의는 노동조합과 사용자 또는 사용자 단체(이하 "노동관계 당사자"라 한다)간에 임금·근로시간·복지·해고 기타 대우 등 근로조건의 결정에 관한 주장의 불일치로 인하여 발생한 분쟁상태를 말한다. 이 경우 주장의 불일치라 함은 당사자 간에 합의를 위한 노력을 계속하여도 더 이상 자주적 교섭에 의한 합의의 여지가 없는 경우를 말한다.

나. 쟁의행위

쟁의행위는 파업·태업·직장폐쇄 기타 노동관계 당사자가 그 주장을 관철할 목적으로 행하는 행위와 이에 대항하는 행위로서 업무의 정상적인 운영을 저해하는 행위를 말한다. 노동조합의 쟁의행위는 그 조합원의 직접·비밀·무기명투표에 의한 조합원 과반수의 찬성으로 결정하지 아니하면 이를 행할 수 없다. 교섭대표노동조합이 결정된 경우에는 그 절차에 참여한 노동조합의 전체 조합원(해당 사업 또는 사업장 소속 조합원으로 한정한다)의 직접·비밀·무기명투표에 의한 과반수의 찬성으로 결정하지 아니하면 쟁의행위를 할 수 없다. 따라서 쟁의행위는 그 목적·방법 및 절차에 있어서 법령 기타 사회질서에 위반되어서는 아니되며, 조합원은 노동조합에 의하여 주도되지 아니한 쟁의행위를 하여서는 아니된다.

---

203) 노동조합 및 노동관계조정법 (법률 제5310호, 제정 1997.3.13)

다. 사용자의 채용제한

1) 사용자는 쟁의행위 기간 중 그 쟁의행위로 중단된 업무의 수행을 위하여 당해 사업과 관계없는 자를 채용 또는 대체할 수 없다.

2) 사용자는 쟁의행위 기간 중 그 쟁의행위로 중단된 업무를 도급 또는 하도급 줄 수 없다.

3) 위 규정은 필수공익사업의 사용자가 쟁의행위 기간 중에 한하여 당해 사업과 관계없는 자를 채용 또는 대체하거나 그 업무를 도급 또는 하도급 주는 경우에는 적용하지 아니한다.

4) 필수공익사업의 경우 사용자는 당해 사업 또는 사업장 파업참가자의 100분의 50을 초과하지 않는 범위 안에서 채용 또는 대체하거나 도급 또는 하도급 줄 수 있다. 이 경우 파업참가자 수의 산정 방법 등은 대통령령으로 정한다.

2. 쟁의행위의 유형

가. 파업(罷業)

근로자가 근로조건의 유지 또는 개선을 위하여 조직적·공동적으로 노무제공을 거부하는 행위이다. 이때 근로자들이 집단적으로 노무를 거부하는 것은 개선된 근로조건하에서는 근로를 계속할 것을 전제로 하는 것이다. 파업은 일정산업 또는 일정기업의 모든 조직근로자가 참여하는 전면파업과 일정산업의 일부 또는 일정기업의 일부 근로자들만이 참가하는 이른바 부분파업으로 구분된다. 총파업이라는 것도 있는데 이는 전면파업보다 그 범위가 넓은 것으로서 전 산업에 걸쳐 전국적으로 행해지는 파업이다.

나. 태업(怠業)

태업은 근로자들이 단결하여 의도적으로 작업능률을 저하시키는 것을 말한다. 예를 들면, 불완전한 제품을 만들거나, 필요 이상의 완만한 작업으로 노동시간을 지체시키는 것 등을 들 수 있다.

* **준법투쟁(遵法鬪爭)**204)

법규를 규정대로 지키면서 사용자에게 손해를 주는 노동 쟁의 방법이다. 단체 휴가, 정시 퇴근, 안전 운전을 핑계로 지나친 서행 운전 따위가 있으며, 쟁의권을 가지지 못한 공무원이나 공공 기업의 직원들이 흔히 사용한다. 준법투쟁이 쟁의행위인가에 대하여는 학설이 대립되어 있다.

다. 보이콧(不買運動)

사용자 또는 그와 거래관계에 있는 제3자와의 근로계약 체결을 거절한다든가, 상품구입이나 시설이용을 거절할 것을 호소하는 투쟁행위이다.

라. 피케팅

파업을 효과적으로 수행하기 위해 근로희망자들의 사업장 또는 공장에의 출입을 저지하고 파업참여에 협력할 것을 요구하는 행위이다. 피케팅은 대체로 사업장 또는 공장의 입구에서 플래카드를 들고 확성기 등을 이용하여 출입자를 감시하고 근로희망자들에게 파업에 동조할 것을 요구하는 것으로 나타난다. 피케팅은 그 자체로 독립된 쟁의행위라고 할 수 없고 파업이나 보이콧에 수반되는 보조적인 쟁의행위이다.

마. 직장폐쇄(職場閉鎖)

집단적 분쟁에 있어서 사용자가 할 수 있는 행위로 그의 주장을 관철하기 위해 일정한 산업 또는 사업체 내의 다수 근로자를 취업할 수 없게 하는 것이다. 직장폐쇄를 하려면 노무를 수령하지 않겠다는 통고 또는 선언만으로는 불충분하고, 현실적으로 공장 또는 사업장의 출입구를 폐쇄함으로써 사회통념상 그 공장 또는 사업장에의 출입과 노무제공 등이 불가능하다고 생각되는 상태를 발생하게 해야 한다. 사용자는 노동조합이 쟁의행위를 개시한 이후에만 직장폐쇄를 할 수 있다. 또한 사용자는 직장폐쇄를 할 경우에는 미리 행정관청 및 노동위원회에 각각 신고하여야 한다.

---

204) 매경시사용어사전

3. 쟁의행위의 적법성 요건

현행법상 노조의 쟁의행위가 정당성을 가지려면 쟁의 주체가 노동조합이어야 하고, 쟁의 목적이 근로조건 결정과 관련된 사항이어야 하고, 찬반투표, 조정 등의 절차를 밟아야 하며, 쟁의 수단이 폭력. 파괴 등을 동반하지 않아야 한다. 즉, 노조의 쟁의행위가 적법하기 위해선 주체, 목적, 절차, 방법 등 4가지가 적법해야 한다.

가. 주체의 정당성

쟁의행위의 정당한 주체는 노동조합이어야 한다. 또한 노동조합이 아닐지라도 노동자 단체로서의 실질적 요건을 갖추고 있는 집단이면 쟁의행위의 주체가 될 수 있다.

나. 목적의 정당성

노동조합이 근로조건 등의 경제적 지위향상과 관련된 요구를 달성하기 위하여 쟁의행위를 했을 경우 정당하다. 즉, 사용자를 상대로 경제적인 요구를 내걸고 파업한 경우는 말할 것도 없으며 정부의 정책을 반대하는 정치파업을 했을 경우에도 정부의 정책이 노동자의 생활, 근로조건과 직접 관련되는 것이라면 그 파업은 목적에서 정당한 것이라 할 수 있다.

다. 절차의 정당성

쟁의행위에 들어가기 위해서는 먼저 총회나 대의원회에서 노동쟁의발생 결의를 하여야 하고 노동관계 상대방에게 서면으로 통보하여야 한다. 그리고 노동위원회에 노동쟁의의 조정을 신청하여야 한다. 노동쟁의 조정을 신청하면 조정기간이 시작된다. 이 기간 중에는 쟁의행위에 돌입할 수 없고, 조정기간이 지나면 쟁의행위를 할 수 있다. 쟁의행위에 들어가기 위해서는 조합원의 직접 비밀 무기명 투표에 의한 과반수의 찬성이 있어야 한다. 쟁의행위에 들어갈 때에는 행정관청과 노동위원회에 다시 신고를 해야 하는데 이때의 신고는 미리 서면으로 노동부 장관과 관할 노동위원회에 쟁의행위의 일시, 장소, 참가 인원 및 그 방법을 신고하여야 한다. 또한 필수 공익사업에 있어서는 노동위원회의 위원장이 특별조정위원회의 권고에 의하여 중재에 회부한다는 결정을 한 때 중재가 행해진다. 중재는 법적구속력이 있으므로 중재가 개시되면 노사당사자는 다시 15일간 쟁의행위를 할 수 없고 중재위원회의 중재재정에 무조건 따라야 한다.

라. 방법의 정당성

수단의 측면에서 쟁의행위가 정당하기 위해서는 폭력이나 파괴행위가 동원되어서는 안 되고 그 목적을 달성하기 위해 필요 불가결한 수단으로 행사하여야 한다. 또한 생산 기타 주요업무에 관련되는 시설과 이에 준하는 시설로서 다음의 대통령령이 정하는 시설을 점거하는 형태로 행하는 쟁의행위도 불법이다.

1) 전기·전산 또는 통신시설
2) 철도(도시철도를 포함한다)의 차량 또는 선로
3) 건조·수리 또는 정박 중인 선박
4) 항공기·항행안전시설 또는 항공기의 이·착륙이나 여객·화물의 운송을 위한 시설
5) 화약·폭약 등 폭발위험이 있는 물질 또는 「화학물질관리법」 제2조제2호에 따른 유독물질을 보관·저장하는 장소
6) 기타 점거될 경우 생산 기타 주요업무의 정지 또는 폐지를 가져오거나 공익상 중대한 위해를 초래할 우려가 있는 시설로서 고용노동부장관이 관계중앙행정기관의 장과 협의하여 정하는 시설

4. 직장폐쇄의 요건

사용자는 노동조합이 쟁의행위를 개시한 이후에만 직장폐쇄를 할 수 있다. 사용자는 직장폐쇄를 할 경우에는 미리 행정관청 및 노동위원회에 각각 신고하여야 한다.

5. 쟁의행위 조정과 중재

가. 조정

1) 조정의 개시

노동위원회는 관계 당사자의 일방이 노동쟁의의 조정을 신청한 때에는 지체없이 조정을 개시하여야 하며 관계 당사자 쌍방은 이에 성실히 임하여야 한다. 노동위원회는 위 규정에 따른 조정신청 전이라도 원활한 조정을 위하여 교섭을 주선하는 등 관계 당사자의 자주적인 분쟁해결을 지원할 수 있다

2) 조정기간

조정의 신청이 있은 날부터 일반사업에 있어서는 10일, 공익사업에 있어서는 15일 이내에 종료하여야 한다.

3) 조정위원회의 구성

가) 노동쟁의의 조정을 위하여 노동위원회에 조정위원회를 둔다.

나) 조정위원회는 조정위원 3인으로 구성한다.

다) 조정위원은 당해 노동위원회의 위원 중에서 사용자를 대표하는 자, 근로자를 대표하는 자 및 공익을 대표하는 자 각 1인을 그 노동위원회의 위원장이 지명하되, 근로자를 대표하는 조정위원은 사용자가, 사용자를 대표하는 조정위원은 노동조합이 각각 추천하는 노동위원회의 위원 중에서 지명하여야 한다. 다만, 조정위원회의 회의 3일전까지 관계 당사자가 추천하는 위원의 명단제출이 없을 때에는 당해 위원을 위원장이 따로 지명할 수 있다.

4) 단독조정

노동위원회는 관계 당사자 쌍방의 신청이 있거나 관계 당사자 쌍방의 동의를 얻은 경우에는 조정위원회에 갈음하여 단독조정인에게 조정을 행하게 할 수 있다. 단독조정인은 당해 노동위원회의 위원 중에서 관계 당사자의 쌍방의 합의로 선정된 자를 그 노동위원회의 위원장이 지명한다.

5) 조정안의 작성

가) 조정위원회 또는 단독조정인은 조정안을 작성하여 이를 관계 당사자에게 제시하고 그 수락을 권고하는 동시에 그 조정안에 이유를 붙여 공표할 수 있으며, 필요한 때에는 신문 또는 방송에 보도 등 협조를 요청할 수 있다.

나) 조정위원회 또는 단독조정인은 관계 당사자가 수락을 거부하여 더 이상 조정이 이루어질 여지가 없다고 판단되는 경우에는 조정의 종료를 결정하고 이를 관계 당사자 쌍방에 통보하여야 한다.

다) 조정안이 관계 당사자의 쌍방에 의하여 수락된 후 그 해석 또는 이행방법에 관하여 관계 당사자 간에 의견의 불일치가 있는 때에는 관계 당사자는 당해 조정위원회 또는 단독조정인에게 그 해석 또는 이행방법에 관한 명확한 견해의 제시를 요청하여야 한다. 이 요청을 받은 때에는 그 요청을 받은 날부터 7일 이내에 명확한 견해를 제시하여야 한다.

나. 중재

노동위원회는 관계 당사자의 쌍방이 함께 중재를 신청한 때 또는 관계 당사자의 일방이 단체협약에 의하여 중재를 신청한 때 중재를 행한다.

1) 노동쟁의가 중재에 회부된 때에는 그 날부터 15일간은 쟁의행위를 할 수 없다.
2) 노동쟁의의 중재 또는 재심을 위하여 노동위원회에 중재위원회를 둔다.
   가) 중재위원회는 중재위원 3인으로 구성한다.
   나) 중재위원은 당해 노동위원회의 공익을 대표하는 위원중에서 관계 당사자의 합의로 선정한 자에 대하여 그 노동위원회의 위원장이 지명한다. 다만, 관계 당사자간에 합의가 성립되지 아니한 경우에는 노동위원회의 공익을 대표하는 위원중에서 지명한다. 중재위원은 중재위원 중에서 호선한다.

3) 중재재정
   가) 중재재정은 서면으로 작성하여 이를 행하며 그 서면에는 효력발생 기일을 명시하여야 한다.
   나) 중재재정의 해석 또는 이행방법에 관하여 관계 당사자 간에 의견의 불일치가 있는

때에는 당해 중재위원회의 해석에 따르며 그 해석은 중재재정과 동일한 효력을 가진다.

다) 관계 당사자는 지방노동위원회 또는 특별노동위원회의 중재재정이 위법이거나 월권에 의한 것이라고 인정하는 경우에는 그 중재재정서의 송달을 받은 날부터 10일 이내에 중앙노동위원회에 그 재심을 신청할 수 있다.

라) 관계 당사자는 중앙노동위원회의 중재재정이나 재심결정이 위법이거나 월권에 의한 것이라고 인정하는 경우에는 행정소송법 제20조의 규정에 불구하고 그 중재재정서 또는 재심결정서의 송달을 받은 날부터 15일 이내에 행정소송을 제기할 수 있다. 규정된 기간 내에 재심을 신청하지 아니하거나 행정소송을 제기하지 아니한 때에는 그 중재재정 또는 재심결정은 확정된다.

마) 중재재정이나 재심결정이 확정된 때에는 관계 당사자는 이에 따라야 한다.

바) 중재재정의 내용은 단체협약과 동일한 효력을 가진다.

4) 공익사업의 노동쟁의의 조정을 위하여 노동위원회에 특별조정위원회를 둔다.

다. 긴급조정 절차

1) 고용노동부장관은 쟁의행위가 공익사업에 관한 것이거나 그 규모가 크거나 그 성질이 특별한 것으로서 현저히 국민경제를 해하거나 국민의 일상생활을 위태롭게 할 위험이 현존하는 때에는 긴급조정의 결정을 할 수 있다.

2) 고용노동부장관은 긴급조정의 결정을 하고자 할 때에는 미리 중앙노동위원회 위원장의 의견을 들어야 한다.

3) 고용노동부장관은 긴급조정을 결정한 때에는 지체없이 그 이유를 붙여 이를 공표함과 동시에 중앙노동위원회와 관계 당사자에게 각각 통고하여야 한다.

4) 긴급조정 결정이 공표된 때에는 즉시 쟁의행위를 중지하여야 하며, 공표일 부터 30일이 경과하지 아니하면 쟁의행위를 재개할 수 없다.

5. 필수 유지 업무제도

가. 필수유지업무에 대한 쟁의행위의 제한

"필수유지업무"라 함은 필수공익사업의 업무 중 그 업무가 정지되거나 폐지되는 경우 공중의 생명·건강 또는 신체의 안전이나 공중의 일상생활을 현저히 위태롭게 하는 업무로서 대통령령이 정하는 업무를 말한다. 필수유지업무의 정당한 유지·운영을 정지·폐지 또는 방해하는 행위는 쟁의행위로서 이를 행할 수 없다.

※ 직권중재제도가 위헌 논란 및 1LO 등 국내외 노동계로부터 노동기본권을 과도하게 제약한다는 비판을 받자, 2008. 1월부터 직권중재제도가 폐지되면서 필수유지 업무제도가 신설되었다.

나. 필수유지업무협정

노동관계 당사자는 쟁의행위기간 동안 필수유지업무의 정당한 유지·운영을 위하여 필수유지업무의 필요 최소한의 유지·운영 수준, 대상 직무 및 필요인원 등을 정한 협정(이하 "필수유지업무협정"이라 한다)을 서면으로 체결하여야 한다. 이 경우 필수유지업무협정에는 노동관계 당사자 쌍방이 서명 또는 날인하여야 한다.

다. 필수유지업무 유지·운영 수준 등의 결정

노동관계 당사자 쌍방 또는 일방은 필수유지업무협정이 체결되지 아니하는 때에는 노동위원회에 필수유지업무의 필요 최소한의 유지·운영 수준, 대상직무 및 필요인원 등의 결정을 신청하여야 한다. 이 신청을 받은 노동위원회는 사업 또는 사업장별 필수유지업무의 특성 및 내용 등을 고려하여 필수유지업무의 필요 최소한의 유지·운영 수준, 대상직무 및 필요인원 등을 결정할 수 있다. 그러나 노동위원회의 결정에 대한 해석 또는 이행방법에 관하여 관계당사자 간에 의견이 일치하지 아니하는 경우에는 특별조정위원회의 해석에 따른다. 노동위원회의 결정이 있는 경우 그 결정에 따라 쟁의행위를 한 때에는 필수유지업무를 정당하게 유지·운영하면서 쟁의행위를 한 것으로 본다.

라. 필수유지업무 근무 근로자의 지명

노동조합은 필수유지업무협정이 체결되거나 노동위원회의 결정이 있는 경우 사용자에게 필수유지업무에 근무하는 조합원 중 쟁의행위기간 동안 근무하여야 할 조합원을 통보하여야 하며, 사용자는 이에 따라 근로자를 지명하고 이를 노동조합과 그 근로자에게 통보하여야 한다. 다만, 노동조합이 쟁의행위 개시 전까지 이를 통보하지 아니한 경우에는 사용자가 필수유지업무에 근무하여야 할 근로자를 지명하고 이를 노동조합과 그 근로자에게 통보하여야 한다. 이에 따른 통보·지명시 노동조합과 사용자는 필수유지업무에 종사하는 근로자가 소속된 노동조합이 2개 이상인 경우에는 각 노동조합의 해당 필수유지업무에 종사하는 조합원 비율을 고려하여야 한다.

《필수공익사업별 필수유지업무》[205]

1. 철도사업과 도시철도사업의 필수유지업무

  가. 철도·도시철도 차량의 운전 업무

  나. 철도·도시철도 차량 운행의 관제 업무(정거장·차량기지 등에서 철도신호 등을 취급하는 운전취급 업무를 포함한다)

  다. 철도·도시철도 차량 운행에 필요한 전기시설·설비를 유지·관리하는 업무

  라. 철도·도시철도 차량 운행과 이용자의 안전에 필요한 신호시설·설비를 유지·관리하는 업무

  마. 철도·도시철도 차량 운행에 필요한 통신시설·설비를 유지·관리하는 업무

  바. 안전 운행을 위하여 필요한 차량의 일상적인 점검이나 정비 업무

  사. 선로점검·보수 업무

2. 항공운수사업의 필수유지업무

  가. 승객 및 승무원의 탑승수속 업무

  나. 승객 및 승무원과 수하물 등에 대한 보안검색 업무

  다. 항공기 조종 업무

  라. 객실승무 업무

  마. 비행계획 수립, 항공기 운항 감시 및 통제 업무

  바. 항공기 운항과 관련된 시스템·통신시설의 유지·보수 업무

  사. 항공기의 정비(창정비는 제외한다) 업무

  아. 항공안전 및 보안에 관련된 법령, 국제협약 또는 취항 국가의 요구에 따른 항공운송사업자의 안전 또는 보안 조치와 관련된 업무

  자. 항공기 유도 및 견인 업무

  차. 항공기에 대한 급유 및 지상전원 공급 업무

  카. 항공기에 대한 제설·제빙 업무

  타. 승객 승하기 시설·차량 운전 업무

  파. 수하물·긴급물품의 탑재·하역 업무

  하. 「항공법」 제2조제16호에 따른 항행안전시설과 항공기 이·착륙 시설의 유지·운영(관제를 포함한다)을 위한 업무

3. 수도사업의 필수유지업무

　가. 취수·정수(소규모 자동화 정수설비를 포함한다)·가압·배수시설의 운영 업무

　나. 수도시설 통합시스템과 계측·제어설비의 운영 업무

　다. 수도시설 긴급복구와 수돗물 공급을 위한 법정 기준이나 절차 등의 준수를 위한 업무

4. 전기사업의 필수유지업무

　가. 발전부문의 필수유지업무

　　1) 발전설비의 운전(운전을 위한 기술지원을 포함한다) 업무

　　2) 발전설비의 점검 및 정비(정비를 위한 기술·행정지원은 제외한다) 업무와 안전관리 업무

　나. 송전·변전 및 배전 부문의 필수유지업무

　　1) 지역 전기공급 업무(무인변전소 순회·점검 업무는 제외한다)

　　2) 전력계통 보호를 위한 보호계전기 시험 및 정정 업무

　　3) 배전선 개폐기 및 자동화 시스템을 통한 배전설비의 감시·제어와 배전선로 긴급 계통 전환 업무

　　4) 전력계통 보호를 위한 통신센터(전력계통원방감시제어장치를 포함한다) 운영 업무

　　5) 통신보안관제센터 운영 업무

　　6) 전력공급 비상시 부하관리 업무

　　7) 송전·변전 및 배전 설비의 긴급복구 업무

　다. 전력거래 부문의 필수유지업무

　　1) 전력의 공급 운영과 송전설비 계통운영의 제어 업무

　　2) 1주 이내의 단기 전력수요 예측에 따른 전력계통의 안정적 운영계획 수립 등 급전 운영 업무

　　3) 전력계통 등의 운영을 위한 전산실 운영(출입 보안관리를 포함한다) 업무

5. 가스사업(액화석유가스사업은 제외한다)의 필수유지업무

　가. 천연가스의 인수(引受), 제조, 저장 및 공급 업무

　나. 가목과 관련된 시설의 긴급정비 및 안전관리 업무

6. 석유정제사업과 석유공급사업(액화석유가스사업을 포함한다)의 필수유지업무

　가. 석유(천연가스는 제외한다)의 인수, 제조, 저장 및 공급 업무

　나. 가목과 관련된 시설의 긴급정비 및 안전관리 업무

7. 병원사업의 필수유지업무

　가. 「응급의료에 관한 법률」 제2조제2호에 따른 응급의료 업무

　나. 중환자 치료·분만(신생아 간호를 포함한다)·수술·투석 업무

　다. 가목과 나목의 업무수행을 지원하기 위한 마취, 진단검사(영상검사를 포함한다), 응급약
　　　제, 치료식 환자급식, 산소공급, 비상발전 및 냉난방 업무

8. 혈액공급사업의 필수유지업무

　가. 채혈 및 채혈된 혈액의 검사 업무

　나. 「혈액관리법」 제2조제6호에 따른 혈액제제(수혈용에 한정한다. 이하 이 호에서 같다)
　　　제조 업무

　다. 혈액 및 혈액제제의 수송 업무

9. 한국은행사업의 필수유지업무

　가. 「한국은행법」 제6조, 제28조와 제29조에 따른 통화신용정책과 한국은행 운영에 관한
　　　업무

　나. 「한국은행법」 제47조부터 제86조까지의 규정에 따른 다음의 업무

　　　1) 한국은행이 수행하는 한국은행권 발행 업무

　　　2) 금융기관의 예금과 예금지급준비 업무

　　　3) 금융기관에 대한 대출·지급결제 등의 업무

　다. 가목과 나목의 업무수행을 지원하기 위한 각종 전산시스템 운영·통신 및 시설보호 업무

　라. 다른 법령에 따라 한국은행에 위임 또는 위탁된 업무

10. 통신사업의 필수유지업무

　가. 기간망과 가입자망의 운영·관리업무

　나. 통신장애의 신고접수 및 수리 업무

　다. 「우편법」 제14조에 따른 기본우편역무

　라. 「우편법」 제15조에 따른 부가우편역무 중 내용증명과 특별송달 업무

---

205) 노동조합 및 노동관계조정법 시행령 제22조의2

《한국철도공사 필수유지업무 유지 결정율》[206]

1. 필수유지업무 유지·운영율

구 분	유지·운영 수준	대상 직무
운전업무	64.9%	고속철도
	68.6%	일반철도
	67.5%	광역철도
관제업무 (운전취급 포함)	100.0%	관제업무
	100.0%	운전취급업무
차량업무	37.6%	고속철도차량
	37.8%	일반철도차량
	49.5%	광역철도차량
	100.0%	열차운용원
	100.0%	차량분야 지원관제
전기업무	65.9%	전철·전력
	100.0%	전기신호 지원관제
신호업무	62.8%	신호업무
통신업무	59.7%	통신업무
선로업무	80.2%	고속선로 유지보수
	71.2%	기존선로 유지보수
	28.5%	지하구간 유지보수
	100.0%	시설분야 지원관제

2. 필수유지업무 열차 운행율

차량	유지·운영 수준		운행율	
	업무	인원		
고속철도	64.9%	기장 : 67%	56.9%	
일반철도	68.6%	기관사 : 69.9% 부기관사 : 69.7%	새마을호	59.5%
			무궁화호	63.0%
			통근형	62.5%
광역철도	67.5%	기관사 : 63.4%	63.0%	

■ 광역철도, 통근형 월~토요일 운행율
- 출근시간(07:00 ~ 09:00) 100%, - 퇴근시간(18:00 ~ 20:00)80%

206) 2008. 7. 2, 충남지방노동위원회 결정

6. 부당 노동행위(不當勞動行爲)

부당 노동행위란 사용자 측이 노동자의 단결권, 단체 교섭권, 쟁의권 및 조합의 자주성 등을 침해하는 행위로 사용자는 이를 할 수 없다.

가. 부당 노동행위 사례[207]

1) 불이익을 주는 행위

근로자가 노동조합에 가입 또는 가입하려고 하였거나 노동조합을 조직하려고 하였거나 기타 노동조합의 업무를 위한 정당한 행위를 한 것을 이유로 그 근로자를 해고하거나 그 근로자에게 불이익을 주는 행위

2) 황견계약(yellow-dog contract, 黃犬契約)

근로자가 어느 노동조합에 가입하지 아니할 것 또는 탈퇴할 것을 고용조건으로 하거나 특정한 노동조합의 조합원이 될 것을 고용조건으로 하는 행위. 다만, 노동조합이 당해 사업장에 종사하는 근로자의 3분의 2 이상을 대표하고 있을 때에는 근로자가 그 노동조합의 조합원이 될 것을 고용조건으로 하는 단체협약의 체결은 예외로 하며, 이 경우 사용자는 근로자가 그 노동조합에서 제명된 것 또는 그 노동조합을 탈퇴하여 새로 노동조합을 조직하거나 다른 노동조합에 가입한 것을 이유로 근로자에게 신분상 불이익한 행위를 할 수 없다.

3) 단체교섭의 거부 · 해태

노동조합의 대표자 또는 노동조합으로부터 위임을 받은 자와의 단체협약체결 기타의 단체교섭을 정당한 이유 없이 거부하거나 해태하는 행위

4) 지배 · 개입 및 경비원조

근로자가 노동조합을 조직 또는 운영하는 것을 지배하거나 이에 개입하는 행위와 노동조합

---

207) 노동조합 및 노동관계조정법 제81조

의 전임자에게 급여를 지원하거나 노동조합의 운영비를 원조하는 행위. 다만, 근로자의 후생 자금 또는 경제상의 불행 기타 재액의 방지와 구제 등을 위한 기금의 기부와 최소한의 규모의 노동조합사무소의 제공은 예외로 한다.

5) 보복적 불이익 행위

근로자가 정당한 단체행위에 참가한 것을 이유로 하거나 또는 노동위원회에 대하여 사용자가 이 조의 규정에 위반한 것을 신고하거나 그에 관한 증언을 하거나 기타 행정관청에 증거를 제출한 것을 이유로 그 근로자를 해고하거나 그 근로자에게 불이익을 주는 행위

나. 부당 노동행위의 구제

1) 구제신청

사용자의 부당노동행위로 인하여 그 권리를 침해당한 근로자 또는 노동조합은 노동위원회에 그 구제를 신청할 수 있다. 구제의 신청은 부당노동행위가 있는 날(계속하는 행위는 그 종료일)부터 3월 이내에 이를 행하여야 한다. 노동위원회는 구제신청을 받은 때에는 지체없이 필요한 조사와 관계 당사자의 심문을 하여야 한다.

2) 구제명령

노동위원회는 규정에 의한 심문을 종료하고 부당노동행위가 성립한다고 판정한 때에는 사용자에게 구제명령을 발하여야 하며, 부당노동행위가 성립되지 아니한다고 판정한 때에는 그 구제신청을 기각하는 결정을 하여야 한다. 이에 대한 판정·명령 및 결정은 서면으로 하되, 이를 당해 사용자와 신청인에게 각각 교부하여야 한다.

3) 구제명령의 확정

지방노동위원회 또는 특별노동위원회의 구제명령 또는 기각결정에 불복이 있는 관계 당사자는 그 명령서 또는 결정서의 송달을 받은 날부터 10일 이내에 중앙노동위원회에 그 재심을 신청할 수 있다. 중앙노동위원회의 재심판정에 대하여 관계 당사자는 그 재심판정서의 송달을 받은 날부터 15일 이내에 행정소송법이 정하는 바에 의하여 소를 제기할 수 있다. 이 기간 내

에 재심을 신청하지 아니하거나 행정소송을 제기하지 아니한 때에는 그 구제명령·기각결정 또는 재심판정은 확정된다. 사용자가 행정소송을 제기한 경우에 관할법원은 중앙노동위원회의 신청에 의하여 결정으로써, 판결이 확정될 때까지 중앙노동위원회의 구제명령의 전부 또는 일부를 이행하도록 명할 수 있으며, 당사자의 신청에 의하여 또는 직권으로 그 결정을 취소할 수 있다.

1. 노사협의회[208]

가. 노사협의회 정의 등

노사협의회란 근로자와 사용자가 참여와 협력을 통하여 근로자의 복지증진과 기업의 건전한 발전을 도모하기 위하여 구성하는 협의기구를 말한다. 노사협의회(이하 "협의회"라 한다)는 근로조건에 대한 결정권이 있는 사업이나 사업장 단위로 설치하여야 한다. 다만, 상시(常時) 30명 미만의 근로자를 사용하는 사업이나 사업장은 그러하지 아니하다. 하나의 사업에 지역을 달리하는 사업장이 있을 경우에는 그 사업장에도 설치할 수 있다. 노동조합의 단체교섭이나 그 밖의 모든 활동은 근로자참여 및 협력증진에 관한 법에 의하여 영향을 받지 아니한다.

나. 노사협의회 구성

1) 협의회는 근로자와 사용자를 대표하는 같은 수의 위원으로 구성하되, 각 3명 이상 10명 이하로 한다.
2) 근로자를 대표하는 위원(이하 "근로자위원"이라 한다)은 근로자가 선출하되, 근로자의 과반수로 조직된 노동조합이 있는 경우에는 노동조합의 대표자와 그 노동조합이 위촉하는 자로 한다.
3) 사용자를 대표하는 위원(이하 "사용자위원"이라 한다)은 해당 사업이나 사업장의 대표자와 그 대표자가 위촉하는 자로 한다.

---

208) 근로자참여 및 협력증진에 관한 법률, 법률 제5312호, 제정 1997. 3.13, 일부개정 2019. 4.16

다. 위원의 신분 및 사용자 의무

1) 사용자는 협의회 위원으로서의 직무 수행과 관련하여 근로자위원에게 불이익을 주는 처분을 하여서는 아니 된다.
2) 위원의 협의회 출석 시간과 이와 직접 관련된 시간으로서 협의회규정으로 정한 시간은 근로한 시간으로 본다.
3) 사용자는 근로자위원의 선출에 개입하거나 방해하여서는 아니 된다.
4) 고용노동부장관은 사용자가 근로자위원에게 불이익을 주는 처분을 하거나 근로자위원의 선출에 개입하거나 방해하는 경우에는 그 시정(是正)을 명할 수 있다.

라. 노사협의회 협의사항

1) 생산성 향상과 성과 배분
2) 근로자의 채용·배치 및 교육훈련
3) 근로자의 고충처리
4) 안전, 보건, 그 밖의 작업환경 개선과 근로자의 건강증진
5) 인사·노무관리의 제도 개선
6) 경영상 또는 기술상의 사정으로 인한 인력의 배치전환·재훈련·해고 등 고용조정의 일반원칙
7) 작업과 휴게 시간의 운용
8) 임금의 지불방법·체계·구조 등의 제도 개선
9) 신기계·기술의 도입 또는 작업 공정의 개선
10) 작업 수칙의 제정 또는 개정
11) 종업원지주제(從業員持株制)와 그 밖에 근로자의 재산형성에 관한 지원
12) 직무 발명 등과 관련하여 해당 근로자에 대한 보상에 관한 사항
13) 근로자의 복지증진
14) 사업장 내 근로자 감시 설비의 설치
15) 여성근로자의 모성보호 및 일과 가정생활의 양립을 지원하기 위한 사항
16) 「남녀고용평등과 일·가정 양립 지원에 관한 법률」 제2조제2호에 따른 직장 내 성희롱 및 고객 등에 의한 성희롱 예방에 관한 사항

17) 그 밖의 노사협조에 관한 사항

마. 노사협의회 의결사항

1) 근로자의 교육훈련 및 능력개발 기본계획의 수립

2) 복지시설의 설치와 관리

3) 사내근로복지기금의 설치

4) 고충처리위원회에서 의결되지 아니한 사항

5) 각종 노사공동위원회의 설치

바. 정기회의 시 사용자 보고사항

1) 사용자는 정기회의에 다음 각 호의 어느 하나에 해당하는 사항에 관하여 성실하게 보고하거나 설명하여야 한다.

　가) 경영계획 전반 및 실적에 관한 사항

　나) 분기별 생산계획과 실적에 관한 사항

　다) 인력계획에 관한 사항

　라) 기업의 경제적·재정적 상황

2) 근로자위원은 근로자의 요구사항을 보고하거나 설명할 수 있다.

3) 근로자위원은 사용자가 제1항에 따른 보고와 설명을 이행하지 아니하는 경우에는 제1) 항 각 호에 관한 자료를 제출하도록 요구할 수 있으며 사용자는 그 요구에 성실히 따라야 한다.

4) 사용자의 보고·설명사항

사용자는 다음 각 호의 사항을 협의회의 정기회의에 보고하거나 설명하여야 한다.

가) 경영계획 전반 및 실적에 관한 다음 각 목의 사항

  (1) 단기 및 중·장기 경영계획

  (2) 경영실적과 전망

  (3) 기구 개편

  (4) 사업확장, 합병, 공장이전 및 휴업·폐업 등 경영상 중요한 결정사항

나) 분기별 생산계획과 실적에 관한 다음 각 목의 사항

  (1) 분기별 생산계획과 실적

  (2) 사업부서별 목표와 실적

  (3) 신제품개발과 기술·기법의 도입

다) 인력계획에 관한 다음 각 목의 사항

  (1) 인사방침

  (2) 증원이나 감원 등 인력수급계획

  (3) 모집과 훈련

라) 기업의 경제적·재정적 상황에 관한 다음 각 목의 사항

  (1) 재무구조에 관한 일반 현황

  (2) 자산현황과 운용 상황

  (3) 부채현황과 상환 상황

  (4) 경영수지 현황

마) 그 밖의 다음 각 목의 사항

  (1) 사용자가 보고하도록 협의회에서 의결된 사항

  (2) 근로자가 정당하게 보고를 요구한 사항

사. 의결사항의 공지

1) 협의회는 의결된 사항을 신속히 근로자에게 널리 알려야 한다.

2) 근로자와 사용자는 협의회에서 의결된 사항을 성실하게 이행하여야 한다.

아. 임의 중재

1) 협의회는 다음 각 호의 어느 하나에 해당하는 경우에는 근로자위원과 사용자위원의 합의로 협의회에 중재기구(仲裁機構)를 두어 해결하거나 노동위원회나 그 밖의 제삼자에 의한 중재를 받을 수 있다.

가) 의결 사항에 관하여 협의회가 의결하지 못한 경우

나) 협의회에서 의결된 사항의 해석이나 이행 방법 등에 관하여 의견이 일치하지 아니하는 경우

2) 위 항에 따른 중재 결정이 있으면 협의회의 의결을 거친 것으로 보며 근로자와 사용자는 그 결정에 따라야 한다.

자. 고충처리

1) 모든 사업 또는 사업장에는 근로자의 고충을 청취하고 이를 처리하기 위하여 고충처리위원을 두어야 한다. 다만, 상시 30명 미만의 근로자를 사용하는 사업이나 사업장은 그러하지 아니하다.

2) 고충처리위원은 노사를 대표하는 3명 이내의 위원으로 구성하되, 협의회가 설치되어 있는 사업이나 사업장의 경우에는 협의회가 그 위원 중에서 선임하고, 협의회가 설치되어 있지 아니한 사업이나 사업장의 경우에는 사용자가 위촉한다.

3) 고충처리위원은 근로자로부터 고충사항을 청취한 경우에는 10일 이내에 조치 사항과 그 밖의 처리결과를 해당 근로자에게 통보하여야 한다. 고충처리위원이 처리하기 곤란한 사항은 협의회의 회의에 부쳐 협의 처리한다.

부 록

1. 철도 관련학과 운영 대학 (2020. 1. 가나다 순)

가. 대학교

1) 가톨릭상지대학교 : 철도전기과, 철도운전시스템학과

2) 경북보건대학교 : 철도경영과

3) 경북전문대학교 : 철도경영과, 철도건설과, 철도전기관사과

4) 경일대학교 : 철도학부(철도차량운전 전공, 철도차량운전시스템 전공)

5) 김포대학교 : 철도경영과, 도시철도경영융합과

6) 대원대학교 : 철도경영과, 철도건설과, 철도운전경영과, 철도항공교통계열

7) 동양대학교 : 철도경영학과, 철도운전제어학과, 철도기계시스템학과, 철도건설안전공
   학과, 철도전기융합학과

8) 배재대학교 : 건설시스템공학과

9) 송원대학교 : 철도경영학과, 철도운전시스템학과, 철도건설환경시스템학과

10) 순천제일대학교 : 철도운수설비과

11) 우송대학교 : 철도물류대학 철도경영학과, 물류시스템학과, 철도전기시스템학과, 철
    도건설시스템학부, 철도차량시스템학과

12) 우송정보대학 : 철도전기·전자학부(철도전기전공), 철도교통학부(철도운수경영전공,
    철도기계전공, 기관사전공), 철도토목과

13) 한국교통대학교 : 철도대학 철도경영·물류·컴퓨터학부(철도경영·물류학전공), 철도
    공학부(철도운전시스템 전공, 철도차량시스템 전공, 철도인프라시스템공학 전공, 철도
    전자전기 전공), 철도시스템공학과

나. 대학원

1) 경일대학교 일반대학원 경영학과(철도경영 전공)

2) 동양대학교
   ① 일반대학원 : 철도토목학과
   ② 정보대학원 : 철도경영정책학과, 철도전기통신학과, 철도시스템학과

3) 서울과학기술대학교 철도전문대학원 : 철도경영정책학과, 철도건설공학과, 철도전기·신호공학과, 철도차량시스템공학과, 철도안전공학과, 글로벌철도시스템학과, 철도안전학과

4) 아주대학교 : 교통ITS대학원 철도시스템학과

5) 우송대학교
  ① 경영대학원 : 경영학전공(철도경영학코스)
  ② 일반대학원 : 경영학과(철도경영학코스), 철도시스템학과(철도건설공학코스, 철도전기공학코스, 철도차량공학코스, 글로벌철도시스템코스)
  ③ 철도융합대학원 : 철도전기시스템공학과

6) 한국교통대학교
  ① 교통대학원 : 교통정책학과, 교통시스템공학과
  ② 일반대학원 : 철도차량·운전시스템공학과, 철도시설공학과, 철도전기전자공학과

2. 철도 건설 현황209)

가. 1890 ~ 1950년대

준공일	선별	구간	비고
1899.09.18	경인선	노량진~제물포	
1904.12.27	경부선	서울~부산(초량)	1905.1.1(개통)
1906.04.03	경의선	서울~신의주	지정열차운행(1905.3.10)
1914.01.11	호남선	대전~목포	
1914.08.16	경원선	용산~원산	1914.9.6 개통
1929.12.25	충북선	조치원~충주	
1931.07.01	금강산선	철원~내금강	
1931.08.01	장항선	천안~장항	
1936.12.16	전라선	익산~여수	
1937.08.06	수인선	수원~인천항	
1937.12.01	동해남부선	부산진~경주	
1939.07.25	경춘선	성동~춘천	1946.5.10 국유화
1942.04.01	중앙선	청량리~경주	
1943.05.15	경의선	서울~신의주	복선
1945.03.01	경부선	서울~부산	복선
1955.12.31	가은선	점촌~가은	복선
1955.12.31	영동선	영주~철암	구 영암선('63.5영동선통합)(동해북부선+철암선+삼척선)

나. 1960년대

준공일	선별	구간	비고
1963.08.20	교외선	능곡~의정부	최초명칭 능의선
1965.09.18	경인선	영등포~인천	복선
1966.01.19	고한선	예미~고한	현 태백선
1966.10.10	경북선	영주~예천	1966.11.9 개통
1967.01.20	정선선	증산~정선	
1968.02.07	경전선	진주~광양	

209) 국토교통부 정책마당, 한국철도의 역사(이용상 외, 2016),철도산업정보센터 철도통합연표

다. 1970년대

준공일	선별	구간	비고
1973.06.20	중앙선	청량리~제천	전철
1973.10.16	고한선	고한~황지	현 태백선
1974.06.20	태백선	제천~고한	전철
1975.12.05	영동선	철암~북평	전철
1977.12.31	호남선	대전~익산	1978.3.30복선개통

라. 1980년대

준공일	선별	구간	비고
1980.10.17	충북선	조치원~봉양	복선
1981.12.23	경부선	영등포~수원	2복선
1985.11.15	호남선	익산~정읍	복선
1986.09.02	경원선	성북~의정부	복선전철
1987.09.22	광양제철선	광양~제철소	
1988.09.06	호남선	정읍~송정리	복선
1988.10.25	안산선	금정~안산	복선전철
1988.12.23	중앙선	제천~영주	전철

마. 1990년대

준공일	선별	구간	비고
1991.03.31	경부선	영등포~구로	3복선개통
1997.12.30	경부선	용산~영등포	3복선개통
1992.08.20	동해선	덕하~호계	철도이설
1992.08.20	울산항선	울산~울산항선	신설
1992.08.20	장생포선	울산~장생포	신설
1992.11.01	중앙선	금장~황성	철도이설
1993.01.15	과천선	금정~인덕원	부분개통

1994.03.31	과천선	남태령~금정	신설
1994.08.31	분당선	수서~오리	신설
1996.01.29	일산선	지축~대화	복선전철
1996.07.12	중앙선	금교~치악	철도이설
1999.01.18	경인선	구로~부평	2복선
1999.03.10	경부선	물금~구포	철도이설
1999.05.17	전라선	신리~동순천	전라선 개량1단계
1999.07.10	경전선	유수~다솔사	철도이설

바. 2000년대

준공일	선별	구간	비고
2000.07.27	안산선	안산~오이도	신설
2001.08.28	경전선	효천~송정리	철도이설
2001.12.17	호남선	송정리~임성리	복선화
2002.10.31	경인선	부평~주안	2복선전철
2003.04.30	경부선	수원~병점	2복선전철
2005.01.02	경부선	병점~천안	2복선전철
2003.09.03	분당선	선릉~수서	신설
2003.12.31	경의선	문산~군사분계선	철도복구
2004.03.12	호남선	일로~대불공단	단선신설
2004.03.24	호남선	대전~목포	전철화
2004.04.01	호남선	임성리~목포	복선화
2004.08.30	전라선	임실~금지	전라선개량2단계
2004.08.30	전라선	압록~구례구	전라선개량2단계
2004.12.31	충북선	조치원~봉양	전철화
2004.12.31	경부선	천안~조치원	전철화
2005.06.15	호남선	안평~화물기지	내륙화물기지 신설
2005.09.05	경부선	조치원~대전	전철화
2005.09.08	영동선	동해~강릉	전철화
2005.11.01	대구선	동대구~청천	철도이설
2005.12.12	동해선	저진~군사분계선	철도복구
2005.12.21	경인선	주안~동인천	2복선전철

2005.12.16	중앙선	청량리~덕소	복선전철
2006.12.08	경부선	대전~대구	전철화
2006.12.15	경원선	의정부~소요산	복선전철 ※동안~소요산 단선
2007.03.23	인천공항 철도	김포공항~인천공항	복선전철
2007.03.30	장항선	천안~온양온천	단선비전철
2007.12.21	장항선	신창~신례원	단선 비전철
2007.12.21	장항선	주포~남포	단선 비전철
2007.12.24	분당선	오리~죽전	복선전철
2007.12.27	중앙선	덕소~팔당	복선전철
2008.12.15	장항선	천안~신창	복선전철
2008.12.15	장항선	신례원~신성, 간치~서천	단선 비전철
2008.12.29	중앙선	팔당~국수	복선전철
2009.12.23	중앙선	국수~용문	복선전철
2009.07.01	경의선	성산~문산	복선전철
2009.12.31	경부선	중부권화물기지	내륙화물기지 신설
2009.12.31	경부선	영남권화물기지	내륙화물기지 신설
2009.12.29	중앙선	제천~도담	단선전철
2010.11.01	경부고속선	동대구-부산	대구-부산 신설 * 오송,김천(구미),신경주,울산역 개통
2010.12.13	부산신항	진례-부산신항	복선 비전철
2010.12.15	경전선	삼량진-마산	복선전철
2010.12.21	경춘선	상봉-춘천	복선전철 *일반64.2km, 광역 17.1km
2010.12.29	인천공항철도	김포공항-서울역	복선전철(BTO사업)
2011.3.31	중앙선	제천-도담	복선전철
2011.10.05	전라선	익산-신리	복선전철(BTO사업)
2011.10.05	전라선	신리-순천	복선전철
2011.10.05	전라선	순천-여수	복선전철
2011.10.28	신분당선	강남-정자	복선전철(BTO사업)
2011.11.01	부산신항	진례-부산신항	복선전철
2011.11.21	경전선	동순천-광양	복선 비전철
2011.12.28	분당선	죽전-기흥	복선전철

2012.06.21	전라선	동순천-광양	전철화
2012.06.21	영동선	동백산-도계	단선전철
2012.06.29 2013.11.30	수인선	오이도-송도 수원역 지하구간	복선전철
2012.09.25 2013.03.28	중앙선	덕소-서원주 문수-마사	복선전철 단선이설
2012.11.20	경원선	신탄리-철원	철도복원
2012.10.06 2012.12.01 2013.11.30	분당선	왕십리-선릉 기흥-망포 망포-수원	복선전철
2012.12.15	경전선	마산-진주	복선전철
2012.12.15	경의선	공덕-DMC	복선전철
2013.09.30	망우선	상봉-광운대	단선전철개량
2013.11.14	태백선	제천-입석리	복선전철
2013.11.30	분당선	망포~수원	복선전철
2013.11.28	공항철도	연계시설 확충	연결선 및 고속화
2014.06.30	공항철도	서울~인천공항	공항철도 KTX개통
2014.12.27	경의선	용산~공덕	경의선복선 전구간개통
2015.04.02	호남고속선	오송~광주송정	호남고속철도 개통
2015.04.02	포항선	신경주~포항	서울~울산 KTX운행
2015.04.23	대구3호선	칠곡~범물	모노레일 개통
2016.01.30	신분당선	청라~광교	연장구간 개통
2016.02.03	인천공항철도	인천국제공항~용유	자기부상열차 운행
2016.02.27	수인선	송도~인천	복선전철 신설
2016.07.14	경전선	진주~광양	복선전철
2016.09.24	경강선	성남~여주	복선전철 신설
2016.12.30	동해선	부전~일광	복선전철
2017.09.02	우이신설선	우이~신설	경전철 개통
2017.12.22	경강선	서원주~강릉	고속 복선전철 신설
2018.01.26	동해선	포항~영덕	복선 전철 개통
2018.06.18	서해선	소사~원시	복선전철 신설
2019.09.28	김포골드라인	영촌~김포공항	복선 경전철 신설

3. 철도 주요 연표[210)]

가. 철도 창설 이전(1877~1899)

연월일	철도 주요 사항	비 고
1877.02	수신사 김기수 '일동기유'에 일본철도 소개	1825, 세계최초 철도 개통(영국) 1853, 동양최초 철도 개통(인도) 1872, 일본최초 철도 개통
1882.	영국 · 일본철도회사, 한국철도 부설권 요구	최초로 철도건설 문제 대두
1889.	미국의 한국대리공사 이하영, 철도 필요성 역설	
1896.03.29	한국정부, 경인철도 부설권을 미국인 '제임스R.모스'에게 특허	
1896.07.17	국내 철도규칙 제정	
1897.03.22	인천 우각현에서 경인철도 공사 착공	제임스 모스(美)
1897.08.24	경부철도 부설권을 일본인 회사에 특허	
1898.05.10	모스, 경인철도를 일본인 경인철도회사에 양도	
1898.06.03	박기종, '부하철도' 부설권 인가 취득[211)]	
1898.07.06	농상공부에 철도사(鐵道司)설치 공포 (철도국)	
1899.05.17	서대문~청량리간 전차 개통	서울에서 전차 운행 시작
1899.06.17	경인철도회사 인천공장 설치	
1899.06.18	경인선에 '모갈 기관차'(SL) 시운전	
1899.06.19	건설열차 최초 운전	
1899.07.08	박기종, 경의철도 부설권 취득 (대한철도회사)	
1899.09	노량진~제물포간 완목식 신호기 최초 설치	

---

210) 한국철도 100년사(철도청, 1999), 한국철도공사 자료, 철도산업정보센터 철도통합연표
211) 박기종(1839~1907) : 당시 열강의 철도부설권에 맞서 자주적으로 철도를 부설하려고 노력한 한국인이다. 대한철도회사를 설립하고(1899) 경원선과 함경선 부설권을 확보했다. 또한 경의철도, 영남지선, 마산선 철도의 부설권을 확보했지만 일본의 집요한 방해는 물론 자금과 기술부족으로 철도부설의 꿈은 이루지 못했다.(한국철도의 역사와 발전Ⅰ. 이용상 외, 북갤러리, 2011)

나. 경인선 철도 개통부터 한·일 합방까지 (1899~1910)

연월일	철도 주요 사항	비 고
1899.09.18	경인선 인천~노량진 간 개통(33.8km)	우리나라 최초로 철도 개통
1900.07.05	한강교량 준공	
1900.07.08	노량진~서울(서대문)간 선로 준공	경인간 직통운전 시작
1905.01.01	경부선 서울~초량간 전구간 개통	
1905.05.01	경부선 서울~초량간 1일 1회 직통급행 운행	소요시간 14시간
1905.10	영등포~서대문간 쌍신폐색기 및 폐색회로설비	최초로 쌍신폐색식 사용
1906.01.04	경인선, 탁송화물 취급 개시	
1906.04.03	경의선 용산~신의주간 직통운행 개시	
1906.07.01	통감부 철도관리국 설치	
1907.12.01	철도국 서울진료소 발족	
1908.04.24	부산~신의주간 직통급행열차 운행	'융희'호
1908.06.01	일본철도와 소화물취급 운수 개시	
1908.11.11	통감부 철도관리국을 용산으로 이전	
1909.10.21	남만주철도 주용역과 여객 수화물 연락운송	
1909.11.01	경의선 직통급행 융희호에서 음식 판매	
1909.12.16	한국철도를 일본 철도원 소관으로 이관, 한국철도관리국 설치로 통감부 철도청 폐지	

다. 일제 강점기 (1910~1945)

연월일	철도 주요 사항	비 고
1910.10.01	조선총독부 철도국 설치(한국철도관리국 폐지)	1910. 8.29, 한·일 합방
1910.11.01	철도국을 용산으로 옮김 철도이원양성소를 조선총독부 철도종업원교습소로 개칭	철도의 용산 집중화
1911.12.01	경부선 야간열차 융희로 매일 운행 개시	12.17, 서대문~동대문 전차 복선화
1912.01.01	열차운행시각을 일본과 같은 표준시로 사용	
1912.04.01	여객운임을 원거리 체감법에서 거리비례제 변경	
1912.06.15	부산~만주 장춘간 직통 운행 개시	
1912.07.15	부산 스테이션 호텔 개업	8.15, 신의주 스테이션호텔 개업

1913.06.10	시베리아 경유 유럽 주요도시와 연락운송 개시	
1913.09.17	동인병원을 용산철도병원으로 개칭	
1914.10.10	조선호텔 개업	
1915.08.10	금강산 온정리에 금강산호텔 영업 개시	
1916.11.01	경부선에 1등 침대차 연결	
1917.03.01	신문, 잡지의 특별 운송 실시	
1917.07.31	한국철도 경영을 남만주철도주식회사에 위임	조선총독부 관방철도국 설치
1919.02.01	열차 내 서고 비치, 1,2등 여객에 대여	
1919.03.31	서대문 정거장 폐지	
1919.04.01	용산에 경성 철도학교 개교	
1922.10.30	평양 호텔 영업 개시	
1923.01.01	남대문역을 경성역으로 개칭	
1923.02.11	서울~부산 간 처음으로 3등 침대차 사용 개시	
1923.07.01	부산~봉천 간 직통급행열차 1왕복 부활	
1921.07.05	경인선에 기동차 운행 개시	
1925.04.01	한국철도를 조선총독부에서 직접 경영으로 환원	철도국 설치
1925.10.15	서울역사 신축 낙성, 신역사에서 영업 개시	
1926.04.01	경성철도병원으로 개칭, 직영	
1927.04.01	운수 통계에 미터법 적용	
1927.07.01	한국철도 최초로 터우6형 기관차 제작	경성공장
1928.08.30	수화물 연락운송 범위를 프라하, 빈, 로마 연장	
1934.11.01	부산~봉천 간 '히까리'를 신경까지 연장	부산~봉천 직통열차 노조미 신설
1935.02.01	직영 10주년 기념사업으로 철도박물관 설치	
1936.07.01	퇴직자 및 공병상자 지원을 위한 강생회 설립	
1936.12.01	부산~서울 간 특급 아까스끼 호 신설(6시간 45분)	
1937.09.18	철도기념일 제정	
1938.06.12	용산철도병원을 경성철도병원으로 개칭	
1942.07.01	경북선 영등포~대전 간 자동폐색신호기 설치	
1944.04.01	부산 교통병원 신설	

라. 해방 이후 (1945~현재)

연월일	철도 주요 사항	비 고
1963.08.01	대전역에 여행장병 대합실 설치	
1963.09.01	철도청 발족	초대철도청장 박형훈 취임
1963.09.26	철도청 복장 규칙 제정	
1963.12.31	철도청 휘장 새로 제정	
1964.05.01	월간 '한국철도' 창간	
1964.07.29	도시주변 기적 음향관제 실시	
1964.11.26	'철도의 날' 제정	
1965.08.05	가수방지 집무내규 제정	
1965.12.28	교통공무원 교육원을 철도청 소속으로 이관	
1966.02.28	철도청 공안원 신설	
1966.07.27	'철도의 노래' 제정	이은상 작사, 김동진 작곡
1966.09.21	서울역 구내식당을 '서울역 그릴'로 개칭	
1967.03.30	철도고등학교 개교	
1967.08.01	철도악단 창설 기념 연주회 개최	
1967.08.31	서울역 홈에서 증기기관차 본선 종운식 거행	
1968.02.26	서울역 탑시계 44돌을 맞아 '파발마'로 명명	
1968.10.25	2등 승차권 42시간 전 예매 실시	
1969.02.10	특급 '관광호' 서울~부산 간 첫 운행	
1969.02.14	서울 서부역사 준공, 철도영업 개시	
1969.02.22	박정희 대통령 기관사 처우개선 지시	1969. 1.31 천안열차사고
1969.04. 5	경부선 열차자동정지장치 설치 완료	
1969.05.15	경부·호남선 열차무선전화 개통	
1969.06.10	초특급 관광호, 서울~부산 간 4시간 45분 운행	
1969.07.18	특별동차사무소 신설	
1970.01.23	이동진 기관사(부산) 첫 100만km무사고 달성	
1970.06.27	대통령배 전국 유도대회에서 철도청팀 우승	
1970.12.31	철도청 용산 청사에서 교통센터로 이전	
1971.09.15	철도청 컴퓨터 가동식 거행	
1971.12.15	이리 종사원 아파트 신축 준공	
1972.02.15	서울시내 전화번호 칙칙폭폭(7788)으로 설치	

1972.03.17	우리나라 최초로 전기기관차 도입 (66대)	
1972.03.21	우리 철도 가꾸기 운동 전개	
1972.09.18	콘테이너 화물 수송 개시	
1973.06.20	중앙선 전철 청량리~제천 개통	
1974.01.22	서울역 구정 귀성객 10만 명 돌파	
1974.02.22	우편 전용열차 운행	
1974.08.15	수도권 전철 운행 개시 (성북~인천, 수원)	
1974.08.22	지방철도국을 지방철도청으로 개칭	
1975.01.05	철도청, 서울역 서부역 신 청사로 이전	
1975.03.14	철도전문학교 신설 개교	초급대학 과정
1975.04.05	철도승차권 전화예약제 실시	
1975.04.10	경부선에 야간 침대 전용열차 운행	
1975.10.01	노량진 철도 시발 기념비 제막	
1976.01.27	수도권 CTC 완공	경부간 마이크웨이브통신망 개통
1977.08.15	서울지하역에 승차권자동발매기 2대 최초설치	
1979.06.21	디젤전기기과나 국산화 성공	
1979.11.26	홍익회 야구팀 20년만에 해체	
1980.03.01	새마을호 열차 객실에 금연석 지정	
1980.11.01	국산 우등 전기동차 운행식	
1981.09.25	서울역사를 서울시 사적 제284호로 지정	
1981.10.01	새마을호 승차권 전산발매 시작	
1982.02.01	보통열차 좌석 지정제 실시	
1982.03.01	새마을호에 금연 객차 연결	
1983.01.01	새마을호 특실 객차에 전자식 자동출입문 설치	
1983.06.15	수원에 컨테이너 화물기지 준공	
1984.01.01	열차명 개칭 (새마을→새마을, 우등→무궁화)	(특급→통일, 보통→비들기)
1984.04.10	민자역사 설립 법안 공포	
1984.07.01	서울철도병원 민영화, 중앙대학교에서 위탁 경영	
1985.03.25	새마을호 주중 할인제 실시	
1985.06.11	새마을호 승차권 검표제 폐지	
1985.06.21	서울 교외선에 사법관 시승열차 운행	
1985.10.06	신혼부부 전용 새마을호 운용	
1986.04.01	효도 관광열차 운용	

1987.02.06	교통공무원 교육원 부곡교육단지로 이전	
1987.05.05	서울 교외선에 증기기관차 운행	
1987.09.24	서울역 안내전화 컴퓨터화	
1988.01.26	철도박물관 개관	
1988.06.28	용산구 철도청사 부지 통일교측에 매각	
1988.12.23	중앙선 제천~영주간 전철 개통	
1989.03.25	서울역 민자역사 전면 개관	
1989.09.18	승차권 전화예약제 실시	
1989.10.01	지하철·버스 환승 승차권제 실시	
1989.12.19	경부선 수원~동대구 간 CTC 준공	
1990.05.05	철도문화진흥회 창립	
1991.01.09	수도권 모든 전철역에 개집표기 설치	
1991.05.04	영등포 민자역사 완공 및 개관	
1992.03.10	한국고속철도공단 설립	
1992.05.15	철도로 자동차 수송 개시	
1992.07.10	경부선 전 구가 CTC 개통	
1993.07.01	의왕 컨테이너 내륙통관기지(ICD) 개장	
1993.10.01	열차 내 이동 무선공중전화 설치 운영	
1993.12.27	서울역 문화관 개관	
1994.01.03	철도청 새마을금고 영업 개시	
1994.01.20	공사 전환 대비 조직개편 확정 발표	1995 공사전환 무산
1994.03.03	한국철도물류협회 창립	
1994.04.03	무궁화호에 간이식당차(스낵 카) 연결 운행	
1994.07.16	한국철도산업기술연구원 개원	
1994.08.01	새마을호 열차 내 검표 폐지	
1994.11.21	고객중심경영혁신 촉진대회 개최	
1995.05.08	일반전화 구내자동착신(DID)전화 운용 개시	
1995.07.18	열차 승차권 자동발매기 설치 운용	
1995.08.01	철도전화번호 음성자동안내장치(ARS) 설치	
1995.12.20	전 열차 내 금연방침 결정	
1995.12.31	수인선 협궤열차 고별 운행 (58년 운행)	
1996.03.20	한국철도시술연구원 발족	
1996.04.05	증기기관차 관광열차 교외선 운행	

1996.12.13	'96 고객중심경영혁신 전국대회	
1997.02.27	정동진 해돋이 관광열차 운행	
1997.04.01	철도박물관 서울역관 개관	
1997.04.03	한국철도민자역사협회 창립	
1997.09.02	망우CTC 사령실을 서울사령실에 통합	
1997.10.30	철도청 인터넷 홈페이지 개설	
1997.11.26	세계 최초 냉동·냉장 컨테이너 열차 운행	
1998.03.01	직원의 소리(VOE) 제도 운영	
1998.06.22	수도권 전철 카드 시대 개막	
1998.07.16	장애인 도우미제도 운영	
1998.08.08	철도청 대전시대 개막	
1998.09.10	철도 택배 수송 본격 개시	
1998.12.15	새마을호 자유석제도 코레일패스(자유이용권)제도 시행.	
1999.01.10	철도정보광장 개설(천리안 서비스 개시)	2.25. 하이텔, 유니텔, 나우누리 등)
1999.01.21	수도권전철 역무자동화시스템 국산화(삼성전자 공동)	
1999.07.20	성북~강릉 간 복합수송열차(Carrail) 운행	
1999.07.29	고속철도본부 현판식	
1999.09.14	사이버객차와 바둑객차 운용개시	
2000.01.01	철도청 조직개편 : 5개 지방청→17개 지역관리역	
2000.01.20	RF교통선급카드로 수도권전철 이용개시	
2000.02.26	철도 캐릭터 '치포치포(CHIPOCHIPO)' 발표	
2000.05	철도회원 전용 홈페이지 개설	
2000.07.01	교외선 관광열차용 증기기관차 운행 중지	
2000.07.14	한국철도 1백년 기념 조형물 제막	서울역광장, 철도박물관
2000.11.14	비둘기열차 마지막 운행	정선선 증산~구절리
2001.02.05	철도고객센터 개관	
2001.03.23	승차권 인터넷 결재 및 바로티케팅 서비스 시작	
2001.04.20	경의선 임진강~도라산역 열차 운행	
2001.04.12	KTX 국산1호차 출고 기념식	KTX 13호
2001.05.01	어린이 홈페이지 키즈 코레일 개설	
2002.11.30	고양 고속철도차량기지 준공	
2003.01.24	고속철도 CI 선포식	심벌 : 코레일로 바꿈

2003.05.13	경부고속철도 개통대비 영업선 시운전 개시	1단계
2003.06.14	경의선·동해선 남북철도 연결식	
2003.07.29	철도산업발전기본법 제정	
2003.10.23	KTX차량 최초 인수	KTX 7호
2003.11.16	고속열차 이름을 KTX로 확정	
2003.11.17	고속철도 경부선 전구간 시험운행 완료	
2003.11.28	KTX 국내 생산분 제작완료 출고식	34편성
2003.12.31	한국철도공사법 제정	
2004.01.01	고속철도 서울역 준공식	
2004.01.01	한국철도시설공단 설립	초대이사장 정종환
2004.03.24	호남복선전철 준공식 및 고속열차 개통식	목포역
2004.03.24	고속철도(KTX) 승차권 첫 예매 실시	
2004.03.26	KTX 차량 최종 인수(34량)	
2004.03.31	고속철도개통을 앞두고 통일호열차 운행중단	마지막 열차
2004.04.01	경부고속철도 1단계 개통(1992년 착공 후 12년)	약 `13조 원 투입
2004.12.01	경춘선 신남역을 김유정역으로 바꿈	사람이름 딴 첫 번째 역
2004.12.16	한국형 고속철도 350km/h 시험운행 성공	
2005.01.01	한국철도공사 출범	초대사장 신광순
2005.04.01	홈 티켓서비스 시행 (KTX 및 철도회원)	
2005.05.01	홈 티켓서비스 전면확대 (새마을호, 무궁화호)	
2005.07.01	정선선 아루라지~구절리간 레일바이크 운영	
2005.08.01	KTX 특송서비스 본격 시행	
2005.10.07	승차권없이 KTX승차하는 e-Ticket 시행	
2005.12.28	용산민자역사 완공	
2006.05.01	철도소화물 사업 전면 폐지	
2006.07.01	한국철도공사 조직개편 : 17개 지사체제	
2006.09.01	SMS티켓 서비스 시작(KTX 패밀리회원 대상)	
2006.12.22	철도교통관제센터 개관 (5개지역 관제실 통합)	
2007.01.03	SMS티켓 서비스 확대(새마을호 이상, 일반고객)	
2007.03.21	이철 사장, UIC아시아지역 총회 초대의장에 선출	국제철도연맹
2007.04.19	사내방송 'KORAIL TV' 개국	
2007.05.07	한국철도공사 커뮤니케이션 명칭 : 코레일로 통합	
2007.05.17	남북철도 연결구간 열차시험운행 성공	

2007.06.01	경부선 기존선 구간 KTX 운행개시	김천, 구미 경유
2007.07.01	구 서울역사 문화재청에 귀속	
2007.07.01	대중교통 환승할인 확대시행(전철+버스)	서울, 경기버스
2007.08.23	KTX 시네마 개관식	
2007.10.12	KTX캐릭터 'KTX-Mini' 탄생	
2007.12.10	남북출입사무소 도라산 물류센터 준공	
2007.12.11	경의선 문산~봉동간 화물열차 개통식	운행개시
2007.12.23	용산역세권 국제업무지구 개발사업 협약식	
2008.01.28	UIC 아시아 사무국, 서울사옥에 설치	국제철도연맹
2008.05.21	국제철도연수센터 개소식	인재개발원
2008.11.16	철도 100년을 위한 '100인 선언대회' 개최	
2008.11.25	신규 고속차량 제1호 편성 낙성식	국산상용고속차량 개발
2008.12.01	경의선 문산~판문(봉동)간 화물열차 운행중단	
2009.01.13	모바일 승차권 운용개시	휴대전화로 예매, 발권
2009.03.26	간선형 전기동차 최초 도입 (EMU, 150km/h)	
2009.05.08	사단법인 한국철도협회 창립 총회	
2009.06.01	간선형 전기동차 '누리로' 첫 영업운행	서울~온양온천~신창
2009.07.23	호남고속철도 착공식 거행	
2009.09.12	국내 최초로 에코레일 자전거열차 첫 운행	
2009.11.30	공항철도(주)→코레일공항철도(주)로 사명변경	
2010.02.16	무궁화형 동차 NDC 운행중지	RDC로 대체
2010.03.02	한국형 고속열차 상업운행 개시 (KTX-산천)	
2010.03.05	청량리 민자역사 사용개시	
2010.04.01	고객맞춤형 양회 블록트레인 운행개시	도담~수도권, 대전
2010.04.05	세계 최초 다지형 침목 개발 성공	
2010.11.01	경부고속철도 2단계 개통	(동대구~신경주~부산)
2010.12.08	승차권 예약, 결제, 발권가능한 어플 공개	'글로리 코레일'
2010.12.20	경춘선 마지막 무궁화열차 운행	
2010.12.21	경춘선 복선 전철 운행 개시	상봉~춘천
2010.12.29	코레일공항철도 전구간 열차 운행	서울~인천국제공항
2011.02.01	코레일 앙상블 연주단 창단 연주회	24명 직원으로 구성
2011.04.06	경부선 일반열차에도 ATP 적용	
2012.02.09	코레일 오케스트라 심포니 창단	

2012.02.28	경춘선 준고속열차 ITX-청춘 운행 개시	
2012.05.16	차세대고속열차 HEMU-430X (해무) 출고	
2012.06.26	고 김재현 기관사, 미정부 특별공로훈장 추서	
2012.07.03	국립대전현충원에 '호국철도전시장' 개관	
2012.11.17	코레일 축구단, 2012내셔날리그 챔피언 등극	
2012.12.05	코레일 사이클단 창단	
2013.02.21	신형새마을호 명칭을 'ITX-새마을'로 확정	
2013.02.25	경원선 성북역을 광운대역으로 변경	
2013.02.27	철도안전센터 개관	인재개발원
2013.04.12	중부내륙관광전용열차(O-train) 운행 개시	(V-train)
2013.04.16	박병덕 기장, 철도역사 최초 무사고 300만키로 달성	
2013.05.13	중소기업명품마루 1호점 서울역에 개장	
2013.05.30	국립대전현충원에 호국철도기념관 조성 개관	
2013.09.10	남도해양관광열차 개통식 (S-train)	서울역
2013.09.27	남도해양관광열차 개통(부산~여수엑스포)	(광주~마산)
2014.01.10	수서고속철도주식회사 출범	
2014.01.25	신개념 디젤기관차 25량 시험운행 시작	
2014.05.04	평화열차 (DMZ-train) 개통	
2014.05.12	ITX-새마을 영업개시	
2014.06.30	인천국제공항 KTX 직결 운행	
2014.10.25	전국호환교통카드 레일플러스 출시	
2014.12.20	국립대전현충원내 김재현 기관사 유물관 설치	
2015.01.22	정선선 아리랑열차(A-train)운행 개시	
2015.02.22	서해금빛열차(G-train) 운행 개시	
2015.04.02	호남고속철도 오송~광주, 동해선 신경주~포항 운행개시	
2015.06.22	코레일, 공항철도 지분 매각(1조8천억원)	
2015.08.01	경부고속철 대전·대구도심구간 전용선로 개통	
2015.08.27	고속화물열차(120km/h)시범 운행	
2015.09.24	KTX이용객 5억명 돌파	
2015.10.14	도라산역 '통일 플랫폼' 개장	(국내외 300여명 참석) 독일대통령, 통일부장관 등
2015.12.23	레일플러스 교통카드 출시	
2016.02.24	수인선 송도~인천간 광역전철 운행	
2016.09.24	경강선(판교~여주) 전철 개통	

2016.12.30	동해선 부전~일광구간 전철 운행 개시	
2017.01.11	사당역~광명역 KTX 셔틀버스 운행	
2017.02.03	더 똑똑해진'코레일톡+'서비스 개시	
2017.03.24	서울역(1,4호선)직통 환승통로 신설	
2017.05.19	1.2km 국내 최장화물열차(80량)시험운행 성공	
2017.05.31	서울교통공사 발족(서울메트로와 서울도시철도공사 합병)	
2017.06.01	영등포역, 열차·전철간 직통환승 통로 신설	
2017.06.16	광명역 도심공항터미널 공항버스 면허 취득	
2017.09. 2	우이신설선 개통	
2017.12.22	경강선, 서울~강릉간 고속열차운행 개시	원주~강릉 고속철도 개통
2018.01.13	인천공항 제2여객터미널 연결철도 개통	
2018.01.26	동해선 포항~영덕 개통	
2018.06.15	서해선 원시~소사 복선전철 개통	
2018.12. 1	서울시 9호선 3단계 개통	
2019.03.15	철도종합시험선로 준공식	
2019.09.28	김포도시철도 개통	

참 고 자 료

강갑생, 기존 철도민간투자사업의 재정절감을 위한 재구조화 모형 정립, 2016

곽노상, 고속철도역세권 전망과 개발방안, 2004

곽상록, 철도안전관리, 지식과 감성, 2015

김대식, 산업안전관리론, 형성출판사, 2006

김선길, 도시철도 상가개발사업의 개선방안에 관한 연구, 2015

김형민, 역세권개발 활성화방안 연구, 2014

박영희 외, 공기업론, 다산출판사, 2014

서도원 외, 경영학원론, 박영사, 2016

심흥섭, 인간의 불완전특성과 안전대책, 교통공무원교육원, 1980

연덕원, 철도마케팅, 계영사, 2005

원제무 외, 알기쉬운 철도교통계획론, 한국학술정보(주), 2012.

원제무, 도시교통론, 박영사, 2012

윤대혁 외, 경영조직론, 탑북스, 2015

윤만희, 서비스 마케팅원론, 경문사, 2015

이규창 외, 신노사관계론, 법문사, 2001

이병옥, 환경경영론, 비봉출판사, 2007

이성근 외, 녹색경영론, 법문사, 2016

이용상 외, 한국철도의 역사와 발전 Ⅰ, 2011

이용상 외, 한국철도의 역사와 발전 Ⅲ, 2015

이태구, 철도물류수송에 E&S 시스템 구축 및 도입방안, 2015

전영석 외, 철도운전법령요론, ㈜성진디지털프린팅, 2017

전영승, 기후변화시대의 환경경영, 비앤엠북스, 2014

정동섭 외, 경영전략, 피앤씨미디어. 2016.

정헌배, 환경경영전략, 규장각, 2001

정현철, 한국철도의 운영개설, 성문사, 1997

최재용 외, 성공을 부르는 SNS 마케팅, 라온북, 2013

황현지, 고속철도마케팅의 문제점과 개선방안에 관한 연구, 2009

국토교통부, 신한국철도사, 2019.10

국토교통부, 국가교통SOC 주요통계, 2018

국토교통부, 2018년도 교통안전연차보고서, 2019

국토교통부, 선로배분지침, 2017

국토교통부, 제3차 국가철도망구축계획, 2016

국토교통부, '광역교통 2030', 2019.10

국토교통부, 철도보호지구 안에서의 행위제한에 관한 업무지침, 2010

국토교통부, 철도투자 여건변화에 따른 위탁기관의 중장기 역할 정립방안 연구, 2014

국토교통부, 철도운임산정기준, 2013

국토교통부, 철도사고 등의 보고에 관한 지침, 2012

국토교통부, 철도안전관리체계 기술기준, 2014

국토연구원, 철도의 역세권 개발제도 도입방안에 관한 공청회 자료, 2003

기획재정부, 2020년도 공공기관 지정, 2020

기획재정부, 민간투자사업기본계획, 2016

기획재정부, 공공기관의 혁신에 관한 지침, 2018

기획재정부, 공공기관의 안전관리에 관한 지침, 2019

기획재정부, 공기업 · 준정부기관의 경영에 관한 지침, 2018

기획재정부, 공기업·준정부기관 경영실적평가보고서, 2019

기획재정부, 정부기관예산집행지침, 2019

기획재정부, 철도 수송력향상을 위한 유효장 확장 사업, 2016

철도청, 고속철도 운수·운전, 성문사, 1997

철도청, 한국철도 100년사, 1999

한국교통연구원, 국가물류비 조사 및 산정, 2016

한국철도공사, 경영공시, 2019

한국철도공사, 구분회계운영시행세칙, 2014

한국철도공사, 2018~2019, 지속가능경영보고서

한국철도공사, 철도안전점검 및 심사 · 평가 시행세칙

한국철도공사, 한국철도공사 출범 자료집, 2005

한국철도공사, 환경경영보고서, 2019

한국철도기술연구원, 철도물류활성화를 위한 종합시설투자계획 연구, 2015

한국철도시설공단, 고속철도건설사, 2011

행정자치부, 지방공기업 설립·운영기준, 2016

환경부, 국가정보소음시스템

환경부, 대중교통수단 실내공기질 관리 가이드

환경부, 철도차량의 소음권고기준 및 검사방법등에 관한규정, 2013

법제처 법령집, 공공기관정보공개시스템, 지방공기업 경영정보공개시스템

기관 홈페이지(대법원, 고용노동부, 국토교통부, 기획재정부, 환경부, 한국철도시설공단, 한국교통안전
　　　공단, 철도산업정보센터, 한국철도공사, 서울교통공사, 대전도시철도공사, 부산교통공사 등)

저 자 소 개

김칠환

한국방송통신대학교 경영학과(경영학사)
아주대학교 교통ITS대학원(공학석사)
한국철도공사 수도권서부본부 안전환경처장
한국철도공사 철도관제센터 관제부장
우송대학교 철도경영학과 교수
(현) 한국철도운전기술협회 연수원 교수
　　　(사)한국항공철도사고조사협회 이사

철도경영론 [개정판]

초판 1쇄 인쇄 2020년 2월 15일
초판 1쇄 발행 2020년 2월 25일

저자 김칠환
발 행 인 이낙용

발행처 도서출판 범한
등록 1995년 10월 12일(제2-2056)
주소 10579 경기도 고양시 덕양구 통일로 374 우남상가 102호
전화 (02) 2278-6195
팩스 (02) 2268-9167
메일 bumhanp@hanmail.net
홈페이지 www.bumhanp.com

정가 25,000원 ISBN 979-11-5596-179-7 93320

저자와의
합의하에
인지생략